Constituição, Sistemas Sociais e Hermenêutica

ANUÁRIO
do Programa de Pós-Graduação
em Direito da UNISINOS

MESTRADO E DOUTORADO
n. 11

0136

Anuário do Programa de Pós-Graduação em Direito

UNIVERSIDADE DO VALE DO RIO DOS SINOS

Reitor: Pe. Marcelo Fernandes de Aquino, S.J.
Vice-Reitor: Pe. José Ivo Follmann, S.J.

Diretor da Unidade Acadêmica de Pesquisa e Pós-Graduação
Alsones Balestrin

Coordenador Executivo do Programa de Pós-Graduação em Direito
Prof. Dr. Leonel Severo Rocha

Coordenador Adjunto do Programa de Pós-Graduação em Direito
Prof. Dr. Wilson Engelmann

Corpo Docente PPGDIREITO
André Luís Callegari, Anderson Vichinkeski Teixeira,
Darci Guimarães Ribeiro, Délton Winter de Carvalho,
Fernanda Frizzo Bragato, Jose Luis Bolzan de Morais,
José Rodrigo Rodriguez, Lenio Luiz Streck, Leonel Severo Rocha,
Marciano Buffon, Maria Eugênia Bunchaft,
Sandra Regina Martini, Têmis Limberger, Taysa Schiocchet,
Vicente de Paulo Barretto e Wilson Engelmann.

C758   Constituição, sistemas sociais e hermenêutica: anuário do programa de
Pós-Graduação em Direito da UNISINOS: mestrado e doutorado /
orgs. Lenio Luiz Streck, Leonel Severo Rocha, Wilson Engelmann.
Porto Alegre: Livraria do Advogado Editora; São Leopoldo:
UNISINOS, 2014.
359 p.; 23 cm.

ISBN 978-85-7348-961-3

1. Direito. 2. Teoria do Direito. I. Streck, Lenio Luiz, org II. Rocha,
Leonel Severo, org. III. Wilson Engelmann.

CDU 34

Índices para o catálogo sistemático
Direito
Teoria do Direito

Constituição, Sistemas Sociais e Hermenêutica

ANUÁRIO
do Programa de Pós-Graduação
em Direito da UNISINOS

MESTRADO E DOUTORADO
n. 11

Lenio Luiz Streck
Leonel Severo Rocha
Wilson Engelmann

Organizadores

Porto Alegre, 2014

© dos autores, 2014

Capa, projeto gráfico e diagramação
Livraria do Advogado Editora

Revisão
Rosane Marques Borba

Conselho Editorial do Anuário do PPGDireito
André Luís Callegari
Darci Guimarães Ribeiro
Jose Luis Bolzan de Morais
Lenio Luiz Streck
Leonel Severo Rocha
Vicente de Paulo Barretto
Wilson Engelmann

Direitos desta edição reservados por
Livraria do Advogado Editora Ltda.
Rua Riachuelo, 1300
90010-273 Porto Alegre RS
Fone: 0800-51-7522
editora@livrariadoadvogado.com.br
www.doadvogado.com.br

Programa de Pós-Graduação em Direito
Universidade do Vale do Rio dos Sinos
Av. Unisinos, 950
93022-000 São Leopoldo RS
Fone: (51) 3590-8148
ppgdireito@unisinos.br
(www.unisinos.br/mestrado-e-doutotado/direito)

Impresso no Brasil / Printed in Brazil

Sumário

Apresentação..7

I – A legitimidade do sistema de escolha dos Ministros do Supremo Tribunal Federal: considerações em perspectiva de Direito Constitucional comparado
Anderson Vichinkeski Teixeira..9

II – Os caminhos do Direito Penal brasileiro e a tipificação do terrorismo
André Luís Callegari..23

III – Objeto do processo e objeto do debate: dicotomia essencial para uma adequada compreensão do novo CPC
Darci Guimarães Ribeiro..43

IV – As dimensões da incerteza e as graduações de intensidade para aplicação dos princípios da prevenção e da precaução na decisão jurídica face aos riscos ambientais extremos
Délton Winter de Carvalho...67

V – Direitos territoriais indígenas e descolonialidade
Fernanda Frizzo Bragato..87

VI – Continuidades autoritárias no Estado Constitucional brasileiro. A permanência do outro como "inimigo"
Jose Luis Bolzan de Morais..99

VII – Luta por direitos, rebeliões e democracia no Século XXI: algumas tarefas para a pesquisa em Direito
José Rodrigo Rodriguez..125

VIII – A Crítica Hermenêutica do Direito e o novo Código de Processo Civil: apontamentos sobre a coerência e a integridade
Lenio Luiz Streck..157

IX – Da epistemologia jurídica normativista ao construtivismo sistêmico II
Leonel Severo Rocha...169

X – Desigualdade e tributação no Brasil do Século XXI
Marciano Buffon..199

XI – A efetivação dos direitos de transexuais na jurisprudência do STJ: uma reflexão sobre os desafios da despatologização à luz do diálogo Honneth-Fraser
Maria Eugenia Bunchaft...225

XII – O direito à saúde no Rio Grande do Sul de 1990 a 2010: casos emblemáticos que marcaram o processo de efetivação
Sandra Regina Martini...263

XIII – Direitos sexuais e reprodutivos: entre a gestão biopolítica e a perspectiva emancipatória
Taysa Schiocchet..283

XIV – Cibertransparência: uma análise regional de municípios do Rio Grande do Sul com relação à efetividade da Lei de Acesso à Informação Pública e a concretização dos direitos sociais
Têmis Limberger..303

XV – Uma breve reflexão sobre o fundamento dos direitos humanos na moral e na antropologia
Vicente de Paulo Barretto...323

XVI – O direito das nanotecnologias e a (necessária) reconstrução dos elementos estruturantes da categoria do "direito subjetivo"
Wilson Engelmann..339

Apresentação

O Programa de Pós-Graduação em Direito – Mestrado e Doutorado – da UNISINOS, nos seus 17 anos de funcionamento, consolida-se como um espaço privilegiado de reflexão e produção do conhecimento jurídico. A Pós-Graduação brasileira é avaliada pela CAPES, a partir do máximo rigor, centrada em aspectos quantitativos e qualitativos do desempenho dos programas, tendo em vista a construção de uma ciência de padrão internacional em nosso país. Os conceitos possuem uma hierarquia onde atingem o maior nível aqueles que obtém MB, em todos os critérios, que são representados pelas notas 6 e 7. Na área do Direito, a avaliação mais elevada é concebida pela nota 6. Para nossa grande honra, o PPGD-Unisinos atingiu, nas duas últimas avaliações trienais, esse conceito máximo. O reconhecimento e a consolidação inseriu o Programa de Pós-Graduação em Direito da UNISINOS no PROEX, Programa de Excelência da CAPES de apoio à pós-graduação, concedido somente a uma elite de prestigiosas universidades.

Sustentado por duas matrizes teóricas – a hermenêutica e a sistêmica – especialmente, mas não exclusivamente, que alimentam os diversos projetos de pesquisa desenvolvidos pelo corpo docente, com a participação ativa dos alunos do Mestrado e Doutorado e, também, dos bolsistas de Iniciação Científica. Tais projetos de pesquisa formam um conjunto crítico e criativo de temáticas jurídicas, focadas na inovação e em novos temas que são planejados pela sociedade. Desta forma, a Escola de Direito da Unisinos consolida uma parte do caminho explicitado pelo Planejamento Estratégico da Universidade, ou seja, de ser reconhecida como uma "Universidade Global de Pesquisa".

Os textos que integram este Anuário se inserem no apresentado pano de fundo e representam o aprofundamento de temas de ponta para o Direito e servem como um indicador sofisticado do trabalho realizado nas duas Linhas de Pesquisa em que está organizado o Programa: Linha de Pesquisa 1: "Hermenêutica, Constituição e Concretização de Direitos" e Linha de Pesquisa 2: "Sociedade, Novos Direitos e Transnacionalização". Reforça-se, com este novo Anuário, o compromisso assumido pelos Fundadores do Programa: a pretensão de se tornar um polo irradiador de produções inovadoras na área do Direito, abrigados numa Universidade de marcado viés humanista. Aliás, estes são dois "ingredientes" elementares para capacitar o Direito a dar conta dos novos direitos e deveres decorrentes dos avanços científicos e tecnológicos desencadeados nas diversas áreas do conhecimento.

Os textos mostram que as variadas temáticas de cada uma das Linhas de Pesquisa encontram-se em constante movimento de sofisticação, aspecto que permite a sua sintonia com a agitação das relações sociais, as quais assumem contornos cada vez mais inusitados. Isto desafia o Direito e sublinha a incapacidade da estrutura dogmática do jurídico alcançar as situações criadas pelo próprio ser humano. Os textos são um reflexo direto do espírito empreendedor e inquieto de cada um dos pesquisadores e do conjunto de alunos que os acompanham. Desta forma, mostram uma alternativa que promove uma abertura na produção do conhecimento jurídico conectada aos desafios instalados na sociedade neste início do Século XXI.

Desejamos a todos e todas uma boa leitura!

Os Organizadores

— I —

A legitimidade do sistema de escolha dos Ministros do Supremo Tribunal Federal: considerações em perspectiva de Direito Constitucional comparado

ANDERSON VICHINKESKI TEIXEIRA[1]

Sumário: Introdução; 1. A estruturação e composição do Supremo Tribunal Federal; 2. A composição da Suprema Corte dos Estados Unidos da América; 3. A composição do Tribunal Constitucional Federal alemão; 4. A composição da Corte Constitucional italiana; Considerações finais: devemos permanecer abraçados com nossas origens estadunidenses?; Referências bibliográficas.

Introdução

Toda vez que ocorre a abertura de uma vaga para Ministro do Supremo Tribunal Federal tanto a grande mídia como o meio acadêmico retomam a discussão acerca da legitimidade do escolhido, uma vez que nosso sistema constitucional vincula todas as vagas à nomeação pelo Presidente da República, desde que o indicado tenha superado a – não mais do que protocolar – sabatina pelo Senado Federal. Um questionamento óbvio é sempre feito: qual a legitimidade democrática do escolhido? Ora, uma pergunta demagógica como esta muitas vezes recebe a demagógica resposta de que tal legitimidade democrática repousa na própria legitimidade popular do Presidente da República, pois este ocupa o principal cargo eletivo do país. No entanto, olhando com maior cuidado a questão, falar em legitimidade democrática não parece ser o mais adequado, pois, se assim o fizermos, estaremos justificando o sistema de escolha do modo como é hoje. Afinal de contas, o Presidente da República, eleito por voto majoritário, tem em si pressuposta a mais ampla legitimidade popular

---

[1] Doutor em Teoria e História do Direito pela *Università degli Studi di Firenze* (IT), com estágio de pesquisa doutoral junto à Faculdade de Filosofia da *Université Paris Descartes-Sorbonne*. Estágio pós-doutoral junto à *Università degli Studi di Firenze*. Mestre em Direito do Estado pela PUC/RS. Professor do Programa de Pós-Graduação em Direito (Mestrado/Doutorado) da Universidade do Vale do Rio dos Sinos (UNISINOS). Advogado e consultor jurídico. Outros textos em: www.andersonteixeira.com.

de um cargo eletivo no nosso sistema republicano. O ponto central da discussão parece ser mesmo em termos de legitimidade *institucional*. Em outras palavras, a pergunta poderia ser refeita como: qual a legitimidade institucional dos membros do Supremo Tribunal Federal? Esta pergunta soa mais relevante por não existir na Constituição nenhum critério pormenorizado a indicar uma necessária origem institucional dos Ministros do STF. Como veremos a seguir, o legislador constituinte seguiu nossa tradição constitucional e se satisfez com o notório saber jurídico e reputação ilibada, como critérios de maior relevo.

No presente ensaio, pretendemos reler os critérios de escolha dos Ministros do STF à luz do Direito Constitucional Comparado, em especial, no que concerne aos modelos que mais nos influenciaram ao longo da nossa história constitucional: EUA, Alemanha e Itália. Embora estes dois últimos países possuam uma tradição histórico-constitucional que os aproxime, estamos tomando ambos como referências para nossa análise comparatista no intuito de demonstrar que os modelos constitucionais da Europa Continental adotam uma diversificação na origem institucional para a escolha dos juízes de suas Cortes Constitucionais.

Recorde-se que a estruturação da jurisdição constitucional brasileira possui uma formação histórica que a diferencia tanto dos modelos de controle concentrado (ou abstrato) de constitucionalidade (representado pelo sistema kelseniano apresentado com a Constituição austríaca, de 1920) quanto dos modelos de controle difuso (ou incidental) de constitucionalidade (bem exemplificados com o modelo estadunidense). Incorporando, ao longo do seu percurso formativo, elementos teóricos e doutrinários vindos sobretudo dos sistemas alemão e estadunidense, bem como do sistema constitucional italiano, a Constituição brasileira de 1988 consagra um modelo de jurisdição constitucional notadamente "misto", "integrado" ou, ainda, "abrangente", pois conserva em um mesmo sistema os caracteres fundamentais do controle concentrado e do controle difuso.[2]

1. A estruturação e composição do Supremo Tribunal Federal

Primeiramente, para um salutar desenvolvimento do breve estudo comparatista que aqui propomos, convém relembrar dois momentos fundamentais na história da jurisdição constitucional brasileira que são paralelos, ou até anteriores, à evolução histórica do Supremo Tribunal Federal. O primeiro momento trata da possibilidade de controle difuso posta pela

---

[2] Para maiores estudos sobre nossa história constitucional, ver BONAVIDES, Paulo/ANDRADE, Paes. *História constitucional do Brasil*. São Paulo: OAB Editora, 2002; MARTINS JR., Luís Carlos Alves. *O Supremo Tribunal Federal nas constituições brasileiras*. Belo Horizonte: Mandamentos, 2004; FERREIRA, Waldemar Martins. *História do direito constitucional brasileiro*. São Paulo: Limonad, 1954; e SAMPAIO, José Adércio Leite (coord.). *15 anos de Constituição: história e vicissitudes*. Belo Horizonte: Del Rey, 2004.

Constituição republicana de 1891, a qual, no seu art. 59, atribuía ao então criado Supremo Tribunal Federal a competência de, enquanto instância recursal, negar validade aos atos normativos ou com força de lei, sejam eles federais ou estaduais, cuja legitimidade constitucional tenha sido contestada em juízos das instâncias ordinárias.[3] O segundo momento concerne à inclusão no sistema constitucional brasileiro do controle concentrado de constitucionalidade, por meio da Emenda Constitucional n° 16, de 12 de dezembro de 1965. A referida Emenda à Constituição de 1946 reformulou a alínea "k" do art. 101 (onde estão definidas as competências do Supremo Tribunal Federal), inciso I, desta Constituição, atribuindo ao Procurador-Geral da República a possibilidade de arguir a inconstitucionalidade de leis federais ou estaduais incompatíveis com a Constituição.[4] Como consequência disso, consolidou-se no texto constitucional de 1988 um sistema misto de controle de constitucionalidade, aperfeiçoando seja os institutos do controle difuso, seja os institutos do controle concentrado, de modo que o Supremo Tribunal Federal acaba exercendo a função de instância recursal ordinária e extraordinária – cuja limitação material será dada tão somente pela necessidade de que a matéria em questão discutida no curso de um processo apresente ofensas à supremacia da Constituição – e de Tribunal Constitucional – cuja matriz é de clara inspiração austríaca pós-1920 – competente para originariamente conhecer das ações que se destinem a objetivamente questionar a legitimidade constitucional de atos normativos ou com força de lei.

Antes de 1891, ou seja, antes de ser instituído o Supremo Tribunal Federal, a função de tutela da efetividade da Constituição não se encontrava claramente atribuída a um determinado Poder ou órgão, restando atribuída, indiretamente, ao Poder Moderador a competência de velar pela manutenção da independência, harmonia e equilíbrio entre os poderes políticos.[5] O Imperador exercia tal Poder Moderador.[6] Com isso, o papel desempenhado pelo então Supremo Tribunal de Justiça, instituído em 09 de janeiro de 1829 e formado por 17 juízes letrados (desde já deno-

---

[3] Constituição de 1891. Art. 59. § 1°: "Das sentenças das Justiças dos Estados, em última instância, haverá recurso para o Supremo Tribunal Federal: a) quando se questionar sobre a validade, ou a aplicação de tratados e leis federais, e a decisão do Tribunal do Estado for contra ela; b) quando se contestar a validade de leis ou de atos dos Governos dos Estados em face da Constituição, ou das leis federais, e a decisão do Tribunal do Estado considerar válidos esses atos, ou essas leis impugnadas".

[4] Emenda Constitucional n° 16/65: "Art. 2° As alíneas *c, f, i* e *k*, passam a ter a seguinte redação: (...) *k*) a representação contra inconstitucionalidade de lei ou ato de natureza normativa, federal ou estadual, encaminhada pelo Procurador-Geral da República".

[5] Constituição Imperial de 22 de abril de 1824 – Art. 98. "O Poder Moderador é a chave de toda a organisação Politica, e é delegado privativamente ao Imperador, como Chefe Supremo da Nação, e seu Primeiro Representante, para que incessantemente vele sobre a manutenção da Independencia, equilibrio, e harmonia dos mais Poderes Politicos".

[6] Constituição de 1824, art. 101.

minados "Ministros"), acabava sendo demasiadamente restrito, competindo-lhe tão somente:

(1) conceder ou denegar recursos de revista;

(2) processar e julgar os delitos, e erros do ofício, que cometeram os Ministros de Estado, os das Relações, os empregados no corpo diplomático, e os Presidentes das Províncias;

(3) conhecer e decidir sobre os conflitos de jurisdição e competência entre as Províncias.[7]

Assim, não lhe restava atribuída a faculdade de exercer o controle de constitucionalidade das leis e dos atos normativos. Como se não bastasse este poder de controle estar indiretamente vinculado ao Imperador, a atuação deste dentro do Supremo Tribunal de Justiça não se limitava somente à escolha dos Ministros: era a ele que competia a tarefa de escolher o Presidente da Corte, para um mandato de 3 anos.[8]

Uma vez promulgada a Constituição republicana de 1891, o Supremo Tribunal de Justiça foi extinto em 27 de fevereiro de 1891, tendo sido instituído, no dia seguinte, o Supremo Tribunal Federal, o qual contava com previsão constitucional e com regramento dado pelo Decreto nº 1, de 26 de fevereiro do mesmo ano. Inicialmente, o STF era composto de 15 Ministros – somente com a Constituição de 1934 este número veio a ser reduzido para 11[9] – nomeados pelo Presidente da República, com posterior aprovação pelo Senado Federal. O primeiro Presidente do Supremo Tribunal Federal foi o baiano José Antônio de Araújo Freitas Henrique, tendo tomado posse do cargo em 28 de fevereiro de 1891.

Desde a origem do STF – mesmo antes, quando do Supremo Tribunal de Justiça – a denominação "Ministro" tem sido dada aos juízes constitucionais como forma de diferenciar a função exercida pelos membros da mais alta Corte brasileira – assim como pelos membros do Superior Tribunal de Justiça – e também para manter a nossa tradição constitucional, a qual historicamente vincula a figura do Ministro ao Chefe de Estado, mediante a escolha daquele por este. Entretanto, a palavra "Ministro" traz consigo um aspecto subliminar que transforma aquele juiz específico em um personagem ativo no exercício de uma função constitucional de Estado, razão pela qual a diferenciação terminológica tem se mantido até hoje.[10]

---

[7] Constituição de 1824, art. 164, incisos I, II e III.

[8] Art. 2º da Lei de 18 de setembro de 1828.

[9] Com o Ato Institucional nº 2, de 27 de outubro de 1965, o Regime Militar aumentou o número de Ministros para 16 (dezesseis), acréscimo este que foi mantido pela Constituição de 24 de janeiro de 1967. Porém, o Ato Institucional nº 5, de 13 de dezembro de 1968, aposentou, em 16 de janeiro de 1969, 3 (três) Ministros, sendo que, logo em seguida, o Ato Institucional nº 6, de 1º de fevereiro de 1969, restabeleceu o número de 11 (onze) Ministros.

[10] Para maiores informações sobre o papel constitucional exercido pelo Ministro do Supremo Tribunal Federal, ver BOECHAT, Leda. *A História do Supremo Tribunal Federal*. RJ: Civilização Brasileira,

Os 11 Ministros que, atualmente, compõem o Supremo Tribunal Federal são nomeados pelo Presidente da República, devendo a escolha ser aprovada por maioria absoluta do Senado Federal.[11] No entanto, a indicação presidencial não foi confirmada pelo Senado Federal apenas em 5 oportunidades,[12] mas todas se concentraram no período do governo de Floriano Peixoto (1891 a 1894).

Os requisitos para o exercício do cargo são os seguintes: (1) ser cidadão brasileiro nato,[13] (2) ter entre 35 e 65 anos de idade, (3) notável saber jurídico[14] e (4) reputação ilibada.[15]

Não obstante a terminologia seja "Ministro", ao invés de "Juiz Constitucional", as mesmas prerrogativas asseguradas pelos incisos do art. 93 da Constituição de 1988 aos demais juízes da jurisdição ordinária são atribuídas aos Ministros do STF, devendo-se ressaltar a aposentadoria compulsória aos 70 anos, o que torna, muitas vezes, o período de permanência no cargo consideravelmente curto. Analisando todo o período de existência do STF, desde 1891 até janeiro de 2015, encontramos casos de Ministros que ocuparam o cargo por apenas 3 meses e 16 dias (Ministro Herculano de Freitas faleceu no mesmo ano em que tomou posse no STF, em 1926), ou até 29 anos, 11 meses e 24 dias (Ministro Hermínio do Espírito Santo permaneceu no cargo até o seu falecimento, em 1924).[16] Todavia, pode-se afirmar que o tempo médio de permanência no cargo, considerando os Ministros nomeados após a Constituição de 1988, tem sido de aproximadamente 8 anos. Não sendo por aposentadoria, renúncia ou falecimento, somente por *impeachment* poderá um Ministro ser removido do cargo.[17]

2002; VILHENA, Oscar Vieira. *Supremo Tribunal Federal: jurisprudência política.* São Paulo: RT, 1994; e LAGO, Laurênio. *Supremo Tribunal de Justiça e Supremo Tribunal Federal: dados biográficos (1821-2001).* Brasília, 2001.

[11] CRFB/88, art. 101, *caput* e parágrafo único.

[12] As 5 indicações rejeitadas foram: Barata Ribeiro, Innocêncio Galvão de Queiroz, Ewerton Quadros, Antônio Sève Navarro e Demosthenes da Silveira Lobo.

[13] CRFB/88, art. 12, § 3°, IV.

[14] Nos primeiros anos de existência do STF, o "notável saber jurídico" chegou a ser tido como acessível a todos, mesmo aqueles que não possuem formação jurídica, ao passo que até mesmo o médico Cândido Barata Ribeiro chegou a exercer o cargo de Ministro, de 25 de novembro de 1893 a 24 de setembro de 1894, quando, nesta última data, viu a sua nomeação ser rejeitada pelo Senado Federal, sob a alegação de estar desatendido o requisito "notável saber jurídico". Esta foi a única ocorrência na história do STF de Ministro com formação não-jurídica. No entanto, atualmente, é pacífica a necessidade de formação jurídica para o exercício do cargo.

[15] CRFB/88, art. 101, *caput*.

[16] Para maiores informações, veja-se www.stf.jus.br.

[17] O art. 5°, inciso I, do RISTF, ao definir as competências do Plenário, atribui a este a prerrogativa de processar e julgar, originariamente, os próprios Ministros do STF por crimes comuns, em procedimento semelhante ao adotado nos casos do Presidente e Vice-Presidente da República, dos Ministros de Estado, do Procurador-Geral da República, dos Deputados e Senadores.

O STF é dividido em duas Turmas compostas cada uma por 5 (cinco) Ministros, uma vez que o Presidente do Tribunal não pertence a nenhuma delas. Cada Turma terá o seu próprio Presidente de Turma, o qual será escolhido pelo critério de antiguidade e exercerá o cargo por um ano, sendo vedada a recondução, observando-se a ordem decrescente de antiguidade.[18] A divisão em Turmas não implica divisão de competências, pois a distribuição dos processos, no setor de protocolo, é feita por sorteio para cada um dos Ministros, sendo irrelevante ao sorteio eletrônico a Turma a qual faz parte determinado Ministro. Basta a presença de 3 (três) Ministros para que as sessões das Turmas possam ser abertas.[19]

O Pleno do STF é composto por todos os Ministros e se reúne com apenas 6 destes. Porém, para analisar questões que envolvam matéria constitucional, bem como para eleger o Presidente e o Vice-Presidente da Corte, é necessária a presença de 8 dos 11 Ministros,[20] bastando, para declarar a inconstitucionalidade de lei ou ato normativo, o voto de 6 Ministros.[21] Assim, verifica-se que a influência do Presidente da República limita-se à indicação do Ministro da Corte, pois a escolha do Presidente e do Vice-Presidente desta será feita pela própria Corte, diferentemente do que ocorre em outros modelos constitucionais, como veremos a seguir.

2. A composição da Suprema Corte dos Estados Unidos da América

Depois da tradição constitucional da Europa Continental, um dos sistemas constitucionais que mais nos influenciaram ao longo da história foi, certamente, o sistema constitucional estadunidense. Embora tenha tido influência marcante somente na Constituição de 1891, o mecanismo de escolha dos Ministros do STF parece ter sido o ponto de maior contato entre a primeira constituição republicana brasileira e a Constituição dos EUA de 1787.

Mesmo tendo variado muito desde a sua criação, em 1789, a Suprema Corte é atualmente composta de nove juízes, incluindo o Presidente da Corte (*Chief of Justice*), todos escolhidos pelo Presidente da República, em decisão que deve ser ratificada pela maioria simples do Senado Federal.[22] Veja-se que compete ao Presidente da República escolher quem ocupará o cargo de *Chief of Justice*, bastando ser qualquer um dos juízes consti-

---

[18] RISTF, art. 4, §§ 1º e 4º.
[19] RISTF, art. 147.
[20] RISTF, art. 143, *caput* e parágrafos único.
[21] RISTF, art. 143 e 173.
[22] Cfr. Art. 2º, seção 2, § 2º.

tucionais ou, caso prefira, poderá nomear um novo juiz para exercer o cargo, desde que exista uma vaga em aberto. O exercício do cargo de juiz constitucional é incompatível com qualquer outra função, exceto com o magistério acadêmico.

Os requisitos para exercer o cargo de juiz constitucional não estão rigidamente previstos em nenhum diploma legal, possibilitando, em tese, que qualquer cidadão estadunidense seja apontado para o cargo. Entretanto, tem prevalecido, até hoje, as escolhas a partir de critérios como: formação jurídica, moral ilibada e indicação por parte da base política do Presidente da República. Com isso, a sucessão de mandatos presidenciais de um mesmo partido (Democrata ou Republicano) tem historicamente formado a orientação política da Suprema Corte, de modo que, em dados momentos, a predominância de juízes democratas ou republicanos era quase absoluta.[23] Como se pode supor, a inexistência de previsão constitucional quanto ao número de juízes constitucionais e aos requisitos para ascender ao cargo termina por comprometer a independência da Corte em relação ao Chefe do Executivo Federal.[24]

Quanto à duração do cargo de juiz constitucional, esta é vitalícia, podendo ser encerrada somente pela renúncia, aposentadoria ou *impeachment*. Não existe idade mínima para poder assumir o cargo, nem aposentadoria compulsória. Para usufruir da aposentadoria integral, o juiz deverá ter completado 65 anos de idade e 15 de exercício do cargo, ou 70 anos de idade e 10 de exercício do cargo. Já o *impeachment* é uma modalidade de destituição do cargo, prevista no art. 2, seção 4, da Constituição dos EUA,[25] em que o juiz constitucional, bem como os demais oficiais civis federais dos EUA, o Presidente e o Vice-Presidente da República, poderão ser destituídos em virtude de crimes, transgressões, alta traição e suborno. Todavia, desde a famosa conspiração de Thomas Jefferson para conseguir o *impeachment* de todos os juízes constitucionais que eram contrários ao seu governo, na primeira década do século XIX, este instituto tem sido considerado com extrema cautela, sob pena de subvertê-lo em instrumento para perseguições políticas.

---

[23] Para uma análise das orientações políticas que a Suprema Corte acaba adotando em virtude do debate político existente entre democratas e republicanos, veja-se: TUSHNET, Mark. *A Court Divided*. New York: Norton, 2005, p. 319-341.

[24] Nos seus últimos anos de vida, Ronald Dworkin foi um feroz crítico de decisões altamente ideológicas, quase político-partidárias, proferidas pela Suprema Corte. Recomendamos os seus artigos publicados no *The New York Review of Books* para um maior aprofundamento, assim como as seguintes traduções: DWORKIN, Ronald. Uma vitória maior do que se pensava. *Revista Interesse Público*, Vol. 14, n. 76, 2012, p. 15-28; DWORKIN, Ronald. Uma decisão que ameaça a democracia. In: FREITAS, Juarez; TEIXEIRA, Anderson V. (Orgs.) *Direito à Democracia: ensaios transdisciplinares*. São Paulo: Conceito Editorial, 2011, p. 41-55.

[25] Art. 2, seção 4: "The President, Vice-President and all civil Officers of the United States, shall be removed from Office on Impeachment for, and Conviction of, Treason, Bribery, or other high Crimes and Misdemeanors".

3. A composição do Tribunal Constitucional Federal alemão

A jurisdição constitucional alemã possui a peculiaridade de não ser concentrada somente em um órgão central, como ocorre, diversamente, no tradicional modelo austríaco proposto por Kelsen. Além do Tribunal Constitucional Federal, existe também os Tribunais Constitucionais das Regiões (*Landesverfassungsgerichte*) como instâncias hábeis a exercer, sobretudo, o controle de constitucionalidade dos atos normativos e daqueles com força de lei. Cada Região (*Land*) possui a sua esfera de competências própria, o que não retira a unicidade e a sistematicidade do modelo de jurisdição constitucional alemão.

A sede do Tribunal Constitucional Federal se encontra na cidade de Karlsruhe, pois a externalidade desta jurisdição frente a todas as demais jurisdições federais e outros poderes do Estado fez com que o legislador constitucional desejasse ver a sede deste Tribunal em outra cidade onde não existissem poderes ou órgãos federais. Quanto aos Tribunais Constitucionais dos *Länder,* somente a Região (*Land*) de Schleswig-Holstein não possuía o seu próprio Tribunal Constitucional, uma vez que tal Região se valia do art. 99 da *Grundgesetz* para atribuir ao Tribunal Constitucional Federal a legitimidade para resolver as controvérsias internas do *Land*. Todavia, em 2008, foi instituído o Tribunal Constitucional de Schleswig-Holstein, nos termos da lei que determina a sua estruturação e funcionamento (*Gesetz über das Schleswig-Holsteinische Landesverfassungsgericht – LVerfGG*), de 10 de janeiro de 2008.

Do ponto de vista estrutural, o Tribunal Constitucional Federal se divide em duas Seções (*Senaten*), compostas por oito juízes cada, mas este número variou desde a criação desse órgão. Cada Seção estruturará Câmaras internas (*Kammer*), compostas por três juízes constitucionais, os quais farão a análise quanto à admissibilidade dos recursos constitucionais. As relações entre as duas Seções se baseiam nos princípios da paridade e da independência funcional, não sendo admitido que uma Seção funcione como instância recursal para a outra.[26] Também é vedada a possibilidade de troca de juízes entre as Seções. Juntamente com as referidas duas Seções, encontramos ainda o Plenário (*Plenum*), onde se reúnem todos os juízes para dirimir as controvérsias interpretativas entre as duas Seções, além de ter também suas competências próprias, sobretudo como representante do Tribunal Constitucional Federal.

---

[26] Segundo SCHWAB, Jünger. *Cinqüenta anos de jurisprudência do Tribunal Constitucional Federal Alemão*. Introdução e organização de Leonardo Martins. Montevideo: Fundácion Konrad-Adenauer, 2005, p. 41, fala-se também em "princípio senatorial", pois aquilo que uma Seção decidir vale como como decisão do TCF.

Os requisitos para ser juiz constitucional são: ter completado 40 anos de idade,[27] possuir idoneidade e capacidade técnica para o exercício da função de juiz ordinário (em síntese, ter formação jurídica);[28] além disso, tão logo assuma o cargo de juiz constitucional, não poderá mais fazer parte de qualquer outro órgão do Estado, restando permitida somente atividades de docência universitária.[29] O juiz constitucional permanece no cargo por 12 anos ou até o último dia do mês em que atingir os 68 anos de idade, não sendo admitida a reeleição. Todavia, decorrido o período máximo de sua permanência no cargo, o juiz deverá, mesmo assim, permanecer no cargo até o dia da posse do seu sucessor.

Dos oito postos de juiz constitucional que cada Seção possui, três dos eleitos devem vir das supremas cortes de justiça do Estado central, podendo ser eleitos somente aqueles juízes que tenham pelo menos três anos de exercício em uma destas supremas cortes.[30] Os demais cinco juízes de cada Seção serão eleitos, de modo paritário e com alternância de vagas, na medida em que novas eleições forem necessárias, entre o *Bundestag* (Parlamento federal; a votação interna é indireta, pois os membros escolhem uma comissão de doze parlamentares que será responsável por eleger o juiz constitucional) e o *Budesrat* (Conselho Federal no qual participam representantes das Regiões na atividade legislativa e administrativa do Estado central, de modo que as eleições para juiz constitucional demandam uma maioria de dois terços dos votos).[31]

No caso de vacância por mais de dois meses de um posto de juiz constitucional e não tendo o órgão ao qual competia a tarefa de eleger o novo juiz (o *Bundestag* ou o *Bundesrat*) demonstrado condições de fazê-lo, o mais ancião representante do *Bundestag* ou o Presidente do *Bundesrat* (ou ainda o seu representante oficial) deverá, imediatamente, pedir ao Tribunal Constitucional Federal que apresente proposta para as eleições.[32] O *Plenum* deverá, mediante maioria simples sobre dois terços de todos os membros, indicar quem deve ser eleito juiz; tal indicação, manifestada em lista tríplice, será entregue ao órgão que deveria, pela ordem, fazer a eleição naquele momento, mas a indicação vinda do *Plenum* não será vinculante, podendo a Casa a qual competia a tarefa de eleger o juiz constitucional fazê-lo pelo modo ordinário.[33] O objetivo desta regra é impedir que motivos políticos retardem o preenchimento do cargo vago, o que ocorreu, com certa frequência ainda nos primeiros anos de funcionamen-

---

[27] *BVerfGG*, § 3, I.
[28] *BVerfGG*, § 3, II.
[29] *BVerfGG*, § 3, III e IV.
[30] *BVerfGG*, § 2, III.
[31] Cfr. *Grungesetz*, art. 94, I, e *BVerfGG*, § 5, I.
[32] *BVerfGG*, § 7a, I.
[33] *BVerfGG*, § 7a, II a IV.

to do Tribunal Constitucional Federal, sobretudo até a entrada em vigor da Lei Orgânica desta Corte (*Gesetz Über das Bundesverfassungsgericht*), em 1951.[34]

O *Bundestag* (Parlamento) e o *Budesrat* (Conselho Federal) elegem, alternativamente, o Presidente e o Vice-Presidente do Tribunal Constitucional Federal, mas o Vice-Presidente deverá ser membro da Seção a qual não pertence o Presidente.[35] O Presidente da República fará a nomeação do juiz constitucional, este que, no momento da sua posse, jurará zelar pela *Grundgesetz* (Constituição Federal), não estando vedado fazer qualquer afirmação de cunho religioso, desde que não se trate de religião contrária à lei.[36]

4. A composição da Corte Constitucional italiana

O sistema constitucional italiano, em sua proximidade com o alemão, no que concerne ao modo de escolha dos juízes constitucionais, merece também ser aqui referido. Na Itália, ao adotar o controle concentrado de constitucionalidade das leis, verificou-se uma preocupação em definir um mecanismo de escolha dos membros da Corte Constitucional que pudessem diversificar, por um lado, sob o aspecto passivo, as possibilidades de sujeitos nomináveis ou elegíveis ao cargo de juiz constitucional e, por outro lado, sob o aspecto ativo, a gama dos sujeitos competentes a nomeá-los ou a elegê-los.

O art. 135 da Constituição italiana diz que a Corte Constitucional é composta por 15 juízes, que serão nomeados em:

(1) um terço pelo Presidente da República;

(2) um terço pelo Parlamento em sessão conjunta entre as Casas;

(3) um terço pelas supremas magistraturas ordinárias e administrativas.

Os juízes da Corte Constitucional são escolhidos dentro das seguintes categorias:

(1) magistrados, mesmo os já aposentados, das jurisdições superiores ordinárias e administrativas;

(2) professores titulares de universidades em matérias jurídicas;

(3) advogados com mais de 20 anos de exercício da advocacia.

Quanto ao aspecto passivo, parece evidente que existe um denominador comum entre as três categorias de sujeitos no âmbito das quais são

---

[34] Cfr. RITTERSPACH, Theo. *Legge sul Tribunale Costituzionale della Repubblica federale di Germania*. Firenze: Centro Editoriale Europeo, 1982, p. 67.

[35] *BVerfGG*, § 9, I.

[36] *BVerfGG*, § 10 e 11, I a III.

escolhidos os juízes constitucionais: deve ser alguém em posse de uma qualificação profissional específica, i.e., ser operador do direito e, desta forma, *expert* nesta área.

A composição mudará somente quando a Corte, exercitando uma competência específica atribuída pelo art. 134, inciso III, da Constituição, tiver que julgar as acusações promovidas contra o Presidente da República pelo Parlamento em sessão conjunta. Em tal caso, aos 15 juízes ordinários se somam outros 16 membros – os chamados "juízes agregados" – escolhidos por sorteio a partir de um elenco de cidadãos em posse dos requisitos para a elegibilidade a senador, que o Parlamento compila a cada nove anos mediante eleição com as mesmas modalidades estabelecidas para a nomeação dos juízes ordinários.[37] Os juízes agregados não devem, portanto, possuir os mesmos requisitos de profissões jurídicas que são requeridos para ser juiz constitucional. Tal circunstância se explica facilmente pela peculiaridade da função – similar a de um juiz penal – que a Corte exerce quando julga o Presidente da República, sendo que neste caso o *plenum* dos juízes, ordinários e agregados, exerce uma função análoga a de um verdadeiro júri popular.

Quanto ao aspecto ativo, devemos ressaltar que os juízes, cuja nomeação compete ao Presidente da República, são nomeados por decreto deste, que deve contar também com a assinatura do Presidente do Conselho dos Ministros.[38] Os juízes nomeados pelo Parlamento em sessão conjunta são eleitos neste órgão mediante votação secreta e por maioria qualificada de dois terços dos componentes da Assembleia; para as votações seguintes à terceira será suficiente maioria qualificada de três quintos dos componentes da Assembleia.[39] Na eleição dos juízes cuja nomeação seja competência das supremas magistraturas ordinárias e administrativas (três da Corte de Cassação, um do Conselho de Estado, um do Tribunal de Contas), são proclamados eleitos aqueles que obtiverem o maior número de votos desde que atinjam a maioria absoluta dos componentes do colegiado. Caso ocorra que na primeira votação não se alcance tal maioria absoluta, procede-se, no dia seguinte, a votação de um segundo turno entre os candidatos, em número duplo em relação ao de juízes a eleger, que tenha conseguido o maior número de votos. Ao final, serão proclamados eleitos aqueles que obtiverem a maioria relativa. Em caso de igualdade de votos, será proclamado eleito ou entrará por desempate o mais ancião dos candidatos.[40]

---

[37] Nos termos do art. 135, § 7, da Constituição italiana.
[38] Cfr. art. 4 da Lei nº 87.
[39] Art. 3 da Lei Constitucional nº 2 de 1967.
[40] Art. 4 da Lei Constitucional nº 2 de 1967.

As maiorias qualificadas necessárias para a eleição de cinco juízes por parte do Parlamento em sessão conjunta implicam a necessidade de acordos políticos sobre as possíveis candidaturas entre os partidos que compõem a base governista e os partidos de oposição, a partir do momento em que nenhuma coalizão governista tenha logrado sucesso em contar com o apoio de maiorias parlamentares amplas o suficiente para alcançar os dois terços ou três quintos do Parlamento em sessão conjunta. Além disso, no caso de governos multipartidários – o que, de fato, tem sido a regra na Itália e que presumivelmente continuará sendo em um futuro próximo – nos acordos acima referidos intervêm também os mesmos partidos que apoiam o Governo, em relação à consistência parlamentar e/ou ao peso político de cada um desses. Em medida menor, o mesmo fenômeno se repete para a nomeação dos cinco juízes de competência do Presidente da República: ainda que as escolhas sejam livres neste caso, por se tratar de atos que se colocam entre os de característicos da atividade presidencial em sentido estrito e em relação aos quais a assinatura em conjunto com o Presidente do Conselho tem somente valor de controle, e não de participação na decisão, pois seria, todavia, incorreto se o Chefe de Estado nomeasse como juízes constitucionais cinco pessoas declaradamente pertencentes, ou de qualquer forma próximas, ainda se não inscritas formalmente, a um mesmo partido político.

Os juízes da Corte Constitucional são nomeados, atualmente, por nove anos,[41] data que começa a contar a partir do dia do juramento, e não podem ser novamente nomeados. Quando da decadência do termo, o juiz constitucional cessa suas atividades no cargo e no exercício das funções, resultando de tal norma (art. 135, § 4º, da Constituição) não aplicável aos juízes constitucionais o instituto da *prorogatio*, anteriormente previsto pelo regulamento da Corte, que se aplicava até a data do juramento do juiz chamado a substituir o juiz cujo período se encerrou. A função de juiz da Corte é incompatível com a de membro do Parlamento, de um Conselho Regional, com o exercício da profissão de advogado e com qualquer cargo e função indicados pela lei.[42] Os juízes da Corte Constitucional não se encontram submetidos a controle externo, nem podem ser perseguidos por suas opiniões expressas e pelos votos dados no exercício das suas funções.[43]

A Corte elege, entre os seus componentes e por maioria dos mesmos, o seu Presidente, que permanecerá no cargo para um período de três anos e é reelegível, estando suspensos em qualquer caso os termos de decadên-

---

[41] Diferentemente, os juízes nomeados antes da entrada em vigor da Lei Constitucional nº 2 de 1967 permaneceram no cargo por doze anos (cfr. art. 6 da Lei Constitucional citada), período que começou a contar do dia do juramento.

[42] Cfr. os artigos 7 e 8 da Lei nº 87 de 1953 que especificam tais incompatibilidade.

[43] Art. 5 da Lei Constitucional nº 1, de 1953.

cia do cargo de juiz durante este período. Caso ninguém alcance a maioria, proceder-se-á a uma nova votação e, depois desta, eventualmente, à votação de desempate entre os candidatos que obtiveram o maior número de votos, proclamando-se eleito quem tiver alcançado a maioria. Em caso de igualdade, será proclamado eleito o mais ancião no cargo e, se ainda assim não for suficiente, o mais ancião em idade.[44]

Considerações finais: devemos permanecer abraçados com nossas origens estadunidenses?

A jurisdição constitucional estadunidense parece nos ter legado o sistema de escolha dos Ministros da nossa Corte Suprema, conforme vimos acima. Entretanto, devemos refletir sobre a necessidade de manutenção desse mesmo critério que nos acompanha desde a criação do Supremo Tribunal Federal. Em nossa primeira constituição republicana, a proximidade com os EUA era algo inevitável naquele momento histórico. Passados mais de 100 anos, tendo diversos sistemas constitucionais nos influenciado, assim como influenciamos outros tantos, convém nos questionarmos se somos, atualmente, em termos de tradição constitucional, mais europeus ou mais estadunidenses. Este questionamento é relevante para que possamos tentar afirmar uma identidade própria, notadamente brasileira, no âmbito constitucionalista.

Parece indefensável, do ponto de vista teórico, o nosso sistema atual de escolha de juízes constitucionais, pois baseia-se em uma legitimidade democrática do Presidente da República e, com isso, pode sofrer toda sorte de vícios, como não nos deixa mentir a jurisprudência da Suprema Corte dos EUA na última década. A diversificação na origem, vinculando as vagas a determinados setores da sociedade e do Estado, poderia gerar o risco de juízes constitucionais "classistas", uma vez que, por terem sido indicados por determinado setor, seriam potencialmente tendenciosos. Todavia, riscos na escolha de um juiz constitucional existirão sempre, independentemente do critério de escolha.

O que precisamos ter em mente é que o sistema atual toma emprestado do Presidente da República sua legitimidade democrática para justificar a indicação de dado nome ao STF. A adoção de um critério baseado na *legitimidade institucional* de quem indica permitiria reduzir o subjetivismo da escolha, pois cada setor teria condições de adotar critérios mais objetivos para a composição de sua lista interna de indicações para eleição pelo órgão máximo do setor e, até mesmo, critérios meritocráticos. Por exemplo, um modo de refletir no STF a própria repartição de poderes existente nesta República seria repartir a indicação dos Ministros entre

---

[44] Art. 135, § 5º, da Constituição; Lei nº 87 do 1953, art. 6º.

três legitimados ativos: Presidência da República, Congresso Nacional e magistratura federal. A relação com a tripartição de Poderes é apenas um dos muitos sistemas adotáveis e que soam flagrantemente mais legítimos do que a mera indicação pelo Chefe de Estado.

Referências bibliográficas

BOECHAT, Leda. *A História do Supremo Tribunal Federal.* RJ: Civilização Brasileira, 2002.

BONAVIDES, Paulo/ANDRADE, Paes. *História constitucional do Brasil.* São Paulo: OAB Editora, 2002.

DWORKIN, Ronald. Uma vitória maior do que se pensava. *Revista Interesse Público,* Vol. 14, n. 76, 2012, pp. 15-28.

——. Uma decisão que ameaça a democracia. In: FREITAS, Juarez; TEIXEIRA, Anderson V. (Orgs.) *Direito à Democracia: estudos transdisciplinares.* São Paulo: Conceito Editorial, 2011, pp. 41-55.

FERREIRA, Waldemar Martins. *História do direito constitucional brasileiro.* São Paulo: Limonad, 1954.

LAGO, Laurênio. *Supremo Tribunal de Justiça e Supremo Tribunal Federal: dados biográficos (1821-2001).* Brasília, 2001.

MARTINS JR., Luís Carlos Alves. *O Supremo Tribunal Federal nas constituições brasileiras.* Belo Horizonte: Mandamentos, 2004.

RITTERSPACH, Theo. *Legge sul Tribunale Costituzionale della Repubblica federale di Germania.* Firenze: Centro Editoriale Europeo, 1982.

SAMPAIO, José Adércio Leite (coord.). *15 anos de Constituição: história e vicissitudes.* Belo Horizonte: Del Rey, 2004.

SCHWAB, Jünger. *Cinqüenta anos de jurisprudência do Tribunal Constitucional Federal Alemão.* Introdução e organização de Leonardo Martins. Montevideo: Fundácion Konrad-Adenauer, 2005.

TUSHNET, Mark. *A Court Divided.* New York: Norton, 2005.

VILHENA, Oscar Vieira. *Supremo Tribunal Federal:* jurisprudência política. São Paulo: RT, 1994.

— II —

Os caminhos do Direito Penal brasileiro e a tipificação do terrorismo

ANDRÉ LUÍS CALLEGARI[1]

Sumário: 1. Introdução; 2. A expansão do Direito Penal em linhas gerais; 3. A racionalidade penal expansionista na prática legislativa brasileira; 4. O terrorismo e a criação de um tipo penal; 4.1. Elemento estrutural; 4.1.1. Condutas / delitos-meios; 4.1.2. Estrutura organizacional e terrorismo individual; 4.2. Elemento teleológico; 4.2.1. Bem jurídico tutelado; 5. Conclusão; Referências.

1. Introdução

O presente artigo apresenta os resultados parciais obtidos com o desenvolvimento do projeto de pesquisa intitulado "Um discurso sobre o direito penal de exceção: a luta contra o terrorista". O projeto de pesquisa em questão recebe fomento do Conselho Nacional de Desenvolvimento Científico e Tecnológico – CNPq e se encerra neste ano de 2015.

No desenvolvimento desse projeto, deparou-se com um cenário de transformações notáveis experimentadas pelo ser humano na estrutura social. Especialmente na era pós-industrial, nota-se um incremento dos riscos cotidianos, das catástrofes naturais e humanas, dos choques culturais, entre outros fatores.

Como resultado, as diversas formas de regulação do comportamento social se veem diante da necessidade de adequação à nova conformação social, não ficando o Direito Penal alheio a essa tendência. Todavia, o desenvolvimento dos sistemas normativos nem sempre se faz de forma adequada.

Juntamente com o processo de adequação do Direito Penal às necessidades emergentes da sociedade, presenciam-se modificações que não necessariamente são necessárias ou adequadas, representando mais um

---

[1] Doutor em Direito pela Universidad Autónoma de Madrid. Doutor *honoris causa* pela Universidade Autónoma de Tlaxcala – México. Doutor *honoris causa* pelo Centro Universitário del Valle de Teotihuacan – México. Professor de Direito Penal nos Cursos de graduação e pós-graduação da Universidade do Vale do Rio dos Sinos – UNISINOS. Advogado Criminalista.

desvirtuamento da função penal do que uma evolução sua. Tal fenômeno expansivo do Direito Penal se identifica pelo protagonismo penal no atual cenário social, muitas vezes em contraste com os postulados penais clássicos.

Com o destaque recebido hodiernamente, inclusive no Brasil, pela discussão a respeito do terrorismo e a dificuldade de sua conceituação, expõe-se ainda mais o estado expansivo do Direito Penal, especialmente em relação ao caráter simbólico da legislação penal, fundado na representação, em regra falsa, de necessidade e utilidade de um Direito Penal mais severo, quando, em verdade, esse recurso apenas se constitui em uma forma de controle dos ânimos sociais e de alcance de finalidades políticas.

Essa tendência pelo incremento da repressão penal vem demarcando a legislação brasileira, ditando os caminhos tomados pelo Direito Penal nacional. Considerando-se a tramitação legislativa do projeto de novo Código Penal brasileiro e a inovadora discussão sobre um conceito típico de terrorismo, o estudo desses temas e a adoção de uma postura cautelosa são necessários, mormente em razão das consequências advindas de decisões apressadas no âmbito penal.

2. A expansão do Direito Penal em linhas gerais

Costuma-se, atualmente, abordar o Direito Penal como uma ciência em crise.[2] Essa concepção de Direito em crise se fundamenta na comparação do atual estado do Direito Penal com os postulados clássicos desse ramo do Direito. Tem-se, portanto, a constatação de que está em curso um processo de modificação do Direito Penal.

Como ciência cultural que é, pode-se considerar como um elemento essencial do Direito a sua constante mutabilidade, que deve acompanhar as transformações sociais e, para além disso, ditar determinados caminhos a serem adotados pela sociedade. Trata-se de condição de possibilidade da adequação do Direito ao meio no qual se insere e de necessário regramento das decisões sociais. Poder-se-ia dizer, portanto, que o Direito Penal, de igual maneira, deve se modificar, por isso não se podendo falar em crise.

Todavia, destaca-se que nem toda alteração do Direito poderá ser considerada como um fator positivo. Nesse sentido, apresenta-se uma modificação do Direito Penal prejudicial a si, que ficou conhecida como o fenômeno da expansão do Direito Penal.

---

[2] Devendo-se atentar para posições, como a de Jesús-María Silva Sánchez, para quem o Direito Penal sempre se apresentou em crise, sendo algo natural a esse ramo do Direito (ao menos, ao Direito Penal moderno) e constituindo o motor de sua evolução. (SILVA SÁNCHEZ, Jesús-María. *Aproximación al derecho penal contemporáneo*. Barcelona: Jose Maria Bosch Editor, 1992. p. 13-14).

Esse expansionismo penal se implementa, sobretudo, na sociedade pós-industrial, demarcada pelo surgimento de novos riscos, da instantaneidade de informações, de novas demandas sociais e, especialmente, de um domínio do sentimento de insegurança sobre as pessoas.[3] Apontando alguns dos muitos efeitos da expansão do Direito Penal, Ana Isabel Pérez Cepeda leciona:

> La afirmación de que el Derecho penal se encuentra inmerso en un proceso expansivo disfuncional tiene en parte como sustrato fáctico que está conformado por comportamientos que han adquirido rango de delitos, pero también es debido a una flexibilización de los criterios dogmáticos de imputación y una merma de garantías penales y procesales.[4]

Segue a autora referindo que a criação de novos riscos e a crescente demanda por prevenção penal desenvolvem um terreno fértil para a criação de tipos penais de improvável aplicação, cuja única finalidade consiste em satisfazer as demandas sociais.[5] Resulta disso o desenvolvimento de um Direito Penal muito mais voltado à tutela dos sentimentos e desejos sociais do que à proteção efetiva de bens jurídicos essenciais, além de ser desenvolvido pautado fortemente em valores como a prevenção de condutas, como se o Direito Penal fosse capaz de prever eficazmente os acontecimentos sociais.

No cenário da sociedade moderna, ainda pode ser identificado como uma das importantes causas da expansão do Direito Penal o protagonismo dos meios de comunicação. A atual sociedade passa a ser marcada pela instantaneidade de informações e pela falta de controle a respeito de seu conteúdo. Como consequência, produz-se um sentimento de aproximação entre diferentes povos, de modo que acontecimentos diversos ocorridos em partes remotas do mundo passem a gerar efeitos generalizados em escala global.

Em relação à política criminal, esse protagonismo midiático produz alguns efeitos indesejáveis. Cada vez mais presentes nos noticiários, os temas político-criminais passam a ser abordados de forma irrefletida, sem o necessário debate prévio de especialistas e, o que é ainda mais grave, com dados sujeitos à manipulação motivada por interesses mercadológicos ou de outra ordem.[6] Dessa forma, o estado anímico da sociedade passa a ser considerado um estímulo à produção midiática, cuja maior ambição é, unicamente, a venda de notícias.[7]

---

[3] SILVA SÁNCHEZ, Jesús-María. *A expansão do Direito Penal*: Aspectos da política criminal nas sociedades pós-industriais. Trad. Luiz Otávio de Oliveira Rocha. São Paulo: Revista dos Tribunais, 2002.

[4] PÉREZ CEPEDA, Ana Isabel. *La seguridad como fundamento de la deriva del Derecho penal postmoderno*. Madrid: Editora Iustel, 2007. p. 308.

[5] Idem, p. 333.

[6] DÍEZ RIPOLLÉS, José Luis. *Política criminal y derecho penal*: estudios. 2. ed. Valencia: Tirant lo Blanch, 2013. p. 46.

[7] SENDEREY, Israel Drapkin. *Imprensa e criminalidade*. Tradução de Ester Kosovski. São Paulo: José Bushatsky Editor, 1983. p. 39.

Como resultado dessa relação entre desenvolvimento social desenfreado, aproximação entre culturas, protagonismo midiático e predomínio do sentimento de medo na sociedade, alguns fatos sociais são tomados como rotineiros e de imensurável capacidade lesiva, como se estivessem presente em todo lugar e atingissem todas as pessoas. Descrevendo esse pensamento em relação ao terrorismo, Ana Isabel Pérez Cepeda aduz:

> Sin embargo, aun cuando una cierta combinación de aquellos rasgos considerados típicos del terrorismo internacional sea habitual en los atentados más espectaculares que han tenido lugar a lo largo de los últimos años, lo cierto es que esa violencia globalizada y de inspiración religiosa, concretamente neosalafista, viene desarrollándose con tasas de mortalidad menores de lo imaginado, procedimientos mucho más convencionales de lo que se cree y pautas de victimización igualmente distintas de las hasta ahora dadas por descontado.[8]

Fundada a sociedade, portanto, nas premissas até então desenvolvidas, instaura-se um sentimento de apreço à luta violenta contra o crime, perdendo aceitabilidade qualquer decisão tendente a descriminalizações. O Direito Penal atual se faz demarcado por processos incriminadores, tomando como sinal distintivo a mencionada legislação expansionista.[9]

Na lógica expansionista, o Direito Penal deixa sua postura de asseguramento do "mínimo ético",[10] para adotar uma postura de controle de perturbações sociais ou estatais. Winfried Hassemer trata dessa alteração como o abandono da concepção liberal do Direito Penal, que passa a se preocupar em guarnecer políticas de subsídios, o meio ambiente, a saúde, as relações internacionais, com uma preocupação elevada em relação à prevenção de situações problemas[11] – devendo-se fazer o alerta de que não se deseja aqui defender um Direito Penal estanque e limitado aos bens jurídicos ditos clássicos; postula-se por um Direito Penal evolutivo, acolhedor dos bens jurídicos nascidos ou dotados de suficiente valor no seio de uma sociedade moderna, desde que em respeito a princípios penais fundamentais limitadores de uma utilização deformada da intervenção penal.

Esse modelo de Direito Penal se exterioriza, em sua prática, de uma maneira peculiar, que não deve passar desapercebida no estudo do tema. Quando de seu atuar na sociedade, o Direito Penal é representado como uma das diversas formas de regulação da atividade humana, transmitin-

---

[8] PÉREZ CEPEDA, Ana Isabel. *La seguridad como fundamento de la deriva del Derecho penal postmoderno.* Madrid: Editora Iustel, 2007. p. 162.

[9] SILVA SÁNCHEZ, Jesús-María. *Aproximación al derecho penal contemporáneo.* Barcelona: Jose Maria Bosch Editor, 1992. p. 16.

[10] Conquanto a ressalva de Massimo Donini, de que o Direito Penal tradicional ou clássico desenvolveria a função de estabilização das condições essenciais para a manutenção da sociedade, não só assegurando o "mínimo ético". (DONINI, Massimo. *El Derecho Penal frente a los desafíos de la modernidad.* Perú: ARA Editores, 2010. p. 25-26).

[11] HASSEMER, Winfried. *Direito penal*: fundamentos, estrutura, política. Organização e revisão de Carlos Eduardo de Oliveira. Tradução de Adriana Beckman Meirelles et al. Porto Alegre: Sergio Antonio Fabris, 2008. p. 227.

do à sociedade exigências de comportamentos individuais. Desse modo, ele declara às pessoas determinados comportamentos como indesejáveis, sob a ameaça do exercício da sanção penal,[12] com a intenção de proteção de bens jurídicos.

Todavia, no contexto atual, muitas das manifestações penais passam a ser dotadas de uma natureza unicamente simbólica. Quando se trata do Direito Penal simbólico, deve-se compreender o que se está a dizer por esse termo, para que se possa receber sua crítica e se lhe conferir um adequado tratamento dentro da teoria penal.

A complexidade do termo surge já na constatação de que o Direito Penal, como um todo, jamais pode ser considerado como de efeitos meramente simbólicos. Verdadeiramente, sob uma primeira aproximação, os efeitos da tutela penal (prisão privativa de liberdade, pena pecuniária, obrigação de comparecimento em juízo, custos sociais do sistema penal etc.) nada possuem de simbólico. O processar, condenar e penalizar não podem ser tratados como meros símbolos, pois seus efeitos reais são evidentes (efeitos sociais, políticos, econômicos, individuais etc.).[13]

Necessário ter em mente, ainda, que, apesar de todos esses efeitos, o sistema penal sempre se usou de efeitos simbólicos,[14] especialmente em se considerando os estudos até então desenvolvidos a respeito dos fins da pena.

Deve-se, então, compreender o que se pretende nomear por "simbolismo penal", mesmo se reconhecendo os efeitos não-simbólicos do Direito Penal e o próprio uso legítimo de simbolismos em seu desenvolvimento histórico.

Na lição de José Luis Díez Ripollés, o simbolismo penal atua decisivamente no âmbito legislativo, fazendo com que o legislador pretenda refletir na legislação penal o atual estado de ânimo social, a opinião coletiva a respeito de determinada realidade, raciocínio privado de qualquer análise a respeito da verdadeira capacidade da medida em solucionar o problema para o qual se dirige (ou deveria se dirigir).[15]

Tomando-se esse conceito, tem-se que o elemento nuclear do caráter simbólico do Direito Penal, que vem a tornar possível sua crítica, é

---

[12] BACIGALUPO, Enrique. *Manuel de derecho penal*. Parte general. Colombia: Editorial Temis, 1996. p. 1.

[13] HASSEMER, Winfried. *Direito penal*: fundamentos, estrutura, política. Organização e revisão de Carlos Eduardo de Oliveira. Tradução de Adriana Beckman Meirelles et al. Porto Alegre: Sergio Antonio Fabris, 2008. p. 209-210.

[14] DÍEZ RIPOLLÉS, José Luis. *Política criminal y derecho penal*: estudios. 2. ed. Valencia: Tirant lo Blanch, 2013. p. 47.

[15] Idem, p. 47.

o fenômeno da ilusão, da discrepância entre realidade e aparência, que dissimula a efetividade penal.[16]

A norma penal possui duas classes de funções primordiais: as funções manifestas, consubstanciadas nas concretizações que a própria norma se declara cumprir, como sendo as funções disseminadas discursivamente para o exterior da norma (casos regulados ou bens jurídicos elegidos para proteção); e as funções latentes, representadas pela "[...] satisfação de uma 'necessidade de ação' presente, a um apaziguamento da população, até a demonstração de um Estado forte".[17] Assim, a prevalência das funções latentes da norma resulta no que se denomina como "ilusão", não se podendo confiar nos objetivos declarados pela norma. Ou seja, tem-se a ilusão originária do simbolismo como a prevalência de uma função política da norma, em prejuízo da tutela de bens jurídicos.[18]

Em outras palavras, a legislação penal, conquanto comunique à sociedade ser destinada à tutela de determinado bem jurídico e, muitas vezes, capaz de uma tutela preventiva a determinado tipo de ato, apenas se manifesta como um meio de controle dos ânimos sociais, uma forma de satisfação (passageira) ao desejo por segurança, um instrumento de promoção política. O que se constrói, conforme exposto por Massimo Donini, é um Direito Penal desprovido de efetividade.[19]

Quanto a isso, Jesús-María Silva Sánchez leciona que é justamente da tendência moderna de incriminações que resulta, por vezes, uma legislação meramente simbólica ou retórica, dificilmente aplicável de maneira útil.[20] De maneira visível, essa racionalidade se faz presente nas modernas legislações antiterroristas, conforme a doutrina de Ana Isabel Pérez Cepeda: "Estas leyes excepcionales contienen un buen número de normas meramente simbólicas, de eficacia sólo aparente. Son más una respuesta política al terrorismo que una racional medida de eficacia penal".[21]

3. A racionalidade penal expansionista na prática legislativa brasileira

A realidade jurídica brasileira não se faz alheia ao fenômeno da expansão do Direito Penal. Ao contrário, diversas manifestações desse

---

[16] HASSEMER, Winfried. *Direito penal*: fundamentos, estrutura, política. Organização e revisão de Carlos Eduardo de Oliveira. Tradução de Adriana Beckman Meirelles et al. Porto Alegre: Sergio Antonio Fabris, 2008. p. 220.

[17] Idem, p. 221.

[18] Idem, p. 220-221.

[19] DONINI, Massimo. *El Derecho Penal frente a los desafíos de la modernidad*. Perú: ARA, 2010. p. 46.

[20] SILVA SÁNCHEZ, Jesús-María. *Aproximación al derecho penal contemporáneo*. Barcelona: Jose Maria Bosch Editor, 1992. p. 16.

[21] PÉREZ CEPEDA, Ana Isabel. *La seguridad como fundamento de la deriva del Derecho penal postmoderno*. Madrid: Editora Iustel, 2007. p. 173.

movimento podem ser apontadas, seja no tocante à realidade social quanto ao domínio do sentimento de insegurança, à visão social do delinquente como um ser desprezível e merecedor da exclusão social, ao sentimento generalizado de vitimização etc., seja em relação à prática legislativa, como forma de oferecer uma resposta tranquilizadora (conquanto geralmente limitada ao nível da aparência) à sociedade e a angariar uma imagem positiva do próprio legislativo.

No que toca à esfera legislativa, diversas são as manifestações expansionistas, pouco se fazendo presente, de forma efetiva, as decisões de recuo da intervenção penal. Talvez a expressão mais representativa desse ideal repressivista e de "demonização" do delinquente seja a conhecida Lei nº 8.072[22] (Lei de Crimes Hediondos), tomada por uma ideologia de defesa social e destinada a agravar o tratamento penal e processual destinado a determinados delitos e fruto de uma intensa pressão social por sua aprovação.

Pode-se sintetizar a referida legislação com as palavras de Manuel Cancio Meliá:

> Se está produciendo – al menos –, por un lado, una expansión cuantitativa y cualitativa del ordenamiento penal; por otro, un proceso de cambio de la relevancia del ordenamiento penal y su funcionamiento en la comunicación pública: lo que antes sólo interesaba a juristas, ahora está en boca de todos.[23]

Fazendo nascer uma espécie de "crime mais grave do que o crime", a própria Lei de Crimes Hediondos, além de reflexo da expansão do Direito Penal, foi ela mesma incorporada no pensamento expansionista. Voltada a um rol limitado de delitos, vem ela se estendendo a novas figuras delitivas, incluídas por legislativas.

Justamente em razão da severidade do tratamento que confere ao delito, tal legislação passa a ser adotada como solução de "casos perdidos", também se capacitando como um exemplo privilegiado de Direito Penal simbólico. Disso resulta o notável interesse legislativo na inclusão de cada vez mais delitos no rol de crimes hediondos.

Veja-se, por exemplo, o projeto de lei do senado nº 734 de 2011,[24] de autoria do senador Blairo Maggi, que, além do aumento de pena para um conjunto de crimes, prevê a inclusão do crime de formação de milícia na legislação de crimes hediondos.

---

[22] Disponível em: http://www.planalto.gov.br/ccivil_03/leis/l8072.htm. Acesso em: 01.nov.2014.

[23] CANCIO MELIÁ, Manuel. *Los delitos de terrorismo: estructura típica e injusto*. Madrid: Editora Reus, 2010. p. 18-19.

[24] Disponível em: http://www.senado.gov.br/atividade/materia/detalhes.asp?p_cod_mate=103760. Acesso em: 01.nov.2014.

No mesmo sentido o projeto de lei do Senado n° 372 de 2012,[25] de autoria do senador Paulo Paim, cuja ementa descreve:

> Altera o art. 1º da Lei nº 8.072, de 25 de julho de 1990, para incluir no rol dos crimes hediondos os crimes de formação de quadrilha, corrupção passiva e ativa, peculato, e os crimes contra licitações, quando a prática estiver relacionada com contratos, programas e ações, referentes à Seguridade Social.

Ainda, veja-se o projeto de lei do Senado n° 41 de 2013,[26] criado pelo senador Ciro Nogueira, assim ementado:

> Altera o art. 121 do Decreto-Lei nº 2.848, de 7 de dezembro de 1940 (Código Penal), e o art. 1º da Lei nº 8.072, de 25 de julho de 1990, que trata dos crimes hediondos, para qualificar o crime de homicídio contra agentes públicos e torná-lo hediondo.

Destaca-se a visível presença do discurso do medo na justificação do projeto de lei em comento, de forma a afirmar a função meramente simbólica da lei penal, especialmente pela passagem que segue: "O agente de homicídio contra essas autoridades não pode confiar na sua punição branda, o que pode abalar o Estado Democrático de Direito, pois podem exacerbar-se sentimentos de medo e insegurança em instituições públicas e nas comunidades".

Por fim, reforçam a normalização da Lei de Crimes Hediondos, que progressivamente perde seu caráter de exceção, os projetos de lei do Senado n° 253 de 2013,[27] de autoria do senador Ruben Figueiró e n° 429 de 2013,[28] de autoria da senadora Vanessa Grazziotin, assim descritos em suas ementas, respectivamente:

> Altera a Lei nº. 8.072, de 25 de julho de 1990, para incluir no rol de crimes hediondos o delito de falsificação, corrupção, adulteração ou alteração de substância ou produtos alimentícios (art. 272, *caput*, §§ 1º e 1º-A, do Código Penal).

> Inclui o art. 129-A no Decreto-Lei nº 2.848, de 7 de dezembro de 1940 (Código Penal), e o inciso VIII no art. 1º da Lei nº 8.072, de 25 de julho de 1990, para tipificar o crime de sequela e incluí-lo no rol de crimes hediondos.

Também adequados à ideologia expansionista são os projetos de lei n° 683 de 2011,[29] de autoria do senador Demóstenes Torres, e n° 748 de 2011,[30] de autoria do senador Blairo Maggi, ambos destinados a elevar as penas aplicáveis aos crimes de homicídio, furto, furto qualificado, apropriação

---

[25] Disponível em: http://www.senado.gov.br/atividade/materia/detalhes.asp?p_cod_mate=107966. Acesso em: 01.nov.2014.

[26] Disponível em: http://www.senado.gov.br/atividade/materia/detalhes.asp?p_cod_mate=110819. Acesso em: 01.nov.2014.

[27] Disponível em: http://www.senado.gov.br/atividade/materia/detalhes.asp?p_cod_mate=113363. Acesso em: 01.nov.2014.

[28] Disponível em: http://www.senado.gov.br/atividade/materia/detalhes.asp?p_cod_mate=114851. Acesso em: 01.nov.2014.

[29] Disponível em: http://www.senado.gov.br/atividade/materia/detalhes.asp?p_cod_mate=103255. Acesso em: 01.nov.2014.

[30] Disponível em: http://www.senado.gov.br/atividade/materia/detalhes.asp?p_cod_mate=103837. Acesso em: 01.nov.2014.

indébita e receptação, fundados na crença de que, conforme exposto na justificação do segundo projeto, "[...] o incremento de pena sugerido nesta proposição representará efetiva medida de prevenção aos crimes contra o patrimônio, razão pela qual conclamamos os ilustres Pares a votarem pela sua aprovação". Com a mesma fundamentação, o senador Ciro Nogueira apresentou o projeto de lei nº 90 de 2011,[31] objetivando tornar ainda mais agravado o regime de cumprimento de pena de condenado pela prática de crime hediondo.

Conquanto propostas como as acima referidas devam ser analisadas com cuidado, ainda mais merecedora de atenção é o projeto de lei nº 555 de 2011,[32] de autoria do senador Ciro Nogueira, cuja ementa se transcreve: "Altera o Código Penal e a Lei nº 8.072, de 25 de julho de 1990, para punir a prática de atos preparatórios tendentes à execução de homicídio e de crimes hediondos".

O projeto nº 555 de 2011 se destina à antecipação da intervenção penal, tornando puníveis os atos preparatórios ao delito. Na crítica ao estado atual do Direito Penal, o exacerbado recurso aos próprios delitos de perigo já se apresentam como figuras de duvidosa legitimidade.[33] No magistério de Massimo Donini, "De hecho, muchos delitos modernos y contemporáneos [...] obedecen a una destacada o declarada *idea preventiva*: son figuras legales que sancionan *conductas* intolerables *no en sí mismas*, sino por las consecuencias que podrían producir [...]".[34]

Além de abrigar a já mencionada tendência moderna de se desenvolver um "Direito Penal do risco",[35] preocupado com acontecimentos futuros, está-se diante de uma das características principais do que se conhece por Direito Penal do Inimigo.

Em síntese, o Direito Penal do Inimigo, concebido por Günther Jakobs, adota a doutrina contratualista para fundamentar o processo de perda da condição de cidadão pelo inimigo. Ou seja, a partir do momento em que o indivíduo não mais oferece uma garantia cognitiva de respeito às normas, rebelando-se contra a ordem estabelecida, passa ele a ser con-

---

[31] Disponível em: http://www.senado.gov.br/atividade/materia/detalhes.asp?p_cod_mate=99435. Acesso em: 01.nov.2014.

[32] Disponível em: http://www.senado.gov.br/atividade/materia/detalhes.asp?p_cod_mate=102268. Acesso em: 01.nov.2014.

[33] Atente-se para o fato de que os crimes de perigo abstrato não são figuras modernas ou fruto do fenômeno da expansão. O que se constata em um período de expansão do Direito Penal é o uso desmedido dessa figura. Veja-se que já no direito romano, no período do principado (aproximadamente entre os anos 25 a.C. à 280 d.C.), aplicava-se a pena de morte pelo simples porte de arma com intenção de matar ou pela posse de veneno letal (KUNKEL, Wolfgang. *Historia del derecho romano*. 9. ed. Tradução de Juan Miquel. Barcelona: Ediciones Ariel, 1994. p. 72)

[34] DONINI, Massimo. *El Derecho Penal frente a los desafíos de la modernidad*. Perú: ARA Editores, 2010. p. 33.

[35] Idem, p. 44.

siderado como inimigo da sociedade, como aquele que deve como tal ser combatido.[36]

Dentre os elementos identificadores desse "Direito", Francesco Viganò aponta "[...]l'accentuato *arretramento della tutela penale* ad atti meramente preparatori [...]".[37] Essa doutrina acolhe a ideia de necessidade de um Direito Penal preventivo, tomando como prática a identificação de atos suspeitos ou meras características pessoas do sujeito como formas de (tentar) prever atos criminosos e atuar em um momento prévio ao cometimento. Dessa forma, conforme a lição acima referida de Massimo Donini, não se criminalizam condutas ofensivas por si próprias, mas pelos resultados que, eventualmente, venham a causar.

Considerando isso, percebe-se que o projeto de lei n° 555 de 2011 representa, em sua essência, o acolhimento do postulado básico Direito Penal do Inimigo, apontado pela crítica de Manuel Cancio Meliá como uma teoria atentatória ao Estado Democrático de Direito.[38]

Pela análise dos projetos de lei apontados acima, demonstra-se que também o Direito Penal brasileiro está condicionado à ideologia expansionista, cada vez mais sujeito aos efeitos prejudiciais desse fenômeno. Especial destaque deve ser destinado a esse estudo, hoje, em razão da tramitação do projeto de Lei n° 236 de 2012,[39] voltado à criação de um novo Código Penal brasileiro.

Uma dentre todas as matérias discutíveis no referido projeto, contudo, se posiciona em destaque, especialmente na atual sociedade, qual seja a tentativa de definição legal do crime de terrorismo. Se os efeitos da expansão do Direito Penal já se faziam influentes na atual legislação penal nacional, seus efeitos tendem a se intensificar quando do tratamento de um tema tão delicado.

4. O terrorismo e a criação de um tipo penal

Atualmente, um dos temas de maior relevância no cenário internacional é aquele sobre a definição do terrorismo. Deve-se a isso um complexo de fatores, dentre os quais se encontram o destaque recebido por esse tipo de acontecimento pela mídia, o interesse generalizado pelo fenô-

---

[36] JAKOBS, Günther; CANCIO MELIÁ, Manuel. *Direito penal do inimigo*: noções e críticas. Organização e tradução de André Luís Callegari e Nereu José Giacomolli. 6. ed. Porto Alegre: Livraria do Advogado, 2012. p. 34.

[37] VIGANÒ, Francesco. Terrorismo, guerra e sistema penale. *Rivista Italiana di Diritto e Procedura Penale*, Milão, v. 49, p. 670, abr./jun.2006.

[38] JAKOBS, Günther; CANCIO MELIÁ, Manuel. *Direito penal do inimigo*: noções e críticas. Organização e tradução de André Luís Callegari e Nereu José Giacomolli. 6. ed. Porto Alegre: Livraria do Advogado, 2012. p. 74.

[39] Disponível em: http://www.senado.gov.br/atividade/materia/detalhes.asp?p_cod_mate=106404. Acesso em: 01.nov.2014.

meno, a íntima relação dessa prática com os sentimento generalizado de medo na sociedade e a própria indefinição do termo *terrorismo*.

Quanto a esse último fator, decidindo uma sociedade em criminalizar a prática terrorista – o que parece ser o caso brasileiro, não se discutindo, aqui, se correta ou não essa decisão –, tal problema da indefinição do ato terrorista passa a exigir seu enfrentamento pelo Direito Penal.

Portanto, não se descuidando da complexidade do fenômeno terrorista, de sua capacidade em se exteriorizar de formas diversas, da dificuldade em se compreender sua verdadeira motivação, parte da doutrina defende uma análise eminentemente jurídico-penal do terrorismo,[40] na tentativa de possibilitar sua definição típica.

Nesse sentido e de forma sintética, costumam-se estabelecer duas classes de elementos constitutivos do terrorismo, uma estrutural e outra teleológica. A primeira classe estabelece a forma de atuação e configuração do terrorismo; a segunda, os objetivos visados com a prática do ato.[41] Adotando esse método conceitual, Mariona Llobet Anglí refere:

> [...] con el término terrorismo deben denominarse, en mi opinión, aquellas conductas delictivas violentas, reiteradas e indiscriminadas; dirigidas contra bienes jurídicos personalísimos; capaces de instrumentalizar a las personas para conseguir fines políticos; y realizadas bien por bandas, organizaciones o grupos armados, bien por sujetos individuales.[42]

No Brasil, o projeto de reforma do Código Penal brasileiro, elaborado por uma comissão de juristas e alterado em alguns pontos após discussões legislativas, procura trazer a conceituação do terrorismo seguindo, em geral, a mesma forma conceitual acima descrita. Originalmente, o crime de terrorismo estava tipificado no artigo 239 do anteprojeto. Após a 15ª reunião da Comissão Temporária de Estudo da Reforma do Código Penal, realizada no dia 17 de dezembro de 2013, o artigo 249 passou a tratar do tema, conforme o parecer nº 1576 da Comissão, fruto dessa reunião, sob a relatoria do senador Pedro Taques.[43]

Conforme o referido parecer, assim restou conceituado o crime de terrorismo:

TÍTULO IX – DOS CRIMES CONTRA A PAZ PÚBLICA
Capítulo I – Do crime de terrorismo
Terrorismo

---

[40] CAPITA REMEZAL, Mario. *Análisis de la legislación penal antiterrorista*. Madrid: Editorial Colex, 2008; CANCIO MELIÁ, Manuel. *Los delitos de terrorismo*: estructura típica e injusto. Madrid: Editora Reus, 2010.

[41] CANCIO MELIÁ, Manuel. *Los delitos de terrorismo*: estructura típica e injusto. Madrid: Editora Reus, 2010. p. 82.

[42] LLOBET ANGLÍ, Mariona. *Derecho penal del terrorismo*: límites de su punición en un Estado democrático. Madrid: La Ley, 2010. p. 66.

[43] Parecer nº 1576, de 17 de dezembro de 2013, da Comissão Temporária de Estudo da Reforma do Código Penal, sob relatoria do Senador Pedro Taques. Disponível em: <http://www.senado.gov.br/atividade/materia/getPDF.asp?t=143412&tp=1>. Acesso em: 04 jan 2014.

Art. 249. Causar terror na população mediante as condutas descritas nos parágrafos deste artigo, quando:

I – tiverem por fim forçar autoridades públicas, nacionais ou estrangeiras, ou pessoas que ajam em nome delas, a fazer o que a lei não exige ou deixar de fazer o que a lei não proíbe;

II – tiverem por fim obter recursos para a manutenção de organizações políticas ou grupos armados, civis ou militares, que atuem contra a ordem constitucional e o Estado Democrático; ou

III – forem motivadas por preconceito de raça, cor, etnia, religião, nacionalidade, origem, condição de pessoa idosa ou com deficiência, ou por razões políticas, ideológicas, filosóficas ou religiosas.

§ 1º Sequestrar ou manter alguém em cárcere privado, ou ameaçar de morte ou lesão pessoas, ainda que indeterminadas;

§ 2º Usar ou ameaçar usar, transportar, guardar, portar ou trazer consigo explosivos, gases tóxicos, venenos, conteúdos biológicos ou químicos ou outros meios capazes de causar danos ou promover destruição ou ofensa massiva ou generalizada;

§ 3º Usar, liberar ou disseminar toxinas, agentes químicos, biológicos, radiológicos ou nucleares, ou outros meios capazes de causar danos à saúde ou ao meio ambiente.

§ 4º Incendiar, depredar, saquear, explodir ou invadir qualquer bem público ou privado;

§ 5º Interferir, sabotar ou danificar sistemas de informática e bancos de dados; ou

§ 6º Sabotar o funcionamento ou apoderar-se, com grave ameaça ou violência a pessoas, do controle, total ou parcial, ainda que de modo temporário, de meios de comunicação ou de transporte, de portos, aeroportos, estações ferroviárias ou rodoviárias, hospitais, casas de saúde, escolas, estádios esportivos, instalações públicas ou locais onde funcione serviços públicos essenciais, instalações de geração ou transmissão de energia e instalações militares:

Pena – prisão, de oito a quinze anos, além das sanções correspondentes à violência, grave ameaça ou dano.

Forma qualificada

§ 6º Se a conduta é praticada pela utilização de arma capaz de causar destruição ou ofensa massiva ou generalizada:

Pena – prisão, de doze a vinte anos, além das penas correspondentes à violência, grave ameaça ou dano.

A atual redação da proposta de tipo penal para o terrorismo do Projeto de reforma do Código Penal não foge à tendência geral de reconhecimento do elemento essencial do crime de terrorismo, qual seja a difusão de uma mensagem de terror. Ao referir, em seu *caput*, que ocorrerá o ato de terrorismo quando a conduta "Causar terror na população [...]", o projeto reconhece o caráter preponderantemente comunicacional do terrorismo, além da indiscriminação ou aleatoriedade desse objetivo, porquanto não pessoaliza o alvo da mensagem de terror, direcionada à população em geral.

Assim, quando se refere como elemento essencial do terrorismo o "[...] objetivo de crear una atmósfera de terror [...]"[44] (na proposta brasileira, não só o objetivo, mas a difusão efetiva do sentimento de terror), está-se a indicar um objetivo intermediário ou instrumental, utilizado como forma de atingir uma finalidade maior.

---

[44] REVILLA MONTOYA, Pablo César. *El terrorismo global*. Inicio, desafios y médios político-jurídicos de enfrentamiento. Anuario Mexicano de Derecho Internacional. México, v. 5, p. 406, 2005.

Esse elemento de difusão do sentimento de terror expõe a natureza eminentemente comunicacional do ato terrorista,[45] objetivando propagar ao seu entorno uma mensagem determinada e dependendo, sobretudo, da interferência midiática para tornar possível, mesmo que sem a intenção dessa, o sucesso do ato.[46]

Assim, pela redação do artigo 249, para a consumação do crime de terrorismo, não basta que a conduta do agente seja capaz de causar terror na população. É necessário que o sentimento de terror seja, realmente, difundido e que essa circunstância fique devidamente comprovada. Essa exigência é fruto de uma redação típica enfática, que descreve já uma situação de resultado verificado da conduta do agente, e não de mera intencionalidade – o sentimento de terror presente na população, já difundido, fruto da(s) conduta(s) descrita(s) nos parágrafos do artigo.

A difusão do sentimento de terror não constitui uma mera circunstância objetiva, independente da vontade do agente. Ao contrário, deve ser o objetivo primeiro ou imediato do agente (e, portanto, desejado por ele) a provocação do sentimento de terror, pois o discurso do terror é o meio eleito pelo sujeito para o alcance da finalidade última do ato (por exemplo, a finalidade política).

Em uma análise global da proposta, o artigo 249 se utiliza, para conceituar o terrorismo, da especificação dos dois elementos já referidos anteriormente: o elemento estrutural (a forma de configuração e atuação) e o elemento teleológico (os fins pretendidos com o ato).

4.1. Elemento estrutural

4.1.1. Condutas / delitos-meios

As condutas típicas capazes de configurar o crime de terrorismo são estabelecidas nos parágrafos do artigo 249, tratando-se de um crime de ações múltiplas.

Muitas das condutas discriminadas nesse artigo já são, hoje, tipificadas em lei e, no projeto de reforma do Código Penal, ao que até agora se pôde acompanhar, continuarão a sê-lo. Nesses casos, verificar-se-ia, sob uma primeira análise, um conflito aparente de normas penais, a ser solucionado pelo princípio da consunção, pois as condutas descritas no tipo penal de terrorismo são meios necessários à consumação do crime, concluindo-se que, na lógica desse conflito aparente de normas, "el contenido

---

[45] CANCIO MELIÁ, Manuel. Algunas reflexiones preliminares sobre los delitos de terrorismo: eficacia y contaminación. In DIAZ-MAROTO Y VILLAREJO, Julio. *Derecho y justicia penal en siglo XXI*: liber amicorum en homenaje al profesor Antonio González-Cuéllar García. Madrid: Editorial Colex, 2006. cap. 3, p. 492.

[46] WAINBERG, Jacques A. *Mídia e terror*: comunicação e violência política. São Paulo: Paulus, 2005. p. 63.

de ilícito y la culpabilidad de un delito están incluidos en otro[...]",[47] que consubstanciam fase necessária da consumação do terrorismo.

Todavia, em seu preceito secundário, o tipo penal faz ressalva à aplicação da sanção correspondente à violência, grave ameaça ou dano, além da aplicação da sanção decorrente do ato de terrorismo. O que se tem, portanto, é uma concorrência de leis, devendo-se aplicar o tipo penal de terrorismo concomitantemente ao tipo penal referente à violência, grave ameaça ou dano, se tipificado em lei.

Se ausente o elemento especial do terrorismo (ato de causar terror na população), remanescerá a possibilidade de punição unicamente pela conduta criminosa simples.

O § 1º do artigo 249[48] traz, como condutas de terrorismo, o sequestro ou cárcere privado e a ameaça. Essas condutas são tipificadas, atualmente, no Código Penal, em seus artigos 148 e 147, respectivamente.

Em seu § 2º,[49] o artigo discrimina ações relacionadas a meios capazes de provocar danos, destruição ou ofensa massiva ou generalizada. Conquanto conste no referido parágrafo um rol específico de substâncias, o legislador optou por não restringir esse rol, que se torna exemplificativo em decorrência da abertura a "outros meios". Torna-se fácil perceber a amplitude desse dispositivo, que permite ser classificado como terrorista, se preenchidos os demais requisitos, o ato de guardar ou portar qualquer meio capaz de causar dano, não sendo disciplinada a amplitude ou gravidade do dano a que se refere o dispositivo legal. A limitação, aqui, será oferecida pela exigência da disseminação do terror na sociedade e na finalidade do ato, que deverá atender ao disposto nos incisos do artigo 249.

Da mesma forma como no anterior, no § 3º[50] o legislador indicou um rol exemplificativo de substâncias, novamente com exagerada amplitude, ao se referir a outros meios capazes de causar danos à saúde ou ao meio ambiente.

No § 4º,[51] está disciplinado o que por vezes se denomina "terrorismo contra coisa". Essa nomenclatura se refere apenas às condutas instrumentais do terrorismo, dirigidas contra bens públicos ou privados; a mensa-

---

[47] BACIGALUPO, Enrique, *Derecho penal*. Parte general. 2. ed. Buenos Aires: Editorial Hammurabi, 1999. p. 573.

[48] § 1º Sequestrar ou manter alguém em cárcere privado, ou ameaçar de morte ou lesão pessoas, ainda que indeterminadas.

[49] § 2º Usar ou ameaçar usar, transportar, guardar, portar ou trazer consigo explosivos, gases tóxicos, venenos, conteúdos biológicos ou químicos ou outros meios capazes de causar danos ou promover destruição ou ofensa massiva ou generalizada.

[50] § 3º Usar, liberar ou disseminar toxinas, agentes químicos, biológicos, radiológicos ou nucleares, ou outros meios capazes de causar danos à saúde ou ao meio ambiente.

[51] § 4º Incendiar, depredar, saquear, explodir ou invadir qualquer bem público ou privado.

gem de terror do ato permanece (e não poderia ser diferente) dirigida às pessoas.

O § 5°[52] se refere ao ciberterrorismo, sintetizado nas palavras de Mariona Llobet Anglí: "[...] en un sentido más restringido ciberterrorismo significa el uso de tecnología informática para lograr un estado psíquico de terror entre la población".[53]

A conduta discriminada no § 6°[54] se relaciona com o livre funcionamento de serviços destinados a um grande público.

Quanto à forma qualificada do terrorismo, constante no § 6°,[55] parece ter sido repetido, pelo legislador, o disposto no § 2°. Enquanto o primeiro se refere à utilização de arma capaz de provocar destruição ou ofensa massiva ou generalizada, o segundo disciplina, dentre outras, a conduta de utilização de meios capazes de causar danos ou promover destruição ou ofensa massiva e generalizada. Entendendo-se ou não pela repetição, fato inegável é que a forma qualificada do terrorismo não se faz compatível com a própria natureza do ato e com seu histórico. Tratando-se de ato destinado a infundir um sentimento generalizado de terror, algumas vezes em escala global, a qualificação do ato pela utilização de "arma capaz de causar destruição ou ofensa massiva ou generalizada" parece não ser a exceção desse tipo de ato (justificando a forma qualificada), mas a regra.

4.1.2. Estrutura organizacional e terrorismo individual

O projeto de novo Código Penal nenhuma referência faz à necessidade da estrutura do grupo para a ocorrência de ato terrorista.

Em sua redação original, o anteprojeto de novo Código Penal, elaborado por comissão de juristas, previa, em seu § 7°: "§ 7° Não constitui crime de terrorismo a conduta individual ou coletiva de pessoas movidas por propósitos sociais ou reivindicatórios, desde que os objetivos e meios sejam compatíveis e adequados à sua finalidade". Todavia, esse parágrafo foi excluído pela Comissão Especial de estudo do projeto de novo Código.

Ao que parece, pela redação do dispositivo original, intenciona-se permitir a configuração de terrorismo individual na legislação penal bra-

---

[52] § 5° Interferir, sabotar ou danificar sistemas de informática e bancos de dados;

[53] LLOBET ANGLÍ, Mariona. Derecho penal del terrorismo: límites de su punición en un Estado democrático. Madrid: La Ley, 2010. p. 85.

[54] § 6° Sabotar o funcionamento ou apoderar-se, com grave ameaça ou violência a pessoas, do controle, total ou parcial, ainda que de modo temporário, de meios de comunicação ou de transporte, de portos, aeroportos, estações ferroviárias ou rodoviárias, hospitais, casas de saúde, escolas, estádios esportivos, instalações públicas ou locais onde funcione serviços públicos essenciais, instalações de geração ou transmissão de energia e instalações militares.

[55] § 7° Se a conduta é praticada pela utilização de arma capaz de causar destruição ou ofensa massiva ou generalizada.

sileira, pois, do contrário, seria completamente desnecessária a referência à conduta individual para exclusão do crime.

Ademais, conforme disposto no § 4º do artigo 1º da na Lei 10.744 de 2003, que institui, dentre outras matérias, a possibilidade de responsabilidade civil do Estado diante de atentado terrorista contra aeronave de matrícula brasileira operada por empresa brasileira de transporte aéreo público, "Entende-se por ato terrorista qualquer ato de uma ou mais pessoas, sendo ou não agentes de um poder soberano, com fins políticos ou terroristas, seja a perda ou dano dele resultante acidental ou intencional".

Conquanto a contradição em relação à finalidade, pois inclui-se, majoritariamente, a finalidade política como sendo a motivação por excelência do ato terrorismo, o projeto de novo Código não tenciona modificar o disposto no artigo de lei acima transcrito, que faz expressa referência ao ato terrorista individual.

Contudo, na lição de Manuel Cancio Meliá, a figura do terrorismo individual "[...] casa mal con lo que de acuerdo con la doctrina dominante constituye una de las bases fundamentales del carácter especial de las infracciones en materia de terrorismo: la organización".[56]

Não se afasta, aqui, a possibilidade de um agente individual ser capaz de, com seu ato, difundir o sentimento de medo em grande número de pessoas. Na sociedade atual, tomada pela instantaneidade de informações, o sentimento de medo é facilmente disseminado. Como consequência do fácil acesso a informações em tempo real, verifica-se a incidência de uma "aproximação sentida" a fatos violentos, por mais que ocorram em local isolado e distante do receptor da notícia. Não surpreenderá, pois, que o ato de um agente isolado alcance grande repercussão social; todavia, não se acredita que atingirá esse ato a magnitude típica do terrorismo, que não deve ser confundida com o medo (mesmo que generalizado) gerado por um crime comum, em uma sociedade marcada pela difusão de informações e já propícia a altos níveis de temeridade.

4.2. Elemento teleológico

O artigo 249 do projeto de novo Código elenca, em seus incisos, as finalidades e motivações do ato terrorista.

O inciso primeiro[57] institui o terrorismo com finalidade política, sendo essa a motivação mencionada pela doutrina majoritária como sendo a principal (ou única) caracterizadora do ato de terrorismo. Nesse caso,

---

[56] CANCIO MELIÁ, Manuel. *Los delitos de terrorismo*: estructura típica e injusto. Madrid: Editora Reus, 2010. p. 259.

[57] I – tiverem por fim forçar autoridades públicas, nacionais ou estrangeiras, ou pessoas que ajam em nome delas, a fazer o que a lei não exige ou deixar de fazer o que a lei não proíbe.

o objetivo do ato é fazer com que autoridades públicas adotem alguma decisão por imposição do terrorista, que se furta dos meios legítimos para tanto, disponíveis pela ordem jurídica posta.

No caso do inciso segundo,[58] dificilmente se poderá qualificar a atuação do grupo para o qual se destinam os recursos pretendidos de uma forma diferente do que uma qualificação política. Aqui, contudo, o ato terrorista seria aquele tendente à obtenção de recursos para a manutenção do grupo.

Apesar das especificações dos dois incisos anteriores, no inciso terceiro[59] se fizeram constar termos extremamente genéricos, de modo a tornar impensável alguma atuação humana voluntária que não seja abarcada por esse dispositivo em sua motivação, o que torna questionável a técnica utilizada na redação do dispositivo, em contraste com o princípio da legalidade penal, representado especificamente pelo aforismo *nullum crimen nulla poena sile lege certa*. Com a formulação vaga do tipo penal incriminador, permite-se aos órgãos responsáveis pela persecução penal uma manipulação mais livre do tipo penal, de maneira a optar pelo processamento e punição de uma amplitude de condutas; em contrapartida, o caráter protetivo do princípio da legalidade, voltado a conferir clareza ao sistema legal e segurança aos cidadãos, resulta gravemente prejudicado.

Diferentemente dos dois incisos anteriores, o inciso III não fez referência à finalidade ou objetivo do ato terrorista, mas à sua motivação. Portanto, deve-se ter clara a distinção entre a motivação do ato e o seu objetivo. Nesse sentido, a motivação será aquela circunstância subjetiva que faz mover a vontade.[60] Podemos tomar como exemplo o descontentamento do agente com o crescente número de imigrantes em seu país, que serve de força motriz para a tomada de alguma medida, que poderá se refletir no ato de terrorismo.

Por objetivo, diferentemente, se entende o resultado pretendido, se não mais de um, pelo cometimento do ato de terrorismo. No mesmo caso ilustrativo anterior, podemos ter como objetivo da conduta terrorista coagir o Estado a alterar sua política em relação à entrada de cidadãos estrangeiros em seu território.

---

[58] II – tiverem por fim obter recursos para a manutenção de organizações políticas ou grupos armados, civis ou militares, que atuem contra a ordem constitucional e o Estado Democrático.

[59] III – forem motivadas por preconceito de raça, cor, etnia, religião, nacionalidade, origem, condição de pessoa idosa ou com deficiência, ou por razões políticas, ideológicas, filosóficas ou religiosas.

[60] FERRATER MORA, José. *Diccionário de filosofia*. 5. ed. Buenos Aires: Editorial Sudamericana, 1964. Tomo 2. p. 236.

4.2.1. Bem jurídico tutelado.

O terrorismo restou tipificado no Título IX do projeto de novo Código, referente aos crimes contra a paz pública, sendo esse um dos bens jurídicos tutelados pelo tipo penal. Esse bem jurídico se relaciona diretamente com a característica comunicacional do terrorismo, que tem em seu cerne o objetivo de difusão do terror em um grande grupo de pessoas e, por isso, atentando contra o sentimento de paz pública. O conceito de paz pública é fornecido por Isidoro Blanco Cordero, para quem o termo se refere "[...] a la tranquilidad y sosiego en relaciones de unos con otros, esto es, a las condiciones básicas para la convivencia ciudadana, a la seguridad en el ejercicio de derechos y libertades sin temor a ataques contra las personas".[61]

O terrorismo, obtendo sucesso em estabelecer uma relação comunicativa com a sociedade, dissemina sua mensagem de terror e instaura um ambiente de desconfiança, de insegurança exacerbada, de receio por todos de se tornarem vítimas do terrorismo, em razão da imprevisibilidade do ato, potencializada em uma era de predomínio das incertezas.

Além disso, nos incisos I e II do projeto de tipo, se sobressai o caráter preponderantemente político do crime de terrorismo. Conforme esses incisos, o terrorismo seria utilizado como modo de ofensa à ordem constitucional e ao Estado Democrático. Apesar de os termos apenas constarem no inciso II, tem-se que ambos os bens jurídicos são também tutelados no inciso I, de mesmo caráter político que o inciso posterior, que se refere propriamente a uma finalidade de obtenção de recursos.

Quanto ao inciso III, mostra-se árdua a tarefa de sua compreensão, devido à amplitude dos termos que emprega. Disciplinando a motivação do ato terrorista, devemos saber se ainda aqui a finalidade política irá se impor.

5. Conclusão

Ao que se percebe, o Direito brasileiro tem se inserido na tendência expansiva do Direito Penal, adotando um discurso de repressão exacerbada ao delito e de exclusão social do delinquente. Sob essa lógica, a criação de novos tipos penais, o aumento de pena dos crimes já existentes, a agravação das regras de execução da pena, a restrição de garantias processuais-penais do acusado, entre outras medidas, são consideradas como escolhas adequadas ao combate do delito e, inclusive, necessárias para o aperfeiçoamento do sistema penal. Em contrapartida, toda decisão em sentido contrário, em favorecimento da situação do suspeito, acusado

---

[61] BLANCO CORDERO, Isidoro, 2003 apud CAPITA REMEZAL, Mario. *Análisis de la legislación penal antiterrorista.* Madrid: Editorial Colex, 2008. p. 52.

ou condenado, é considerada como uma perda de toda a sociedade e um favorecimento às injustiças.

A legislação penal brasileira, então, passa a desempenhar um papel de contenção dos ânimos sociais e de promoção política, restando em segundo plano qualquer função protetora de bens jurídicos e fundada em conhecimentos técnicos. Nesse caminho, a legislação penal brasileira toma por baliza uma ideologia repressivista, inclusive com sinais representativos da presença de postulados da teoria do Direito Penal do inimigo e com a instituição de um caráter simbólico da lei penal.

Quanto ao terrorismo, fortaleceu-se o discurso de imprescindibilidade da criação de um tipo penal conceituando tal conduta, já constando tal previsão no projeto de novo Código Penal brasileiro. No tratamento desse fenômeno, assim como ocorre em relação às mais variadas figuras delitivas, manifesta-se o ideal de combate ao terrorista e de sua exclusão social, mesmo sem se afirmar confiavelmente a efetividade dessas medidas adotadas.

Em uma análise geral das tendências presentes no sistema penal brasileiro, destaca-se o domínio de decisões populistas, grande parte das vezes contrárias ao discurso técnico e a demonstrações empíricas. A isso se deve a progressiva perda de credibilidade das opiniões técnicas em matéria penal, preponderando nas decisões legislativas os impulsos incriminadores reflexos da demanda social por (sensação de) segurança.

Nesse caminho tomado pelo Direito Penal pátrio, inúmeros postulados penais basilares são enfraquecidos em prol de medidas tendentes à defesa coletiva que, frequentemente, apenas se prestam a efeitos simbólicos e passageiros. Ainda assim, continua-se a outorgar credibilidade à técnica expansionista sem se perceber que é justamente a inflação do Direito Penal um dos fatores responsáveis por sua inefetividade.

Referências

BACIGALUPO, Enrique, *Derecho penal*. Parte general. 2. ed. Buenos Aires: Editorial Hammurabi, 1999.

——. *Manuel de derecho penal*. Parte general. Colombia: Editorial Temis, 1996.

CANCIO MELIÁ, Manuel. Algunas reflexiones preliminares sobre los delitos de terrorismo: eficacia y contaminación. In DIAZ-MAROTO Y VILLAREJO, Julio. *Derecho y justicia penal en siglo XXI*: liber amicorum en homenaje al profesor Antonio González-Cuéllar García. Madrid: Editorial Colex, 2006. cap. 3, p. 487-495.

——. Los delitos de terrorismo: estructura típica e injusto. Madrid: Editora Reus, 2010.

CAPITA REMEZAL, Mario. *Análisis de la legislación penal antiterrorista*. Madrid: Editorial Colex, 2008.

DÍEZ RIPOLLÉS, José Luis. *Política criminal y derecho penal*: estudios. 2. ed. Valencia: Tirant lo Blanch, 2013.

DONINI, Massimo. El Derecho Penal frente a los desafíos de la modernidad. Perú: ARA Editores, 2010.

FERRATER MORA, José. *Diccionário de filosofia*. 5. ed. Buenos Aires: Editorial Sudamericana, 1964. Tomo 2.

HASSEMER, Winfried. *Direito penal*: fundamentos, estrutura, política. Organização e revisão de Carlos Eduardo de Oliveira. Tradução de Adriana Beckman Meirelles et al. Porto Alegre: Sergio Antonio Fabris, 2008.

JAKOBS, Günther; CANCIO MELIÁ, Manuel. *Direito penal do inimigo*: noções e críticas. Organização e tradução de André Luís Callegari e Nereu José Giacomolli. 6. ed. Porto Alegre: Livraria do Advogado, 2012.

KUNKEL, Wolfgang. *Historia del derecho romano*. 9. ed. Tradução de Juan Miquel. Barcelona: Ediciones Ariel, 1994.

LLOBET ANGLÍ, Mariona. *Derecho penal del terrorismo*: límites de su punición en un Estado democrático. Madrid: La Ley, 2010.

PÉREZ CEPEDA, Ana Isabel. La seguridad como fundamento de la deriva del Derecho penal postmoderno. Madrid: Editora Iustel, 2007.

REVILLA MONTOYA, Pablo César. *El terrorismo global*. Inicio, desafios y médios político-jurídicos de enfrentamiento. Anuario Mexicano de Derecho Internacional. México, v. 5, 2005.

SENDEREY, Israel Drapkin. *Imprensa e criminalidade*. Tradução de Ester Kosovski. São Paulo: José Bushatsky Editor, 1983.

SILVA SÁNCHEZ, Jesús-María. *Aproximación al derecho penal contemporáneo*. Barcelona: Jose Maria Bosch Editor, 1992.

VIGANÒ, Francesco. Terrorismo, guerra e sistema penale. *Rivista Italiana di Diritto e Procedura Penale*, Milão, v. 49, p. 648-703, abr./jun.2006.

WAINBERG, Jacques A. *Mídia e terror*: comunicação e violência política. São Paulo: Paulus, 2005.

— III —

Objeto do processo e objeto do debate: dicotomia essencial para uma adequada compreensão do novo CPC

DARCI GUIMARÃES RIBEIRO[1]

Sumário: 1. Considerações preliminares; 2. Natureza jurídica do objeto do processo; 2.1. Aproximação às diversas teorias doutrinárias; 2.1.1. Concepção material; 2.1.2. Concepção processual; 2.2. Nossa posição; 3. Conceito e análise dos seus elementos; 4. Dicotomia entre objeto do processo e objeto do debate; 4.1. Objeto do processo; 4.2. Objeto do debate; 5. Elementos individualizadores do objeto do processo e do debate e suas relações com a sentença e a coisa julgada; 6. Aplicação desta dicotomia no projeto do novo CPC.

1. Considerações preliminares

O tema relacionado ao conceito de mérito no processo pode ser considerado o mais árduo dentro da ciência processual,[2] tanto que poucos, para não dizer pouquíssimos, são os autores brasileiros que se debruçaram sobre tão espinhoso tema, não obstante sua grande importância prática.

Atualmente, sua importância ficou mais evidenciada com a iminente promulgação do novo Código de Processo Civil, que depende somente da sanção presidencial e apresenta diversos dispositivos pertinentes ao

---

[1] Advogado. Pós-Doutor pela Università degli Studi di Firenze. Doutor em Direito pela Universitat de Barcelona. Mestre e Especialista pela Pontifícia Universidade Católica do Rio Grande do Sul (PUC/RS). Professor Titular de Direito Processual Civil da UNISINOS e PUC/RS. Professor do Programa de Pós-Graduação em Direito da UNISINOS (Mestrado, Doutorado e Pós-Doutorado). Membro do Instituto Brasileiro de Direito Processual Civil. Membro do Instituto Ibero-americano de Direito Processual Civil. Membro da *International Association of Procedural Law*. Este trabalho é parte do projeto I+D do Ministério de Economia e Competitividade da Espanha, intitulado: "La prueba civil a examen: estudio de sus problemas y propuestas de mejora" (DER 2013-43636-P) do qual sou pesquisador ativo.

[2] Sua complexidade e importância é destacada pela quase totalidade da doutrina, consultar por todos SCHWAB, *El objeto litigioso en el proceso civil*. Trad. Tomas A. Banzhal. Buenos Aires: Ejea, 1968, § 1º, p. 3 e ss; e HABSCHEID, *Droit judiciaire privé suisse*. Genève: Librairie de L'université Georg et Cie S.A., 1981, 2ª ed., §42, p. 256.

tema.[3] Esta preocupação já foi constatada anteriormente através da reforma processual havida com a Lei 11.232, de 22.12.05, especialmente em relação aos arts. 162, § 1º, 267 e 269 do CPC.

Não se pode negar hoje que o conceito de sentença está umbilicalmente ligado não mais à finalidade do ato, mas sim ao conteúdo do pronunciamento judicial,[4] isto é, ao conceito de mérito que para nós é sinônimo de pretensão processual, como a seguir veremos. Esta mudança de rumo traz inúmeras consequências práticas entre as quais podemos destacar a radical transformação havida no sistema recursal, como também nas condenações genéricas (art. 286 do CPC[5]) e na antecipação de pedidos incontroversos (§ 6º, do art. 272, do CPC[6]), entre inúmeras outras.

As ideias aqui expostas encontram relação direta com temas que já foram exaustivamente, por nós, trabalhados e que não podem ser repristinados em virtude da proposta deste artigo.[7]

Inicialmente, devemos identificar qual é o objeto[8] que compõe e mantém em funcionamento o processo.

A necessidade que as partes e o juiz têm de saber o que se debate em qualquer tipo de processo e quais são os elementos que identificam seu

---

[3] Todos os artigos citados do Projeto referem-se ao Relatório Geral do Senador Vital do Rêgo, apresentados em 27 de novembro de 2014.

[4] Neste sentido, encontramos a redação do art. 162, § 1º do atual CPC, segundo o qual: *"Sentença é o ato do juiz que implica alguma das situações previstas nos arts. 267 e 269 desta lei"*. De igual modo, WAMBIER, Teresa; WAMBIER, Luis R; MEDINA, José, *Breves comentários à nova sistemática processual civil nº 2*, São Paulo, RT, 2006, p. 32 e ss; NEVES, Daniel, *Reforma do CPC*, São Paulo: RT, 2006, p. 79 e ss; MIELKE, Jaqueline; Xavier, Tadeu, *Reforma do processo civil*, Porto Alegre: Verbo Jurídico, 2006, p. 45 e ss; CARNEIRO, Athos, *Cumprimento da sentença civil*, Rio de Janeiro: Forense, 2007, 118 e ss, SCARPINELLA, Cassio, *Curso sistemático de direito processual civil*, São Paulo, Saraiva, 2007, v. 2, t. 1, p. 328, entre tantos outros. Cumpre evidencia que o projeto do novo CPC não faz qualquer menção ao conceito de sentença.

[5] Em igual sentido é a redação do art. 322 do projeto do NCPC.

[6] No projeto do NCPC, a redação para abranger esta situação jurídica é distinta, conforme se vê no art. 309, inc. IV, segundo o qual: *"A tutela da evidência será concedida, independentemente da demonstração de perigo de dano ou de risco ao resultado útil do processo, quando: (...); IV. a petição inicial for instruída com prova documental suficiente dos fatos constitutivos do direito do autor, a que o réu não oponha prova capaz de gerar dúvida razoável"*.

[7] Neste particular, indicamos nossa obra, *La pretensión procesal y la tutela judicial efectiva*, Barcelona: Bosch, 2004, especialmente o Cap. II e III, p. 73 a 158. E, também, nosso artigo intitulado *Análise epistemológica dos limites objetivos da coisa julgada*. In: Revista de Processo, vol. 215, p. 61 a 84.

[8] Etimologicamente, *objeto* significa *"fin o intento a que se dirige o encamina una acción"*, Dicionário da Real Academia Espanhola, Madrid, 1992, 21ª ed., ph. 1034. Para DE LA OLIVA, *"La etimología de 'Ob-iectus' u 'Ob-jectus', (de 'objicio' y, a su vez, de 'ob-jaceo') y de 'Gegen-stand' (de 'gegen' y 'stehen'), palabras latinas y alemanas, respectivamente, que significan 'objeto' (obvio derivado del latín), resulta especialmente apta para precisar el concepto de objeto: aquello que está o se encuentra frente al sujeto o se pone frente a él"*, Derecho procesal civil: el proceso de declaración, Madrid: Centro de Estudios Ramón Areces, 2000, §25, p. 41 e 42. Nesta ordem de idéias, RAMOS MÉNDEZ, quando disse que *"cada ciencia se delimita fundamentalmente por su objeto, es decir, por aquella parcela de la realidad que específicamente asume como tarea explicativa y que la califica diferencialmente del resto de las ciencias"*, Proceso y método. In: Revista de Derecho Procesal Iberoamericano, nº 2-3, ano 1978, p. 497.

núcleo[9] tem levado à doutrina processual, principalmente a alemã do início do século,[10] a elaborar múltiplas teorias sobre o objeto do processo, e ainda, segundo destaca HABSCHEID, *"non si sa quando una soluzione potrà acquistare 'autorità di cosa giudicata'"*.[11]

O estudo do objeto do processo, como afirmamos, encontra-se entre um dos mais discutidos e árduos temas da ciência processual moderna, em virtude de sua extraordinária relevância prática, já que produz efeitos sobre diversos institutos processuais, entre os quais cabe destacar por sua relação direta: a litispendência, a cumulação objetiva de ações (melhor dito, de pretensões), a modificação da demanda ou a coisa julgada.[12] A

---

[9] O estudo do objeto do processo a partir destes dois pontos de vista distintos foi excelentemente desenvolvidodo por BERZOSA FRANCOS, quem analisou as diversas teorias a cerca do objeto do processo *"en primer lugar desde un punto de vista del núcleo o esencia del objeto del proceso; en segundo lugar desde el punto de vista de los elementos singularizadores de este núcleo o esencia en que el objeto litigioso consiste"*, Demanda, «causa petendi» y objeto del proceso, Córdoba: El Almendro, 1984, cap. II, p. 17.
Ao estudo do objeto do processo a partir destes dois pontos de vistas distintos, representados pelos pronomes *quê* e *quais*, podemos acrescentar a análise desde a perspectiva de *"«cómo» tiene lugar aquella individualización en el caso concreto"*, na feliz frase de ENGISCH, *La idea de concreción en el derecho y en la ciencia jurídica actuales*, Pamplona: Universidad de Navarra, 1968, cap. VII, n° I. 1, p. 349. Para examinar esta interrogação, ainda que superficialmente, já que necessitaríamos um estudo mais aprofundado, utilizamos as explêndidas palabras de ENGISCH, segundo as quais: *"La cuestión de cómo ha de considerarse jurídicamente un caso concreto y cómo ha de juzgarse por medio de conceptos jurídicos generales, y especialmente a través de los conceptos que designan las hipótesis normativas, no es nunca una cuestión referida sólo a este caso concreto, ni tampoco ha de considerarse por ello como una irrevisable «cuestión de hecho», sino como una revisable «cuestión de derecho»"*, La idea de concreción en el derecho y en la ciencia jurídica actuales, ob. cit., cap. VII, n° I. 2, p. 358.

[10] Para um resumo das diversas opiniões sobre o objeto do processo dentro da doutrina processual alemã, vide por todos, CERINO CANOVA, La domanda giudiziale ed il suo contenuto. In: Commentario del Codice di Procedura Civile, dirigido por Enrico Allorio, Torino: Utet, 1980, L. II, t. I, n° 4 a 6, p. 44 a 77; SCHWAB, *El objeto litigioso en el proceso civil*, ob. cit., p. 13 e ss; MENCHINI, *I limiti oggettivi del giudicato civile*, Milano: Giuffrè, 1987, cap. I, n° 3, p. 25 e ss; TARZIA, Recenti orientamenti della dottrina germanica intorno all'oggetto del processo. In: *Problemi del Processo Civile di Cognizione*, Padova: Cedam, 1989, p. 107 e ss; e PROTO PISANI, *La trascrizione delle domande giudiziali*, Napoli: Jovene, 1968, p. 45 e ss, nota 76.

[11] L'oggetto del processo nel diritto processuale civile tedesco. In: Rivista di Diritto Processuale, 1980, II série, p. 454. No mesmo sentido, entre outros, SCHWAB, ao dizer que *"la meta no se ha alcanzado aún. No se ha hallado un concepto unitario, válido para todas las especies de procedimientos civiles, que cuente con aceptación general"*, El objeto litigioso en el proceso civil, §1°, p. 3; PROTO PISANI, quando afirma: *"La lettura dell'imponente letteratura sviluppatasi in Germania sul tema dell'oggetto del processo – come hanno notato gli stessi processualisti tedeschi – sia perché non si è ancora giunti ad alcun risultato di una qualche certezza, sia per le frequenti contraddizioni che si incontrano nelle indagini dei singoli autori, produce spesso una sensazione profonda di smarrimento e di insoddisfazione"*, La trascrizione delle domande giudiziali, ob. cit., p. 49; e ENGISCH, para quem o *"concepto mismo de 'objeto del proceso', que, como hemos visto, no está unívocamente definido"*, La idea de concreción en el derecho y en la ciencia jurídica actuales, ob. cit., cap. VII, n° I. 1, p. 349.

[12] E também, como ressalta ENGISCH, *"determina las competencias, los límites del proceso, los términos de la prueba, el alcance de la sentencia, (...), y, lo que no es menos importante, el alcance de la validez [del proceso]"*, La idea de concreción en el derecho y en la ciencia jurídica actuales, ob. cit., cap. II, n° 4, p. 170, nota 73.
A importância não só teórica senão especialmente prática do objeto do processo não se limita exclusivamente as fronteiras do direito continental, alcançando inclusive ordenamentos jurídicos muito distintos, como é o caso do ordenamento jurídico japonês. Apesar da profunda reforma havida no Código Processual Civil japonês, no ano de 1996, HIROSHI ODA, afirma que: *"The concept of the*

transcendência do tema não passou despercebida pelo legislador espanhol ao promulgar a nova LEC 1/2000, tanto que a parte VIII da Exposição de Motivos indica que: *"El objeto del proceso civil es asunto con diversas facetas, todas ellas de gran importância"*, e logo a seguir acrescenta: *"En esta Ley, la matéria es regulada en diversos lugares, pero el exclusivo propósito de las nuevas reglas es resolver problemas reales, que la Ley de 1881 no resolvia ni facilitaba resolver"*.[13]

2. Natureza jurídica do objeto do processo

Dentro dos limites que o presente trabalho nos impõe, examinaremos o problema do objeto do processo desde a perspectiva de sua natureza jurídica, porquanto a análise de seus elementos individualizadores já foi, por nós, tratada em outra oportunidade.[14]

O problema analisado desde o ponto de vista do núcleo ou essência do objeto do processo se vincula basicamente à identificação do conteúdo do processo civil, vale dizer, quando falamos do conteúdo do processo civil devemos responder o que é que se debate em juízo, qual é a matéria litigiosa, já que não há processo puramente abstrato que exista por si e para si.[15] Como bem observou RAMOS MENDES, no fundo deste problema encontra-se a visão dualista do ordenamento jurídico, uma vez que *"la preocupación mayor de la teoria del objeto del proceso es determinar cómo el derecho substantivo comparece en el esquema del proceso, a lo largo de sus fases"*.[16] Esta afirmação do autor é corroborada por HABSCHEID, quando

---

subject-matter of litigation is important when deciding the possibility of joinder of claims, the scope of 'res judicata', the limits on the alteration of the claim and prohibition of double litigation. The new theory is primarily based on practical considerations as to how the scope of litigation should be demarcated in order to ensure the optimum settlement of a dispute", Japanese law, Oxford: Oxford University Press, 1999, 2ª ed., cap. 17, nº 5, p. 399.

[13] Nesta matéria, o legislador partiu de dois critérios inspiradores: *"por un lado, la necesidad de seguridad jurídica y, por otro, la escasa justificación de someter a los justiciables a diferentes procesos y de provocar la correspondiente actividad de los órganos jurisdiccionales, cuando la cuestión o asunto litigioso razonablemente puede zanjarse en uno solo"*, Parte VIII da Exposição de Motivos da LEC Espanhola.

[14] Consultar a bibliografia citada na nota nº 6.

[15] A ideia de inexistência de atos abstratos no processo é de GUASP, pois, segundo o autor, *"no puede haber actos abstractos en el derecho procesal porque los resultados procesales no gozan de una justificación inmanente que, sea cual sea sua causa, baste para asegurar su eficacia normal"*, Indicaciones sobre el problema de la causa en los actos procesales. In: *Estudios Jurídicos*, Madrid: Civitas, 1996, nº 15, p. 485. Em igual sentido MONTESANO quando assevera que no processo *"tutti i fatti e (o) atti precedenti sono tanto ed esclusivamente strumentali che l'uno è giuridicamente causato dall'altro o è esercizio di un potere o adempimento di un dovere generati dall'altro o ad esso collegati"*, La tutela giurisdizionale dei diritti, Torino: Utea, 1985, nº 5, p. 6.

[16] *Derecho y proceso*, Barcelona: Bosch, 1978, nº 50, p. 271. Para o autor, *"si se aborda el problema desde una perspectiva monista no tiene sentido plantearse el tema del objeto del proceso, al menos como se viene haciendo hasta el presente, como punto de incidencia de las relaciones entre derecho y proceso. (...) La esencia del proceso es ser génesis del derecho y por lo tanto no puede tratar de objetivarse un contenido en él distinto de la propia actividad procesal"*, Derecho y proceso, ob. cit., nº 50, p. 273.

o mesmo afirma que: *"il dibattiti attuale sull'oggetto del proceso è il 'diritto soggettivo' invocato"*.[17]

2.1. Aproximação às diversas teorias doutrinárias

Dentro desta perspectiva, e sem a intenção de esgotar o tema, pois excederia os limites deste trabalho, existem basicamente duas grandes orientações que procuram definir a natureza jurídica deste instituto: a primeira é a chamada *concepção material*, porque não separa o objeto do processo do direito material; a segunda é a chamada *concepção processual*, exatamente porque desvincula o objeto do processo do direito material, mantendo assim uma postura eminentemente processual.

2.1.1. Concepção material

A opinião mais significativa dentro da concepção material do objeto do processo é a desenvolvida por LENT.[18] Para este autor, o núcleo

---

[17] L'oggetto del processo nel diritto processuale civile tedesco, ob. cit., p. 454 e 455.

[18] Também nesta linha se coloca PROTO PISANI, quando afirma que *"l'oggetto del processo si identifichi con la concreta situazione giuridica dedotta in giudizio, individuata secondo le fattispecie del diritto sostanziale"*. Para o autor, *"l'autonomia del proceso dal diritto sostanziale, se comporta la necessità di attribuire poteri doveri e facoltà processuali indipendentemente dalla effettiva esistenza del diritto sostanziale"*, por isso *"non può giugere a negare qualsiasi collegamento"*, La transcrizione delle domande giudiziale, ob. cit., p. 55. O autor conclui sua ideia acerca do objeto do processo, afirmando que *"è sufficiente l'avere rilevato come dall'esame delle norme di diritto positivo oggetto del processo nel nostro ordinamento sia da considerare la concreta situazione giuridica sostanziale dedotta in giudizio; la rilevata possibilità che per il carattere dinamico e non statico del processo il legislatore ricolleghi i singoli poteri doveri e facoltà processuali a diverse specificazioni o concretizzazioni della situazione sostanziale"*, La transcrizione delle domande giudiziale, ob. cit., p. 58. De igual modo, vide MANDRIOLI, para quem: *"L'esortazione a cercare nel diritto sostanziale affermato nella domanda il filtro attraverso il quale passa quel settore di realtà che chiamiamo oggetto del proceso"*, Riflessioni in tema di 'petitum' e di 'causa petendi'. In: Rivista di Diritto Processuale, 1984 (3), p. 480; e FAZZALARI, quando disse que o objeto do processo ou, como prefere chamar, *'l'oggetto della cognizione'* é *"la situazione sostanziale dedotta 'in limine' (diritto e obbligo, interesse, collegamento fra il legittimato straordinario e il titolare del diritto o dell'obbligo), ad essa le parti e il giudice applicano i loro sforzi"*, Note in tema di diritto e processo, Milano: Giuffrè, 1957, cap. III, n° 6, p. 139. Para aprofundar melhor nos argumentos deste último autor, consultar por todos CRUZ E TUCCI, A denominada situação substancial como objeto do processo na obra de Fazzalari. In: Revista Ajuris, n° 60, p. 62 e ss.
No âmbito do processo penal esta concepção material é compartilhada por BAUMANN, quando o mesmo afirma que: *"A mi juicio, objeto del proceso es, por consiguiente, la afirmación de la consecuencia penal (existencia de una pretensión penal estatal) de una situación de hecho determinada (del hecho en el sentido de los § 155 y 264)"*, Derecho procesal penal. Trad. Conrado A. Finzi. Buenos Aires: Depalma, 1986, cap. 5, p. 271. No processo penal alemão esta postura quiçá possa ser explicada porque, de acordo com as palavras do autor, *"para el proceso penal la ley define el objeto del proceso, precisamente, en los § 155 y 264 de la Ordenanza Procesal Penal. Según ello, objeto del proceso es «el hecho»"*, Derecho procesal penal, ob. cit., cap. 5, p. 269. Isto não significa dizer que a especial relevância concedida pelo autor ao direito material, possa ser confundida com o objeto do processo pois, como ele mesmo afirma: *"Considerados en forma aislada, el hecho o la situación de hecho concreta no pueden ser objeto del proceso. A mi entender, hay que añadir la afirmación de la consecuencia jurídica, en este caso la afirmación de una 'pretensión penal estatal'"*, Derecho procesal penal, ob. cit., cap. 5, p. 274. Daí que: *"Solamente para lograr claridad se debe señalar que no interesa la consecuencia penal o la del derecho penal, sino, únicamente, su «afirmación»"*, pues, *"también en el proceso penal sólo importan la afirmación de un hecho punible y el anhelo de que se realice la pretensión penal estatal"*, Derecho procesal penal, ob. cit., cap. 5, p. 278. Se orienta neste sentido JAUERNIG,

do objeto do processo (*Streitgrgenstand* ou, como ele prefere denominar, *Prozessgegenstand*[19]) é *"l'affermazione di um diritto da parte dell'attore"*, pois, *"in ogni domanda giudiziale, dietro la richiesta di una determinada decisione sta l'affermazione che all'attore spetti un corrispondente diritto sostanziale"*.[20]

Como podemos perceber, o direito material adquire especial relevância dentro desta concepção,[21] porém não se confunde com ele, conforme tem demonstrado o próprio autor, ao dizer que o *"oggetto del processo non è um diritto in quanto effettivamente esistente, ma um diritto in quanto soltanto afermato. Ed infatti, se quel diritto sussista o meno, può risultare súbito nel corso del procedimento"*.[22] [23]

2.1.2. Concepção processual

Dentro da concepção processual existem varias opiniões acerca da natureza do objeto do processo. No presente estudo analisaremos unicamente as posições dos autores mais significativos para não exceder o âmbito dos limites impostos ao presente trabalho.[24]

Entre os autores que adotam uma postura eminentemente processual acerca do objeto do processo encontra-se SCHWAB, que pode ser considerado um dos mais influentes e ao mesmo tempo o mais polêmico dentro deste debate. O autor busca analisar as diversas teorias e conclui que o objeto, por ele denominado 'litigioso' (*Streitgegenstand*), é *"la petición de la resolución judicial señalada en la solicitud"*.[25] A teoria desenvolvida pelo

---

quando diz: *"como figura paralela no processo penal – delimitação do 'facto'"*, Direito Processual Civil. Trad. F. Silveira Ramos. Coimbra: Almedina, 2002, § 37, VI, p. 212.

[19] *Apud* CERINO CANOVA, La domanda giudiziale ed il suo contenuto. In: *Commentario del Codice di Procedura Civile*. Coord. por Enrico Allorio. Torino: Utet, 1980, Liv. II, t. I, nº 4 , p. 50, nota 183.

[20] *Zur lehre vom streitgegenstand*. In: Z.Z.P., 1952 (Bänd 65), p. 315 e ss, tradução italiana *Contributo alla dottrina dell'oggetto del proceso*, de C. Mandrioli. In: JUS, 1953, Milano, p. 434. A ideia é também reproduzida em *Diritto processuale civile tedesco*. Trad. Edoardo F. Ricci. Napoli: Morano, 1962, §37, p. 149.

[21] Esta relevância também pode ser observada em outros estudos levados a cabo pelo autor, quando ele mesmo destaca que o objeto do processo *"non è mai constituito da un semplice fatto od avvenimento, ma da un 'diritto' o da un 'rapporto giuridico'"*, Diritto processuale civile tedesco, ob. cit., §37, p. 149. De igual modo, em outro apartado também afirma: *"l'oggetto del processo civile è costituito da rapporti di diritto privato intercorrenti tra due persone"*, Diritto processuale civile tedesco, ob. cit., §24, I, p. 87.

[22] *Contributo alla dottrina dell'oggetto del proceso*, ob. cit., p. 437; e também em *Diritto processuale civile tedesco*, ob. cit., § 37, p. 149.

[23] Esta postura mereceu diversas críticas, entre elas cabe destacar as de SCHWAB, *El objeto litigioso en el proceso civil*, ob. cit., § 2º, p. 15 e ss; e também em 'La teoria dell'oggetto del processo nell'attuale dottrina tedesca'. In: *Studi in onore di Antonio Segni*. Milano: Giuffrè, 1967, vol. IV, p. 316 e ss; e TARZIA, *Recenti orientamenti della dottrina germanica intorno all'oggetto del processo*, ob. cit., p. 111 e ss, que mais adiante serão analisadas.

[24] Para aprofundar no estudo das diversas teorias sobre o objeto do processo, vide por todos CERINO CANOVA, La domanda giudiziale ed il suo contenuto. In: *Commentario del Codice di Procedura Civile*, ob. cit., nº 4 a 6, p. 44 a 77; SCHWAB, *El objeto litigioso en el proceso civil*, ob. cit., p. 13 e ss; e BERZOSA FRANCOS, *Demanda, «causa petendi» y objeto del proceso*, ob. cit., cap. II, p. 17 e ss.

[25] *El objeto litigioso en el proceso civil*, ob. cit., § 18, p. 263.

professor alemão eleva o conceito de objeto do processo a mais absoluta processualização, desvinculando-o totalmente do direito material, que assume dentro do processo uma função *"únicamente de criterio jurídico"*.[26] Isto equivale a dizer, segundo o próprio autor, que o direito material não participa nem determina o conteúdo do objeto do processo, consistindo sua função unicamente fundamentar a demanda e excepcionalmente também servindo para individualizá-la.[27]

Outro autor que merece ser destacado dentro desta concepção processual é ROSENBERG, que evoluiu seu conceito de objeto do processo até o ponto de defini-lo como *"la petición dirigida a obtener la declaración, con fuerza de cosa juzgada, de una consecuencia jurídica, y caracterizada por la solicitud presentada"*.[28] O núcleo de seu conceito reside, igualmente com Schwab, em *"la petición"* do autor. Podemos perceber, portanto, que o autor utiliza critérios exclusivamente processuais na hora de expor seus conceitos, tanto que para ele *"el objeto litigioso no consiste 'en hechos', sino en una 'afirmación de derecho' derivada de ellos y reclamada"*.[29] Também merece ser destacada a equiparação que o autor faz entre objeto litigioso e pretensão processual, utilizando a própria terminologia da ZPO alemã que,

---

[26] *El objeto litigioso en el proceso civil*, ob. cit., §18, p. 263.

[27] Com uma postura tão original e ao mesmo tempo tão extrema, não tardaram as críticas à mesma, entre as quais cabe destacar a de HABSCHEID, L'oggetto del processo nel diritto processuale civile tedesco, ob. cit., p. 457, que nos remete ao seu livro, *Der Streitgegenstand im Zivilprozess und im Streitverfahren der Freiwilliger Gerichtsbarkeit*, Bielefeld, 1956; e DE STEFANO, Per una teoria dell'oggetto del processo. In: *Scritti Giuridici in Memoria di Piero Calamandrei*. Padova: Cedam, 1958, vol. III, p. 234 e JAUERNIG, *Direito Processual Civil*. Trad. F. Silveira Ramos. Coimbra: Almedina, 2002, 25ª ed., § 37, V, p. 211 e 212.

[28] *Apud* SCHWAB, *El objeto litigioso en el proceso civil*, ob. cit., § 3, p. 39, nota 3. Este conceito de Rosenberg encontra-se na 6ª ed. de seu *Tratado de derecho procesal civil* que não foi traduzido ao castelhano. A tradução para o castelhano desta obra refere-se à 5ª ed., onde o conceito de objeto litigioso era bastante diferente, já que significava: *"la 'petición' dirigida a la declaración de una consecuencia jurídica con autoridad de cosa juzgada que se señala por la solicitud presentada y, en cuanto sea necesario, por las circunstancias de hecho propuestas para su fundamento"*, Tratado de derecho procesal civil. Trad. Angela Romera Vera. Buenos Aires: Ejea, 1955, t. II, § 88, p. 35 e 36. Entre os dois conceitos existe uma grande diferença que merece ser posta em relevo, pois, enquanto que no conceito anterior (o da 5ª ed.) o *"estado de cosas"* julgava um papel importante na definição do objeto litigioso, no atual conceito (o da 6ª ed.), o *"estado de cosas"* foi eliminado da definição. De acordo com a opinião de DE STEFANO: *"Infatti il Rosenberg, che ancora nella precedente edizione (5ª ed.) della sua opera insegnava che l'oggetto del processo si determina secondo il 'petitum' ('Antrag'), e, in quanto necessario, anche secondo la 'causa petendi' ('Sachverhalt'), insegna ora (6ª ed.) che il 'Sachverhalt' è sempre irrilevante, ai fini della determinazione dell'oggetto del processo, pur essendo, naturalmente, importante per la sua fondazione"*, Per una teoria dell'oggetto del processo. In: *Scritti Giuridici in Memoria di Piero Calamandrei*, ob. cit., p. 234. Esta alteração demonstra que o autor alemão aderiu integralmente à teoria desenvolvida por Schwab, como afirma o próprio SCHWAB, *El objeto litigioso en el proceso civil*, ob. cit., § 3, p. 39, nota 3; e também em *La teoria dell'oggetto del processo nell'attuale dottrina tedesca*, ob. cit., p. 320 e principalmente p. 324; TARZIA, Recenti orientamenti della dottrina germanica intorno all'oggetto del processo. In: *Problemi del Processo Civile di Cognizione*, ob. cit, p. 120; DE STEFANO, Per una teoria dell'oggetto del processo. In: *Scritti Giuridici in Memoria di Piero Calamandrei*, ob. cit., p. 235; MENCHINI, I limiti oggettivi del giudicato civile, ob. cit., cap. I, nº 3, p. 29, nota 44; BAUMANN, *Derecho procesal penal*, ob. cit., cap. 5, p. 269; e ATTARDI, *L'interesse ad agire*, Padova: Cedam, 1958, cap. I, nº 6, p. 57, nota 49.

[29] *Tratado de derecho procesal civil*, ob. cit., t. II, §88, p. 35.

quase sempre, usa o termo objeto litigioso como sinônimo de pretensão processual.[30] [31]

Também cabe mencionar dentro desta concepção, a posição inovadora de HABSCHEID. Segundo a definição desse autor, "l'oggetto del processo è constituito dalla pretesa (lê conclusioni) dell'attore di ottenere una sentenza pronunciata in un procedimento che abbia ad oggetto un determinato stato di fatto (oggetto della domanda)".[32] Esta definição de objeto do processo demonstra a "processualidade" do mesmo, vez que "lo scopo della domanda non dipende da un diritto soggesttivo individuato da umn qualificazione della legge sostanziale".[33] Ademais, para este autor, "l'objet du litige ne se determine pás seulement par lês conclusions du demandeur mais aussi dans une certaine mesure par lês 'faits' invoques".[34] Com esta postura, o autor se distancia da concepção de Schwab, na medida em que a causa de pedir entra para formar parte do conceito de objeto do processo.[35]

2.2. Nossa posição

Após analisar as diversas posturas doutrinárias acerca do objeto litigioso podemos deduzir que desde o início do século a doutrina do *Streitgegenstand* está empenhada em liberar-se dos antigos esquemas conceituais criados em termos de direito material, não se podendo negar hoje que a noção de objeto do processo é puramente processual.[36]

---

[30] Sobre este particular consultar o que escrevi em *La pretensión procesal y la tutela judicial efectiva*, n° 9.1.1, p. 109 e 110.

[31] Esta postura, igual que todas as outras, não ficou isenta de críticas, entre as quais cabe destacar as de TARZIA, *Recenti orientamenti della dottrina germanica intorno all'oggetto del processo*, ob. cit., p. 120 e 121; SCHWAB, *El objeto litigioso en el proceso civil*, ob. cit., §3, p. 43 e ss; e DE STEFANO, *Per una teoria dell'oggetto del proceso*. In: *Scritti Giuridici in Memoria di Piero Calamandrei*, ob. cit., p. 234.

[32] *L'oggetto del processo nel diritto processuale civile tedesco*, ob. cit, p. 462. O mesmo conceito pode ser encontrado em sua obra *Droit judiciaire privé suisse*, quando o autor resume seu estudo acerca do objeto do processo definindo-o como: "*L'objet d'un litige se constitue par les conclusions (prétentions) du demandeur à l'obtention d'un jugement donné dans une procédure engagée sur état de fait determiné*", ob. cit., §42, p. 264.

[33] *L'oggetto del processo nel diritto processuale civile tedesco*, ob. cit, p. 458.

[34] *Droit judiciaire privé suisse*, ob. cit., § 42, p. 260.

[35] Em termos similares JAUERNIG, quando afirma que "*o pedido da acção não é sempre bastante para delimitar, individualizar, em todos os casos, o objeto litigioso. Então, tem de ser chamada a matéria de facto como novo critério distintivo*", Direito Processual Civil, ob. cit., § 37, VIII, p. 214.

[36] Assim se expressa SCHWAB, *El objeto litigioso en el proceso civil*, ob. cit., § 1, p. 3; DE STEFANO, *Per una teoria dell'oggetto del proceso*. In: *Scritti Giuridici in Memoria di Piero Calamandrei*, ob. cit., p. 230; e também em *L'oggetto del processo in un libro recente di Walter J. Habscheid*, ob. cit., p. 328; HABSCHEID, *L'oggetto del processo nel diritto processuale civile tedesco*, ob. cit, p. 456; STEFAN LEIBLE, *Proceso civil alemán*. Trad. Rodolfo E. Witthaus, Medellín: Diké, 1999, p. 179; JAUERNIG, Direito Processual Civil, ob. cit., § 37, VIII, p. 214; TARZIA, *Recenti orientamenti della dottrina germanica intorno all'oggetto del processo*, ob. cit., p. 123; PEDRAZ PENALVA, El objeto del proceso civil. In: *El objeto del proceso civil*, Cuadernos de Derecho Judicial. Madrid: CGPJ, 1996, p. 48. A respeito, afirma acertadamente PEDRAZ PENALVA, que o objeto do processo deve ser estudado dentro da *dinâmica relacional* do

Partindo-se de uma noção processual do *Streitgegenstand*, devemos averiguar qual é a matéria litigiosa que compõe um processo, pois, como vimos anteriormente, não há processo puramente abstrato que exista por si e para si mesmo, razão pela qual todo processo terá um objeto. Quando o autor deduz uma pretensão em juízo é para que se reconheça alguma coisa, e é precisamente ao que se opõe o demandado: *"c'est la nature juridique de ce «quelque chose», de l'objet du procés, qui doit être ici définie"*, nas palavras de HABSCHEID.[37]

Se a pretensão processual se mantém até o final do processo, e é através de uma declaração de vontade realizada por uma pessoa mediante a qual formula uma petição fundamentada ao órgão jurisdicional para que atue frente ao demandado, exigindo o cumprimento de uma prestação, sem dúvida alguma esta declaração petitória representa o objeto do processo e sobre ela recai toda a atividade dos sujeitos processuais.[38] [39] Em

---

processo, pois, *"el objeto del proceso consiste ante todo en la rogada actuación de la potestad jurisdiccional exclusiva y excluyentemente detentada por los jueces y magistrados"*, El objeto del proceso civil. In: *El objeto del proceso civil*, ob. cit., p. 20, e isto quer dizer que: *"el proceso junto con la acción y la jurisdicción forman ese objetivado ámbito estatal asignado con carácter exclusivo y excluyente a los jueces y magistrados, que constitucionalmente resulta del juego de normas de la Primera Ley como las de los arts. 24, 117 y ss., etc. El proceso es la garantía que imperativamente determina la existencia de la acción y la posibilidad de verse jurisdiccionalmente satisfecha (su eficacia por tanto): ha de plantearse procesalmente, es decir, sólo es en y para el proceso. La jurisdicción únicamente puede desplegar todas sus potencialidades (potestad) rogadamente (acción) y a través del proceso. Fuera de su dinámica relacional, no cabe por ende hablar, aislada o fragmentariamente, del objeto de uno de los elementos que de modo indisoluble e irrenunciable constituyen el viejo y nuevo a la vez que afirmado y negado, instrumentalizado e instrumentalizador tinglado en que consiste y se manifiesta la Justicia"*, Objeto del proceso y objeto litigioso. In: *Presente y Futuro del Proceso Civil*, Coord. por J. Picó y Junoy, Barcelona: Bosch, 1998, p. 47.

[37] *Droit judiciaire privé suisse*, ob. cit., §42, p. 255.

[38] Para uma adequada compreensão do caráter dinâmico da pretensão processual e suas idiossincrasias, consultar o que escrevi em *La pretensión procesal y la tutela judicial efectiva*, n° 9.3, p. 122 a 126.

[39] Conferem especial relevo à pretensão processual como objeto do processo, na Alemanha, entre outros, ROSENBERG, *Tratado de derecho procesal civil*, ob. cit., t. II, § 88, p. 35; SCHWAB, *El objeto litigioso en el proceso civil*, ob. cit., § 1, p. 5; e também em *La teoria dell'oggetto del processo nell'attuale dottrina tedesca*, ob. cit., p. 313; HABSCHEID, *L'oggetto del processo nel diritto processuale civile tedesco*, ob. cit, p. 458 e 462; e também em *Droit judiciaire privé suisse*, ob. cit., § 42, p. 260 e 261; STEFAN LEIBLE, *Proceso civil alemán*, ob. cit., p. 183. Na Itália, entre outros, HEINITZ, *I limiti oggettivi della cosa giudicata*, ob. cit., n° 12, p. 135; TARZIA, *Recenti orientamenti della dottrina germanica intorno all'oggetto del processo*, ob. cit., p. 108. Na Espanha, entre outros, GUASP, *La Pretensión procesal*, Madrid: Cívitas, 1985, p. 49, publicada também nos *Estudios Jurídicos*, ob. cit., p. 588; *Comentarios a la ley de enjuiciamiento civil*, Madrid: Aguilar, 1943, t. I, p. 340; *Derecho procesal civil*, Madrid: Instituto de Estudios Políticos, 1956, p. 227 e 228; LOIS ESTÉVEZ, *Proceso y forma*, Santiago de Compostela: Porto, 1947, cap. V, p. 111; *Problemas del objeto del proceso en nuestro sistema legal*. In: Anuario de Derecho Civil, 1955, t. VIII, fasc. I, p. 73; e também em *La teoría del objeto del proceso*, In: Anuario de Derecho Civil, 1949, t. II, fasc. I, p. 626; PEDRAZ PENALVA, *Objeto del proceso y objeto litigioso*. In: *Presente y Futuro del Proceso Civil*, ob. cit., p. 55; GIMENO SENDRA et alii, *Derecho procesal civil*, Madrid: Colex, 1977, 2ª ed., v. I, p. 119; MONTERO AROCA et alii, *El nuevo proceso civil*, Valencia: Tirant lo Blanch, 2000, cap. 7°, p. 187; LORCA NAVARRETE, *Introducción al derecho procesal*, Madrid: Tecnos, 1991, 2ª ed., tema IV, n° 1, p. 90; ORTELLS RAMOS et alii, *Derecho jurisdiccional*, Valencia: Tirant lo Blanch, 1998, v. II, lição 31ª, p. 86; e também em "Preclusión de alegaciones y peticiones en la primera instancia". In: *Los Procesos Declarativos*, Madird: CGPJ, 2000, p. 23; e ZAFRA VALVERDE, *Sentencia constitutiva y sentencia dispositiva*, Madrid: Rialp, 1962, p. 52. Na Argentina, PALACIO, *Manual de Derecho Procesal Civil*, Buenos Aires: Abeledo Perrot, 2003, 17ª ed., Cap. V, n° 47, p. 94; GOZAÍNI, *Teoría general del derecho procesal*, Buenos

consequência, *"nell'oggetto si riflette il caracttere dinamico del processo"*, na aguda observação de TARZIA.[40]

3. Conceito e análise dos seus elementos

Pretensão processual, mérito e objeto do processo são, portanto, conceitos sinônimos[41] que supõem *uma declaração de vontade feita pelo autor, através de uma petição fundamentada, para obter uma sentença*.[42] Para compreender melhor este conceito devemos formular algumas explicações:

a) declaração de vontade feita pelo autor através de uma petição

Quando nos referimos à pretensão processual ou ao objeto do processo como *uma declaração de vontade feita pelo autor através de uma petição*, não estamos nos referindo a qualquer declaração de vontade, senão a uma declaração de vontade específica com o fim de obter um concreto pronunciamento por parte dos órgãos jurisdicionais,[43] onde esta assume a função essencial de individualizar o tipo de declaração de vontade. Em consequência, a petição passa a ser o elemento central que traz dentro de si uma declaração concreta e particular de vontade.[44] Como destaca

---

Aires: Ediar, 1996, n° 20, p. 46. En Polonia, TRAMMER e SIEDLECKI, *apud* BRONIEWICZ, Mezzo secolo di studi sul processo civile in Polonia (1945-1997). In: *Cinquanta Anni di Studi sul Processo Civile: Incontro Internazionale in occasione del Cinquantenario dell'Associazione*. Milano: Giuffrè, 1998, p. 59 e 61. Para uma crítica a esta postura, vide por todos, PROTO PISANI, *La trascrizione delle domande giudiziali*, ob. cit., p. 50 e ss. Em termos críticos similares e entendendo que é a ação processual o objeto do processo, GOLDSCHMIDT, quando disse: *"La acción procesal, como objeto concreto del proceso (el 'meritum causae'), es un derecho justiciario de carácter material, no de carácter procesal"*, Derecho procesal civil. Trad. Leonardo Prieto-Castro. Barcelona: Labor, 1936, §12, p. 96.

[40] L'oggetto del processo di espropriazione, Milano: Giuffrè, 1961, p. 59. Assim mesmo, PROTO PISANI, ao dizer que *"la recente dottrina tedesca allorché osserva che nell'oggetto si riflette il carattere dinamico del processo, per cui quello verrebbe precisandosi e concretandosi progressivamente"*, La trascrizione delle domande giudiziali, ob. cit., p. 57.

[41] Para analisar as diferenças entre objeto do processo e objeto da demanda, vid. DE STEFANO, Per una teoria dell'oggetto del proceso. In: *Scritti Giuridici in Memoria di Piero Calamandrei*, ob. cit., p. 240 e ss. Ou, como costumo abordar a questão, a diferença entre pretensão procesual e demanda, consultar o que escrevi em *La pretensión procesal y la tutela judicial efectiva*, n° 9.3, p. 123 e PALACIO, *Manual de Derecho Procesal Civil*, ob. cit., n° 48, p. 95 e 96.

[42] Para nossa felicidade, este conceito foi integralmente adotado por PICÓ I JUNOY em sua clássica obra *La modificación de la demanda en el processo civil*, Valencia: Tirant lo Blanc, 2006, p. 24. Diz o autor que objeto do processo para ele é *"la declaración de vonluntad hecha por el actor, a través de una petición fundada, para obtener una sentencia"*, Idem, ibidem.

[43] Quando falo em obter um pronunciamento por parte dos *órgãos jurisdicionais* não estou, por certo, referindo-me unicamente aos magistrados em sentido amplo, mas também as decisões proferidas por árbitros nos processos de arbitragem, já que no sistema brasileiro os mesmos possuem atividade jurisdicional quando decidem, basta constatar o art. 475-N, IV do CPC que considera título executivo judicial a *sentença* do árbitro. Em igual sentido é a redação do art. 512, VII do projeto do novo CPC.

[44] Nesta ordem de ideiais, afirma acertadamente GUASP que: *"Característico de la pretensión procesal es, pues, en primer término, el no ser una declaración de voluntad cualquiera, sino una declaración petitoria, una declaración en la que la voluntad exteriorizada agota su sentido en la solicitud dirigida a algún otro elemento externo para la realización de un cierto contenido"*, La Pretensión procesal, ob. cit., p. 75, e nos *Estudios*

GUASP, não se deve confundir uma *"declaración petitória que, en oposición a las resolutórias, son categorias fundamentales del derecho público".*[45]

Esta declaração petitória (*rectius*, declaração de vontade feita através de uma petição) não nos permite aceitar como ideia-base do objeto do processo a expressão *"afirmación del derecho" (Rechtsbehauptung).*[46] Em primeiro lugar, porque sendo a pretensão processual uma declaração de vontade, não uma declaração de ciência, nem de sentimento, *"en ella se expone lo que un sujeto quiere y no lo que sabe o siente"*,[47] consequentemente o fato que caracteriza a declaração de vontade é o '*querer*', enquanto o que caracteriza a declaração de ciência é o '*saber*', logo quem *quer*, pede, *peticiona*, e quem *sabe*, *afirma* não pede nem peticiona.[48] E, em segundo lugar,

---

Jurídicos, ob. cit., p. 604. MONTERO AROCA et alii, também entende que *"La pretensión es una declaración de voluntad petitoria"*, El nuevo proceso civil, ob. cit., cap. 7°, p. 187. A este respeito, afirma acertadamente ARAZI, que *"la 'pretensión' constituye el contenido de la voluntad petitoria, la aspiración postulada por quien ejercita la acción"*, Elementos de derecho procesal, Buenos Aires: Astrea, 1988, §34, p. 72. Em sentido contrário, ZAMORA PIERCE, ao dizer que *"la pretensión procesal es abstracta"*, El derecho a la jurisdicción. In: Revista de la Facultad de Derecho de México, 1979, n° 114, p. 973.

[45] *Derecho procesal civil*, ob. cit., p. 233.

[46] De igual modo, HEINITZ, para quem: *"Dal punto di vista della noi difeso non è neppure esatto il dire che oggetto della lite sia l'affermazione di un diritto, ma che tale affermazione possa farsi in modo rilevante esclusivamente atraverso allegazione di fatti"*, I limiti oggettivi della cosa giudicata, ob. cit., n° 15, p. 162. Em sentido contrário, entendendo que o objeto do processo é uma afirmação de direito, LENT, Contributo alla dottrina dell'oggetto del processo, ob. cit., p. 434; NIKISCH, para quem o objeto do processo é *"la afirmación de un derecho planteada por el actor, sobre la cual peticiona una resolución susceptible de autoridad de cosa juzgada"*, apud SCHWAB, El objeto litigioso en el proceso civil, ob. cit., §4, p. 59; e BERZOSA FRANCOS, quando disse que *"la idea-base del concepto objeto del proceso es la afirmación de un derecho"*, Demanda, «causa petendi» y objeto del proceso, ob. cit., cap. II, p. 27, e também no cap. VIII, p. 225. Apesar de estes autores compartilharem da mesma ideia base acerca do objeto do processo, suas teorias não podem ser confundidas, pois, para LENT, defensor da concepção material, o conteúdo da afirmação do direito refere-se ao plano material, enquanto que para NIKISCH e BERZOSA FRANCOS, defensores da concepção processual, o conteúdo da afirmação do direito refere-se ao plano processual, consequentemente liberam o objeto do processo de qualquer vínculo direto com o direito material. Para aprofundar melhor no estudo das diferenças entre as teorias de LENT e NIKISCH, vide por todos, SCHWAB, *El objeto litigioso en el proceso civil*, ob. cit., §2, p. 14 e 15, e §4, p. 61; e também TARZIA, *Recenti orientamenti della dottrina germanica intorno all'oggetto del processo*, ob. cit., p. 109 e 110. No âmbito do processo penal BAUMANN também sustenta que o objeto do processo está configurado pela afirmação de uma pretensão penal estatal (vid. *supra* nota 18), Derecho procesal penal, ob. cit., cap. 5, p. 271 e ss, especialmente p. 274 e ss.

[47] GUASP, *Derecho procesal civil*, ob. cit., p. 233.

[48] Com isto se faz evidente que a expressão *afirmación del derecho* está muito mais ligada a uma declaração de ciência e não a uma declaração de vontade. O problema está em que afirmando o direito se está declarando a existência deste direito, porque quem afirma algo sabe, tem ciência daquilo que está afirmando, do contrário não afirmaria, simplesmente pediria, peticionaria; e se está declarando a existência deste direito, como poderia justificar sua improcedência? LENT tentou responder a esta pergunta argumentando que *"non è un diritto in quanto effettivamente esistente, ma un diritto in quanto soltanto afermato"*, Contributo alla dottrina dell'oggetto del processo, ob. cit., p. 437. No mesmo sentido, CERINO CANOVA, quando disse: *"Il diritto fatto valere nel processo è una situazione sostanziale determinata nel suo contenuto; è altresí un diritto soltanto ipotetico ed afermato, ma affermato come esistente al momento della domanda ed in quello della pronuncia"*, La domanda giudiziale ed il suo contenuto. In: Commentario del Codice di Procedura Civile, ob. cit., n° 15, p. 145. A dificuldade em aceitarem-se estas respostas é que não existe a categoria direito *"effettivamente esistente"* e direito *"soltanto afermato"* ou *"soltanto ipotetico ed afermato"*: o direito existe ou não existe, não há uma categoria intermediária de um direito *"soltanto ipotetico ed afermato"*. Além do mais, podemos acrescentar os argumentos expos-

porque o núcleo da expressão *"afirmación del derecho"* está relacionado ao conteúdo da petição, sendo assim, ao direito ou à relação jurídica afirmada pelo autor em juízo, e não à petição mesma, como *"espécie de forma de tutela jurídica"*, nos termos de SCHWAB.[49] Daí que seja preferível para identificar a ideia-base do objeto do processo, a força expressiva do conceito *petição (Begehren)* ao da afirmação do direito.[50] [51]

A petição[52] também é relevante, pois delimita o conteúdo e o alcance das decisões judiciais[53] que se discutem em um processo, já que estas,

---

tos por PRIETO-CASTRO, segundo os quais *"si alguien tiene o no razón, si la postura que defiende es o no ajustada a Derecho (a la norma que regula el sector vital de que se trate), es algo que no saben ni los propios interesados, cuanto menos el juez"*, Tratado de Derecho Procesal, ob. cit., t. I, § 16, p. 77; GUASP, quando refere-se a relação jurídico-material, dizendo que: *"ni siquiera se sabe se existe hasta la sentencia"*, La Pretensión procesal, ob. cit., p. 58, e também nos *Estudios Jurídicos*, ob. cit., p. 594; e PONTES DE MIRANDA, ao dizer: *"Se só os que têm a pretensão tivessem direito ao uso dos remédios, haver-se-ia de começar do fim para o princípio: quem tem razão (direito, pretensão) tem ação, quem tem ação tem remédio processual. Ora, só se sabe quem tem 'razão' depois que se instaurou o processo (remédio), que se verificou ser procedente a ação (isto é, existir), por se terem produzido as provas, e se pronunciou a sentença, contendo o direito objetivo"*, Tratado das ações, São Paulo, RT, 1972, t. I, § 46, p. 273.

[49] *El objeto litigioso en el proceso civil*, ob. cit., § 16, p. 245. No mesmo sentido, HEINITZ, quando afirma: *"Dal punto di vista della noi difeso non è neppure esatto il dire che oggetto della lite sia l'affermazione di un diritto, ma che tale affermazione possa farsi in modo rilevante esclusivamente attraverso allegazione di fatti"*, I limiti oggettivi della cosa giudicata, ob. cit., n° 15, p. 162.

[50] O autor que mais criticou a designação do objeto do processo como petição foi NIKISCH. Para ele, o objeto do processo não pode ser uma petição por várias razões, entre as quais assinala que aceita esta definição o objeto do processo seria idêntico à ação como ato e esta identidade não responderia à terminologia da ZPO, já que em muitas de suas disposições fica claro que ação e pretensão não são conceitos sinônimos, conforme destaca SCHWAB, *El objeto litigioso en el proceso civil*, ob. cit., § 4, p. 59; e BERZOSA FRANCOS, *Demanda, «causa petendi» y objeto del proceso*, ob. cit., cap. II, p. 20. Os argumentos formulados pelo autor para combater a expressão *petição*, acreditamos que já foram, por nós, rebatidos. Não obstante, convém esclarecer melhor que o fato de o objeto do processo estar designado por uma petição não supõe uma confusão com a ação enquanto ato, ainda que formalmente tanto a ação processual como a pretensão processual são considerados atos processuais, substancialmente cada ato processual apresenta um conteúdo diverso capaz de diferenciá-lo dos demais atos processuais. Para aprofundar melhor nas críticas a este autor, consultar por todos, SCHWAB, *El objeto litigioso en el proceso civil*, ob. cit., § 16, p. 244 e ss.

[51] Com uma postura crítica e inovadora sobre as teorias contrapostas do *«Begehren»* (petição) e da *«Rechtsbehauptung»* (afirmação jurídica), vide ATTARDI, para quem: *"L''affermazione' non è tanto l'oggetto del processo, quanto il mezzo mediante cui l'oggetto stesso viene introdotto nel processo. E proprio per la funzione che le spetta, l'affermazione si rivela inidonea ad individuare l'oggetto del processo nel senso di precisare quale sia il rapporto giuridico intorno al cui modo d'essere il giudice deve compiere la dichiarazione. Tale compito spetta alla 'richiesta del provvedimento', che determina infatti il sorgere nel giudice dell'obbligo di provvedere (con forza di giudicato) limitamente al modo d'essere di quel rapporto giuridico cui la richiesta si riferisce"*, L'interesse ad agire, ob. cit., cap. I, n° 6, p. 59 e 60.

[52] Esta petição refere-se, certamente, à declaração de vontade petitória que compõe o conceito de pretensão processual, e não deve ser confundida com a *"tipologia peculiar interna"* desta, que é caracterizada pela *petição processual*, pois, como bem destaca GUASP: *"Es evidente, sin embargo, que no debe haber confusión alguna entre los conceptos de pretensión y de petición procesales. La pretensión es una petición, desde luego, pero no todas las peticiones procesales son pretensiones verdaderas. Todas las declaraciones de voluntad que emiten las partes en el proceso caen bajo el imperio del concepto de petición procesal, pero sólo aquella declaración de voluntad que constituye el fundamento objetivo del proceso puede ostentar en realidad el nombre pretensión procesal. Cabría decir que la primera es una petición final y las segundas meras peticiones instrumentales. La diferenciación puede venir dada por el criterio de que la pretensión se refiere autónomo y directamente a un bien de la vida, y las simples peticiones sólo se refieren a este bien de una manera subordinada indirecta, precisamente a través de la influencia que ejercen sobre la pretensión procesal. De este modo, la*

em virtude do princípio dispositivo,[54] se encontram vinculadas à própria vontade do autor,[55] segundo se depreende dos arts. 128[56] e 460[57] do CPC, bem como dos arts. 216 e 218 da LEC espanhola,[58] entre outras legislações estrangeiras.[59]

---

pretensión procesal se define como el fondo del proceso, las peticiones como el no fondo, forma en sentido amplio e impropio", La Pretensión procesal, ob. cit., p. 76, nota 75, e nos *Estudios Jurídicos*, ob. cit., p. 604, nota 75.

[53] Utilizamos a expressão '*decisões judiciais*' porque entendemos que a declaração de vontade contida na petição impõe limites precisamente a toda decisão judicial que a ela refere-se e não somente à sentença. Como bem aclara SERRA DOMÍNGUEZ, "*la congruencia es indispensable no sólo a la sentencia, sino también a toda resolución judicial. Toda resolución judicial supone una petición previa que debe resolverse. Y sólo tiene razón de ser en cuanto existe esta petición y dentro de sus límites. Una resolución incongruente es una resolución incorrecta*", Incongruencia civil y penal. In: *Estudios de Derecho Procesal*. Barcelona: Ariel, 1969, p. 395. Nesta ordem de ideias, DE LA OLIVA, Sobre la congruencia de la sentencia civil. In: *Derecho y Proceso, Estudios Jurídicos en Honor del Profesor Martínez Bernal*. Murcia: Universidad de Murcia, 1980, p. 591, 593 e 594.

[54] Esta é a razão pela qual CARNACINI afirma que: "*l'estrinsecazione della tutela giurisdizionale ed i limiti di questa tutela dipendono da quella miccia che è la libera volontà della parte*", Tutela guirisdizionale e tecnica del processo. In: *Studi in Onore di Enrico Redenti*. Milano: Giuffrè, 1951, v. II, nº 12, p. 745 (este artigo foi traduzido ao castelhano por A. Romo e publicado na Revista de la Facultad de Derecho de México, 1953, na tradução nº 12, p. 153). A este respeito, merece aprovação o exposto por PONTES DE MIRANDA, quando afirma: "*A petição é que determina o conteúdo e a extensão do procedimento, faz nascer, com o despacho, a relação jurídica processual, induz, com a citação, litispendencia e determina, se não sobrevém restrição, o conteúdo e a extensão da sentença*", Tratado das ações, ob. cit., t. I, §48, p. 291. Para aprofundar melhor no estudo do princípio dispositivo e sua vinculação com as decisões judicias, vide PRIETO-CASTRO, *El princípio de congruencia como limitación de las facultades de la jurisdicción*. In: *Trabajos y Orientaciones de Derecho Procesal*. Madrid: Revista de Derecho Privado, 1964, nº 19, p. 279 e ss; SERRA DOMÍNGUEZ, *Incongruencia civil e penal*, ob. cit., p. 393 e ss, especialmente p. 407 e ss; DE LA OLIVA, *Sobre la congruencia de la sentencia civil*, ob. cit., p. 591 e ss; GARCÍA PÉREZ, *El deber judicial de congruencia como manifestación del principio dispositivo y su alcance constitucional*. In: Revista General del Derecho, nº 583, abril/1993, p. 2879 e ss; e com excelente estudo jurisprudencial, PICÓ I JUNOY, *Las garantías constitucionales del proceso*, Barcelona, Bosch, 2012, p. 77 e ss. Para analisar este estudo desde a perspectiva da nova LEC 1/2000, consultar MONTERO AROCA, *Los principios políticos de la nueva ley de enjuiciamiento civil*, Valencia: Tirant lo Blanch, 2001, cap. X, nº 3, p. 81 a 94. No direito brasileiro consultar o que escrevi em *Provas Atípicas*, Porto Alegre: Livraria do Advogado, 1998, nº 1.2.2, p. 22 a 30.

[55] Neste particular convém esclarecer que esta petição da qual estamos falando é realizada unicamente pelo autor que serve para identificar o objeto do processo e não as demais petições feitas pelo autor e réu que servem para delimitar o objeto do debate, como mais adiante veremos.

[56] No mesmo sentido é a redação contida no art. 141 do projeto do novo CPC.

[57] Em igual sentido é a redação do art. 489 do projeto do novo CPC.

[58] A respeito da vigência do princípio dispositivo na nova LEC, vid. PICÓ I JUNOY, Los principios del nuevo proceso civil. In: *Instituciones del Nuevo Proceso Civil. Comentarios Sistemáticos a la Ley 1/2000*. Coord. por Alonso-Cuevillas. Barcelona: Difusión Jurídica, 2000, v. I, p. 30 e ss; e MONTERO AROCA, *Los principios políticos de la nueva ley de enjuiciamiento civil*, ob. cit., cap. IX, nº 2, p. 63 a 66.

[59] No direito comparado, especificamente no ordenamento italiano, consultar o magnífico comentário ao art. 115 do CPC italiano, sobre os poderes do juiz, realizado por TARUFFO-CARRATTA, Poteri del giudice. In: *Commentario del Codice di Procedura Civile*. Coord. por Sergio Chiarloni, Bologna 2011, p.447 ss. Este escrito está sendo por mim traduzido para ser publicado em breve, juntamente com outros artigos do Prof. Taruffo, em livro na coleção que dirijo denominada *Clássicos Contemporâneos. Estudos em homenagem à Ovídio Baptista da Silva*, vol. 2, com o título provisório de "Ensaios sobre o processo civil: Escritos sobre processo e justiça civil".

b) Petição fundamentada

Ao mesmo tempo em que o autor interpõe sua petição ele também estabelece a afirmação sobre a qual se mantem e justifica a decisão judicial solicitada. A petição, para que seja procedente, necessita estar justificada, motivada. Quando o autor fundamenta sua petição, através dos efeitos jurídicos extraídos de sua relação jurídica com o demandado, está justificando sua declaração feita através desta petição. Por isso, a declaração de vontade não se realiza através de uma simples petição, mas sim através de uma *petición (petitum) fundamentada (causa petendi)*.[60]

Estimo extramuros neste trabalho a análise detalhada do pedido e da causa de pedir, até porque este estudo já foi realizado em outra oportunidade quando analisamos epistemologicamente os limites objetivos da coisa julgada.[61]

c) Obtenção de uma sentença

Esta declaração de vontade necessita dirigir-se a alguém, que, em virtude do monopólio da jurisdição, é o Estado, através de seus órgãos jurisdicionais, configurando-se assim como o titular passivo da pretensão processual. Esta se dirige até o Estado com a finalidade de *'obter uma sentença de um órgão jurisdicional'*, pelo que o titular passivo da pretensão processual se distingue do titular passivo da pretensão material, que sempre tem por destinatário o obrigado.[62]

Todavia, esta declaração de vontade também pode ser dirigida para um árbitro, a fim de obter-se, igualmente, uma sentença, como bem esclarece o art. 475-N, inc. IV do CPC que considera a decisão do árbitro uma sentença capaz de criar um título executivo judicial.[63]

4. Dicotomia entre objeto do processo e objeto do debate

Neste ponto devemos clarear devido à confusão existente tanto nas leis processuais como na doutrina, a diferença entre objeto do processo

---

[60] Colocando ênfase na fundamentação da declaração de vontade petitória do autor, MONTERO AROCA et alii, destaca: *"La pretensión es una declaración de voluntad petitoria que se caracteriza porque ha de estar fundada, esto es, que tiene que hacer referencia a un acontecimiento determinado de la vida"*, El nuevo proceso civil, ob. cit., cap. 7°, p. 187.

[61] *Análise epistemológica dos limites objetivos da coisa julgada*, ob. cit., p. 61 e ss. Todavia, para realçar nosso ponto de vista sobre o tema, identificamos como causa de pedir, que é o conceito mais complexo, o *"conjunto de fatos essenciais contemplados na situação de vantagem objetiva que servem de base à obtenção das consequências jurídicas pretendidas pela parte no processo em um determinado momento no tempo e espaço"*, ob. cit., p. 66. Para nosso regozijo este conceito serviu de base para PICÓ I JUNOY, em sua clássica obra intitulada *La modificación de la demanda en el proceso civil*, ob. cit., p. 28.

[62] As diferenças entre pretensão processual e pretensão material podem ser encontradas em meu livro *La pretensión procesal y la tutela judicial efectiva*, ob. cit., n° 9.6.3, p. 203 e ss

[63] Em idêntico sentido é a redação do art. 512, inc. VII do projeto do novo CPC.

(*a saber, o fundo, o 'meritum causae'*[64]) e objeto de debate (*a saber, as questões relativas ao fundo, ao 'meritum causae'*) ou, como denomina LENT, "*l'oggetto del giudizio*":[65] [66]

4.1. Objeto do processo

A fixação do objeto do processo[67] se realiza exclusivamente pela declaração de vontade petitória do autor,[68] razão pela qual a resistência do

---

[64] De acordo com o exposto anteriormente, para nós, pretensão processual, mérito e objeto do processo são conceitos sinônimos, razão pela qual o *meritum causae* é a pretensão processual, isto é, *a declaração de vontade feita pelo autor através de uma petição fundamentada*, ou, como afirma GARBAGNATI, "*il gruppo delle questioni relative all'esistenza del fatto costitutivo del diritto fatto valere processualmente dall'attore ed alla scelta ed interpretazione delle norme giuridiche, da applicare al fatto medesimo*", Questioni preliminari di merito e questioni pregiudiziali. In: Rivista di Diritto Processuale, 1976, p. 259 e 260.

[65] *Diritto processuale civile tedesco*, ob. cit., §24, p. 93.

[66] Esta diferença também é realizada por MONTERO AROCA, *Los principios políticos de la nueva ley de enjuiciamiento civil*, ob. cit., cap. X, n° 1, p. 73 a 76; *El nuevo proceso civil*, ob. cit., cap. 7°, p. 188 e 189; GUASP, *La Pretensión procesal*, ob. cit., p. 94, e também nos *Estudios Jurídicos*, ob. cit., p. 615, e no mesmo sentido, *Derecho procesal civil*, ob. cit., p. 251; HEINITZ, I *limiti oggettivi della cosa giudicata*, ob. cit., n° 13, p. 144; e SYDNEY SANCHES, *Objeto do processo e objeto litigioso do processo*. In: Ajuris, n° 16, 1979, p. 155, (apesar de que este autor identifica o que denomina *objeto do processo* com o que denominamos *objeto del debate*, e *objeto litigioso* com o que denominamos *objeto del proceso*). Do mesmo modo DE LA OLIVA, porém com matizes distintas, pois, segundo o autor "*cabe afirmar que la contrapretensión es relevante para el objeto del proceso siempre que presente fundamentos fácticos o jurídicos distintos de la negación de los fundamentos fácticos y jurídicos de la pretensión actora. En tal caso, constituye un objeto accesorio del proceso civil. El objeto 'necesario' del proceso civil es, a la vez, el objeto 'principal': el objeto, que consideramos 'contingente, es 'accesorio'. Pero accesorio no significa prescindible, desdeñable o casi irrelevante: es imprescindible y es relevante. Accesorio significa, con toda precisión, que no se sustenta por sí solo, que su relevancia no es independiente, sino dependiente, que importa por su relación con lo principal*", Derecho procesal civil: el proceso de declaración, ob. cit., § 25, p. 46.

[67] A este respeito, merece aprovação a crítica de TARZIA à doutrina que estuda o processo de execução, pois, segundo o autor, esta utiliza promiscuamente as expressões "*oggetto dell'esecuzione*" e "*oggetto del processo esecutivo*", L'oggetto del processo di espropriazione, Milano: Giuffrè, 1961, p. 65 e ss, principalmente nota 169. Para o autor, "*l'oggetto del processo espropriativo è il bene che viene appreso per essere alienato*", L'oggetto del processo di espropriazione, ob. cit., p. 77. Vale dizer, "*Il bene pignorato si profila, cioè, come l'oggetto del processo, non solo in un senso generico, in quanto costituisce la materia della attività espropriativa, ma in una accezione ben più specifica; esso, cioè, rappresenta l'elemento base della struttura del processo, che assicura l'unità delle varie fasi e ne puntualizza l'identità rispetto a processi diversi*", L'oggetto del processo di espropriazione, ob. cit., p. 563 e 564. Em termos similares MONTERO AROCA, quando refere-se ao objeto da execução dizendo: "*Con la expresión objeto de la ejecución se está haciendo referencia a la pretensión, esto es, a la petición fundada que se hace a un órgano jurisdiccional, frente a otra persona, sobre un bien de la vida. (...) Se ha sostenido en ocasiones que el objeto de la ejecución es el patrimonio del ejecutado, pero esta opinión no puede aceptarse porque: 1) Se están excluyendo, sin más, todos los casos de ejecución no patrimonial existentes en nuestro Derecho, y 2) Sobre todo, se está confundiendo lo que es objeto del embargo (los bienes del patrimonio del ejecutado) con lo que es objeto de la ejecución (la pretensión)*", El nuevo proceso civil, ob. cit., cap. 26°, p. 591.

[68] A fixação do objeto do processo unicamente pela declaração de vontade petitória do autor é defendida por CARNELUTTI, *Lezioni di diritto processuale civile*, Padova: Cedam, 1986, vol. IV, n° 278, p. 18; LENT, *Contributo alla dottrina dell'oggetto del proceso*, ob. cit., p. 432 e 433; SCHWAB, *El objeto litigioso en el proceso civil*, ob. cit., § 16, p. 243; ROSENBERG, *Tratado de derecho procesal civil*, ob. cit., t. II, § 88, p. 30 e ss; HEINITZ, *I limiti oggettivi della cosa giudicata*, ob. cit., n° 13, p. 144; DE STEFANO, *Per una teoria dell'oggetto del proceso*. In: *Scritti Giuridici in Memoria di Piero Calamandrei*, ob. cit., p. 238; FABBRINI, *Scritti giuridici*, Milano: Giuffrè, 1989, vol. I, p. 402 e 403; GARBAGNATI, *Questioni preliminari di merito e questioni pregiudiziali*, ob. cit., p. 259 e 260; MANDRIOLI, *Corso di diritto processuale civile*, Torino: Giappichelli, 2000, vol. I, n° 18, ps. 63 e ss; FORNACIARI, *Presupposti processuali e giudizio di merito*

demandado não altera as dimensões do objeto do processo conferidas exclusivamente pelo autor no ato de interposição da demanda.[69] Por isso GUASP afirma que *"el demandado, mediante sus defensas, no puede hacer que el proceso tenga una dimensión mayor, menor o distinta que la que el actor originariamente le dio con la formulación de su declaración inicial"*.[70]

Também MONTERO AROCA se manifesta neste sentido, quando diz que: *"El objeto del proceso no es distinto dependiendo de que el demandado oponga o no resistência expresa"*.[71] Além do mais, podemos acrescentar o argumento segundo o qual a interposição da demanda por parte do autor produz efeitos, e entre estes efeitos, de ordem processual, está a litispen-

---

(L'ordine di esame delle questioni nel processo), Torino: Giappichelli, 1996; n° 29, p. 155; GUASP, *La Pretensión procesal*, ob. cit., p. 94, e também nos *Estudios Jurídicos*, ob. cit., p. 615, em igual sentido, *Derecho procesal civil*, ob. cit., p. 251; PRIETO-CASTRO, *Derecho procesal civil*, ob. cit., n° 63, p. 99; MONTERO AROCA, *Los principios políticos de la nueva ley de enjuiciamiento civil*, ob. cit., cap. X, n° 1, p. 75; *El nuevo proceso civil*, ob. cit., cap. 7°, p. 188 e também no cap. 18, p. 430; RAMOS MÉNDEZ, *Enjuiciamiento civil*, Barcelona: Bosch, 1997, t. I, n° 11.3.3, p. 201 a 203; GIMENO SENDRA et alii, *Derecho procesal civil*, ob. cit., v. I, p. 120; MUÑOZ JIMÉNEZ, Actos de las partes delimitadores del objeto del proceso: demanda, contestación, réplica, dúplica, escrito de ampliación y conclusiones. In: *El objeto del Proceso Civil, Cuadernos de Derecho Judicial*, Madrid: CGPJ, 1996, p. 153, 154 e 197; VÉSCOVI, *Teoría general del proceso*, Bogotá, Temis, 1984, cap. IV, n° 8, p. 84; PONTES DE MIRANDA, *Tratado das ações*, ob. cit., t. I, § 48, p. 291 e 292; DINAMARCO, *O conceito de mérito em processo civil*. In: *Fundamentos do Processo Civil Moderno*, São Paulo: Malheiros, 2002, 5ª ed., n° 119, p 276. (este conceito foi evoluindo na concepção do autor que fixou posicionamento a partir da 4ª ed. – Este artigo também foi publicado na Repro, n° 34, 1984, n°18, p. 20 e ss); e SYDNEY SANCHES, Objeto do processo e objeto litigioso do processo, ob. cit., p. 155. Em sentido contrário LIEBMAN, quando inclui no *meritum causae*, *"tanto le questioni 'preliminare di merito', quanto le eccezioni"*, Manuale di diritto processuale civile, Milano: Giuffrè, 1984, t. I, n° 80, p. 152, nota 7; e PUGLIESE, para quem *"bisogna tenere presente che anche il convenuto può contribuire con le sue eccezioni a determinare l'oggetto della lite, estendendo il 'thema decidendum' o introducendo nuovi temi, il che può rifletersi sul 'petitum' e sulla 'causa petendi'"*, Giudicato civile. In: *Enciclopedia del Diritto*, Milano: Giuffrè, 1969, t. XVIII, n° 23, p. 862.

[69] Nem sequer a compensação processual deduzida pelo demandado amplia o objeto do processo, pois, como destaca TAPIA FERNÁNDEZ, *"al poner el demandado un crédito compensable no lo 'hace valer' en el proceso para que se declare su existencia, sino la inexistencia del crédito del contrario, resulta que ese crédito compensable 'se hace valer' en el proceso; lo que quiere decir que verdaderamente queda incorporado al mismo, formando parte del objeto litigioso que se deberá debatir y resolver en dicho proceso"*, La compensación en el proceso civil, Madrid: Trivium, 1988, p. 91. De igual modo, MUÑOZ JIMÉNEZ, afirma: *"Ni siquiera lo amplía la compensación, por más que ésta suponga la introducción por obra del demandado de una relación material distinta de aquélla en que la pretensión del actor se funda, siempre que la voluntad del demandado constriña la efectividad de su contra crédito a neutralizar – o, eventualmente, reducir – el derecho de crédito de su adversario, sin reclamar el pago por exceso"*, Actos de las partes delimitadores del objeto del proceso: demanda, contestación, réplica, dúplica, escrito de ampliación y conclusiones. In: *El objeto del Proceso Civil*, ob. cit., p. 198.

[70] *Derecho procesal civil*, ob. cit., p. 251, e nos *Comentarios a la ley de enjuiciamiento civil*, ob. cit., t. II, v. I, p. 279. O autor fixa os limites da defesa, afirmando que: *"La oposición a la pretensión no integra el objeto del proceso, sino que contribuirá simplemente a acotar o delimitar el medio lógico en que dicho proceso se mueve"*, La Pretensión procesal, ob. cit., p. 94, e também nos *Estudios Jurídicos*, ob. cit., p. 615.

[71] *El nuevo proceso civil*, ob. cit., cap. 7°, p. 189. Analogamente, PRIETO-CASTRO, quando afirma que *"las excepciones (en sentido lato), puesto que no constituyen objeto del proceso (en sentido estricto)..."*, El principio de congruencia como limitación de las facultades de la jurisdicción, ob. cit., p. 312; e HEINITZ, quando disse: *"Le eccezioni semplici (non riconvenzionali) del convenuto non possono cambiarvi nulla; la difesa del convenuto può allegare fatti diversi da quelli che formano la premessa della pretesa dell'attore, ad esempio fatti estintivi, ma con ciò non si cambia il tema della decisione"*, I limiti oggettivi della cosa giudicata, ob. cit., n° 13, p. 144.

dência. No direito brasileiro a litispendência para o autor se dá no momento da propositura da demanda, art. 263 do CPC,[72] ao passo que para o réu ela se dá simplesmente com a citação sendo válida, art. 219 do CPC.[73] [74] Podemos deduzir, portanto, que para a identificação da litispendência não importa nenhum tipo de manifestação concreta do demandado, já que se exige como requisitos para que esta exista somente *a interposição da demanda* e *a citação válida*, e, tanto em um caso como em outro, a participação do demandado não interfere de maneira alguma no início daquela, pois como bem destacou CARNELUTTI, *"la chiave dell'istituto della litispendenza sta nella domanda"*.[75] Logo, se a *litis* já está pendente (litispendência) e produz, entre outros efeitos, a proibição de *mutatio libelli* (art. 264 do CPC[76]), isto significa que só o autor é quem delimita o objeto do processo mediante sua declaração de vontade petitória.[77] [78]

Só a reconvenção[79] que trata da interposição pelo demandado de uma pretensão processual própria frente ao autor, assumindo assim a

---

[72] Com igual sentido o art. 310 do projeto do novo CPC.

[73] De forma idêntica é a redação do art. 238 do projeto do novo CPC.

[74] Assim se expressa também CHIOVENDA, ao dizer: *"quando parlo del 'momento' in cui la litispendenza si verifica, accenno al momento in cui la domanda giudiziale è comunicata alla parte contro cui è proposta: 'normalmente dunque alla notificazione della citazione'"*, Sulla 'perpetuatio iurisdictionis'. In: *Saggi di Diritto Processuale Civile*. Milano: Giuffrè, 1993, vol. I, p. No processo civil espanhol a matéria está mais bem definida através do art. 410 da LEC, ao dizer que: *"La litispendencia, con todos sus efectos procesales, se produce desde la interposición de la demanda, si después es admitida"*.

[75] *Lezioni di diritto processuale civile*, ob. cit., v. IV, nº 279, p. 21. De igual modo SERRA DOMÍNGUEZ, para quem *"la litispendencia surge coetáneamente al proceso tan pronto se ha presentado una demanda válida y eficaz"*, vale dizer, *"la litispendencia se inicia en el momento de presentación de la demanda"*, Litispendencia. In: Revista de Derecho Procesal Iberoamericana, 1969, p. 656 e 659. CHIOVENDA adota um conceito de litispendência em sentido amplo, ao defini-la como *"la esistenza d'una lite nella pienezza de' suoi effetti"*, Rapporto giuridico processuale e litispendenza. In: *Saggi di Diritto Processuale Civile*, ob. cit., vol. II, p. 376. Para um estudo exaustivo da litispendência, consultar a clássica obra de MÁLAGA DIÉGUEZ, *La litispendencia*, Barcelona: Bosch, 2000.

[76] No mesmo sentido é a redação do art. 327 do projeto do novo CPC. No direito espanhol esta regra está prevista no art. 412.1 da LEC.

[77] Também utiliza o argumento da litispendência para justificar a identificação do objeto do processo exclusivamente pelo ator, HEINITZ, *I limiti oggettivi della cosa giudicata*, ob. cit., nº 13, p. 144.

[78] A este respeito merece aprovação o exposto por MONTERO AROCA, quando diz: *"Las prohibiciones de transformación de la demanda que se contienen en el Ordenamiento procesal, como las de los arts. 412 y 426 LEC: Es cierto que estas normas prohíben también la transformación de la contestación de la demanda, pero el caso es que sólo podrá saberse si ha existido verdadera modificación ("alteración sustancial") cuando antes se haya determinado el objeto del proceso"*, El nuevo proceso civil, ob. cit., cap. 7º, p. 190. Para MUÑOZ JIMÉNEZ, a proibição da *'mutatio libelli'* também aplica-se, por idênticas razões, à defesa, Actos de las partes delimitadores del objeto del proceso: demanda, contestación, réplica, dúplica, escrito de ampliación y conclusiones. In: *El objeto del Proceso Civil*, ob. cit., p. 212.

[79] Sobre o particular, afirma acertadamente MONTERO AROCA, que *"la reconvención supone salir del objeto del proceso fijado en la demanda, y de las actitudes del demandado frente a la misma, para fijar un nuevo objeto del proceso, esto es, una nueva pretensión y, consiguientemente, un nuevo proceso. (...). Ésta no es en realidad una actitud del demandado frente a la demanda, sino el aprovechamiento de la existencia de un procedimiento iniciado por el actor para interponer frente al mismo otra pretensión"*, El nuevo proceso civil, ob. cit., cap. 16, p. 389. Em igual sentido, MUÑOZ JIMÉNEZ, Actos de las partes delimitadores del objeto del proceso: demanda, contestación, réplica, dúplica, escrito de ampliación y conclusiones. In: *El objeto del Proceso Civil*, ob. cit., p. 153 e 154. Para VÉSCOVI, *"aquí sí cambia el objeto del proceso, pero en*

posição de "autor da reconvenção", poderá alterar o objeto do processo, cumulando, portanto, pretensões (é a chamada *acumulación sucesiva por inserción*[80]). Na reconvenção o réu do processo principal torna-se autor de uma pretensão processual própria e distinta da pretensão processual já deduzida pelo então autor que vem a tornar-se aqui, na reconvenção, réu. A forma em que a reconvenção deve ser apresentada em juízo não altera jamais o seu conteúdo, vale dizer, no atual CPC, art. 315, ela deve ser corretamente formulada através de uma petição inicial, e não dentro da contestação, mas a jurisprudência aceita tal hipótese.[81] Todavia no projeto do novo CPC, art. 340,[82] a redação é muito melhor e está em consonância com o que afirmamos, em que pese ser interposta dentro da contestação.

4.2. Objeto do debate

Uma vez admitida a demanda com o objeto do processo definido exclusivamente pelo ator, o demandado deve ser validamente citado para que possa formular sua devida defesa. A resistência que este pode oferecer, como apontamos, não altera o objeto do processo, mas certamente pode ampliar os termos do debate,[83] na medida em que suas alegações podem conter exceções[84] tanto materiais (fatos impeditivos, modificativos

---

realidad estamos ante un caso de acumulación de pretensiones dentro de aquel", Teoría general del proceso, ob. cit., cap. IV, n° 8, p. 84.

[80] Expressão utilizada por GUASP para definir: *"cuando a una pretensión hecha valer en un proceso 'se añade o incorpora' otra aún no deducida judicialmente"*, Derecho procesal civil, ob. cit., p. 268. O autor também utiliza esta expressão em *La Pretensión procesal*, ob. cit., p. 94, e também nos *Estudios Jurídicos*, ob. cit., p. 615; e nos *Comentarios a la ley de enjuiciamiento civil*, ob. cit., 1945, t. II, v. I, p. 327. Também empregam esta expressão, MONTERO AROCA et alii, *El nuevo proceso civil*, ob. cit., cap.16°, p. 389; e TAPIA FERNÁNDEZ, La reconvención. In *Los Procesos Declarativos. Cuadernos de Derecho Judicial*. Madrid: CGPJ, 2000, p. 198. Para aprofundar melhor no estudo desta forma de cumulação, vide por todos, GUASP, *Comentarios a la ley de enjuiciamiento civil*, ob. cit., 1943, t. I, p. 516 e ss, especialmente p. 531 e ss; e em *Derecho procesal civil*, ob. cit., p. 268 e ss.

[81] STJ, 5ª Turma, REsp 549.587/PE, rel. Min. Félix Fischer, j. 23.03.200., DJ 10.05.2004, p. 335.

[82] *"Na contestação, é lícito ao réu propor reconvenção para manifestar pretensão própria, conexa com a ação principal ou com o fundamento da defesa"*.

[83] Nesta ordem de ideias FABBRINI, quando corretamente afirma que *"l'eccezione consiste nel potere di allargare la 'quaestio facti', lasciando invece immutati i limiti oggettivi del giudicato, ed ha per oggetto i fatti dotati di efficacia impeditiva, modificativa o estintiva rispetto alla situazione giuridica soggettiva sostanziale fatta valere dall'attore"*, Scritti giuridici, ob. cit., v. I, p. 402 e 403. No mesmo sentido, GUASP, ao dizer que: *"La oposición a la pretensión no compone ni integra el objeto del proceso, misión reservada a la pretensión procesal, sino que normalmente fija tan sólo los límites de su examen"*, Comentarios a la ley de enjuiciamiento civil, ob. cit., t. II, v. I, p. 279; e MUÑOZ JIMÉNEZ, Actos de las partes delimitadores del objeto del proceso: demanda, contestación, réplica, dúplica, escrito de ampliación y conclusiones. In: *El objeto del Proceso Civil*, ob. cit., p. 154. Para TAPIA FERNÁNDEZ, quando a mesma refere-se à exceção de compensação e à exceção de nulidade de um negócio jurídico, *"no se puede decir que los hechos nuevos introducidos por el demandado en el proceso no aumenten los límites de la controversia"*, El objeto del proceso. Alegaciones. Sentencia. Cosa juzgada, Madrid: La Ley, 2000, p. 39.

[84] É interessante destacar que o primeiro 'Manual', se é que assim pode ser qualificado, de direito processual civil, escrito por DAMHOUDER em holandês, no ano de 1626, já se referia às *"excipieren"* e a suas modalidades: *"Declinatoir, dilatoir, peremptoir"*, Practycke in civile saecken, Gravenhage: Veduwe, 1626, cap. CXX, p. 274.

ou extintivos),[85] como processuais.[86] Por isso, KAZUO WATANABE afirma que o demandado unicamente *"amplia a matéria de cognição, a área de atividade lógica do juiz, através da defesa".*[87]

Como consequência do princípio dispositivo, as decisões judiciais devem referir-se não só ao objeto do processo, que traz consigo um enfoque parcial do princípio, mas principalmente ao objeto do debate,[88] que representa uma visão completa do princípio, já que engloba tanto a pretensão processual deduzida pelo autor como as exceções apresentadas pelo demandado.[89] Como consequência, as decisões judiciais devem ser congruentes não só com a pretensão processual, mas também com as exceções opostas pelo réu.[90] Por esta razão SERRA DOMINGUEZ define a

---

[85] Para uma análise mais detalhada dos fatos extintivos e impeditivos e os limites ao poder do juiz, vide por todos, CHIOVENDA, Identificazione dele azioni. Sulla regola "ne eat iudex ultra petita partium". In: *Saggi di Diritto Processuale Civile*, ob. cit., vol. I, p. 157 e ss, especialmente os n° 7 e 8, p. 164 e ss.

[86] Para aprofundar melhor no estudo das exceções desde sua origem histórica até sua aplicação moderna, vide por todos o excelente artigo de CHIOVENDA, Sulla 'eccezione'. In: *Saggi di Diritto Processuale Civile*, ob. cit., vol. I, p. 149 e ss.

[87] *Da cognição no processo civil*, São Paulo: Bookseller, 2000, 2ª ed., n° 20.6, p. 108.

[88] O objeto do debate que se identifica com o *thema probandum* não pode ser confundido com o *objeto da prova*, pois, como já escrevi: *"ao falar de 'necessidade' ou 'tema' da prova, estamos 'selecionando os fatos' que devem ser provados e que interessam para cada processo, atribuindo a cada parte o ônus da prova. E, quando nos referirmos ao 'objeto' da prova, estamos apontando uma vastíssima e quase ilimitada possibilidade do que pode ser seu objeto"*, Tendências modernas da prova. In: Ajuris, n° 65, p. 341; e também no meu livro Provas atípicas, Porto Alegre: Livraria do Advogado, 1998, n° 2.5, p. 75.

[89] Por isso afirma acertadamente PRIETO-CASTRO que: *"De acuerdo con la conducta que respecto de todos los materiales del proceso deba observar el órgano, es como su pronunciamiento final acerca del objeto tendrá que venir concebido"*, El principio de congruencia como limitación de las facultades de la jurisdicción, ob. cit., p. 297; No mesmo sentido, LENT, quando disse: *"Per riassumere complessivamente la situazione giuridica delle parti, cui compete il potere di iniziare il proceso (facendogli poi percorrere le successive fasi con i mezzi d'impugnazione), di determinare l'oggetto del giudizio ed i confini della decisione, si parla di 'principio di disposizione' (Dispositionsmaxime)"*, Diritto processuale civile tedesco, ob. cit., § 24, p. 93; FABBRINI, quando refere-se às exceções, afirmando que o juiz *"ha il dovere, sanzionato a pena di nullità della sentenza, di accertare e valutare il fatto eccepito ai fini del contenuto della dare alla pronuncia di merito"*, Scritti giuridici, ob. cit., v. I, p. 403; SERRA DOMÍNGUEZ, Incongruencia civil y penal, ob. cit., p. 397; MONTERO AROCA et alii, *El nuevo proceso civil*, ob. cit., cap. 7°, p.188 e 189; MUÑOZ JIMÉNEZ, Actos de las partes delimitadores del objeto del proceso: demanda, contestación, réplica, dúplica, escrito de ampliación y conclusiones. In: *El objeto del Proceso Civil*, ob. cit., p. 154, e principalmente p. 213 e 214, com um grande número de jurisprudência; e SYDNEY SANCHES, *Objeto do processo e objeto litigioso do processo*, ob. cit., p. 155 (que de acordo com sua terminologia denomina-se *objeto do processo*, vid. nota 65). Em sentido contrário, GIMENO SENDRA, quando afirma que a determinação do objeto do processo, *"sirve para fijar al ámbito cognoscitivo de la decisión judicial, creando en el Juez la obligación de ser 'congruente' única y exclusivamente con lo solicitado en la pretensión del actor."* O demandado, *"a lo sumo establece el límite mínimo de la congruencia <citra petita>"*, et alii, Derecho procesal civil, ob. cit., v. I, p. 120; e SCHWAB, ao dizer que o conteúdo da sentença determina o alcance do objeto litigioso, contudo esse conteúdo não é o objeto litigioso, pois, *"si sostuviéramos que el contenido de la sentencia, o sea la resolución peticionada por el actor, constituye la pretensión procesal, caeríamos en el absurdo de decir que la resolución del tribunal recae sobre la resolución peticionada por el actor. El tribunal no dicta sentencia sobre la resolución peticionada, sino sobre la 'solicitud' del actor, mediante la cual éste peticiona una resolución determinada"*, El objeto litigioso en el proceso civil, ob. cit., § 16, p. 243.

[90] No sentido do texto encontramos várias sentenças do Tribunal Supremo da Espanha, segunda as quais, *"El principio de congruencia implica que el Juez tenga en cuenta también las peticiones del demandado*

incongruência como *"la falta de adecuación entre las pretensiones de las partes formuladas oportunamente y la parte dispositiva de la resolución judicial"*.[91]

Dentro desta perspectiva fica fácil perceber que a lide corresponde essencialmente ao objeto do debate e não ao objeto do processo, ao mérito como quer o atual CPC,[92] já que lide significa, segundo CARNELUTTI, seu criador, *"un conflicto de intereses calificado por la pretensión de uno de los interesados y por la resistencia del otro"*.[93] Desta forma, o conceito de lide é mais amplo que o objeto do processo e não pode, portanto, ser confundido

---

que en no pocos supuestos implican fundamentos autónomos aunque conexos con los aducidos por el demandante, que exigen por ello pronunciamiento específico", Ley de Enjuiciamiento Civil y Leyes Complementarias, Madrid: Colex, 1997, art. 372, p. 168. A respeito, afirma acertadamente A. ROCCO, que *"il giudice debba pronunciare 'in base a tutti' gli elementi di fatto portati in appoggio delle pretese fatte valere dalle parti nelle loro domande, e 'solo in base' a questi elementi"*, La sentenza civile, Milano: Giuffrè, 1962, n° 42, p. 99.

[91] *Incongruencia civil y penal*, ob. cit., p. 395. Nos mesmos termos PRIETO-CASTRO, *El principio de congruencia como limitación de las facultades de la jurisdicción*, ob. cit., p. 315 e ss. O princípio da congruência está previsto, como vimos anteriormente, nos arts. 128 e 460 do CPC (que correspondem aos art. 141 e 489 do projeto do novo CPC). Neste particular, convém apontar dois equívocos realizados por SERRA DOMINGUEZ ao definir incongruência, para o autor a incongruência se dá pela inadequação *'entre las pretensiones de las partes'* e a *'parte dispositiva de la resolución judicial'*. O primeiro equívoco existe quando o autor afirma que ambas as partes formulam pretensões, o que não é verdade, como bem vimos, pois somente o autor deduz pretensão competindo ao réu defender-se da mesma. O segundo equívoco está em que a sentença trata os dois objetos em locais distintos, como a seguir veremos, pois enquanto o objeto do processo é realmente tratado na parte dispositiva da sentença, o objeto do debate é tratado na fundamentação da mesma.

[92] Basta analisar o que foi dito na exposição de motivos do CPC, n° 6: *"O projeto só usa a palavra lide para designar o mérito da causa. (...). A lide é, portanto, o objeto principal do processo e nela se exprimem as aspirações em conflito de ambos os litigantes"*.

[93] *Sistema de derecho procesal civil*. Trad. Niceto Alcalá-Zamora y Castillo y Santiago Sentís Melendo. Buenos Aires: Uthea, 1944, v. I, n°14, p. 44. A lide como característica da jurisdição foi criada por CARNELUTTI. Dentro das obras doutrinárias de CARNELUTTI, podemos distinguir, neste particular, duas fases: a primeira, na qual o autor entendia como jurisdicional tanto o processo de declaração como o processo de execução, porque, segundo seu conceito, a *resistência* é o elemento que qualifica a lide e essa pode *discutir ou lesionar* a pretensão, gerando, por conseguinte, uma *pretensão discutida* ou uma *pretensão insatisfeita*; no primeiro caso estamos diante do processo de declaração e, no segundo, diante do processo de execução, *Sistema de derecho procesal civil*, v. II, ob. cit., n° 124, p. 12; *Instituciones del nuevo proceso civil italiano*. Trad. Jaime Guasp. Barcelona: Bosch, 1942, v. I, n° 9, p. 34. O autor confirma esta ideia em sua conhecida discussão com Calamandrei, ao dizer que existe lide *"quando taluno pretende la tutela di un suo interesse in contrasto con l'interesse di un altro e questi vi resiste mediante la lesione dell'interesse o mediante la contestazione della pretesa"*, Lite e proceso. In: *Studi di Diritto Processuale*, Padova: Cedam, 1939, p. 29. Posteriormente, em sua segunda fase, quando escreveu sua magnífica obra intitulada *Diritto e Processo*, em 1958, trouxe para dentro da jurisdição o processo voluntário, dizendo literalmente: *"La jurisdicción voluntaria 'es verdaderamente jurisdicción' resulta tanto del fin como del medio: del fin, porque ella constituye, lo mismo que la jurisdicción contenciosa, un remedio contra la desobediencia, aun cuando en potencia más bien que en acto; del medio, porque la reacción se cumple mediante la declaración de certeza, respecto de la cual ya sabemos que consiste en una elección oficial que se sustituye a la elección del particular; y precisamente en una elección hecha super partes y por eso imparcial"*, Derecho y proceso. Trad. Santiago Sentís Melendo, Buenos Aires: Ejea, n° 37, p. 74. Com isso queremos demonstrar, contrariamente à opinião majoritária, que existe lide no processo de execução e que a jurisdição voluntária é atividade jurisdicional, não o era somente na 1ª fase, contudo na medida em que o autor foi evoluindo o seu conceito de lide foi mudando. Com esta nota também reformo parcialmente meu ponto de vista anterior contido em meu livro *Provas atípicas*, ob. cit., p. 32, nota 72. Para analisar detalhadamente as diversas críticas sobre esta visão 'funcional' da jurisdição, vide meu libro *La pretensión procesal y la tutela judicial efectiva*, ob. cit., n° 2, nota 38.

com seu mérito, pois para que ela possa existir a presença do demandado é imprescindível, enquanto que para a existência do objeto do processo a presença do réu é totalmente prescindível, dispensável.[94]

Desde esta perspectiva, pois, é oportuno assinalar, de acordo com a redação do art. 10 do projeto do novo CPC, que o juiz está proibido de utilizar qualquer fundamento a respeito do qual não se tenha dado às partes oportunidade de se manifestar, ainda que se trate de matéria sobre a qual deva decidir de ofício.[95]

Em definitivo, seguindo GUASP, entendemos que "la tarea de limitar el contenido del proceso no ha confundirse, pues, con la de proporcionar su objeto, la cual es exclusiva del sujeto activo de la pretensión".[96] Deste modo concluímos que o objeto das decisões judiciais é maior que o objeto do processo. Em consequência, os elementos que identificam o objeto do processo são também distintos daqueles que identificam o objeto do debate, como a seguir veremos, se bem que as legislações processuais mais modernas[97] e alguns autores[98] não efetuam a respectiva distinção entre ambos os objetos.

5. Elementos individualizadores do objeto do processo e do debate e suas relações com a sentença e a coisa julgada

Com base na distinção que fizemos entre objeto do processo e objeto do debate podemos identificar corretamente cada um deles e a partir daí identificar quais efetivamente são os seus elementos singularizadores.

Para individualizar o objeto do processo, dentro da nossa concepção, bastam unicamente dois elementos: **a)** o elemento objetivo, conhecido como *petitum* (Antrag) e, **b)** o elemento causal, que é chamado de *causa petendi* (Sacherhalt), já que o núcleo em torno do qual o processo e

---

[94] Imprópria, por esta razão, a redação do art. 4º do projeto do novo CPC que ainda teima em confundir lide com mérito, quando diz: "*As partes têm direito de obter em prazo razoável a solução integral do mérito, incluída a atividade satisfativa*".

[95] "*O juiz não pode decidir, em grau algum de jurisdição, com base em fundamento a respeito do qual não se tenha dado às partes oportunidade de se manifestar, ainda que se trate de matéria sobre a qual deva decidir de ofício*".

[96] *Derecho procesal civil*, ob. cit., p. 251.

[97] Assim, devemos destacar o art. 4º do *nouveau* CPC Francês, segundo o qual: "*L'objet du litige est déterminé par les prétentions respectives des parties. Ces prétentions sont fixées par l'acte introductif d'instance et par les conclusions en défense*"; e o art. 412.1º da nova LEC espanhola, quando indica: "*Establecido lo que sea objeto del proceso en la demanda, en la contestación y, en su caso, en la reconvención, las partes no podrán alterarlo posteriormente*".

[98] Entre os autores podemos destacar, LORCA NAVARRETE, *Introducción al derecho procesal*, ob. cit., tema IV, nº3, p. 92; TAPIA FERNÁNDEZ, *El Objeto del proceso. Alegaciones. Sentencia. Cosa juzgada*, ob. cit., p.17; GIMENO SENDRA et alii, *Derecho procesal civil*, ob. cit., v. I, p. 120; PICÓ I JUNOY, *El derecho a la prueba en el proceso civil*, Barcelona: Bosch, 1996, Cap. V, nº 2, p. 213; *Los principios del nuevo proceso civil*, ob. cit., p. 30; BERZOSA FRANCOS, *Demanda, «causa petendi» y objeto del proceso*, ob. cit., cap. II, p. 27; VINCENT e GUINCHARD, *Procédure civile*, ob. cit., nº 516, p. 449, entre outros.

toda atividade das partes gira reside na petição fundamentada (*'meritum causae'*) apresentada pelo autor, isto é, o *thema decidendum*.[99]

De outro lado, para individualizar o objeto do debate são necessários três elementos: a) o elemento subjetivo, autor e réu; b) o elemento objetivo, *petitum*; e c) o elemento causal, *causa petendi*, já que em virtude de uma visão completa do princípio dispositivo que engloba tanto a pretensão processual do autor como as exceções do demandado, o núcleo em torno do qual giram as atividades das partes aqui constitui a análise de todas as questões relativas à procedência ou improcedência do pedido, e. g., questões prévias, quer sejam prejudiciais de mérito, art. 325 do CPC,[100] quer sejam preliminares de mérito, podendo apresentar uma defesa indireta de mérito, art. 326,[101] ou uma defesa indireta processual, art. 327 do CPC,[102] bem como aquelas matérias arguíveis *ex officio*, do § 4º do art. 301 do CPC,[103] entre outras. Em efeito, o objeto da cognição judicial que corresponde ao objeto do debate é mais amplo que o objeto do processo. Esta é a razão pela qual KAZUO WATANABE acertadamente destaca que "*a cognição, porém, deve ser estabelecida sobre o objeto litigioso e sobre todas as 'questões de mérito'*".[104]

Para finalizar, devemos apontar as relações existentes entre ambos os objetos, os requisitos da sentença e a coisa julgada.

Podemos afirmar com segurança que o objeto do processo é resolvido na parte dispositiva[105] da sentença.[106] Por isso é que DINAMARCO corretamente afirma que: "*O dispositivo é portanto uma 'resposta' do órgão jurisdicional ao 'pedido' formulado pelo autor*".[107] Consequentemente sobre o objeto do processo pesa a força da coisa julgada material, já que esta

---

[99] No mesmo sentido do texto KAZUO WATANABE, *Da cognição no processo civil*, ob. cit., nº 20.5, p. 106.

[100] No projeto do novo CPC esta questão está tratada no § 1º do art. 500.

[101] No projeto do novo CPC art. 347

[102] No projeto do novo CPC esta questão está tratada nos art. 348 e 349.

[103] No projeto do novo CPC § 5º do art. 334.

[104] *Da cognição no processo civil*, ob. cit., nº 20.6, p. 106.

[105] Corretíssima a crítica feita por DINAMARCO à redação do inc. III do art. 458 do CPC que trata do dispositivo da sentença. Para o autor: "*Por não estar atento a essas observações foi que o legislador de 1973 deu ao inc. III do seu art. 458 a redação que ali se vê, de bastante impropriedade. Não se creia que, como o Código disse, na parte dispositiva da sentença 'o juiz resolverá as questões, que as partes lhe submeteram'. Isso ele terá feito na segunda parte, ou seja, na 'motivação' da sentença*", O conceito de mérito em processo civil, ob. cit., nº 106, p. 241. Infelizmente o projeto do novo CPC também não percebeu a notável crítica formulada por Dinamarco e manteve o mesmo equívoco redacional da atual legislação em seu inc. III do art. 486, quando diz que: "*o dispositivo, em que o juiz resolverá as questões principais que as partes lhe submeterem*".

[106] Esta dedução é perfeitamente compatível com o que está previsto no art. 222.2 da LEC Espanhola, que prevê que: "*La cosa juzgada alcanza a las pretensiones de la demanda y de la reconvención, (...)*". Vale dizer, se a coisa julgada material alcança unicamente a pretensão contida na demanda ou na reconvenção que deve ser formulada exclusivamente pelo reconvinte, o objeto do processo e não o objeto do debate é resolvido no dispositivo da sentença.

[107] O conceito de mérito em processo civil, ob. cit., nº 106, p. 242.

pressupõe necessariamente a análise obrigatória do mérito. E, portanto, os limites objetivos da coisa julgada material são fixados exclusivamente pelo objeto do processo, pela declaração petitória realizada unicamente pelo autor.

Por outro lado, o objeto do debate é solucionado, é tratado na fundamentação, na motivação da sentença,[108] que deve abarcar todas as questões relevantes postas em juízo pelas partes. Não foi sem rumo que o projeto do novo CPC, em seu inc. IV do § 1º do art. 486, obriga o juiz a *"enfrentar todos os argumentos deduzidos no processo capazes de, em tese, infirmar a conclusão adotada pelo julgador"*, sob pena de sua decisão não ser considerada fundamentada. Como resultado disso, as citadas "questões relativas ao fundo", que são analisadas na fundamentação, ganham somente o peso da coisa julgada formal.[109] Contudo, os limites subjetivos da coisa julgada se projetam para ambas as partes.

A exclusão do elemento subjetivo na identificação do objeto do processo deve-se a sua irrelevância na fixação do mesmo, sendo assim, não forma parte de sua essência, vez que bastam o *petitum* e a *causa petendi*[110] para verificar a existência de cumulação de pretensões, descobrir se houve ou não modificação da demanda e impor os limites objetivos da coisa julgada e da litispendência.[111] Todavia, com isso, não queremos dizer que o elemento subjetivo não seja importante, já que ele delimita instituições

---

[108] De igual modo DINAMARCO quando afirma que *"essa construção assim concebida pressupõe que o mérito seja diferente das questões de mérito, i. é, que ele seja distinto dos pontos duvidosos cuja solução conduz à pronuncia de sua procedência ou improcedência"*, O conceito de mérito em processo civil, ob. cit., nº 106, p. 244. Daí afirmar acertadamente LIEBMAN que *"la questione pregiudiziale forma oggetto di 'cognizione', ma non di 'decisione'"*, Manuale di diritto processuale civile, ob. cit., t. I, nº 80, p. 154. Em sentido contrário CELSO NEVES, que mantém um conceito amplo de *'elementos objetivos do processo'*, no que inclui ademais do *'objeto litigioso'* as *'questões processuais lato sensu'*. Segundo o autor: *"Ao considerar o 'objeto litigioso', a doutrina atende, apenas, a um dos aspectos da realidade processual, despreocupada dos demais elementos que podem entrar e, comumente entram, em sua limitação objetiva, pela ocorrência de 'fatos processuais' de que resultam 'questões' que o juiz é levado a enfrentar e decidir, fora do alcance objetivo da 'lide'. Ora, não é apenas esta que define os lindes objetivos eventuais da relação jurídica processual, suscetíveis de alargamento pelos problemas que se podem verificar, no plano do 'pressuposto processual', dos 'supostos processuais' e das 'condições da ação', todos eles constituindo matéria de apreciação e decisão do juiz"*, Estrutura fundamental do processo civil, Rio de Janeiro: Forense, 1995, p. 250.

[109] De igual modo MONTESANO, quando analisa *"La sentenza <parziale> sulle <questioni preliminari di merito> non è una <sentenza di merito> e non ha oggetto e autorità esterni al proceso"*, Questioni preliminari e sentenze parziali di mérito. In: *Studi in Memoria di Roberto Bracco*. Padova: Cedam, 1976, p. 466 e ss.

[110] Em igual sentido, entre outros, RAMOS MÉNDEZ, *Enjuiciamiento civil*, ob. cit., t. I, nº 12.5, p. 242 e ss.

[111] Como afirma corretamente SERRA DOMÍNGUEZ, a litispendência produz *"efectos similares a los de la cosa juzgada. En realidad la litispendencia anticipa los efectos de la cosa juzgada eventual que puede producirse, al momento de la demanda. De ahí que sean las mismas las identidades requeridas para la cosa juzgada y para la litispendencia, por lo que con acierto ha podido afirmarse que la litispendencia descansa en la simple posibilidad de una cosa juzgada; es una cosa juzgada en potencia como ha demostrado FRANCHI"*, Litispendencia, ob. cit., p. 656. Por isso, podemos concluir, em linha de princípio, que os limites objetivos da coisa julgada se identificam com os limites objetivos da litispendência.

chaves como a coisa julgada e a litispendência.[112] Deste modo, uma vez alterado o *petitum* e/ou a *causa petendi* não estaremos mais diante do mesmo processo, mas sim diante de outro distinto.

6. Aplicação desta dicotomia no projeto do novo CPC.

Seria inútil realizar todo este estudo pormenorizado dos tipos de objeto se não pudéssemos aplicar estas diferenças na realidade trazida através do projeto do novo CPC e assim contribuir com uma adequada aplicação dos diversos institutos alcançados por este complexo e prático tema. Contudo, pelos estreitos limites impostos a este estudo, não podemos explicar as razões pelas quais eventuais redações contidas nos artigos estão, a nosso sentir, equivocadas, mas certamente o leitor conseguirá chegar a mesma conclusão analisando atentamente o que foi dito com o que pretende o artigo.

O objeto do processo, o mérito e todas as suas implicações estão compreendidos no projeto do novo CPC nos: arts. 4°; 6°; § 2° do art. 45; 115; 141; 239; 280; inc. II do art. 284; par. único do art. 297; § 3° do art. 302; inc. III do art. 307; 313; 319; 334; § 2° do art. 340; o julgamento antecipado do mérito (art. 352); do julgamento antecipado parcial do mérito (art. 353); inc. IV do art. 354; 430; 454; 482; 483; 484; 485; inc. III do art. 486; 487; 489; 490; 494; 495; 498; 499; 500; 505; inc. I do art. 506; § 6° do art. 522; 540; §§ 3° e 4° do art. 562; art. 597; inc. II do art. 666; inc. III do art. 770; art. 789; art. 813; § 3° do art. 915; par. único do art. 926; 936; 937; 963; § 2° do art. 963; inc. I do § 5° do art. 965; 973; inc. II e §§ 3° e 4° do art. 979; inc. I do art. 981; 984; § 2° do art. 984; § 4° do art. 1010; inc. II do art. 1012; 1038;

Por outra sorte, o objeto do debate com todas as suas consequências práticas deve ser vislumbrado no projeto do novo CPC nos: inc. II do art. 145; art. 367; inc. I do § 2° do art. 444; inc. II do art. 486; § 1° do art. 1010; inc. I e III do art. 1040.

---

[112] Ao igual que o instituto da coisa julgada, não devemos confundir os limites objetivos com os subjetivos da litispendência, pois para identificar os limites objetivos nestas duas situações, bastam o *petitum* e a *causa petendi*, enquanto que para os limites subjetivos se necessita o elemento subjetivo (autor e réu).

— IV —

As dimensões da incerteza e as graduações de intensidade para aplicação dos princípios da prevenção e da precaução na decisão jurídica face aos riscos ambientais extremos

DÉLTON WINTER DE CARVALHO[1]

Sumário: Introdução; 1. As dimensões da incerteza; 2. Modelos para gerenciamento dos riscos catastróficos; 2.1. Avaliação quantitativa de riscos; 2.2. O papel do princípio da precaução: em velhas e novas *nuances* para o tratamento de eventos extremos; Reflexões conclusivas.

Introdução

O presente estudo tem por objeto a reflexão problematizada acerca dos principais sistemas de gerenciamento de riscos ambientais no direito comparado e pátrio, centrando sua ênfase temática nos *riscos ambientais com potencial catastrófico*. A relevância deste debate no cenário jurídico brasileiro impõe-se ante a necessidade, cada vez maior, de apropriação metodológica da teoria e prática jurídica em tomar decisões antecipatórias a danos ambientais de grandes proporções. Para tanto, o presente texto apresenta uma abordagem pragmática e problematizadora dos sistemas para gerenciamento de riscos ambientais extremos, ante as *diferentes graduações inerentes à incerteza*.

Para tanto, *num primeiro momento textual*, abordar-se-á *as dimensões da incerteza científica* na ponderação dos riscos, em suas probabilidades e magnitudes, como pressuposto necessário no processo de avaliação e gestão dos riscos ambientais. A existência de uma terminologia fundada nas diversas dimensões existentes na intensidade da incerteza científica, interna ao conceito de risco (em sentido amplo), forma uma heurística diferenciação conceitual entre *risco, incerteza, ambiguidade e ignorância*.

---

[1] Pós-Doutor em Direito, *University of California at Berkeley*, USA. Doutor e Mestre em Direito UNISINOS. Professor do Programa de Pós-Graduação em Direito, nível Mestrado e Doutorado, da UNISINOS. Advogado, Parecerista e Consultor jurídico. deltonwc@via-rs.net. Autor de diversos artigos publicados nacional e internacionalmente, sendo ainda autor dos livros: *Dano ambiental futuro: a responsabilização civil pelo risco*. 2ª ed. Livraria do Advogado, 2013 e em coautoria com Fernanda Dalla Libera. *Direito dos Desastres*. Livraria do Advogado, 2013.

Elementos conceituais e descritivos estes essenciais para a avaliação e gestão de riscos ambientais extremos e, consequentemente, necessários para a sustentação técnica e multidisciplinar das decisões jurídicas.

Em seguida, faz-se uma detalhada abordagem acerca das duas tradições preponderantemente existentes no direito comparado bem como pátrio, *a avaliação quantitativa dos riscos ambientais*, fortemente atrelada a bases científicas quantificáveis e dotadas de previsibilidade, e as características de *um sistema centrado na decisão em contextos de maior indeterminação*. Neste condão, o artigo demonstra as diferenciações entre tais modelos, suas áreas de aplicação e a problematização em casos exemplificativos de novas tecnologias, desastres e riscos extremos, demonstrando, acima de tudo, um fortalecimento mútuo destes modelos, quando observadas as peculiaridades e âmbitos de aplicação destes.

1. As dimensões da incerteza

A incerteza é usada, coloquialmente, num sentido genérico (*incertitude*), abrangendo em seu âmago *profundidades*[2] mais específicas, tais como *o risco, a incerteza* "stricto sensu" (*uncertainty*), *a ambiguidade* e *a ignorância*.[3] Cada um destes "graus de incerteza" podem existir simultaneamente em um dado contexto específico.[4]

A tradição existente na *teoria da decisão*, conforme demonstra o conceito de Frank Knight de *risco* (em distinção a incerteza)[5] favorece as condições de aprofundamento das dimensões inerentes às incertezas em relação aos eventos futuros. Para este, o risco é uma condição sobre a qual se pode definir um conjunto compreensível de todos os possíveis efeitos e resolver discretamente uma série de probabilidades para toda esta matriz de resultados. Em outras palavras, nestes casos, há a possibilidade de delimitação quantitativa das probabilidades, a partir do diagnóstico das possíveis magnitudes. Assim, os *riscos* são, conceitualmente, constituídos quando *há alguma base científica para as probabilidades* e, quanto ao conhecimento acerca dos efeitos, *estes são bem definidos*.[6] Aplica-se tal conceito a

---

[2] Tomamos aqui emprestada tanto a terminologia (profundidade da incerteza) como a tipologia apresentada por: STIRLING, Andy; GEE, David. "Science, Precaution, and Practice." *Public Health Reports.* v. 117, Association of Schools of Public Health: Nov.-Dec., 2002. p. 521-533.

[3] FARBER, Daniel. "Uncertainty." *The GeorgeTown Law Jornal.* v. 99, 2011. p. 905.

[4] STIRLING, Andy; RENN, Ortwin; ZWANENBERG, Patrick van. "A Framework for Precautionary Governance of Food Safety: integrating science and participation in the social appraisal or risk." In: Elizabeth Fisher; Judith Jones; René von Schomberg. *Implementing the Precautionary Principle: Perspectives and Prospects.* Cheltenham: Edward Elgar, 2008. p. 289.

[5] KNIGHT, Frank. "Structures and Methods for Meeting Uncertainty." *Risk, Uncertainty and Profit.* Boston, MA: Hart, Schaffner & Marx; Houghton Mifflin Co., 1921.

[6] STIRLING, Andy; GEE, David. "Science, Precaution, and Practice." *Public Health Reports.* v. 117, Association of Schools of Public Health: Nov.-Dec., 2002. p. 524.

casos em que as suposições científicas encontram-se bem justificadas em áreas em que os modelos teóricos são robustos, ou mesmo, onde há dados empíricos bem documentados e trazidos em circunstâncias cientificamente relevantes. São exemplos desta delimitação conceitual de *riscos*, as inundações periódicas, a segurança dos transportes e as doenças conhecidas.[7] Nesta dimensão, o risco se identifica com a noção de *risco concreto*, que tem se popularizado no Direito Ambiental brasileiro, consistindo, como já enfrentado, em riscos passíveis de quantificação probabilística, em índices métricos.

O sentido estrito do termo *incerteza*, por sua vez, se aplica a uma condição em que há confiança na integridade e plenitude de um conjunto definido de *efeitos*, porém não há base teórica ou empírica válida para atribuir *probabilidades* com confiança para tais resultados. Assim, em comum, risco e incerteza apresentam uma capacidade descritiva dos efeitos bem definida, porém *a incerteza* (ao contrário do *risco*) não apresenta um diagnóstico digno de credibilidade e confiança para atribuição de probabilidades causais. Lembre-se, portanto, que *a incerteza não se confunde com a completa ignorância*. Diversas substâncias cancerígenas, inundações no âmbito das mudanças climáticas e valores de ações empresariais são exemplos de incerteza nesta perspectiva.[8]

A *ambiguidade*, ao seu turno, se trata de condições em que mesmo havendo bases para sustentar a descrição das probabilidades de que algum tipo de impacto, há uma indefinição dos efeitos (efeitos definidos de forma precária). Neste caso, um bom exemplo pode ser toda a noção de danos ambientais em potencial que permeiam a regulação *existente* sobre alimentos geneticamente modificados. Nestes casos, mesmo havendo probabilidades descritivas, os efeitos ainda não estão cientificamente definidos.[9] Além deste, também os cenários do efeito estufa e os impactos energéticos, consistem em ambiguidades.[10]

Quando à ambiguidade dos efeitos encontra os problemas inerentes à incerteza (das probabilidades), ultrapassando o âmbito da avaliação, enfrenta-se a condição formalmente tida como *ignorância*. Tratam-se de situações de *incógnitas desconhecidas (unknown unknowns)*, em que *não se*

---

[7] STIRLING, Andy; RENN, Ortwin; ZWANENBERG, Patrick van. "A Framework for Precautionary Governance of Food Safety: integrating science and participation in the social appraisal or risk." In: Elizabeth Fisher; Judith Jones; René von Schomberg. *Implementing the Precautionary Principle: Perspectives and Prospects.* Cheltenham: Edward Elgar, 2008. p. 288.

[8] Idem, ibidem. p. 288.

[9] STIRLING, Andy; GEE, David. "Science, Precaution, and Practice." *Public Health Reports.* v. 117, Association of Schools of Public Health: Nov.-Dec., 2002. p. 525.

[10] STIRLING, Andy; RENN, Ortwin; ZWANENBERG, Patrick van. "A Framework for Precautionary Governance of Food Safety: integrating science and participation in the social appraisal or risk." In: Elizabeth Fisher; Judith Jones; René von Schomberg. *Implementing the Precautionary Principle: Perspectives and Prospects.* Cheltenham: Edward Elgar, 2008. p. 288.

sabe o que não se sabe. Num sentido conceitual, a *ignorância* consiste em circunstancias em que não apenas não há base para atribuir probabilidades (como é o caso da incerteza), mas em que a definição bem acabada de um conjunto de efeitos também é problemática. O reconhecimento da ignorância nada mais é do que o reconhecimento da possibilidade de surpresa, caso em que não só é impossível classificar definitivamente as diferentes opções, como é profundamente difícil sequer a sua caracterização. Num estado de ignorância, é sempe possível que haja efeitos que tenham sido totalmente excluídos da consideração. Exemplos da ignorância, já desvelados, vão desde depleção da camada de ozônio por clorofluorcarbonos aos vínculos entre a encefalopatia espongiforme bovina em vacas e a variável da doença Creutzfeldt-Jakob em humanos.[11] Em momentos cruciais da história, estes se tornaram verdadeiras surpresas. Estes são exemplos em que o problema não estava tanto na determinação das *probabilidades*, mas sim na antecipação das próprias *possibilidades*.

Abaixo, uma demonstração visual esquemática dos graus e dimensões inerentes à incerteza:

Conhecimento sobre probabilidades	Conhecimento acerca dos efeitos	
	Efeitos bem definidos	Efeitos definidos de forma pobre
Alguma base para probabilidades	Risco	Ambiguidade
Indeterminação ou incerteza geral		
Sem base para probabilidades	Incerteza	Ignorância

STIRLING, Andy; GEE, David. "Science, Precaution, and Practice." *Public Health Reports*. v. 117, Association of Schools of Public Health: Nov.-Dec., 2002. p. 524.

A relevância das graduações de menor ou maior incerteza consiste exatamente no fato de estas devem servir de parâmetro para justificar a intensidade das medidas preventivas a serem adotadas em casos de riscos ambientais. Também, é a distinção entre a intensidade da incerteza que marca a possibilidade do magistrado, do fiscal administrativo ou mesmo do gestor público, em lançar mão dos princípios da prevenção ou da precaução, segundo os elementos constituintes da prova existente no caso em concreto.

2. Modelos para gerenciamento dos riscos catastróficos

Esta dicotomia entre riscos concretos (passíveis de quantificação) e riscos abstratos (não quantificáveis), gera uma subsequente distinção entre dois modelos de gestão de riscos ambientais em nível internacio-

---

[11] Exemplos citados em STIRLING, Andy; GEE, David. "Science, Precaution, and Practice." *Public Health Reports*. v. 117, Association of Schools of Public Health: Nov.-Dec., 2002. p. 525.

nal. Um modelo de *avaliação de riscos convencional*, descrito muitas vezes, *indevidamente*,[12] como sendo mais centrado em uma base científica. O padrão para análise de risco convencional é baseada na teoria utilitarista, destacando-se as perspectivas fornecidas pela teoria do custo-benefício (*cost-benefit theory*) e a análise de risco (*risk analyses*). Esta perspectiva é a preponderante nos Estados Unidos, requerendo a quantificação das probabilidades, não se adaptando bem ao tratamento de reais incertezas. Já no cenário da Comunidade Europeia, há uma propensão maior ao *Princípio da Precaução*, que aborda o tratamento dos *danos futuros possíveis não quantificáveis*. Contudo, este acaba, de outro lado, funcionando mais como uma *fonte sonora* de recomendação cuidado do que um método de análise.[13]

2.1. Avaliação quantitativa de riscos

O primeiro modelo, tende a apenas tomar em conta os riscos passíveis de quantificação estatística a partir de instrumentos tais como as avaliações e a gestão de riscos.[14] Como explicam Holly Doremus, Albert C. Lin e Ronald H. Rosenberg, a avaliação de risco (*risk assessment*) detém uma utilização pragmática ainda nos dias de hoje, sendo muito utilizada para prever neurotoxicidade, toxicidade reprodutiva, mutagenicidade e risco ecológico. A avaliação de risco tem por "objetivo sintetizar evidências disponíveis com a finalidade de produzir estimativas quantitativas acerca da probabilidade e magnitude de dano proveniente de uma atividade, evento ou substância".[15]

A gestão de risco (*risk management*), por sua vez, se trata do processo de como decidir para responder às informações geradas pela avaliação de risco. A gestão de risco é um processo político, o qual incorpora vários fatores (incluindo percepção pública, fatores políticos, custos, efeitos distributivos) ao processo de tomada de decisão. Por evidente, a avaliação de riscos não é livre de valores, não sendo puramente científica. As hipóteses

---

[12] STIRLING, Andy; GEE, David. "Science, Precaution, and Practice." *Public Health Reports*. v. 117, Association of Schools of Public Health: Nov.-Dec., 2002. p. 522. Também, conforme explica Holly Doremus, perspectivas precaucionais e (as chamadas) científicas necessárias "para processos decisórios são constantemente caracterizados como distintos, ou mesmo incompatíveis. Embora ambas perspectivas sejam realmente distintas, em muitas situações eles não são apenas compatíveis mas também sinergéticos. (DOREMUS, Holly. "Precaution, Science, and Learning While Doing in Natural Resource Management." Washington Law Review Association. n. 82, 2007. p. 550.

[13] FARBER, Daniel. "Uncertainty." *The GeorgeTown Law Jornal*. v. 99, 2011. p. 907.

[14] Acerca da distinção entre a avaliação de risco (*risk assessment*) e a gestão de risco (*risk management*) no Direito Americano e a necessidade de uma procedimentalização integrativa entre ciência e política para a gestão das incertezas científicas, ver SILBERGELD, Ellen K. "Risk Assessment and Risk Management: na uneasy divorce". In: Deborah G. Mayo; Rachelle D. Hollander (Eds.). *Acceptable Evidence: Science and Values in Risk Management*. New York: Oxford University Press, 1991. p. 99-114.

[15] DOREMUS, Holly; LIN, Albert C.; ROSENBERG, Ronald H.. *Environmental Policy Law: Problems, Cases, and Readings*. 6th ed. New York: Thomson Reuters/Fundation Press, 2012. p. 417.

que permearam a avaliação de risco bem como as incertezas encontradas devem estar explicitadas, a fim de informar o processo decisório.[16]

Apesar da inexistência de maiores delimitações regulatórias no contexto brasileiro, a *avaliação de riscos ambientais* encontra-se abrangida pelo conceito mais amplo de "avaliação de impactos ambientais", previsto no art. 9, III, da Lei n. 6.938/81. No cenário jurídico brasileiro, a avaliação de risco pode estar ou não compreendida em Estudo de Impacto Ambiental – EIA, sendo este um estudo multidisciplinar mais amplo acerca dos impactos de um determinado empreendimento (art. 225, § 1°, IV, da CF/1988; art. 9, III, da Lei n. 6.938/81; arts. 5 e 6, da Resolução do Conama 1/1986). O Estudo de Impacto Ambiental deve conter no mínimo uma "análise dos impactos ambientais do projeto e de suas alternativas, através da identificação, previsão da magnitude e interpretação da importância dos prováveis impactos relevantes, discriminando: os impactos positivos e negativos (benéficos e adversos), diretos e indiretos, imediatos e a médio e longo prazos, temporários e permanentes; seu grau de reversibilidade; suas propriedades cumulativas e sinérgicas; a distribuição do ônus e benefícios sociais".[17]

Em regra geral, a *avaliação de risco* envolve quatro passos, sendo estes: a identificação do risco, a avaliação de resposta à dosagem, a avaliação de exposição e a caracterização do risco.[18] Após a identificação de um risco, a avaliação de risco estima a curva de dose-resposta bem como dos níveis de exposição para determinar qual o nível risco tolerável. Este processo pode ser ilustrado pela avaliação de riscos de câncer, existindo dois métodos principais. O primeiro método baseia-se na *epidemiologia*, o que quer dizer estudos estatísticos das populações humanas. A ideia básica deste método é comparar as taxas de cancro no grupo de trabalho estudado em relação à população em geral. O segundo método, por seu turno, envolve *pesquisas com animais*. Também neste método é necessária uma estimativa da curva de dose-resposta. Este método apresenta desafios tais como a eliminação dos fatores de contradição, uma vez que, tratando-se de experimentos controlados, a realização destes em laboratório deve ter aplicação em relativamente poucos animais, o que exige uma dose alta para configuração e diagnóstico do limite de tolerabilidade (risco). Assim, para ambos os casos, mesmo que se tenha determinado o nível de risco, determinar a correta resposta não apenas não é fácil como envolve novas incertezas.[19]

---

[16] DOREMUS, Holly; LIN, Albert C.; ROSENBERG, Ronald H.. *Environmental Policy Law: Problems, Cases, and Readings*. 6th ed. New York: Thomson Reuters/Fundation Press, 2012. p. 421.

[17] Art. 6, Resolução do Conama 1/1986.

[18] DOREMUS, Holly; LIN, Albert C.; ROSENBERG, Ronald H.. *Environmental Policy Law: Problems, Cases, and Readings*. 6th ed. New York: Thomson Reuters/Fundation Press, 2012. p. 417-421.

[19] FABER, Daniel. "Probabilities Behaving Badly: Complexity Theory and Environmental Uncertainty." U.C. Davis Law Review. 37, 2003. p. 156-164.

Em outra perspectiva, os riscos (mesmo aqueles de resultados catastróficos) podem ser divididos em eventos para os quais é possível alguma tentativa razoável em estimar o "valor esperado" (*expected value*), denominados de "riscos quantificáveis", e eventos para os quais esta estimativa do *valor esperado* faz-se impossível (contexto de "incerteza não quantificável").[20] A perspectiva de análise de riscos a partir da teoria utilitária pode ser extremamente complexa, particularmente em razão da dificuldade em determinar a probabilidade de vários efeitos.

O valor esperado (*expected value*) é explicado por Daniel Farber a partir do seguinte exemplo. A probabilidade de uma moeda jogada ao alto cairá com a face da "cara" para cima é 0.5. Se imaginarmos que você pode ganhar $10 (dez dólares) se a moeda cair com a "cara" para cima, mas perder $5 (cinco dólares) se ela cair com a face "coroa" para cima. A questão que se apresenta é aceitar ou não a aposta. Se você repetir esta aposta muitas vezes, na média você teria a expectativa de ganhar $10 (dez dólares) na metade das vezes e perder $5 (cinco dólares) na outra metade. Assim, o retorno esperado é [(0.5 x 10) – (0.5 x 5)] = $2.50 (dois dólares e cinquenta centavos). Imagine-se fazer "cara ou coroa" uma centena de vezes, você esperaria ganhar $10 (dez dólares) cinquenta vezes e perder 45 (cinco dólares) nas outra cinquenta, num ganho líquido de $250 (duzentos e cinquenta dólares) ou de $2.50 (dois dólares e cinquenta centavos) em média a cada lançamento da moeda. Desta forma, se você jogasse este jogo com frequência suficiente, em média você teria a expectativa de ganhar $2.50 a cada jogada. Este consiste no "valor esperado" (*expected value*) da aposta. Sendo assim, um indivíduo deveria estar disposto a apostar uma quantia até $2.49 (dois dólares e quarenta e nove centavos), tomando em consideração a assunção de que este não está nem atraído ou repelido pela falta de certeza dos efeitos.[21]

A avaliação do risco a partir do *valor esperado* tem lugar em contextos de neutralidade de risco (*risk neutrality*), ou seja, há uma equiparação das faces negativas às faces objetivas do cálculo. Há, assim, a desconsideração de um elemento muito comum em contextos de riscos, a aversão ao risco (*risk aversion*). Este conceito (aversão ao risco) descreve um comportamento muito comum segundo o qual as pessoas tendem a preferir adotar medidas para evitar perdas, tendo um peso maior para estas a possível perda do que o possível ganho. Tomando o exemplo acima, quanto menor a capacidade financeira da parte, menor a disponibilidade de aceitar a aposta, mesmo que ela se mostre vantajosa. Portanto, a *aversão ao risco* produz a utilidade esperada (*expected utility*), consistindo esta na inclusão

---

[20] VERCHICK, Robert R. M. *Facing Catastrophe: Environmental Action for a Post-Katrina World*. Cambridge: Harvard University Press, 2010. p 217.

[21] FARBER, Daniel. "Uncertainty." *The Georgetown Law Jornal*. v. 99, 2011. p. 907-908.

da aversão ao risco na avaliação deste. Esta se mostra mais apta a lidar com os *efeitos catastróficos*.[22]

Para entender comportamentos sociais em relação a riscos, requer-se, assim, a menção a "maximização da utilidade" (*utility maximization*), sendo este um conceito para o qual, em razão da *aversão ao risco,* a maioria das pessoas prefere não *assumir riscos,* preferindo em regra a perda *certa* do valor do prêmio do seguro em detrimento de uma razoavelmente baixa probabilidade de perda total do valor do bem segurado. Contudo, a partir de um cálculo aritmético pode ser constatado que o custo com o prêmio (tido durante um determinado período) venha a ser superior ao *valor esperado* do sinistro, a ser objeto de indenização pela empresa seguradora. A motivação das pessoas para, ainda assim, realizarem a contratação de seguros (mostrando-se aversos ao risco) consiste no fato de que estes não estão dispostos a arcar com a perda integral do valor em um só momento. Uma pessoa pode, portanto, não estar disposta ou *não ter condições* de apostar, pois o risco da perda (do valor integral do bem em um ato único) supera a possibilidade de ganho (gradualmente adquirido pela economia das parcelas mensais do prêmio). Este cenário também detém relação direta com a *condição econômica da pessoa envolvida*, pois quanto mais rico, menor o valor (utilitário) de cada unidade acumulada posteriormente, agindo de forma exatamente diversa em caso de pobreza. Há, assim, a tentativa, pelo indivíduo, *de maximização utilitária dos valores* por este investidos.

Nisto consiste a "utilidade marginal decrescente" (*declining marginal utility*), explicando este fenômeno de indiferença e "desvalorização" do pagamento pelo prêmio, *mesmo que este venha ao longo do tempo a superar o valor do bem segurado*. Trata-se do conceito que explica o motivo pelo qual as pessoas adquirem seguros mesmo que, aritmeticamente, possa ser, ao longo do tempo, mais oneroso financeiramente o valor pago pelo prêmio quando comparado ao valor segurado. A diferença entre valores referentes ao prêmio e o valor segurado passa a ser *desvalorizada*, mesmo que a soma dos prêmios venha a superar o valor segurado. A aversão ao risco leva a uma *desvalorização e indiferença* em relação ao custo superior do prêmio em relação ao valor segurado, sendo estas justificadas pelo sentimento (risk aversion) de ser evitada a perda integral do valor em um ato, sendo, para tanto, assumido um custo periódico que pode vir a superar o valor do bem e do seguro.[23]

---

[22] PEARCE, David. "The Precautionary Principle and Economic Analysis." In: *Interpreting the Precautionary Principle*. Timothy O'Riordan; James Cameron. London: Earthscan, 1994. p. 134.

[23] SUNSTEIN, Cass. The Catastrophic Harm Precautionary Principle. *Issues Legal Scholarship: Symposium: Catastrophic Risks: Prevention, Compensation, and Recovery*. Article 3. Berkeley Electronic Press, 2007. p. 148. Available at http://www.bepress.com/ils/iss10/art3. Acessado em 12.05.2012; FARBER, Daniel. "Uncertainty." *The Georgetown Law Jornal*. v. 99, 2011. p. 908.

A título exemplificativo das condições de avaliar *quantitativamente* um determinado risco, mesmo que ainda dotado de um grau de incerteza (desde que ainda seja possível alguma quantificação desta), faz-se útil o presente exemplo:

> Sob EV [valor esperado] uma determinada pessoa toma em consideração um conjunto de efeitos, vamos dizer que tais magnitudes sejam quantificadas em -10, +10 e +20 – agregando a estes um probabilidade de, digamos, 0.1, 0.5 e 0.4 para cada. Então temos o valor esperado: 0.1(-10)+0.5(10)+0.4(20)= -1+5+8=+12. Se estes valores [positivos] consistem em benefícios, então o +12 seria comparado ao custo, digamos de 8. Sendo 12>8,a decisão de continuar com esta política, apesar dos benefícios incertos. (...) Mas a maioria das pessoas é muito aversa a perdas, podendo ser esperado que -10 ganhe um peso superior do que o +10 como exemplo.[24]

Em casos de desastres, na chamada aversão a desastres (*disaster avertion*), isto faz-se ainda mais relevante, como explica o autor: "em nosso exemplo, o menos 10 pode ser pensado como um 'desastre potencial'. Na perspectiva da *utilidade esperada*, então, nós atribuiríamos um grande valor de utilidade (ou valor de 'desutilidade' se se tratar de uma perda) aos efeitos de nossa maior preferência ou aversão".[25]

Este modelo serve de tentativa a fornecer dados aos decisores, contudo apresenta falhas, sobretudo acerca da ocultação processual das incertezas. Tais avaliações de risco tendem a olvidar a *multidimensionalidade dos riscos ambientais*,[26] em razão deste método estar baseado na necessidade de estabelecer linearmente um *valor esperado*, o que acarreta na *escolha* de uma dimensão e hipótese de efeito a ser evitada (câncer, contaminação, etc.).

A questão crucial é que a incerteza, assim como a ambiguidade e a ignorância, são evitadas metodologicamente em processos de avaliação de riscos tradicionais (quantificáveis), de forma a gerar uma ocultação das reais possibilidades bem como desencadeando em uma pretensa gestão dos riscos.[27] Os pressupostos e suposições que compõem o procedimento de avaliação dos riscos para o atingimento de determinadas probabilidades, acabam por ocultar a existência de diversos efeitos, variáveis bem como dúvidas científicas que podem ou não se concretizarem. Da mesma forma, as avaliações convencionais de riscos mostram-se negligentes em tomar em consideração os efeitos indiretos, cumulativos (de uma mesma toxina)[28] e sinergéticos

---

[24] PEARCE, David. "The Precautionary Principle and Economic Analysis." In: *Interpreting the Precautionary Principle*. Timothy O'Riordan; James Cameron. London: Earthscan, 1994. p. 133.

[25] Idem, ibidem. p.134.

[26] ADLER, Matthew D. "Policy Analysis for Natural Hazards: Some Cautionary Lessons from Environmental Policy Analysis." *Duke Law Journal*. v. 56. October, 2006. p. 37.

[27] Com relação a este limite, ver: STIRLING, Andy; GEE, David. "Science, Precaution, and Practice." *Public Health Reports*. v. 117, Association of Schools of Public Health: Nov.-Dec., 2002; FARBER, Daniel. "Uncertainty." *The GeorgeTown Law Jornal*. v. 99, 2011; FABER, Daniel. "Probabilities Behaving Badly: Complexity Theory and Environmental Uncertainty." U.C. Davis Law Review. 37, 2003.

[28] STIRLING, Andy; GEE, David. "Science, Precaution, and Practice." *Public Health Reports*. v. 117, Association of Schools of Public Health: Nov.-Dec., 2002. p. 527.

(múltiplas toxinas),[29] uma vez que esta tem por assunção a formação de um *limite de aceitabilidade/tolerabilidade* (abaixo da qual se assume a inexistência de risco).

Quando os riscos catastróficos são passíveis de diagnóstico quantitativo, este deve ser produzido, demonstrado e exigido para os processos de decisão acerca da gestão quer pública ou privada dos riscos. Além das limitações referentes às presunções e ocultação das incertezas, frequentes em avaliações de riscos mais convencionais, muitas vezes a compreensão científica dos riscos é, ainda, divergente da *percepção dos riscos* pela sociedade ou partes envolvidas. Em outras palavras, "a percepção pública dos riscos, que influencia as prioridades legislativas e regulatórias, frequentemente se difere drasticamente dos dados gerados pela avaliação de risco".[30]

Em relevante estudo, Cass Sunstein arrola exemplos de *fatores qualitativos* que afetam a percepção do risco e seu julgamento, podendo tais fatores atuar como agravantes, amplificando riscos de menor gravidade ou probabilidade, bem como atenuando a aversão a riscos altamente prováveis e graves. A *familiaridade* em relação a determinados fatores consiste em um fator de alteração na percepção de risco. Quando este fator é *novo* há um agravamento da aversão ao risco, enquanto que a maior *antiguidade* do risco desencadeia uma mitigação desta aversão. Também, o *controle pessoal,* consiste em um fator qualitativo na *aceitabilidade social do risco,* atuando como elemento agravante a incontrabilidade (incapacidade de controle pela parte afetada), ao passo que a possibilidade de controle pela parte (comunidade ou sistema) sujeita ao risco mitiga a percepção e, consequente, aversão (intolerância) ao risco.

Estes e outros exemplos são apresentados pelo autor, conforme quadro esquemático abaixo:

Fatores	Agravantes	Atenuantes
Familiaridade	Novo	Velho
Controle pessoal	Incontrolável	Controlável
Voluntariedade	Involuntário	Voluntário
Atenção midiática	Grande atenção dada pela mídia	Ignorado pela mídia
Equidade	Injustamente distribuído	Justamente distribuído
Crianças	Crianças em especial risco	Sem crianças em risco
Gerações futuras	Em risco	Não em risco
Reversibilidade	Irreversibilidade	Reversível

---

[29] Acerca dos limites sinergéticos, ver: DOREMUS, Holly; LIN, Albert C.; ROSENBERG, Ronald H.. *Environmental Policy Law: Problems, Cases, and Readings.* 6th ed. New York: Thomson Reuters/Fundation Press, 2012. p. 418.

[30] DOREMUS, Holly; LIN, Albert C.; ROSENBERG, Ronald H.. *Environmental Policy Law: Problems, Cases, and Readings.* 6th ed. New York: Thomson Reuters/Fundation Press, 2012. p. 421.

Caráter assustador	Especialmente assustador	Não especialmente assustador
Identificabilidade das Vítimas	Vítimas conhecidas	Vítimas não identificadas
Benefícios Associados	Benefícios claros	Benefícios não visíveis
Origem Humana ou Natural	Origem Humana	Criado pela Natureza
Confiança nas Instituições envolvidas	Ausência de confiança	Bem confiável
Temporalidade dos Efeitos	Retardados	Imediatos
Compreensão	Mecanismos ou processos não compreendidos	Mecanismos ou processos compreendidos
História Pregressa	Acidentes graves ou menores	Sem acidentes anteriores

SUNSTEIN, Cass. *Risk and Reason: Safety, Law, and the Environment*. Cambridge: Cambridge University Press, 2002. p. 59.

Além destes fatores qualitativos, há ponderações subjetivas, tais como preconceitos, maior ou menor altruísmo,[31] disponibilidade heurística (as pessoas tendem a pensar que um risco é mais provável quando elas conseguem lembrar de uma ocorrência vívida na memória).[32] Ainda, a *aversão a desastres* ganha uma relevância subjetiva em casos de *acidentes de grupos*, quando eventos em que *uma* ocorrência vitima 100 pessoas são percebidos diferentemente (com maior aversão e sensibilidade à probabilidade) se comparados a 100 eventos que vitimam uma pessoa cada.[33]

Diante de tantos fatores e do incremento das incertezas, ambiguidades e, inclusive, a ignorância, o *Princípio da Precaução* passa a exercer um papel destacado na gestão dos riscos catastróficos. A precaução, desta forma, atua como um conteúdo normativo principiológico capaz de orientar os processos de tomada de decisão a lidar com as dificuldades cognitivas do homem em determinar probabilidades e priorizar riscos relevantes, apesar dos diversos fatores de distorção que compõem a percepção subjetiva e social dos riscos.

2.2. O papel do princípio da precaução: em velhas e novas nuances para o tratamento de eventos extremos

Um sistema de gerenciamento de riscos que ignora a incerteza e a expectativa de danos não quantificáveis consiste em verdadeira receita para os desastres. Por razões evidentes (acima de tudo, probatórias), o direito e os tribunais detêm uma predileção por *avaliações de risco quantificáveis*, demonstrados concretamente. Contudo, no caso de desastres, nem sempre são possíveis

---

[31] ARAGÃO, Alexandra. "Princípio da Precaução: manual de instruções." *Revista do CEDOUA*. n. 22, ano XI, 2008. p. 47.

[32] SUNSTEIN, Cass. *Risk and Reason: Safety, Law, and the Environment*. Cambridge: Cambridge University Press, 2002. p. 33.

[33] PEARCE, David. "The Precautionary Principle and Economic Analysis." In: *Interpreting the Precautionary Principle*. Timothy O'Riordan; James Cameron. London: Earthscan, 1994. p.134.

tais quantificações. Qualquer política que ignore danos e riscos não quantificáveis servirá de estímulo à ocorrência de desastres. Por tal razão, mesmo sendo um dos mais contundentes críticos ao *Princípio da Precaução*, Cass Sunstein, reconhece ser diferente em casos de *riscos catastróficos*, admitindo que quando efeitos catastróficos são possíveis, faz sentido adotar precauções contra os piores cenários.[34] Portanto, o princípio da precaução adquire novas feições e ainda maior importância quando inserido em contextos de riscos catastróficos.

A relação e pertinência da precaução para governança dos desastres é reforçada pelos elementos nucleares do princípio, a existência de incerteza e a possibilidade de danos graves ou irreversíveis, elementos com frequência encontrados em casos de desastres.

Como se sabe, este princípio foi consagrado com a adoção da Declaração do Rio de Janeiro que, em seu princípio 15 estabelece que: "Para que o ambiente seja protegido, serão aplicadas pelos Estados, de acordo com as suas capacidades, medidas preventivas. Onde existam *ameaças de riscos sérios ou irreversíveis* não será utilizada *a falta de certeza* científica total como razão para o adiamento de medidas eficazes em termos de custo para evitar a degradação ambiental." (grifamos)

No caso do direito positivo brasileiro acerca do tratamento dos desastres, a própria Lei de Política Nacional de Proteção e Defesa Civil (Lei n. 12.608/12) fez referência expressa à utilização do Princípio da Precaução em casos de riscos de desastres, ao estabelecer ser "dever da União, dos Estados, do Distrito Federal e dos Municípios adotar as medidas necessárias à redução dos riscos de desastre. (...) *A incerteza quanto ao risco de desastre não constituirá óbice para a adoção das medidas preventivas e mitigadoras da situação de risco*".[35] (grifos nossos) Apesar da lei não fazer referência expressa ao princípio, o fez em relação ao núcleo de sentido geralmente atribuído a este, inclusive com semelhança ao texto adotado no Princípio 15 da Declaração do Rio acima transcrito.

Contudo, tal princípio apesar de fortemente assentado internacionalmente, bem como no contexto nacional, longe está de uma adoção incontroversa. A crítica mais frequentemente apresentada diz respeito a *sua imprecisão* (quanto ao seu conteúdo), parecendo em alguns casos um mandado para suspender empreendimentos, produtos e atividades em que haja um certo nível de risco, enquanto, em outros casos, este cria presunções contra atividades potencialmente lesivas ambientalmente, alocando o ônus da prova sobre os titulares destas atividades. Também, a precaução sofre críticas oriundas da constatação de que os *"riscos e as catástrofes*

---

[34] SUNSTEIN, Cass. The Catastrophic Harm Precautionary Principle. *Issues Legal Scholarship: Symposium: Catastrophic Risks: Prevention, Compensation, and Recovery.* Article 3. Berkeley Electronic Press, 2007. Available at http://www.bepress.com/ils/iss10/art3. Acessado em 12.05.2012.

[35] Cfe. art. 2º, § 2º, Lei n. 12.608/12.

estão em todos os lados".[36] Para os defensores deste posicionamento, a própria regulação precaucional pode ser fonte de efeitos indiretos indesejados, agindo tais medidas como novas fontes de incerteza, e acarretando na produção de outros riscos.[37] Finalmente, outra crítica feita a precaução consiste nos limites cognitivos humanos, a partir dos quais os seres humanos tem dificuldades de observar os riscos realmente relevantes (*probability neglect*), detendo uma tendência de ser estimulada, por diversos fatores, a distorção na percepção dos riscos.

No que toca à *imprecisão conceitual e de abrangência* do Princípio da Precaução, nota-se que este vem ganhando uma maior delimitação, abrangendo, em sua constituição nuclear, casos em que os riscos não podem ser efetivamente avaliados de forma confiável, tratando-se, assim, propriamente de *incertezas* (*lato sensu*)[38] e não *riscos* (passíveis de quantificações conclusivas acerca das probabilidades e magnitudes). Ainda, aplica-se a precaução a situações em que a inação pode gerar consequências irreversíveis e danos irreparáveis. Finalmente, aglutina-se ao âmbito de aplicação desta estrutura principiológica, eventos dos quais podem resultar danos catastróficos.[39]

Em linhas gerais, a precaução diz respeito a riscos permeados por incertezas, ambiguidades e ignorância, cujas consequências possam ser graves ou mesmo irreversíveis. A relevância da existência e da análise lançada sobre tais elementos para a aplicação e intensidade do princípio da precaução é evidente, sendo fortemente vinculado à ideia de *riscos de danos graves ou irreversíveis.*[40]

Outro elemento de delimitação, e consequente fortalecimento, do princípio é trazido por Robert Verchick, para quem a aplicação da precau-

---

[36] SUNSTEIN, Cass. "The Catastrophic Harm Precautionary Principle." *Issues in Legal Scholarship. Symposium: Catastrophic Risks: Prevention, Compensation, and Recovery.* Article 3. Berkeley: Berkeley Electronic Press, 2007. p. 13.

[37] Neste sentido é frequentemente citado o caso, nos Estados Unidos, em que passou a ser exigido dos fabricantes de pijamas para crianças a inserção de um componente retardador de chamas, com o nítido escopo de salvar vidas em casos de incêndio, porém, acabou por demonstrar a produção de riscos cancerígenos.

[38] Conforme já enfrentado, fazem parte da incerteza *lato sensu*, a incerteza *stricto sensu*, a ambiguidade e a ignorância.

[39] "Recent commentary tends to advance narrower, more cabined versions of the principle, and to coalesce around three characteristics of settings in which the principle appropriately might be invoked: (i) settings in which the risks of harm are uncertain; (ii) settings in which harm might be irreversible and what is lost irreplaceable; and (iii) settings in which the harm that might result would be catastrophic. First, the heartland of the precautionary principle encompasses situations where the risk cannot be effectively assessed or reliably cabined – i.e., settings in which there is uncertainty rather than simply risk. Second, if a failure to regulate may result in irreversible harm, then an investment in regulation may be justified by a desire to retain flexibility by avoiding irreversible results." (NASH, Jonathan Remy. "Standing and the Precautionary Principle." *Columbia Law Review.* 108. 2008. p. 502-503).

[40] Acerca da relevância da irreversibilidade para o Direito e para a aplicação da precaução ver: SUNSTEIN, Cass. "Irreversibility." *Law, Probability and Risk.* v. 9, 3-4, set-dec. London: Oxford University Press, 2010.

ção deve estar atrelada a duas perspectivas, i) a da viabilidade (*feasbility*) e ii) a "em aberto" (*open-ended*).[41] Segundo a *perspectiva da viabilidade*, deve haver uma intensificação na aplicação do princípio, sendo, contudo, a imposição deste limitada sempre que os custos precaucionais ocasionem uma sobrecarga desproporcional à atividade, inviabilizando-a. Exemplos de âmbitos para aplicação desta perspectiva, consistem na elevação dos níveis precaucionais em códigos que orientam a construção civil e os níveis de segurança industrial, a fim de evitar desastres. No entanto, estas medidas não devem ser tão exigentes que deem causa a séria debilidade ou mesmo distorções, pois não deve-se esquecer que se está diante de um *contexto de incerteza em geral*. Esta perspectiva tem seus limites, devendo ser aplicada apenas a atividades inerentes ao *setor privado*, não tendo efetividade em situações em que "segurança básica requeira mais do que a indústria possa fornecer sem o auxílio governamental, ante uma perspectiva de custo-eficiência".[42]

Para atividades provenientes de projetos e obras públicas, as quais tenham por objeto a prevenção e a mitigação de desastres, deve haver a adoção de uma postura "em aberto" e para além de uma análise centrada em custos e efetividade.[43] As informações científicas (sobre danos em humanos e ao meio ambiente) e os custos econômicos das medidas a serem adotadas (que possam ser, naturalmente, avaliados monetariamente) devem ser incorporados numa perspectiva mais holística, avaliando os prós e contras na adoção de uma ou outra política pública. Assim, mesmo que não se disponham de dados quantitativos acerca das probabilidades ou magnitude (como vidas humanas salvas), a aplicação principiológica não deve ser paralisada, utilizando-se outros fatores e elementos de análise.

Nesta delimitação do princípio, há o estímulo a produzir análises de *eventos extremos possíveis* e seu conjunto de possíveis efeitos, inserindo a possibilidade de avaliações para além da necessária quantificação monetária dos riscos (por exemplo, como avaliação monetária de vidas salvas). Diante desta perspectiva do *princípio da precaução para governança de desastres* na atualidade, grandes obras de infraestrutura pública devem ser resilientes às mudanças climáticas, tomando em consideração as políticas públicas possíveis, bem como os cenários envolvidos.

A constante comparação entre prós e contras, assim como a *humildade científica* são destacados elementos constitutivos da precaução.[44] Uma das

---

[41] VERCHICK, Robert. *Facing Catastrophe: Environmental for a Post-Katrina World*. Cambridge: Harvard University Press, 2010, p. 198-200.

[42] *Idem, ibidem*. p. 236-237.

[43] *Idem, ibidem*, p. 238-239.

[44] Para Andy Stirlig e David Gee, são elementos da precaução: a humildade (em relação as várias fontes de incerteza em geral constantes no processo de avaliação de risco), pesquisa e monitoramento (o estímulo à pesquisa científica e ao monitoramento ambiental e à saúde pública diminuem as

formas de estimular a imaginação dos gestores públicos consiste na técnica denominada *scenario planning*, tendo sua aplicação em áreas militar, de mudanças climáticas e coorporativa. Trata-se de um exame detalhado de uma gama de *futuros potenciais*, cuidadosamente escolhidos. Esta técnica não consiste em prever o futuro como ele será, mas sim como ele poderá ser.[45] A ênfase desta técnica consiste exatamente em forçar que os gestores públicos usem a imaginação, sendo que a construção dos cenários tem a função de estimular a criatividade multidisciplinar daqueles envolvidos no planejamento de projetos públicos. Este processo também permite a *múltipla checagem por profissionais de diversos expertises*.[46]

Aliado ao *scenario planning*, o princípio da precaução é um "aviso de que nossos cálculos de risco, não importando quão elaborado eles sejam, podem perigosamente ser equivocados".[47] Além de fundamentar a prevenção dos desastres, ele pode dar mais força aos argumentos para uma necessária atenção à resiliência aos desastres.[48] A fim de gerir *sistemas não lineares*, uma estratégia pode ser o sopesamento entre o melhor (nossas esperanças) e o pior cenário (nossos temores), inserindo, também, o *valor esperado* mais bem definido e esperado (quando este houver). A obtenção de uma "média" decorrente de uma combinação entre as *expectativas matemáticas* dos possíveis efeitos juntamente com a *imaginação* lançada sobre os cenários mais extremos favorece a maior ou menor intensidade de precaução a ser adotada.[49] Tomando em consideração o melhor cenário possível e o pior cenário, a aplicação do princípio deve não apenas ter seu foco em evitar o pior cenário como também adotar precauções para evitar a perda dos *possíveis benefícios do melhor cenário*.[50] Deve, portanto, haver uma integração entre o valor esperado, quando possível sua atribuição, e uma ponderação entre os piores cenários, privilegiando evitar o pior cenário e estimular os efeitos de um possível melhor cenário.

---

vulnerabilidades da avaliação de risco frente às incertezas), completude (ampliação dos mecanismos e disciplinas), participação (com isto não há apenas a mitigação da ignorância como a percepção das partes envolvidas pode exercer profunda importância na constatação de efeitos de determinadas atividades), comparação dos prós e contras dos potenciais substitutos (a consideração dos produtos substitutos daqueles avaliados deve ser levada em consideração para que, ao se evitar um risco, não se produza outros maiores), estratégias precaucionarias para a tecnologia (diversificação dos instrumentos científicos, controle em estágios iniciais e foco não apenas nos efeitos intratáveis mas também nas possíveis soluções). STIRLING, Andy; GEE, David. "Science, Precaution, and Practice." *Public Health Reports*. v. 117, Association of Schools of Public Health: Nov.-Dec., 2002. p. 526-528.

[45] VERCHICK, Robert. *Facing Catastrophe: Environmental for a Post-Katrina World*. Cambridge: Harvard University Press, 2010, p. 240.

[46] *Idem, ibidem.* 239-245.

[47] FARBER, Daniel, 'Beyond Imagination': Government Blind Spots Regarding Catastrophic Risks (July 18, 2013). p. 17. Disponível em SSRN: http://ssrn.com/abstract=2295767 or http://dx.doi.org/10.2139/ssrn.2295767. Acesso em: 12.08.2013.

[48] *Idem, ibidem.* p. 18.

[49] FARBER, Daniel. "Uncertainty." *The GeorgeTown Law Jornal*. v. 99, 2011. p. 931, 958.

[50] *Idem, ibidem.* p. 930.

Os desastres ensejam uma graduação em sua intensidade, devendo haver uma atribuição de profunda relevância para o valor esperado, mesmo quando estes sejam muito pequenos (ou altamente improváveis), vez que, enganosamente, o ser humano tende a tratar riscos de baixa probabilidade como eventos de risco zero.[51] Diante desta constatação, os gestores públicos devem, ainda, atentar para as diferentes características dos riscos catastróficos envolvidos, incluindo aí as possíveis *amplificações sociais* dos riscos, adotando medidas efetivas, sob o ponto de vista de custo-benefício, bem como tentando maximizar a cadeia de benefícios de um possível melhor cenário.[52] A *aversão aos desastres* acaba por redundar na possibilidade de se criar uma "margem de segurança" para a qual sejam justificados investidos para além do valor esperado ou das dúvidas em questão.[53] Ciente de que as próprias medidas precaucionais podem vir a gerar outros riscos catastróficos, a adoção do *melhor* pior cenário e a tentativa em eliminá-lo é apenas possível após a atenta análise dos piores cenários envolvidos, seus valores esperados, dos custos das medidas a serem adotadas e dos benefícios conexos a cada um destes.[54] Isto porque, em casos de riscos catastróficos, pequenos desvios nos valores esperados ou na incerteza podem fazer a diferença entre um dano e um desastre.[55] Da mesma forma, os benefícios e as probabilidades correlatas devem ser tomadas em consideração na escolha do pior cenário a ser gerido por medidas efetivas, sob o aspecto de custos e benefícios.

O *worst-case scenario* consiste numa abordagem existente no contexto norte americano que orientava as agências a exigir a inclusão do pior cenário nos Estudos de Impactos Ambientais em casos de incerteza científica. Esta orientação, proveniente do *Council of Environmental Quality* (CEQ) em 1981, indicava que agência, ao invés de focar-se apenas no evento negativo de maior probabilidade, deveria tomar em consideração o pior cenário possível. Para tanto, esta orientação previa que *projeções razoáveis* de piores consequências possíveis de uma ação proposta. Após o caso *Sierra Club v. Singler*,[56] a orientação foi alterada. Nesta nova perspectiva, não é mais referida a perspectiva do pior cenário, estabelecendo a necessidade de tomada em consideração dos riscos que possam ter consequências catastróficas quando i) *razoavelmente previsíveis* e ii) economicamente viável

---

[51] SUNSTEIN, CASS. "The Catastrophic Harm Precautionary Principle." *Issues in Legal Scholarship. Symposium: Catastrophic Risks: Prevention, Compensation, and Recovery.* Article 3. Berkeley: Berkeley Electronic Press, 2007. p. 03-04.

[52] *Idem, ibidem.* p. 06.

[53] *Idem, ibidem.* p. 08.

[54] *Idem, ibidem.* p. 12-14.

[55] *Idem, ibidem.* p. 24; 28.

[56] Sierra Club v. Sigler, 695 F.2d 957 (5th Cir. 1983).

a sua avaliação. Esta nova delimitação do pior cenário (*worst-case scenario*) é sutilmente diferente da precaução, mas pode ser conectado a ele.[57]

O *worst case* diz respeito a riscos identificados mas cuja a probabilidade não é conhecida, apenas a magnitude extrema. Trata-se, semanticamente, de tratamento de incertezas *stricto sensu*. Já o *Princípio da Precaução* lida mais com *ambiguidade* e *ignorância*, dizendo respeito mais àqueles casos ou hipóteses alocadas fora do cálculo decisional, seja porque sequer eram imagináveis ou por terem sido descartadas erroneamente como inofensivas.[58] Neste sentido, *a ignorância* (desconhecimento acerca do que se desconhece) deve ser objeto de especulações e dúvidas cientificamente orientadas. Pode ser dito, ainda, que em uma acepção ampla, a precaução pode abranger e aprender com o *worst-case scenario*, servindo este para delimitar a aplicação da precaução, exigindo a consideração de possíveis riscos catastróficos em estudos de impacto ambiental sempre que consequências catastróficas sejam razoavelmente previsíveis e desde que seja economicamente viável realizar esta avaliação.

Finalmente, casos em que não houver uma completude das informações que envolvam determinadas pesquisas ou atividades, o princípio pode lançar mão das estratégias desenvolvidas pela *adaptive management*, que propõe o aprendizado enquanto se vai agindo. Prioritariamente utilizada para o gerenciamento de recursos naturais em contextos de informações incompletas, a *adaptive management* propõe o compromisso em avaliar sistematicamente uma ação durante o seu desenvolvimento.[59] A atenção aos estágios iniciais e a existência de um monitoramento contínuo, seja de um projeto ou mesmo em casos de pesquisa científica, são profundamente relevantes para a aplicação do Princípio da Precaução. Para casos de atividades em que as possibilidades não sejam tão catastróficas ou com probabilidades muito remotas, associadas a benefícios altos, esta perspectiva propõe um *processo contínuo de avaliação e adaptação*.

Em outros casos tais como as *mudanças climáticas*, a expectativa, ainda que dotada de alguma maior ou menor incerteza, acerca da gravidade e significância dos prejuízos, justifica a adoção pesada em investimentos e medidas de adaptação, principalmente tornando mais resilientes as cidades e as grandes obras de infraestrutura. Diante da grandeza dos potenciais catastróficos e extremas consequências decorrentes das mudanças climáticas, as medidas de adaptação não podem tomar em consideração apenas aqueles efeitos mais prováveis, devendo também analisar even-

---

[57] 40 C.F.R. § 1502.22(b) (1991).

[58] FARBER, Daniel, 'Beyond Imagination': Government Blind Spots Regarding Catastrophic Risks (July 18, 2013). p. 17. Disponível em SSRN: http://ssrn.com/abstract=2295767 or http://dx.doi.org/10.2139/ssrn.2295767. Acesso em: 12.08.2013.

[59] SHAPIRO, Sidney A.; GLICKSMAN, Robert L.. *Risk Regulation at Risk: Restoring a Pragmatic Approach*. Stanford: Stanford University Press, 2003. p. 167.

tos de possibilidade remota de ocorrência.[60] Mesmo ante uma possível expectativa de beneficiamento de determinadas áreas do planeta pelo aquecimento global (aumento da produtividade agrícola por período e locais bastante restritos) estes benefícios, mostram bastante limitados se comparados aos potenciais extremados dos efeitos negativos possíveis a partir do aquecimento da temperatura média do planeta.

Em outro caso, a nanotecnologia mostra-se como uma tecnologia de benefícios potenciais extraordinários e sérios riscos também. Riscos estes ainda pobremente investigados e conhecidos. No longo prazo, o cenário das nanotecnologias pode envolver desenvolvimentos revolucionários, com uma possibilidade de profundos impactos econômicos e sociais positivos.[61] Diante dos limiares altos acerca tanto dos benefícios como riscos desta tecnologia, uma precaução pura parece inapropriada, devendo ser evitada uma postura de simples obstaculização da continuidade das pesquisas envolvendo esta tecnologia (dado ao seu alto potencial benéfico futuro). Contudo, os limiares altos acerca da possível magnitude destes riscos, por evidente, justifica alguma *graduação de cautela*, devendo estes nanomateriais receberem uma maior densidade precaucional do que os produtos químicos em geral, tais como: i) restrições nos usos envolvendo potencial exposição pública até que maiores informações estejam disponíveis; ii) a sensibilização aos potenciais de possíveis danos graves e irreversíveis; iii) a potencialização de estímulo à pesquisa acerca das atuais questões envolvendo consequências à saúde, ao meio ambiente bem como referentes à segurança dos usos de nanomateriais.[62]

Reflexões Conclusivas

Note-se que a precaução *deve responder às dimensões da incerteza* (incerteza, ambiguidade e ignorância), com maior ou menor intensidade na imposição de *ordens de cautela*, aplicando medidas proporcionais no nível de proteção escolhido. Estas devem ser não-discriminatórias na sua aplicação e coerentes com medidas semelhantes já tomadas. Tais medidas devem, ainda, ser baseadas numa análise das potenciais vantagens e encargos da atuação ou ausência de atuação, incluindo, sempre que adequado e viável, uma análise econômica custo/benefício. Também devem estar sujeitas à revisão, à luz de novos dados científicos; e capazes de atribuir a responsabilidade de produzir os resultados científicos necessários para uma análise

---

[60] FARBER, Daniel. "Uncertainty." *The GeorgeTown Law Jornal*. v. 99, 2011. p. 944.
[61] SARGENT JR., John F.. *Nanotechnology: a policy primer*. Congretional Research Service (CRS), RL 34511. 2009. p. 1.
[62] FARBER, Daniel. "Uncertainty." *The Georgetown Law Jornal*. v. 99, 2011. p. 948-945.

de riscos mais detalhada.[63] Neste sentido, deve ser analisada a urgência e a proporcionalidade das medidas a serem adotadas frente aos diferentes graus de incerteza que podem permear uma determinada atividade.

As respostas precaucionais aos graus de incerteza devem tomar em conta não apenas o *binômio probabilidade e magnitude*, mas também analisar os impactos e benefícios associados com a atividade, produto ou tecnologia. Assim, nota-se que a existência de graduações acerca da incerteza gera uma diversidade na intensidade em que a precaução deve ser aplicada.

A título exemplificativo, apenas em casos extremos, como quando as vantagens de uma atividade, produto ou tecnologia forem mínimas, os inconvenientes, de outra banda, forem significativos e o nível de proteção exigido for elevado, então a medida proporcional e adequada poderá vir a ser uma proibição integral (*tout court*) da atividade.[64]

Ao contrário do que muitos entendem, tais perspectivas (avaliação de risco mais tradicional ou quantitativa e uma postura precaucional) podem exercer um processo de *fortalecimento mútuo* em detrimento de uma necessária exclusão recíproca.[65] Assim, em diversos casos, a avaliação de risco convencional faz-se adequada sem a necessidade de qualquer precaução. Por evidente, este é o caso das situações em que as probabilidades do risco podem ser auferidas.

A importância desta delimitação ao *Princípio da Precaução*, mesmo diante de cenários de *ignorância*, consiste na conclusão que as causas dos desastres estão fortemente ligadas ao descumprimento do *Estado de Direito, em face de déficits regulatórios ambientais*. Outrossim, constata-se que "é tentador (...) em condições de incerteza, basear a política a um nível de pré-conceitos teóricos, de visão de mundo, de ideologia".[66] O papel do Direito é central no gerenciamento dos desastres, orientando as tomadas de decisão, fornecendo critérios de redução de vulnerabilidade e estímulos resilientes. Para tanto, a fragilização deste acarreta, por evidente, em decisões mais ideológicas, políticas, econômicas, corrompendo estruturalmente o Estado de Direito, a juridicidade ambiental e a legitimação política democrática.

---

[63] COMISSÃO DAS COMUNIDADES EUROPÉIAS. Comunicação da Comissão relativa ao princípio da precaução. Bruxelas, 02.02.2000. COM(2000) 1.

[64] ARAGÃO, Alexandra. "Princípio da Precaução: manual de instruções." *Revista do CEDOUA*. n. 22, ano XI, 2008. p. 51.

[65] STIRLING, Andy; GEE, David. "Science, Precaution, and Practice." *Public Health Reports*. v. 117, Association of Schools of Public Health: Nov.-Dec., 2002. p. 521.

[66] "It is tempting, indeed irresistible under conditions of uncertainty, to base policy to a degree on theoretical preconceptions, on a worldview, an ideology. Indeed, it would be irrational to be a tabula rasa; it would mean discarding useful knowledge. But preconceptions, shaped as they are by past experiences, can impede reactions to novel challenges". POSNER, Richard. *A Failure of Capitalism: the Crisis of `08 and the Descent into Depression*. Cambridge: Harvard University Press, 2009. p. 134.

— V —

Direitos territoriais indígenas e descolonialidade

FERNANDA FRIZZO BRAGATO[1]

Sumário: Introdução; Territórios indígenas e disputas territoriais; Marco regulatório dos direitos territoriais indígenas no Brasil; Os avanços não implementados, os direitos humanos e a matriz colonial de poder; Considerações finais; Referências.

Introdução

De acordo com o último censo do IBGE,[2] existem no Brasil cerca de 820 mil índios, distribuídos, de acordo com o CIMI, em aproximadamente 240 diferentes povos.[3] Segundo a CEPAL, estima-se que, no ano de 2010, viviam na América Latina cerca de 45 milhões de índios, o que representa 8,3 % da população da região, sendo que no Brasil este número se aproximava de 900 mil índios, representando 0,5% da população do país. Ainda segundo a CEPAL,[4] no Brasil existem 305 diferentes povos, o que discrepa ligeiramente da estimativa do CIMI acima apontada, mas que demonstra que o Brasil é o país com maior diversidade em toda a América Latina, seguido de Colômbia, com 102, e Peru, com 85 diferentes povos. O documento da CEPAL aponta que no Brasil 70 povos encontram-se em risco de desaparecimento. Já segundo as Nações Unidas, estima-se que haja mais de 370 milhões de índios vivendo em 90 países, perfazendo aproximadamente 5% da população mundial. De acordo com o Fundo Internacional de Desenvolvimento Agrícola, os povos indígenas constituem 15% dos pobres do mundo e 1/3 dos extremamente pobres. Encontram-se, assim, entre as populações mais vulneráveis, desfavorecidas e marginalizadas do mundo e da América Latina, onde, em geral, enfrentam altos níveis de

---

[1] Doutora em Direito.

[2] Instituto Brasileiro de Geografia e Estatística. Censo Demográfico 2010. Disponível em http://cod.ibge.gov.br/1hvd4. Acesso em 06/12/2013.

[3] Conselho Indigenista Missionário. Disponível em: http://www.cimi.org.br/site/pt-br/?system=paginas&conteudo_id=5742&action=read. Acesso em 12/08/2014.

[4] CEPAL. *Los pueblos indígenas en América Latina: avances en el último decenio y retos pendientes para la garantía de sus derechos*. Santiago/Chile: Naciones Unidas, 2014. Disponível em: http://repositorio.cepal.org/bitstream/handle/11362/37222/S1420521_es.pdf?sequence=1 . Acesso em 09/01/2015.

pobreza, baixo acesso à saúde, à educação e a outros serviços e um alto nível de discriminação.[5]

Segundo o artigo 1, b, da Convenção n° 169 da OIT,[6] os povos indígenas são aqueles que, vivendo em países independentes, descendem de populações que viviam no país ou região geográfica na qual o país estava inserido no momento da sua conquista ou colonização ou do estabelecimento de suas fronteiras atuais e que, independente de sua condição jurídica, mantêm algumas de suas próprias instituições sociais, econômicas, culturais e políticas ou todas elas.

A Declaração da ONU sobre os Direitos dos Povos Indígenas, de 2007, não contém uma definição de povos indígenas. Para a ONU, em relação ao "conceito de 'povos indígenas', a visão predominante hoje é que nenhuma definição universal formal do termo é necessária. Para efeitos práticos, o entendimento do termo comumente aceita é a prevista no estudo de Martinez Cobo".[7] Cobo foi o Relator Especial da Subcomissão para a Prevenção da Discriminação e Proteção das Minorias e redigiu famoso estudo sobre o problema da discriminação contra as populações indígenas durante os anos 1972 e 1983, do qual resultou o seguinte conjunto de ideias básicas levadas em conta pelas Nações Unidas para tratar o tema indígena:

> As comunidades, os povos e as nações indígenas são aqueles que, tendo uma continuidade histórica com as sociedades anteriores à invasão e precoloniais que se desenvolveram en seus territórios, consideram-se distintos de outros setores das sociedades que agora prevalecem nesses territórios ou em partes deles. Constituem setores não dominantes da sociedade e têm a determinação de preservar, desenvolver e transmitir a futuras gerações seus territórios ancestrais e sua identidade étnica como base de sua existência continuada como povo, de acordo com seus próprios padrões culturaies, instituciones sociais e sistema legal.[8]

Sobre a pessoa indígena, o estudo assinala que se trata:

> Aquele que pertence a essas populações indígenas através da autoidentificação como indígena (consciência de grupo) e é reconhecido e aceito por essas populações como um dos seus membros (aceitação pelo grupo).

O que se observa do conjunto de ideias referidas tanto pelo estudo das Nações Unidas, quanto pelo conceito da Convenção 169, da OIT, é que a definição de povos indígenas possui uma relação muito próxima com o colonialismo. Os povos indígenas foram vítimas do processo colonialista moderno, que acarretou a usurpação de suas terras, expropriação

---

[5] BURGER, Julian. La Protección de los Pueblos Indígenas en el Sistema Internacional. In: BELTRÃO, Jane Felipe et al. (Coord.). Derechos Humanos de los Grupos Vulnerables. Manual. Barcelona: DHES. Red de Derechos Humanos y Educación Superior, 2014. P. 213-239.

[6] OIT. Convenção n° 169 sobre povos indígenas e tribais e Resolução referente à ação da OIT / Organização Internacional do Trabalho. – Brasilia: OIT, 2011

[7] UNITED NATIONS. The concept of indigenous peoples (workshop on data collection and disaggregation for indigenous peoples). Department of Economic and Social Affairs: New York, 2004.

[8] UN Doc. E/CN.4/Sub.2/1986/7 and Add. 1-4.

de seus recursos, redução ou dizimação de sua população e a obrigação de se submeter às leis e às políticas dos Estados hegemônicos. Por isso, o colonialismo moderno determina muitos elementos que definem, hoje, os povos indígenas, a saber:

- descendem e mantêm uma continuidade histórica com as sociedades que existiam antes da conquista e colonização. Na América, são também chamados de povos pré-colombianos;
- por conta da conquista e da colonização, vivem hoje em posição não-dominante no quadro dos Estados-nação que habitam;
- até as décadas de 1970 foram, oficialmente, alvo de leis e políticas assimilacionalistas adotadas pelos governos dos Estados cujo território habitam.

O objetivo deste artigo é explorar a relação da colonialidade com os obstáculos à efetivação dos direitos territoriais dos povos indígenas, passando pela insuficiência do discurso dominante dos direitos humanos para a legitimação das demandas indígenas. Por colonialidade entenda-se uma característica da modernidade segundo a qual esta se constituiu por meio do exercício de um poder que pressupunha um sistema de classificação social baseado em uma hierarquia racial e sexual que distribui as identidades em posições superiores e inferiores: brancos, mestiços, índios e negros. Colonial é o poder que usa a ideia de raça, desde os tempos coloniais até hoje, para manter uma escala de identidades sociais com o branco masculino no topo e os índios(as) e negros(as) nos patamares mais inferiores, nos quais suas identidades são consideradas homogêneas e negativas.[9]

Territórios indígenas e disputas territoriais

Um dos aspectos considerados fundamentais para a expressão sociocultural dos povos indígenas é o território. Beltrão observa que o território é compreendido como

> base sócio-espacial que, tradicionalmente, pertence a um grupo étnico e com a qual os membros do referido grupo mantêm laços de pertença e a partir dela se expressam cultural e socialmente retirando ou não deste território tudo, parte ou muito pouco do que é necessário para sua sobrevivência, dada a situação "colonial". A relação de pertença ao território não é necessariamente empírica, pois alguns grupos perderam a base física em função do alargamento das fronteiras nacionais.[10]

A autora adverte que, no Brasil, território étnico não deve ser confundido com terra indígena.[11] Terra indígena é a unidade territorial definida juridicamente e criada por meio de procedimentos administrativos,

---

[9] QUIJANO, Anibal. Coloniality of Power, Eurocentrism, and Social Classification. In: DUSSEL, Enrique et al. *Coloniality at large*: Latin America and postcolonial debate. Durham, USA: Duke University Press, 2008.

[10] BELTRÃO, Jane Felipe. "Território, terra e tradição segundo os Tembé Tenetehara em Santa Maria no Pará" In: *Anais do VIII Congresso Nacional de Pesquisadores(as) Negros(as)*. Belém, ABPN/Paka-Tatu, 2014. (Meio Digital).

[11] Idem.

com vistas a garantir a determinado grupo um espaço geográfico para uso e reprodução social.[12] Estes procedimentos administrativos encontram-se previstos no Decreto nº 1.775, de 08/01/1996, e envolvem identificação, delimitação, demarcação e registro das terras que, segundo o artigo 231, da Constituição de 1988, são tradicionalmente ocupadas pelos índios. Tradicionalmente ocupadas, segunda a redação constitucional, são as terras habitadas em caráter permanente, as utilizadas para suas atividades produtivas, as imprescindíveis à preservação dos recursos ambientais necessários a seu bem-estar e as necessárias à sua reprodução física e cultural, segundo seus usos, costumes e tradições. A Constituição, a exemplo da Convenção 169, da OIT, "atualizou o sentido de terras tradicionalmente ocupadas, libertando-as do requisito da 'imemorialidade', de modo que são a ocupação permanente de terras e suas formas intrínsecas de uso os elementos que dão sentido à tradicionalidade".[13]

Território, portanto, constitui os espaços indispensáveis ao exercício de direitos identitários desses grupos étnicos. Nas palavras de Beltrão, trata-se de uma "concepção ampla que diz respeito à vida, abrangendo não apenas bens materiais, mas agregando a produção de ambiente cultural no qual são desenvolvidas as formas de vida", sendo que a materialização ou a base espacial do território é a terra, elemento fundamental à resistência político-cultural dos povos indígenas, desde a invasão portuguesa.[14]

O conceito de terras indígenas, mesmo que mais restrito que o conceito de território, é, de qualquer forma, um desafio ao modelo proprietário-civilista do direito brasileiro. A propriedade privada é, nas palavras de Debora Duprat, um espaço excludente e marcado pela nota da individualidade, enquanto o território indígena é um espaço de acolhimento, em que o indivíduo encontra-se referido aos que o cercam.[15]

Inúmeras são as demandas judiciais envolvendo a reivindicação de terras indígenas no Brasil, mas os conflitos trascendem o Poder Judiciário e derivam de inúmeras causas além da usual morosidade e conservadorismo judicial, sendo comuns disputas violentas envolvendo indígenas, e não índios ocupantes de terras por aqueles reclamadas. De acordo com o Relatório "Violência contra os povos indígenas – dados de 2013", divulgado em julho de 2014, pelo Conselho Indigenista Missionário,

[12] OLIVEIRA, João Pacheco de. Terras Indígenas. In: LIMA, Antonio Carlos de Souza. *Antropologia e Direito:* temas antropológicos para estudos jurídicos. Rio de Janeiro/Brasília: Contracapa/LACED, 2012.

[13] ALMEIDA, Alfredo Wagner Berno de. Terras tradicionalmente ocupadas. In: LIMA, Antonio Carlos de Souza. *Antropologia e Direito:* temas antropológicos para estudos jurídicos. Rio de Janeiro/Brasília: Contracapa/LACED, 2012.

[14] BELTRÃO, Jane Felipe. "Território, terra e tradição segundo os Tembé Tenetehara em Santa Maria no Pará". In Anais do VIII Congresso Nacional de Pesquisadores(as) Negros(as). Belém, ABPN/Paka-Tatu, 2014. (Meio Digital)

[15] DUPRAT, Deborah. Terras Indígenas e o Judiciário. In: BELLO, Enzo (org.). Ensaios críticos sobre direitos humanos e constitucionalismo. Caxias do Sul, RS: Educs, 2012.

a paralisação das demarcações de terras,[16] a tentativa de retirar direitos garantidos através de projetos de emenda à Constituição, portarias e decretos, a proposta de modificar o procedimento administrativo de demarcação das terras e as manifestações ruralistas realizadas em vários estados, dentre outros atos anti-indígenas, tiveram como consequência o acirramento dos conflitos que envolvem a disputa de terras.[17]

Ainda que amplamente respaldados na normativa internacional, constitucional e legal, os povos indígenas encontram inúmeros obstáculos para a efetivação de seus direitos, em especial os de natureza territorial e os conflitos envolvendo a sua reivindição são extremamente violentos.

Marco regulatório dos direitos territoriais indígenas no Brasil

No Brasil, o direito anterior à Constituição de 1988 regulava a questão indígena objetivando o assimilacionismo e impunha aos povos nativos o regime de tutela. Até a adoção do novo Código Civil brasileiro de 2002, os índios eram classificados como relativamente incapazes. No resto do mundo, o manejo da questão indígena seguia a mesma tendência.

A condição de indígena era reconhecida como uma situação transitória, um estágio na caminhada civilizatória, que poderia ir desde o estado de "isolados" até o estado de "integrados".[18] Neste momento, os efeitos da tutela protetiva do Estado cessariam, ainda que persistissem alguns costumes e valores da tradição tribal. Assim, a proteção ao indígena e seu reconhecimento só encontravam respaldo na necessidade de se impor um processo em direção ao "não índio", muito embora a perspectiva protecionista pretendesse evitar mudanças bruscas e traumáticas, resguardando a "aculturação espontânea do índio".[19]

A própria Convenção 107, da OIT, que foi substituida pela Convenção 169, definia populações tribais ou semitribais como aquelas que habitavam países independentes e cujas condições sociais e econômicas correspondessem a um estágio menos adiantado que o atingido pelos outros

---

[16] O relatório explicita que a presidenta da República Dilma Rousseff continua tendo a pior média de homologações de terras indígenas desde o fim da ditadura militar, com 3,6 homologações por ano. Em todo o ano de 2013, apenas uma terra foi homologada: a Terra Indígena Kayabi, no Pará. Mas nem mesmo esta terra pôde ter seu registro efetivado, visto que o ministro do Supremo Tribunal Federal (STF), Luiz Fux, concedeu liminar contra o seu registro em cartório. Portanto, nenhum procedimento demarcatório foi concluído em 2013.

[17] BUZATTO, Cleber César. A paralisação das demarcações como elemento indutor da violência. In: CONSELHO INDIGENISTA MISSIONÁRIO. Relatório Violência contra os Povos Indígenas no Brasil – Dados de 2013. Brasília: CIMI, 2014 P. 11-14. Disponível em: http://www.cimi.org.br/pub/Relatviolenciadado2013.pdf . Acesso em 13/08/2014.

[18] ARRUDA, Rinaldo Sérgio Vieira. Imagens do Índio: signos da tolerância. In.: GRUPIONI, Luís Donisete Benzi; VIDAL, Lux Boelitz; FISCHMANN, Roseli (org.). Povos indígenas e tolerância: construindo políticas de respeito e solidariedade. São Paulo: USP, 2001. p. 43.

[19] OLIVEIRA, João Pacheco de. Contexto e horizonte ideológicos; reflexões sobre o Estatuto do Índio. In.: SANTOS, Sílvio Coelho dos (org.). Sociedades indígenas e o Direito: uma questão de direitos humanos. Florianópolis: UFSC, 1985. p. 25.

setores da comunidade nacional e que fossem, regidos, total ou parcialmente, por costumes, tradições que lhes fossem peculiares.

Porém, com a promulgação da Constituição de 1988, altera-se profundamente o paradigma sob o qual viria a ser regulada a questão indígena no país. O silêncio colonialista, de que falam Beltrão e Oliveira, foi finalmente cessado com o avanço político provocado pela formação dos movimentos e das organizações indígenas e da instrumentalização de tratados internacionais de direitos humanos (como é o caso dos posteriores Convênio n° 169 da Organização Internacional do Trabalho (OIT), de 1989, e, mais recentemente, da Declaração das Nações Unidas sobre Povos Indígenas de 2007) que se punham em marcha nos anos 80.

Na Constituição de 1988, "as terras tradicionalmente ocupadas pelos índios" foram mantidas entre os bens da União (art. 20, XI), mas, diferentemente das anteriores, o texto tratou de reconhecer aos povos indígenas o direito à diferença, ou seja, o direito de serem índios e de permanecerem como tais. O texto inovou, ainda, ao estabelecer não apenas o direito sobre as terras que tradicionalmente ocupam, mas de afirmar que esse direito é de natureza originária, ou seja, anteriores à formação do próprio Estado brasileiro, existindo independentemente de qualquer reconhecimento oficial.

O reconhecimento da identidade diferenciada dos indígenas veio a ser reforçado, no âmbito internacional, pela adoção do Convênio 169 da OIT, em 1989, e pela posterior Declaração das Nações Unidas sobre os Direitos dos Povos Indígenas, em 2007. Ambos os documentos assinalam que os indígenas têm direito a exercer e a gozar plenamente todos os direitos humanos e as liberdades fundamentais reconhecidos no direito internacional, sem nenhum tipo de obstáculos ou discriminação. Para garantir efetivamente estes direitos, os Estados comprometeram-se, perante a adoção desses instrumentos, a levar em conta as características próprias dos membros dos povos indígenas e conforme a isso adotar medidas especiais de proteção, as quais devem refletir as aspirações dos povos indígenas de proteger, manter e desenvolver suas culturas e identidades, costumes, tradições e instituições.[20] Por isso, ditos documentos prescreveram aos povos indígenas a condição de sujeitos de especial proteção, substituindo a velha fórmula tutelar que pressupunha um necessário e inexorável destino de assimilação pela cultura dominante.

No que concerne aos direitos territoriais, tanto o Convênio 169 da OIT, quanto a Declaração das Nações Unidas sobre os Direitos dos Povos Indígenas protegem o direito à propriedade das terras e territórios indí-

---

[20] GALVIS PATIÑO, María Clara; RAMÍREZ RINCÓN, Ángela María. Digesto de jurisprudencia latinoamericana sobre los derechos de los pueblos indígenas a la participación, la consulta previa y la propiedad comunitaria. Washington: Due Process of Law Foundation, 2013.

genas. O Convênio estabelece o dever dos Estados de reconhecer-lhes os direitos à propriedade e à posse das terras que tradicionalmente ocupam e de garantir sua efetiva proteção.[21] Já a Declaração prevê que os povos indígenas têm direito às terras, territórios e recursos naturais que tradicionalmente possuem, ocupam, utilizam ou adquiriram, e direitos a possuir, utilizar, desenvolver e controlar as terras, territórios e recursos que possuem, ocupam ou utilizam de manera tradicional, assim como aqueles que hajam adquirido de outra forma.[22]

Tanto em em nível legislativo, como na jurisprudência da Corte Interamericana de Direitos Humanos[23] e de alguns países latino-americanos,[24] foram significativos os avanços no reconhecimento dos direitos indígenas diferenciados, especialmente os territoriais que em muito se diferenciam do tradicional instituto da propriedade privada.

Os avanços não implementados, os direitos humanos e a matriz colonial de poder

Entretanto, por que razão a aplicação do novo marco regulatório indigenista brasileiro, latino-americano e mundial, que instituiu formalmente garantias de uma cidadania diferenciada aos povos indígenas, baseada no reconhecimento de suas especificidades culturais e no direito de conservá-las, encontra tantos obstáculos? Por que o potencial emancipatório desta cidadania é limitado ou, às vezes, desconsiderado?

A resposta pode ser encontrada no fato de que dilemas jurídicos, políticos, econômicos e sociais são gerados basicamente pela permanência da matriz colonial de poder na forma como cada país se relaciona com a questão indígena. Como diz Jane Beltrão: "Es preciso considerar el colonialismo como instituyendo y orientando las continuidades significativas además de cualquier retórica de superación poscolonial".[25]

---

[21] OIT. Convênio 169. art. 14.

[22] ONU. Declaração das Nações Unidas sobre os Direitos dos Povos Indígenas de 2007. Art. 26.

[23] Corte IDH, Caso do Povo Saramaka vs. Surinam (Exceções Preliminares, Fundo, Reparações e Custas, Sentença de 28/11/ 2007, Serie C, N° 172, par. 89); Caso da Comunidade Mayagna (Sumo) Awas Tingni vs. Nicaragua (Fundo, Reparações e Custas, Sentença de 31/08/2001, Serie C, N° 79, par. 149) e Caso Povo Indígena Kichwa de Sarayaku vs. Ecuador (Fundo, Reparações e Custas, Sentença de 27/06/ 2012, Serie C, N° 245, par. 145).

[24] COLÔMBIA, Sentença C-180 de 2005, 1/03/2005; COLÔMBIA, Sentença C-891 de 2002, 22/10/2002; PERU, Sentença STC 01126-2011-HC/TC, de 11/09/2012; NICARÁGUA, Sentença n° 123, de 13/06/2000.

[25] BELTRÃO, Jane Felipe; OLIVEIRA, Assis da Costa. Movimientos, pueblos y ciudadanías indígenas: inscripciones constitucionales y derechos étnicos en latinoamerica. In: BELTRÃO, Jane Felipe *et al.* (Coord.). *Derechos Humanos de los Grupos Vulnerables. Manual.* Barcelona: DHES. Red de Derechos Humanos y Educación Superior, 2014. p. 241-274.

A despeito dos avanços legais em direção ao reconhecimento da interculturalidade, diversas são as manifestações do fenômeno da colonialidade na relação com os povos indígenas.

Um importante aspecto desse fenômeno é a forma como o ser indígena continua encontrando resistência no reconhecimento de sua condição humana e, portanto, de titular de direitos humanos, em razão das formas diferenciadas com as quais estabelece suas relações no mundo. No que diz respeito às demandas territoriais, os conflitos se acirram pelo fato de que grande parte das terras reivindicadas encontra-se hoje nas mãos de produtores rurais. Mesmo que a posse ou os títulos que possuem não tenham validade ante ao fato da ocupação tradicional dos territórios indígenas (art. 231, da Constituição, art. 14 da Convenção 169 e art. 26 da Declaração das Nações Unidas sobre os Direitos dos Povos Indígenas), fato é que o interesse econômico tem prevalecido sobre qualquer marco legal de proteção.

Segundo dados do Centro de Estudos Avançados em Economia Aplicada – CEPEA –, da USP, o agronegócio respondeu, no ano de 2013, por aproximadamente 22% do PIB brasileiro.[26] No norte do Estado do Rio Grande do Sul, onde os conflitos têm sido extremamente violentos e prolongados, grande parte das terras reclamadas é ocupada por pequenos agricultores familiares.

Esse fato contribui para que se consolide, em diferentes setores da sociedade brasileira, a crença de que "entregar" terras aos índios significa abrir mão da produção de riqueza e do crescimento econômico do país em detrimento da improdutividade, do ócio, da vadiagem e do atraso, qualificativos comumente associados ao modo de vida dos povos indígenas. São basicamente estes os argumentos que se observam no discurso de lideranças políticas do Rio Grande do Sul, cujos pronunciamentos públicos vêm acirrando os conflitos na região.[27]

O debate da questão indígena desenrola-se, de certa forma, nos mesmos moldes em que Zizek explica o debate em torno do aborto, ou seja, pautado por um caso típico: uma mulher profissional, sexualmente promíscua, que valoriza sua carreira acima de sua missão natural, ainda que esta caracterização entre em franca contradição com o fato de que a grande maioria dos abortos ocorra em famílias de classe média baixa com poucos filhos. No debate indígena, o caso típico é uma comunidade formada por

---

[26] Segundo o documento "PIB do Agronegócio – Dados de 1994 a 2013", o PIB brasileiro, em 2013, foi de 4.844.815 milhões, enquanto a contribuição do agronegócio (agricultura e pecuária, nos itens insumos, indústria, distribuição e agricultura e pecuária, propriamente ditos) foi de 1.092.238 milhões. Disponível em http://cepea.esalq.usp.br/pib/. Acesso em 12/08/2014.

[27] RANGEL, Lúcia Helena; LIEBGOTT, Roberto Antonio. O desfavorável panorama político reflete-se diretamente no aumento da violência nas aldeias. In: CONSELHO INDIGENISTA MISSIONÁRIO. Relatório Violência contra os Povos Indígenas no Brasil – Dados de 2013. Brasília: CIMI, 2014. p. 18. Disponível em: http://www.cimi.org.br/pub/Relatviolenciadado2013.pdf . Acesso em 13/08/2014.

indígenas embriagados, ociosos, explorados por um cacique "esperto", que arrenda suas terras para os "brancos agricultores". Nesse sentido, como pontua Zizek, "um conteúdo particular é divulgado como "típico" da noção universal e constitui o elemento de fantasia, o suporte ou fundo fantasmático da noção ideológica universal", sendo que "é precisamente neste nível que as batalhas ideológicas se ganham ou se perdem".[28]

A construção desta figura estereotipada do índio, associada ao primitivismo e distante do humano dos direitos humanos sustentados teoricamente no ideário liberal-iluminista da Modernidade europeia, tem constituído, em grande parte, os contornos da resistência ao reconhecimento e à fruição de seus direitos diferenciados.

Como referi alhures,[29] existe uma leitura dominante dos direitos humanos segundo a qual estes direitos são considerados um projeto moral, jurídico e político criado na Modernidade Ocidental e que, depois de ter sido suficientemente desenvolvido e amadurecido, foi exportado ou transplantado para o resto do mundo. Na base deste discurso, encontra-se a caracterização do sujeito de direitos na figura do sujeito racional moderno: o ser que pensa e raciocina livre das emoções e orientado ao domínio e à instrumentalização do mundo. Trata-se do homem da dominante perspectiva cultural própria das sociedades industriais-capitalistas. Neste ponto, já se observa uma notável delimitação do campo semântico deste aparentemente neutro conceito, demonstrando que, no fundo, a pertença à humanidade tornou-se dependente da adequação a certos padrões culturais, considerados superiores.[30] Isso pode ser mais facilmente observável quando o oposto, ou seja, formas de vida não caracterizadas pelo individualismo e pela supremacia da ciência foram rotuladas como irracionais, porque primitivas, selvagens ou inferiores.

Deste modo, a caracterização do homem a partir de sua racionalidade não tem implicado, desde a Modernidade, reconhecer que todos são iguais ou possuam um mesmo valor (ou dignidade), mas que pode haver, entre eles, diferenças e hierarquias. Por isso, nos tempos modernos, juntamente com a ideia de raça,[31] a racionalidade tornou-se um importante

---

[28] JAMESON, Fredric; ZIZEK, Slavoj. *Estudios Culturales*. Reflexiones sobre el multiculturalismo. Buenos Aires: Editorial Paidós, 1998. P. 138.

[29] BRAGATO, Fernanda Frizzo. 201Para além do discurso eurocêntrico dos direitos humanos: contribuições da descolonialidade. *Revista Novos Estudos Jurídicos* – Eletrônica, Vol. 19 – n. 1 – jan-abr 2014

[30] BOURKE, Joanna. *What It Means to Be Human: Historical Reflections from the 1800s to the Present*. London: Virago Press, 2011; DOUZINAS, Costas. *The end of human rights*. Oxford: Hart Publishing, 2000; RORTY, Richard. Human rights, rationality and sentimentality. In: Heyden, Patrick. *The politics of human rights*. St. Paul, MN: Paragon House: 2001; TAYLOR, Charles. Conditions of an unforced consensus on human rights. In: HEYDEN, Patrick. *The politics of human rights*. St. Paul, MN: Paragon House, 2001.

[31] QUIJANO, Anibal. Colonialidade do poder, eurocentrismo e América Latina. In LANDER, Edgardo (org). *A colonialidade do saber: eurocentrismo e ciências sociais. Perspectivas latino-americanas*. Buenos Aires: Colección Sur Sur, CLACSO, setembro 2005. p. 227-278.

fator de exclusão dos seres humanos fora do padrão cultural dominante, que, em última análise, encarnou a figura do europeu, branco, do sexo masculino, cristão, conservador, heterossexual e proprietário.

A ideia de racionalidade como critério de pertença à humanidade desempenhou um papel fundamental na determinação do estereótipo do sujeito dos direitos naturais. Porém, falhou como critério universal de determinação do humano, pois mostrou-se fundamental para criar profundas divisões entre os seres humanos. Mas é justamente o fato de a racionalidade ser considerada a última *ratio* dos direitos humanos, o que explica como foi possível a constituição do universo colonial onde determinados seres da espécie *homo sapiens* puderam ser escravizados, discriminados, exterminados, oprimidos justamente por quem construía o discurso humanista em suas terras.

No quadro da fundamentação antropológica do discurso dominante dos direitos humanos, a figura do índio contemporâneo continua não se encaixando. Isso porque a sua inferiorização resultou do exercício de um poder de matriz colonial que significa o estabelecimento de relações de dominação e assujeitamento baseadas em oposições hierárquicas (bárbaro/civilizado; atrasado/moderno; racional/selvagem) e que tem no racismo o seu ápice.[32] A colonialidade do poder entrelaça-se, assim, com a colonialidade do ser que, segundo Walsh:

> Se ejerce por medio de la inferiorización, subalternizacion y la deshumanización: a lo que Frantz Fanon (1999) se refiere como el trato de la «no existencia». Apunta la relación entre razón-racionalidad y humanidad: los más humanos son los que forman parte de la racionalidad formal –la racionalidad medio-fin de Weber que es la racionalidad de la modernidad concebida a partir del individuo «civilizado»–. Es a partir de esta racionalidad que se piensa el Estado nacional, históricamente haciendo que los pueblos y comunidades indígenas aparezcan como los bárbaros, no-modernos y no-civilizados, y los pueblos y comunidades negras –más que todo en la región andina– como no existentes o, en el mejor de los casos, extensión de los indígenas.[33]

Se direitos humanos são para seres humanos, fácil entender porque índios e negros estiveram excluídos de sua proteção formal até muito recentemente e porque seria um contrassenso pensá-los como sujeitos de direitos da Declaração Francesa de 1789, marco tradicional dos modernos direitos do homem. Portanto, o que determinou e continua determinando a inferioridade de negros, índios, mulheres, homossexuais, não cristãos é um discurso de gradação e hierarquização da humanidade, baseado na ideia de que há uma forma de vida moralmente mais valiosa que deve, por isso, sobrepujar todas as demais. Em síntese, devido à sua inadequa-

---

QUIJANO, Anibal. Coloniality of Power, Eurocentrism, and Social Classification. In: DUSSEL, Enrique *et al*. *Coloniality at large: Latin America and postcolonial debate*. Durham, USA: Duke University Press, 2008.

[32] Idem.

[33] WALSH, Catherine. *Tabula Rasa*. Bogotá – Colombia, N° 9: p. 131-152, julio-diciembre 2008.

ção ao modelo de vida boa ocidental, os índios não se credenciam como plenos sujeitos de direitos.

Considerações finais

Direitos territoriais indígenas são uma demanda que encontra dificuldades teóricas para se legitimar como um direito autenticamente humano. Primeiro porque índios continuam sendo vistos como não plenamente humanos; segundo porque seus direitos territoriais desafiam a lógica do direito de propriedade, que é núcleo essencial do direito moderno e do sistema econômico capitalista.

Embora o marco normativo nacional e internacional tenha avançado no sentido de reconhecer a legitimidade de formas diferenciadas de vida, dos projetos e das crenças dos povos indígenas, e de garantir-lhes direitos diferenciados, persistem nas relações do Estado com os povos indígenas a mesma visão que presidia as legislações assimilacionistas: a inferioridade e a desconsideração de seus direitos diferenciados. Daí os silêncios oficiais nas demarcações paralisadas e na conivência com a violência de particulares contra as comunidades indígenas e o avanço de projetos desenvolvimentistas em seus territórios.

Referências

ALMEIDA, Alfredo Wagner Berno de. Terras tradicionalmente ocupadas. In: LIMA, Antonio Carlos de Souza. *Antropologia e Direito:* temas antropológicos para estudos jurídicos. Rio de Janeiro/Brasília: Contracapa/LACED, 2012.

ARRUDA, Rinaldo Sérgio Vieira. Imagens do Índio: signos da tolerância. In.: GRUPIONI, Luís Donisete Benzi; VIDAL, Lux Boelitz; FISCHMANN, Roseli (org.). *Povos indígenas e tolerância:* construindo políticas de respeito e solidariedade. São Paulo: USP, 2001. p. 43.

BELTRÃO, Jane Felipe. "Território, terra e tradição segundo os Tembé Tenetehara em Santa Maria no Pará" In *Anais do VIII Congresso Nacional de Pesquisadores(as) Negros(as).* Belém, ABPN/Paka-Tatu, 2014. (Meio Digital).

——; OLIVEIRA, Assis da Costa. Movimientos, pueblos y ciudadanías indígenas: inscripciones constitucionales y derechos étnicos en latinoamerica. In: BELTRÃO, Jane Felipe et al. (Coord.). *Derechos Humanos de los Grupos Vulnerables.* Manual. Barcelona: DHES. Red de Derechos Humanos y Educación Superior, 2014. p. 241-274.

BOURKE, Joanna. What It Means to Be Human: Historical Reflections from the 1800s to the Present. London: Virago Press, 2011

BRAGATO, Fernanda Frizzo. Para além do discurso eurocêntrico dos direitos humanos: contribuições da descolonialidade. *Revista Novos Estudos Jurídicos* – Eletrônica, Vol. 19 – n. 1 – jan-abr 2014.

——; CASTILHO, Natália. M. O pensamento descolonial em Enrique Dussel e a crítica do paradigma eurocêntrico dos direitos humanos. Direitos Culturais (Online). , v.7, p.36 – 45, 2012.

——. Contribuições teóricas latino-americanas para a universalização dos direitos humanos. Revista Jurídica (Brasília). v.13, p.11 – 31, 2011.

——; FERNANDES, Karina M. Colonialismo In: *Enciclopédia da Constituição Portuguesa.* Lisboa : Quid Juris, 2013, v.1, p. 69-71.

BURGER, Julian. La protección de los pueblos indígenas en el sistema internacional. In: BELTRÃO, Jane Felipe et al. (Coord.). *Derechos Humanos de los Grupos Vulnerables.* Manual. Barcelona: DHES. Red de Derechos Humanos y Educación Superior, 2014. P. 213-239.

BUZATTO, Cleber César. A paralisação das demarcações como elemento indutor da violência. In: CONSELHO INDIGENISTA MISSIONÁRIO. *Relatório Violência contra os Povos Indígenas no Brasil* – Dados de 2013. Brasília: CIMI, 2014 P. 11-14. Disponível em: http://www.cimi.org.br/pub/Relatviolenciadado2013.pdf . Acesso em 13/08/2014.

CEPAL. *Los pueblos indígenas en América Latina: avances en el último decenio y retos pendientes para la garantía de sus derechos*. Santiago/Chile: Naciones Unidas, 2014. Disponível em: http://repositorio.cepal.org/bitstream/handle/11362/37222/S1420521_es.pdf?sequence=1. Acesso em 09/01/2015.

DOUZINAS, Costas. *The end of human rights*. Oxford: Hart Publishing, 2000.

DUPRAT, Deborah. Terras Indígenas e o Judiciário. In: BELLO, Enzo (org.). *Ensaios críticos sobre direitos humanos e constitucionalismo*. Caxias do Sul, RS: Educs, 2012.

GALVIS PATIÑO, María Clara; RAMÍREZ RINCÓN, Ángela María. Digesto de jurisprudencia latinoamericana sobre los derechos de los pueblos indígenas a la participación, la consulta previa y la propiedad comunitaria. Washington: Due Process of Law Foundation, 2013.

JAMESON, Fredric; ZIZEK, Slavoj. *Estudios Culturales*. Reflexiones sobre el multiculturalismo. Buenos Aires: Editorial Paidós, 1998. P. 138.

MIGNOLO, Walter. *The Darker Side of Western Modernity*: Global Futures, Decolonial Options. Duke University Press, 2011.

——. A colonialidade de cabo a rabo: o hemisfério ocidental no horizonte conceitual da modernidade. In: LANDER, Edgardo (org). *A colonialidade do saber*: eurocentrismo e ciências sociais. Perspectivas latino-americanas. Colección Sur Sur, CLACSO: Buenos Aires, 2005. pp.71-103.

OIT. *Convenção n° 169 sobre povos indígenas e tribais e Resolução referente à ação da OIT / Organização Internacional do Trabalho*. – Brasilia: OIT, 2011

OLIVEIRA, João Pacheco de. Contexto e horizonte ideológicos; reflexões sobre o Estatuto do Índio. In.: SANTOS, Sílvio Coelho dos (org.). *Sociedades indígenas e o Direito*: uma questão de direitos humanos. Florianópolis: UFSC, 1985. p. 25.

——. Terras Indígenas. In: LIMA, Antonio Carlos de Souza. *Antropologia e Direito:* temas antropológicos para estudos jurídicos. Rio de Janeiro/Brasília: Contracapa/LACED, 2012.

ONU. Declaração das Nações Unidas sobre os Direitos dos Povos Indígenas de 2007.

QUIJANO, Anibal. Coloniality of Power, Eurocentrism, and Social Classification. In: DUSSEL, Enrique et al. *Coloniality at large: Latin America and postcolonial debate*. Durham, USA: Duke University Press, 2008.

——. Colonialidade do poder, eurocentrismo e América Latina. In LANDER, Edgardo (org). *A colonialidade do saber: eurocentrismo e ciências sociais. Perspectivas latino-americanas*. Buenos Aires: Colección Sur Sur, CLACSO, setembro 2005. p. 227-278.

RANGEL, Lúcia Helena; LIEBGOTT, Roberto Antonio. O desfavorável panorama político reflete-se diretamente no aumento da violência nas aldeias. In: CONSELHO INDIGENISTA MISSIONÁRIO. *Relatório Violência contra os Povos Indígenas no Brasil* – Dados de 2013. Brasília: CIMI, 2014. P. 18. Disponível em: http://www.cimi.org.br/pub/Relatviolenciadado2013.pdf . Acesso em 13/08/2014.

RORTY, Richard. Human rights, rationality and sentimentality. In: Heyden, Patrick. *The politics of human rights*. St. Paul, MN: Paragon House: 2001.

TAYLOR, Charles. Conditions of an unforced consensus on human rights. In: HEYDEN, Patrick. *The politics of human rights*. St. Paul, MN: Paragon House, 2001.

UNITED NATIONS. *The concept of indigenous peoples* (workshop on data collection and disaggregation for indigenous peoples). Department of Economic and Social Affairs: New York, 2004.

WALSH, Catherine. Interculturalidad, plurinacionalidad y decolonialidad: las insurgencias político-epistémicas de refundar el Estado. *Tabula Rasa*. Bogotá – Colombia, N. 9: 131-152, julio-diciembre 2008.

— VI —

Continuidades autoritárias no Estado Constitucional brasileiro. A permanência do outro como "inimigo"

JOSE LUIS BOLZAN DE MORAIS[1]

Sumário: 1. De onde a ideia...; 2.Direito e literatura: uma "mancha" que nos acompanha...; 3. Um pouco de história: a América Latina e o autoritarismo; 4. A realidade da ficção...; 5. A Inimizade: o outro como inimigo; 6. Uma *nova* realidade: uma proposta de lei de migrações; 6. Por fim, mas nem tanto...; Referências

1. De onde a ideia...

A proposta posta em debate neste texto emergiu de três fatores. Em primeiro lugar, da linha temática das pesquisas realizadas pelo Grupo de Pesquisa/CNPQ Estado & Constituição, em especial aquela que foca sua atenção nas transformações operadas no e pelo Estado, em seu formato e conteúdo Constitucional, sob o influxo dos mais diversos fatores – desde aspectos como globalização e neoliberalismo, novas tecnologias etc. –, bem como a partir de circunstâncias histórico-institucionais que repercutem nas condições e possibilidades de suas produção e reprodução. Depois, adotando a perspectiva das relações entre Direito e Literatura para, assim, construir um conhecimento não apenas mais sofisticado, mas, como diria L. A. Warat, um texto mais "saboroso", na esteira de Roland Barthes, tomando emprestado o texto de Luis Fernando Verissimo e a metáfora da "mancha". Por fim, apropriando a experiência como membro do grupo de especialistas nomeado pelo Ministro da Justiça brasileiro para a propositura de uma legislação sobre migrações para o Brasil, o que nos conduziu pelo labirinto das continuidades autoritárias em confronto com o desejo de dialogar com o novo, em particular quando se enfrentam novos fluxos migratórios mundiais, condicionados pelos mais diversos fatores, e políticas contraditórias e antagônicas para o trato da matéria.

---

[1] Mestre em Ciências Jurídicas (PUC/RJ). Doutor em Direito do Estado (UFSC/Université de Montpellier I). Pós-doutor em Direito Constitucional (Univ. de Coimbra). Pesquisador Produtividade CNPq. Professor do PPGD UNISINOS. Professor convidado: Universidade de Sevilla; Universidade de Roma I e Universidade de Firenze. Procurador do Estado do Rio Grande do Sul.

Assim, temos a oportunidade de propor mais um destes enlaces frutíferos aproveitando a oportunidade para pôr em pauta um debate que merece a atenção de todos: a(s) (des)continuidade(s) do antigo regime – o da ditadura militar brasileira e dos autoritarismos em geral – "no" "novo" regime – aquele inaugurado, no Brasil, com o processo de transição (pactuada) democrática – lenta, "negociada", controlada – e que tem como momento marcante a instauração de uma nova ordem constitucional, com a promulgação da Carta Republicana de 1988, de um lado, e, de outro, com a confrontação com o novo regime por ela instaurado, voltado à produção de inclusão, igualdade e reconhecimento, então constituído normativamente desde esta data.

E, para isso, trazemos um conto de Luis Fernando Verissimo – A Mancha – publicado pela Companhia das Letras, por ocasião dos 40 anos do golpe civil-militar de 1964. Com ele, e o humor subterrâneo presente no texto, acreditamos que se pode enxergar, pelas linhas da obra literária, aquilo que caracteriza a experiência político-institucional brasileira, em particular o que significa o "turning point" não realizado pelo processo de redemocratização no pós-ditadura, diante das (des)continuidades presentes em nosso cotidiano jurídico-político, que serão, algumas delas, objeto de apontamento dentro dos limites físicos da análise aqui promovida, bem como das afetações advindas pela intencionalidade de recepcionar os novos fatores condicionantes de um projeto político-institucional que repercuta uma "alter"modernidade, na linha de Hardt e Negri, tomando como referência um projeto de "comum"politismo que permita superar os limites liberais do "cosmo"politismo devedor da tradição kantiana.[2]

Com tais reflexões inauguradas, não apenas pretendemos descortinar as "permanências" da ditadura, como também refletir em torno das condições que permitam que o novo não seja "manchado" pelo velho, mesmo diante de um quadro referencial bastante contraditório.

2. Direito e literatura: uma "mancha" que nos acompanha...

A construção literária de Luis Fernando Verissimo (LFV) – A Mancha –, nos põe diante de uma situação que parece retratar um pouco – ou muito – daquilo que experimentamos até hoje no Brasil. Um convívio entre o passado e o futuro, parafraseando Hannah Arendt! Ou, entre o "não mais" e o "ainda não", como ilustra Giacomo Marramao.

Mais especificamente, a projeção do passado no presente e, com isso, se perpetuando – ou pretendento – para o futuro – pelo menos enquanto não "acertarmos as contas" com aquilo que significou os autoritarismos

---

[2] Evidente que muitos destes aspectos ficarão aqui como "portas abertas" para o desenvolvimento futuro, uma vez impossível o seu desenvolvimento no espaço de poucas páginas.

presentes na história latino-americana, muito bem expresso no "último" autoritarismo brasileiro –, como, aqui também, uma mancha que insiste em se fazer presente, deixando "claro" que muito há para fazer e que, ao mesmo tempo, é preciso enfrentar o passado para construir o futuro, começando por fazer um "outro presente", como na figura literária de Saramago, no seu "Caim". É preciso, efetivamente, desconstituir definitivamente uma herança autoritária que insiste em manter estas "manchas" na vida político-institucional brasileira até hoje, já no século XXI, passados mais de 25 anos da Carta "Cidadã".

No texto, o autor relata a história de "Rogério", um ex-exilado que, após o seu retorno, como repete o personagem constantemente, "enriqueceu".

Um personagem que vive, no pós-exílio, da compra, demolição, construção e venda de imóveis "cariados" – como os qualifica.

Nesta sanha cotidiana se vê, repentinamente, diante de um imóvel decadente, que se encaixa em seu modelo de ação. Porém, ao ingressar no mesmo, é confrontado com o passado ainda presente no piso de um dos cômodos. Neste, no carpete, está a marca – "mancha" – de sua própria tortura nos períodos "áureos" da ditadura civil-militar (à) brasileira.

A partir da redescoberta do local onde fora torturado, nos idos dos anos 1970, Rogerio passa a viver uma confusa relação entre o ressurgimento do passado e o conforto de uma vida nova, "adquirida" com o trabalho e a fortuna conquistada. Vida que, essencialmente, se situa, no confronto da experiência do passado com a necessidade de se ir "levando" – como na música de Chico Buarque – o presente.

Porém, a medida que avança nas "investigações", sem saber se põe abaixo o imóvel – apagando a memória – ou se o conserva – enfrentando (ou convivendo com) o passado –, o personagem vai revivendo e reconstruindo um mundo que acreditava ter ficado para trás e, ao mesmo tempo, vai sendo introduzido em algumas situações contraditórias.

Descobre que o prédio havia sido locado por um empresário, à época sócio de seu sogro, que participara de sessões de tortura – por isso, ditadura civil-militar.[3] Por outro lado, seu cunhado, "menos" rico do que ele, vive em um condomínio fechado, vizinho de um homem conservador, para quem a "revolução" redimiu o País em face dos "riscos comunistas" – por isso, um pacto de convivência. E, para isto, até a tortura e o desaparecimento forçado de pessoas, "inimigas do regime" – e este é um conceito fundamental –, passou a ser uma prática "necessária" para "proteger" o País e a sociedade brasileira contra... o "inimigo" externo e interno.

---

[3] Como no texto de Luis Fernando Verissimo: "Era uma coisa clandestina. Tinha gente do Exército, gente da polícia, mas era informal, clandestino. Os empresários tinham feito um fundo... Diziam que alguns até participavam das sessões de tortura". (p.34).

Entre idas e vindas, Rogério reencontra um companheiro da detenção e das torturas, que não enriqueceu – como ele – e vive anonimamente, sem querer reviver o passado.

Com a reaproximação, à época da descoberta do lugar em que fora torturado, Rogério, o "Demolidor", insiste em relembrar o passado, como se o reencontro com o colega de torturas tivesse o condão de fazer reviver e preencher as lacunas deixadas pelo tempo. No entanto, Rubinho (nome pelo qual era chamado seu colega) mostrava-se resistente em relembrar os acontecimentos, pois, aparentemente, estaria conformado com a "nova" vida. Aquilo tudo havia "passado". Porque rememorar algo que não se pode alterar. O "esquecimento silencioso" parecia a melhor atitude.

No transcorrer da obra e dos acontecimentos no cotidiano do personagem e, a partir das "descobertas" que este vai fazendo, evidencia-se um contexto no qual passado e presente se misturam, insistindo aquele em se manter "vivo", contando inclusive e muitas vezes com a conivência de suas próprias vítimas.

Com isso, Verissimo vai "desmascarando" muito do que estas mesmas imbricações constituem no campo do Direito e da Política brasileira e latino-americana não só contemporânea – a de um autoritarismo que parece fazer parte da história do continente, com pretensão à perpetuidade.

3. Um pouco de história: a América Latina e o autoritarismo

Falar em América Latina e em sua experiência político-institucional é quase sinônimo de falar em autoritarismo. A tradição do continente parece dialogar sucessivamente com experiências autoritárias, a ponto de, referindo-se ao Brasil em particular, certa vez, o sociólogo e cientista político Wanderley Guilherme dos Santos dizer que vivíamos uma longa história de autoritarismos com "soluços" democráticos. Ou seja, o autoritarismo seria a mancha da política latino-americana, e a democracia, apenas momentos transitórios, logo abandonados e retornado ao modelo "tradicional".

Talvez a própria colonização/ocupação do continente tenha trazido consigo esta tradição. Com o colonizador/ocupante – dito "descobridor" – veio a apropriação territorial ao mesmo tempo que a subjugação dos modos de vida tradicionais. Tudo – e, mesmo, "todos" – o que havia foi destruído paulatinamente e substituído pelos padrões "civilizados" do colonizador europeu, impondo-se a sua cultura e o seu projeto político organizacional, com pretensão à universalidade. Constituíram-se os Estados Nacionais e as respectivas fronteiras. Destituíram-se as culturas e as formas político-organizacionais originárias. Impôs-se, ao fim, o modo de vida europeu ocidental.[4]

Assim, o autoritarismo está nas raízes da "invenção" da América partilhada entre Portugal e Espanha, as grandes "potências" de então.

De lá para cá, os governos autoritários foram se seguindo e substituindo. No caso brasileiro, sequer a independência da metrópole (Portugal) ou a república se constituíram como atos de ruptura nascidos desde uma opção popular. Foram, sobretudo, atos estratégicos de uma "transição" com continuidade (Independência com monarquia e rei português) ou de uma opção autoritária (República como um "golpe" imposto à monarquia pelas forças armadas).[5]

Não é por outro motivo que, na história da república, foram se sucedendo os regimes autoritários apenas rivalizados circunstancialmente por períodos curtos de democratização – sem entrarmos, aqui, no detalhe desta "democracia" – até se chegar ao último período de quebra da ordem por um "golpe" autoritário como, de regra, conduzido por uma parceria civil-militar, alicerçada na nomeada "doutrina da segurança nacional",[6] deixando as tais "manchas" até hoje na estrutura institucional, como se verá na sequência.

E, igualmente, um pouco por toda a América Latina, espalham-se as experiências autoritárias, sendo desnecessário voltar à particularidade de cada um dos respectivos autoritarismos que se sucederam no Uruguai, Argentina, Chile, Peru, Equador, Colômbia, Bolívia, Venezuela etc.

Só a partir dos anos 1980 é que vão se produzindo os processos de redemocratização no continente.[7] No Brasil – embora se possa referir um certo afrouxamento do regime a partir do final dos anos 1970 –, constrói-se um processo de transição democrática, marcada pela presença do "antigo

---

[4] Pode-se dizer, um pouco jocosamente, que as caravelas trouxeram, além dos "descobridores/colonizadores/ocupantes", quinquilharias para "trocar" com os povos nativos, doenças, além de uma "cultura" e de "instituições" ditas "civilizadas" a serem (im)postas ao povo local – o selvagem....

[5] Poder-se-ia dizer, caracturizando, que, na expressão de José Murilo de Carvalho, *os bestializados* assistiram a uma substituição de oligarquias que se estende até os dias mais próximos: do "café com leite" para o "chimarrão", depois para os militares, em parceria com setores da "elite" civil, a "nova" república, comandado pelos velhos atores – de Tancredo Neves a José Sarney; de Collor/Itamar a Fernando Henrique... Por óbvio que este instantâneo da história institucional brasileira não desqualifica toda uma luta que se travou nos bastidores de ambos os processos. Mas, apenas pretende marcar esta permanente presença de um autoritarismo, mesmo que "simbólico", ao longo da vida político--institucional brasileira

[6] Em 1964, os militares, sustentados por setores sociais conservadores, derrubam o governo de João Goulart e instauram um novo período de autoritarismo que se segue até 1984.

[7] Assim como o modelo autoritário se espalhou pelo território americano, a retomada de um processo democrático foi pouco a pouco se construindo e "capilarizando" por toda a latino américa.

regime" em diálogo com as organizações políticas reconhecidas pelas "forças da ordem".[8]

Na esteira deste processo, veio a convocação de uma Assembleia Nacional Constituinte não exclusiva, à qual foi atribuída a tarefa de produzir uma Carta Constitucional nova. E foi o que aconteceu, com grande surpresa ao final, pois, deste colegiado, ainda dominado por representantes conservadores (lembremos o nomeado "Centrão"), emergiu a tal Constituição Cidadã – como apelidada pelo Presidente da Assembleia Constituinte, Dep. Ulisses Guimarães – com características que dialogavam com o constitucionalismo que se produziu na Europa nos processos de redemocratização do pós-Segunda Guerra (1945) e no pós-autoritarismo espanhol e português, em especial, bem como, para alguns, punha em cena as origens de algo novo, apesar de sua identificação profunda com o dito "neoconstitucionalismo", que veio a ser nomeado como "Novo Constitucionalismo Latino-Americano".[9]

Assim, a Constituição brasileira de 1988, embora em muito conectada com o(s) (neo)constitucionalismo(s) da segunda metade do Século XX, se constitui como um dos documentos constitucionais que inauguram este "novo" constitucionalismo na América Latina, o qual se apresentará como um constitucionalismo que busca dialogar com o passado "ancestral", pré-colonial, recuperando concepções que foram "esquecidas" ao longo do processo de colonização.

4. A realidade da ficção...

Com o texto literário, em diálogo com a tradição histórico-político--institucional, vamos percebendo que, mesmo após a redemocratização e "reconstitucionalização" do País, no tocante às relações de Poder,[10] não

---

[8] Produz-se, assim, uma "transição acordada" exemplificativamente expressa em uma legislação de anistia que incide tanto para os "inimigos" do regime quanto para aqueles que agiram "em nome" do regime, promovendo a repressão, a violência, o desaparecimento e a morte de todos quantos se opunham ao mesmo. Exemplificativamente poder-se-ia trazer à discussão a ADPF nº 153, na qual o STF se confrontou com este tema e, fazendo coro à transição negociada, decidiu por sua compatibilidade com a nova ordem constitucional brasileira inaugurada em 1988.

[9] Ou seja, o processo de redemocratização deu origem a uma Constituição que se apresenta como que a inauguração de uma nova experiência constitucional que vai se produzir na América Latina na sequência.

[10] A legalidade se refere, para fugir ao condicionamento minoritário, à origem da legalidade, que emerge, sempre, embora se queira negar-lhe reconhecimento, quando a participação política dos cidadãos se restringe e limita. Ao entrar no debate diário, vindo à tona em determinadas circunstâncias históricas, o Poder Constituinte – a origem da legalidade –pode ser usurpado, em um ato momentâneo de tirania, sem que, pelos seus próprios meios, sempre minoritários e assentes na força, tenham a aptidão de criar, de dentro de si mesma, a legitimidade. A autoridade não se constrói meramente com a resposta à formulada pergunta – por que obedecer? –, mas com a solução ao questionamento – por que concordar? Nem o consentimento supostamente derivado da rotina constitui o real consentimento. A fonte da autoridade estána mão inversa do trânsito: a tradição só se afirma se partir do consentimento, democratizando-se com a participação, a eleitoral e a social. Se os poucos articulados

houve mudanças significativas, pelo menos não todas que deveriam ocorrer, a par da "nova" ordem constitucional, ficando evidenciada(s) a(s) "mancha(s)" que subjaz(em) na vida político-jurídica e na reestruturação democrática do País.

A permanência, a continuidade de estruturas, algumas modificadas na aparência, assim como o velho travestido de novo, cuja manutenção encontrada em um Estado Democrático Direito, mantém, apesar da "reconstrução" (abertura) institucional realizada após o término do último regime ditatorial, a burocracia administrativa vinculada à Constituição de 1967, além de personagens "fantasmas" do "Antigo Regime" – assombrando as instituições representativas – e de um conjunto legislativo que ainda veicula a velha ideologia da segurança nacional, além de mecanismos que não permitem que se faça, de fato, o "acerto de contas" com a história, liberando uma nova "energia vital" capaz de projetar uma "nova" ordem efetivamente eficaz para por em marcha um projeto constitucional que, ainda, tem que se bater com as novas dificuldades para se fazer efetivo, estas ligadas, em particular, aos fenômenos que comprimem as possibilidades de transformação presentes na própria Constituição de 1988, como objetivos da República, especialmente a globalização econômica – com a transformação da economia capitalista –, em conexão, com as crises da autoridade estatal, por nós reiteradamente atacadas.

Tudo isso vem à mostra quando nos confrontamos com nossas estruturas corroídas, tal qual o edifício comprado por Rogério. A ficção se faz realidade?

Para responder a isso basta recorrermos a alguns exemplos:

A. A transição "negociada" e o continuísmo do "antigo' regime.
Um primeiro ponto que se pode retomar diz com o próprio processo de transição negociada, no qual, além do falseio do mesmo, uma vez ser impossível uma negociação entre vítimas e opressores ainda no ambiente autoritário do golpe civil-militar, tem-se um processo que se estabelece entre os líderes do regime e a oposição consentida (MDB), muitos se mimetizando e sobrevivendo.

Por óbvio que tal transição respondeu, antes de tudo, aos anseios do "antigo regime", seja na perspectiva de preservação de seus atores – basta se ter presente os limites da Lei de Anistia, ainda ressalvados no julgamento da ADPF 153 (malgrado a condenação do Brasil pela CIDH no "caso Araguaia") – pelo "perdão imposto" que se autoconcederam, seja pelo controle que se impôs ao processo de transição "lento, gradual, con-

---

aos aparelhamentos de coerção e de ideologia tudo podem, sua força não vai além das fronteiras do poder e, se a eficiência desses meios empalidece, a vontade dos muitos os afrontarem um terreno onde eles são impotentes: o terreno da legitimidade, capaz de reformular a equação do mando, sem que a recíproca seja logicamente arguível. (FAORO, 2010, p. 247-248)

trolado e consentido", seja, ainda, pela garantia de presença de estruturas e atores do passado no futuro governo, para o que não é preciso sequer citar os nomes presentes na cena pública até os dias de hoje.

Em tudo, e todos os atores, o passado se fez presente e, assim, assegurou sua presença no futuro, durante a redemocratização, no processo constituinte e no futuro pós-constituinte.

Em todos os setores do Estado isto se viu. Inclusive no âmbito da jurisdição, quando os membros do Supremo Tribunal Federal do passado asseguraram não só a continuidade de competências, impedindo a emergência de uma verdadeira Corte Constitucional, como também fizeram, eles mesmos a "transição" de Constituições – daquelas de 1967 e 1969 à de 1988.

B.A constituinte congressual, o "Centrão" e o "novo' constitucionalismo à brasileira. Há que se lembrar, nesta linha de raciocínio, que o processo constituinte da redemocratização veio marcado e demarcado por limites práticos e simbólicos, desde a convocação até a promulgação do novo Texto Constitucional, apesar das "surpresas" no percurso.

Práticos no sentido de que foi desenvolvido por uma Assembleia Nacional Constituinte não exclusiva, em um ambiente eleitoral que privilegiou o debate das pequenas questões do cotidiano das pessoas, e não os temas propriamente constitucionais. Assim, a sociedade brasileira não se envolveu na definição ou no apontamento daquilo que pautaria a atuação dos parlamentares constituintes na elaboração do texto constitucional. Há que lembrar, aqui, que tal Assembleia foi dominado pelos grupos conservadores, nucleados no que se convencionou nomear como Centrão, o qual, ao final, não conseguiu barrar muitos dos avanços presentes no texto original da Carta republicana de 1988.

Também na perspectiva simbólica o processo constituinte sofreu os influxos dos ventos da ditadura, com a tensão permanente entre as forças progressistas e as lembranças do retrocesso e dos limites da transição negociada.

Parece, portanto, que nossa "histórica" crise constitucional se repete inexoravelmente, mesmo no ambiente constituinte-constitucional que tinha a tarefa de instalar o "novo" no Brasil, e que se projeta na vivência da própria Constituição Cidadã e as dificuldades enfrentadas para torná-la efetiva nos últimos mais de 25 anos, inclusive em razão de uma ausente doutrina constitucional adequada aos "padrões" de uma Constituição que não apenas "fechava" a transição democrática, deixando-a aberta, em realidade, como trazia ao País um novo constitucionalismo que pressupunha uma nova agenda estrutural, institucional e política, não só engendrando novas perspectivas, mas exigindo uma nova cultura jurídica com ela compatível.

Assim, a imprescindibilidade de se propor um esclarecimento relativo à perpetuação das estruturas político-jurídico-administrativas ainda vigentes evidencia a "mancha" que marca nosso "tapete" político-institucional, a exigir uma limpeza, a qual, parece não ser fácil de ser realizada, até mesmo porque muitos dos atores a quem incumbiria tal tarefa ainda são "crias" da antiga ordem, além de convivermos com limites ainda não afastados, mesmo que não dialoguem adequadamente com o "novo" regime Pós-1988.

A abertura para a democracia, transcorridos 21 anos do golpe militar – só agora assim nomeado, uma vez que, por muitos anos, se insistiu em chamá-lo "revolução" –, e a construção de uma nova ordem constitucional, pós-ditadura, desenvolver-se-ia sob a égide da responsabilidade de reerguer e de reestruturar o Estado, bem como legitimar os propósitos que deveriam advir do Pacto Social, Soberano e Popular.

Apesar dos esforços, muita coisa permanece. Muito do "entulho autoritário", escamoteado sob estruturas que parecem não querer reagir, ainda sobrevive. A saber.

C. Uma administração pública herdada.[11] Na órbita administrativa, a Constituição democrática de 1988 recebeu o Estado estruturado sob a ditadura civil-militar (1964-1985), ou seja, o Estado reformado pelo PAEG (Plano de Ação Econômica do Governo), elaborado por Roberto Campos e Octávio Gouvêa de Bulhões (1964-1967), como chama à atenção Gilberto Bercovici.

O PAEG, e as reformas a ele vinculas, propiciou a atual configuração do sistema monetário e financeiro, com a criação do Banco Central do Brasil (Lei nº 4.595, de 31 de dezembro de 1964), do sistema tributário nacional (Emenda Constitucional nº18, de 1º dezembro de 1965, e Código Tributário Nacional, Lei nº 5.172, de 25 de outubro de 1966) e da atual estrutura administrativa, por meio da reforma implementada pelo Decreto-Lei nº 200, de 25 de fevereiro de 1967, ainda hoje em vigor. (BERCOVICI, p. 78-79)

E, aqui, há que se relembrar que, em prol da concretização de um projeto ditatorial, a realização da reforma administrativa deu-se de cima para baixo, autorizada pelo então Militar-Presidente Marechal Castello Branco (Decreto-Lei nº 200/1967) que, se respaldou nos poderes de

---

[11] Sobre o tema ver: BERCOVICI, Gilberto. *O Direito Constitucional passa, o Direito Administrativo permanece: a persistência da estrutura administrativa de 1967*. In: TELLES, Edson; SAFATLE, Vladimir. *O que resta da ditadura: a exceção brasileira*. São Paulo: Boitempo. 2010. Pp. 77-90

exceção, necessariamente, no art. 9°, § 2°, do Ato Institucional n° 4, de 7 de dezembro de 1966.

Isso, desde logo, evidencia que o entendimento acerca das atuais estruturas administrativas brasileiras antecedem a promulgação da Constituição de 1988, ancorando-se em um resgate das instituições passadas e, na inter-relação de Direito e Literatura, para se compreender a continuidade moderna. Não fomos capazes de afastar esta "mancha", que insiste em nos "assombrar", muitas vezes comprometendo a viabilização das tarefas que deem conta de fazer real o projeto constitucional.

Tal legislação sobrevive ao regime de exceção e, contrário à filtragem democrática-constitucional de 1988, permanece arraigado no seio da ordem institucional, impossibilitando a efetivação das experiências que visam a transformar-reformar o Estado a partir da manutenção das estruturas paradoxalmente opostas à "nova" realidade nacional, ou seja, dos sonhos feitos (constitucionalizados) para não se viver.

O Decreto-Lei n° 200/1967, pioneiro na exigência da gestão "empresarial" dos órgãos administrativos, que será ressuscitada por Bresser Pereira trinta anos depois, vai sobreviver à ditadura militar e continuar em vigor sob a Constituição de 1988, apesar das várias críticas ao seu conteúdo.

As tentativas de "mudança" no papel do Estado, visando a manter as mesmas estruturas, levadas a cabo pelos governos conservadores eleitos a partir de 1989, muitas vezes optaram pelo caminho das reformas constitucionais, com o intuito deliberado de "blindar" as alterações, impedindo uma efetiva mudança de política. Isto quando as ditas "reformas" simplesmente não ocorreram à margem, ou até contrariamente, ao disposto no texto constitucional, como no caso do Plano Nacional de Desestatização (Lei n° 8.031, de 12 de abril de 1990, posteriormente substituída pela Lei n° 10.482, de 9 de setembro de 1997), ou das leis que criaram as "agência reguladoras". (BERCOVICI, p. 87-88)

A transição democrática, vinculada à aparente construção popular do Estado Democrático de Direito no Brasil, ampara-se também em uma reforma gerencial que, tida como inovação, nada mais foi do que a cópia da legislação ditatorial de 1967.

A Reforma Estatal brasileira buscou centralizar a administração pública, dando-lhe a incumbência de formular e planejar as políticas públicas. Porém, com tal reforma, criam-se os órgãos reguladores, as chamadas agências, que passam a "normatizar" e a fiscalizar a execução dos serviços públicos. A terceirização das prestações estatais distorceu a ideia fundamental de serviço público, qual seja: a de que serviço público e política pública estão interligados, sendo o Estado o responsável por formulação, planejamento, regulação e fiscalização inseridos no conceito de Prestação Pública.

Equivocadamente, o repasse das atividades estatais para a iniciativa privada é visto por muitos autores como uma "republicização" do Estado, partindo do pressuposto de que o público não é, necessariamente, estatal. Esta visão está ligada à chamada "teoria da captura", que entende como tão ou mais perniciosas que as "falhas do mercado" (*Market failures*) as "falhas de governo" (*government failures*) provenientes da cooptação do Estado e dos órgãos reguladores para fins privados.

No Brasil, esta ideia é particularmente forte no discurso que buscou legitimar a privatização das empresas estatais e a criação das "agências". As empresas estatais foram descritas como focos privilegiados de poder, e a sua privatização tornaria público o Estado, além da criação de "agências" reguladoras "independentes", órgãos técnicos, neutros, livres da ingerência política na sua condução. (BERCOVICI, 88-89)

A inexistência de debate, o desinteresse político no que tange a uma possível efetivação das promessas firmadas no momento em que foi constituído o Pacto Social de 1988, determinou a análise e, fundamentalmente, a idealização de uma *"transição negociada com o sistema de poder"*.

A "modernização" aparente da estrutura pública administrativa se manteve consolidada em torno do habitual patrimonialismo que caracteriza o Brasil desde o Império. Com isso, a preponderante retirada da centralidade estatal com a promoção do debate público, democrático e participativo manteve o povo afastado dos mecanismos de poder decisórios postos pela Constituição "Cidadã". Coincidências à parte, as estruturas de poder – arcaicas – continuaram estáticas, o modelo constitucional de 1988 não reformou o Estado, propiciando a realização da contrarreforma pelas elites de outrora. Aquelas que fizeram a "transição"...

D. A Segurança Nacional e sua repercussão na ordem jurídica brasileira.[12] A teoria da segurança nacional sempre esteve presente na pauta político-institucional brasileira. Desde a Independência do Brasil, a partir do reconhecimento de crimes políticos, tem-se incorporada à ordem jurídica nacional. Já existiam no Código Criminal do Império, que impunha pena àquele que realizava algum tipo de oposição à atuação dos poderes constituídos, em específico, do Poder Moderador, do Executivo, do Legislativo e contra a Constituição e as leis (arts. 91 a 99, *Dos crimes contra o livre exercício dos Poderes Políticos, Código Criminal do Império* -LIM 16 de 1830).

---

[12] Esta discussão está presente em: BARROS, Flaviane de Magalhães. *O inimigo no processo penal – uma análise a partir da relação entre direito e política*. In: Constituição e Processo: entre o Direito e a Política. Belo Horizonte: Fórum, 2011.

Após a "Independência" do Brasil, no Código Penal de 1890, manteve-se um capítulo específico sobre os crimes políticos sob o título dos crimes contra a existência política da República.[13]

A explicitação de uma legislação dirigida ao inimigo é clara, e a semântica das palavras usadas demonstra isso, inimigo interno, nação inimiga, hostilidades, emissários inimigos, deserção para o inimigo.[14]

Já, a primeira Lei de Segurança Nacional instituída no Brasil foi em 1935.[15] Passa-se, então, por uma nova formulação em termos de técnica legislativa, em que se opta por uma lei específica para definir os crimes contra a ordem política e social, retirando-se da codificação penal, como era até então.

Tal opção, que se perpetra até os dias de hoje, é uma estratégia autoritária – a constituição de uma lei extravagante –, evitando, assim, que os princípios garantidores do direito penal e do processo penal possam ser aplicados, inclusive considerando-se a própria questão da competência para o julgamento de tais crimes.

Como ressaltam Cattoni de Oliveira e Siqueira (2010), a Lei de Segurança Nacional tipifica condutas que, quando são cometidas pelos "inimigos do Estado", são crimes, mas que são as mesmas condutas perpetradas pelo próprio governo de Getúlio Vargas.

Já no regime autoritário, em 1938, por meio do Dec-Lei n° 428, de 1938, regulamentou-se, no Brasil, o Tribunal de Segurança Nacional, estabelecendo o procedimento para o julgamento dos crime definidos nas leis de 1935.[16] Em 1953, edita-se uma nova lei de segurança nacional para

---

[13] No título específico sobre crimes que afetariam a Independência do Brasil, prevê-se punição para aqueles que tentarem quebrar ou enfraquecer a independência e a integridade do País, seja por meio de atos do inimigo interno ou externo (art.87, CP 1890). Ou, ainda, a proibição de que qualquer brasileiro tome armas contra a República, debaixo de bandeira inimiga (art.89, CP 1890).

[14] Do mesmo modo que a legislação imperial, também se pune, na República, como crime político, qualquer ato ou ação que se oponha ao cumprimento da Constituição e das Leis e que contrarie os poderes constituídos – Executivo, Legislativo e Judiciário. (Dec. 847 de 11/10/1890, promulgado por Deodoro da Fonseca).

[15] Em verdade, no ano de 1935, o Brasil teve duas leis de Segurança Nacional. A primeira (Lei n° 38, de 04 de abril de 1935) possui tipos próximos à tradição já estabelecida no Brasil de crimes que punem atos contra a Constituição, as leis, e os poderes constituídos da União. Já a Lei n° 136, de 14 de dezembro de 1935, que modifica em parte a lei do início do referido ano, tráz novos tipos penais, mais atuais para a época, como punição para o servidor civil ou militar que se filia a partido político, centro ou agremiação de existência proibida (art. 1°), abusa da liberdade de se manifestar (art. 7°), provoca o desrespeito às forças armadas da União(art.8°).

[16] Tal legislação estabelece a sumariedade do julgamento, pois recebido o inquérito o Ministério Público teria 24 horas para definir a tipificação, sendo a imputação obrigatória, o juiz de imediato cita o réu e em 24 horas realiza a Audiência de instrução e julgamento. Eram ausentes as garantias, como a presunção de inocência, ampla defesa e contraditório. E os juízes julgavam pelo "livre convencimento". Assim, a prova do inquérito era suficiente para confirmar o fato, somente sendo elidida pela apresentação de prova em contrário. O Tribunal de Segurança Nacional foi extinto em 1945, passando, desde então, tais crimes a serem julgados, alguns na Justiça Militar, quando relacionados à soberania e atos externos ou contra militares, ou na justiça comum, nos demais casos.

substituir aquela de Vargas, sob o espectro da "guerra fria", já em cena.[17] Assim, toda e qualquer "influência comunista" teria que ser coibida.[18]

Já na ditadura civil-militar inaugurada em 1964, o Brasil experimentou duas leis de Segurança Nacional: a primeira no governo Geisel e uma segunda no governo Figueiredo. Estas leis mantêm, entre si, uma linha mestra: a de coibir a luta de classes, em que o inimigo interno está justamente nas classes operária, campesina, sindical.[19]

E. O Estatuto do Estrangeiro, migrações e a ideologia da segurança nacional. Temos, em outro âmbito, uma legislação de migrações – o Estatuto do Estrangeiro, Lei n° 6830/80 – que, elaborada já no início da "transição transacionada", veicula, ainda hoje – assim como a própria Lei de Segurança Nacional –, a velha ideologia da soberania e da segurança nacional, impondo à matéria uma regulação que em nada condiz com uma sociedade que se constitui pelo respeito aos direitos humanos.

O tal Estatuto do Estrangeiro se constrói alicerçado em dois eixos peculiares ao seu tempo: soberania e segurança nacional. Estes dois suportes estruturam uma legislação que "olha" para o estrangeiro como o outro do qual há que desconfiar, de quem há que se proteger, cujo tratamento há que ser o da desconfiança e do controle, permanentemente vigiado. Ou seja, uma vigilância permanente, desde a chegada às fronteiras nacionais, patrocinada pelo aparato policial.

Apenas em 2013 o Estado brasileiro por seu governo instaura uma Comissão de Especialistas, designada pelo Ministro da Justiça, para promover uma alteração substantiva nesta pauta, instada a elaborar uma proposta de legislação que dialogue com uma Constituição que já sobrevive, apesar das reformas, há mais de 25 anos.

Ou seja, apesar dos projetos de lei em tramitação, inclusive um do governo anterior – atacado por entidades ligadas à questão das migrações – é apenas neste momento que se assume a necessidade de refundar a legislação, compatibilizando-a com a "nova" ordem constitucional, adotando uma nova postura frente ao tema, assumindo a migração como um direito humano, incorporando, inclusive, os novos dramas da humanidade – migrantes ambientais, e.g. – para além das migrações espontâneas e

---

[17] Os tipos penais da Lei de 1953 têm, além das condutas de insurreição armada, atentados contra a Constituição e os poderes constituídos, novas previsões, tais como a criminalização da tentativa de reorganizar partidos dissolvidos por disposição legal (art. 9°), a propaganda pública que estimule a subversão, mas também o discurso de ódio de raça, religião ou de classe (art. 11).

[18] No cenário internacional, desde 1947, surgem em diversos países leis de segurança para a defesa do Estado de ações comunistas e outras atividades subversivas, como na Bolívia, África do Sul, Austrália e Canadá.

[19] Como ressalta Enrique Padrós (2007) a luta de classes é, na perspectiva da doutrina de segurança nacional, inviável, pois contraria a noção de nação e a possibilidade de reconhecer uma comunidade de pertencimento, como unidade nacional.

daquelas ligadas às questões políticas e econômicas, exemplificativamente.[20]

Há, também aqui, uma mancha do passado, que permanece a nos atormentar. Alguns convivem com ela, alguns compartilham ainda de sua ideologia, alguns tentam passar a limpo mais esta marca. Mas, evidente é a sua presença no "tapete" legislativo nacional.

F. A política e os atores do passado. No campo político também carregamos manchas que permanentemente se nos apresentam. Temos, ainda hoje, a presença de atores do antigo regime ditando as regras dos ambientes representativos, seja nos legislativos, seja nos executivos – pensando, aqui, a estrutura federativa. A crise política – como crise da democracia (e da representação em particular) – nos mantém ligados ao passado, seja pela repetição de práticas, pela continuidade de uma legislação partidária que, apesar da transição, não conseguiu romper com práticas políticas clientelistas, pela reprodução das elites no poder, por um certo modelo delegativo, já definido por G. O'Donnel.

E os exemplos poderiam se multiplicar ... expondo uma outra marca que identifica estas legislações, a percepção do "outro".

5. A inimizade: o outro como inimigo

Amizade e inimizade – e suas imbricações – constituem traços marcantes da cultura jurídica ocidental. Não é possível desconhecer que as relações políticas e diversos institutos e instituições jurídicas se constituem historicamente por e a partir dessa noção – têm em sua gênese e em sua genética tais elementos.

E, sem renegar tal tradição, é inegável a influência dessa dicotômica relação nas bases teóricas usadas pelos autoritarismos da América Latina, de matriz eurocêntrica, ante a influência do pensamento colonizador na cultura autoritária americana.

Assim, mesmo que de forma simplificada, pode-se recuperar tal percurso, trazendo à discussão algumas referências necessárias, guardando relação com a "história de longa duração".

Desde a *polis* grega se verifica a oposição entre amigo-inimigo. Vê-se a *polis* como o lugar da amizade, principalmente quando se analisa a visão aristotélica, na qual a *polis* é uma família alargada, de modo que a amizade[21] que se desenvolve no interior da família e da vida privada se estende

---

[20] Ver item 6 deste texto.

[21] L'amicizia per il greco era raffigurata simbolicamnete come un *daimon* alato che svolazzava tra uno e l'altro segnando linee inattese, trasversali, dirremmo oggi, e secondo disegni imprevedibili. Ed è sicuramente più importante questo aspetto simbólico rispetto al mecanismo strutturale con cui era descritta l'amicizia nel mondo della *polis*. Quell'esperienza di vita e di condivisione dei beni che carat-

para o círculo das relações públicas, porém circunscrita aos seus limites. Assim, a política é pensada como *la realizazione del benecomune della pace contro il male della guerra* (RESTA, 2006a, p.22). Se a *polis* é o lugar da amizade, fora dela é o lugar da inimizade, desenvolvendo-se uma ambivalência, entre o cidadão e o estrangeiro, entre o amigo e o inimigo.

Ao longo do tempo, a palavra grega *hostis*, que significava apenas forasteiro, aquele a quem também se aplicava a jurisdição, passou a significar, perdendo seu aspecto doce e virtuoso, aquele que traz a guerra, como se compreende da leitura de Cicerone, em *De officiis*, 12 (CICERONE, 1998,p 107, 109). Sendo que *hostis* era aquele que viria de fora e causaria a guerra, diverso dos inimigos internos que eram pertencentes à própria *polis*.

Assim, parece importante a análise proposta por Resta que ao debater a inimizade reconhece a constituição de duas categorias diferentes de inimigo: o inimigo externo, forasteiro que traz a guerra, e o inimigo interno, no interior da comunidade politica, o criminoso, o opositor político ou, nos dias atuais, os grupos minoritários (RESTA, 2006a, p 15). Ou seja, há uma ressiginificação para, em novos termos, constituir duas categorias de *hostis* (inimigos)

Tal assertiva explicita um eixo importante para o desenvolvimento da proposta do presente estudo, já que, com isso, estrangeiro e opositor (político) no período da ditadura civil-militar brasileira passaram a ser categorias de inimigos tanto na política como no direito, contaminando assim as nossas legislações especificas sobre estrangeiros, segurança nacional e criminalidade.

Aprofundando a noção de inimizade, verifica-se que ela pode ser demarcada a partir da Grécia, mas se desenvolve ao longo da modernidade como um tema recorrente para a constituição de diversas categorias da Teoria do Estado.

Em especial, por ela se pode compreender a nova noção de *justus hostis*, dada a partir da formação dos Estados nacionais e o fim das guerras de religião, como aquele que porta a guerra justa, como aquele Estado que possui uma justa causa para a guerra com(ntra) outro Estado, como justifica Schmitt em sua obra *Nomos* da Terra (Schmitt, 1991).

Mas, mesmo antes, na justificação contratualista do Estado também se mantém a dicotomia entre amigo e inimigo. Mais do que isto, preten-

---

terizzava l'amicizia era niente altro che la riproposizione di una continuità della *Koinonia* che passava del mondo privato degli affetti a quello pubblico della città. Rappresentava una comunità che, all'opposto, indicava una forma di differenziazione stratificatoria che replicava il privato sul pubblico, cosi che la *philia* dell'amicizia nelle relazioni private diventava eudaimonia nella vita pubblica e la *polis* altro non era, aristotelicamente, che uma família allargata. (RESTA, 2006a, p7)

deu-se a partir dela justificar o uso legítimo da violência pelo Direito – contra o *hostis*.[22]

Hobbes ressalta que o poder soberano seja ele institucionalizado e reconhecido pelo povo, seja adquirido pela hereditariedade, isto é, sendo uma monarquia ou uma assembleia, deve garantir àquele que personifica a soberania um poder ilimitado(HOBBES, 2005, p133). Desta forma o homem com sua arte cria animais artificiais e criou o Leviatã,[23] denominado Estado (*civitas*), que é um animal artificial, mas mais forte que o homem que o criou. O Leviatã é quem impede a guerra entre os homens, aqui entendido como aqueles que pertencem a um Estado em razão de um pacto(o criminoso portanto), e é ele também, como soberano, que autoriza a guerra com outro Estado Soberano e de assinar a paz.

Característica própria do Estado para Hobbes é sua soberania e sua capacidade de relação com outros Estados, como define Resta: *vede gli Stati como "lupi artificiali" portatori di inimicizia sulla scena internazional*e (RESTA, 2006a, p 30).

Rousseau, quase um século depois, ressaltará que a guerra é entre Estados, e não entre indivíduos ou cidadãos.[24]

Tanto Hobbes quanto Rousseau[25] reconhecem a diferença entre aqueles que são os inimigos do Estado, sempre um ente externo e dotado de soberania, ou seja, um outro Estado, e o indivíduo, que somente poderá ocupar o lugar de criminoso.[26]

---

[22] Este senso que a violência que está inserida na própria constituição do Estado é a base de justificação tanto da formulação hobbesiana do Estado – como o lobo artificial –, como a rousseniana do contrato social. Ambas se voltam ao controle da violência, principalmente da violência externa que é aquela que define o confim entre amizade e inimizade, isto é, que se delimita a partir da própria delimitação do território, mas também ao "inimigo interno" – aquele que "rompe" o pacto. Neste sentido, aquele que está fora dos limites territoriais será o inimigo externo e aquele que está no interior será o inimigo interno – ambos inimigos

[23] Como explica Marramao, utilizando-se da representação contida na versão inicial do Livro de Hobbes, Leviatã não se representa com um mostro ou demônio, ou remete ao uma simbologia cristã do velho testamento, mas como um grande homem que se forma da junção de diversos homens. (MARRAMAO, 2000)

[24] La guerre n'est donc point une relation d'homme à homme, mais une relation d'État à État, dans laquelle les particuliers ne sont ennemis qu'accidentellement, non point comme hommes, ni même comme citoyens (a), mais comme soldats; non point comme membres de la patrie, mais comme ses défenseurs. Enfin chaque État ne peut avoir pour ennemis que d'autres États, et non pas des hommes, attendu qu'entre choses de diverses natures on ne peut fixer aucun vrai rapport. (Rousseau, 1772, capitulo 1.4)

[25] Como revela Marramao (2000, p. 302) revela as distinções entre o contratualismo hobbesiano e o rousseuniano, pois a soberania para Rousseau possui uma racionalidade substancial, já que o Estado é um ente moral em que sua eticidade consiste no caráter antiutilitário da sua ação.

[26] Assim, até mesmo a pirataria do século XVII, que nos dias de hoje seria considerada como criminalidade organizada, tinha tratamento diverso, já que não se constituía como tal. O conflito entre Estados poderia culminar em guerra, que não é mais a guerra de religião da Idade Média, é um conflito entre Estados Soberanos. Nesta guerra entre Estados, outros Estados (com a inicial maiúscula como já estabelecia Rousseau) podem se colocar como terceiros imparciais, como analisa Schmitt (1991), que também demonstra a mudança na compreensão da guerra e da posição de inimigo e criminoso.

Mas Rousseau compara o inimigo ao criminoso, no sentido que ambos desrespeitam o contrato social a partir da noção de que afetam o Estado, se aproximando, assim, da noção de que o crime atinge primeiro ao Rei,[27] antes da vítima (direta).

Já, a discussão apresentada por Schmitt sobre a relação e a contraposição entre amigo/inimigo inicia-se com um trabalho datado em 1932, no texto intitulado *O conceito de político*. Retoma Schmitt a distinção entre *hostis* e *inimicus*,[28] para sustentar que inimigo é o inimigo externo, aquele que declara a guerra e pode assinar a paz, logo, inimigo público é sempre um Estado. Ao passo que o inimigo interno somente existiria no caso da guerra civil.

Schmitt sustenta que com a formação dos Estados Nacionais muda-se o parâmetro das guerras e a compreensão do *justus hostis* e da guerra *justa*. Neste sentido: *Infatti solo cosi la guerra diventa una relazione tra persone che si riconoscono reciprocamente in um rango. Solo così il concetto di justus hostis, trovato negli autori antichi, può assumere un nuovo senso concreto* (SCHMITT, 1991, p169).

De forma específica, Schmitt nas suas últimas reflexões sobre a questão da guerra, principalmente, com o avanço do direito internacional e ao mesmo tempo a existência de organizações internas de luta armada – em diversos países como Alemanha, Irlanda, Itália e Espanha – difere a guerra externa entre países da guerra civil, construindo assim uma noção jurídica de *partisan*, de guerrilheiro. Este é o combatente irregular, que se contrapõe ao um poder regular. Paradoxalmente, o *partisan* legitimará seu poder irregular seja por meio do reconhecimento pelo poder local de sua regularidade, seja assumindo uma nova ordem regular por meio de sua própria força (SCHMITT, 2009, p.225). Ele não se iguala ao criminoso, justamente, pelo conteúdo político de sua atuação: *ele proporciona também o tipo de reconhecimento político de que o partisan combatente irregular necessita para não descer, como o ladrão e o pirata, ao âmbito apolítico, o que aqui significa: ao âmbito criminal.*(SCHMITT, 2009, p. 225)

O pensamento schmittiano, de certo modo, já sinalizava o atual estado do debate sobre a inimizade, com o delineamento de uma legislação que introduz novamente a inimizade nos confins do próprio Estado, para

---

[27] D'ailleurs, tout malfaiteur, attaquant le droit social, devient par ses forfaits rebelle et traître à la patrie; il cesse d'en être membre en violant ses lois, et même il lui fait la guerre. Alors la conservation de l'État est incompatible avec la sienne; il faut qu'un des deux périsse; et quand on fait mourir le coupable, c'est moins comme citoyen que comme ennemi.(ROUSSEAU, 1772, chapitre 2.5)

[28] Inimigo é somente o inimigo *público*, pois tudo o que se refere a um conjunto semelhante de pessoas, especialmente a todo um povo, se torna, por isso, público. Inimigo é *hostis*, não *inimicus* em sentido amplo; *polemios*, não *echtros*. A língua alemã, assim como outras línguas, não diferencia entre o "inimigo" privado e o político, de modo que se fazem possível muitos equívocos e falsificações. (SCHMITT,2009, p30)

a construção de novas categorias de inimigo interno: o rival político, o terrorista, o imigrante, o criminoso organizado etc.

Mas, certamente, Schmitt nem sequer poderia antever toda a emergência – pós-11 de setembro – que atualmente contamina o debate sobre os direitos humanos, desde uma retomada destas noções.

E, é este o embate atual. Quem é o inimigo? O outro, o diferente, o diverso. Quem é o amigo? Qual a pauta que deve prevalecer? O que é compatível com uma ordem constitucional que se sustenta no reconhecimento e na dignidade ou, como no NCLA, na diversidade, na pluralidade etc.

6. Uma *nova* realidade: uma proposta de lei de migrações[29]

Buscando enfrentar uma destas "manchas", o Ministério da Justiça, por meio da Portaria n° 2.162/2013, criou uma Comissão de Especialistas com a finalidade de apresentar uma proposta de Anteprojeto de Lei de Migrações e Promoção dos Direitos dos Migrantes no Brasil.

Entre 25 de julho de 2013 e 30 de maio de 2014, a Comissão realizou sete reuniões presenciais das quais participaram, além de seus membros, representantes de órgãos do governo[30] e de instituições internacionais, parlamentares, especialistas e acadêmicos convidados, e promoveu, ainda, duas audiências públicas com ampla participação de entidades sociais e da cidadania, tendo seus membros participado individualmente de numerosas reuniões e atividades relativas aos direitos dos migrantes e à legislação migratória, em diversas cidades do Brasil.

Uma primeira versão do Anteprojeto foi difundida em abril de 2014, e a seguir submetida à discussão em audiência pública, sendo recebidas mais de duas dezenas de contribuições escritas de entidades públicas e sociais,[31] e também individuais de migrantes e de especialis-

---

[29] Este debate foi publicado logo após a apresentação da proposta de Anteprojeto, em parceria com Deisy Ventura, Paulo Abrão e João Granja no CONJUR. A versão completa da proposta apresentada ao Ministério da Justiça em agosto de 2014 pode ser encontrada em: www.cosmopolis.iri.usp.br

[30] Entre eles, Conselho Nacional de Imigração, Defensoria Pública da União, Departamento de Polícia Federal do Ministério da Justiça, Ministério do Trabalho e do Emprego, Ministério das Relações Exteriores, Secretaria de Assuntos Estratégicos da Presidência da República, Secretaria de Direitos Humanos da Presidência da República.

[31] Associação Brasileira de Antropologia – ABA, Alto Comissariado das Nações Unidas para os Refugiados – ACNUR Brasil, Casa das Áfricas, CARITAS Brasil, CARITAS de São Paulo, Centro de Atendimento ao Migrante de Caxias do Sul (RS), Centro de Estudios Legales y Sociales – CELS, CONECTAS Direitos Humanos, Conferência Livre de Santa Maria (RS) – preparatória da COMIGRAR, Defensoria Pública da União, Fórum Social Pelos Direitos Humanos e Integração dos Migrantes no Brasil, Coordenação de Políticas para Imigrantes da Secretaria Municipal de Direitos Humanos e Cidadania de São Paulo, Grupo de Estudos Migratórios e Assessoria ao Trabalhador Estrangeiro – GEMTE, Instituto de Migrações e Direitos Humanos – IMDH, Instituto Terra, Trabalho e Cidadania, Ministério Público do Trabalho, Presença América Latina e Rede Sul Americana para as Migrações Ambientais – RESAMA

tas,[32] além das sugestões da Secretaria de Assuntos Legislativos do Ministério da Justiça – SAL/MJ – e recomendações da Iª Conferência Nacional sobre Migrações e Refúgio – COMIGRAR –, ocorrida entre 30 de maio e 1° de junho de 2014, em São Paulo.

Ao longo deste processo, a Comissão de Especialistas definiu as cinco principais características de sua proposta.

Em primeiro lugar, há o imperativo de compatibilidade com a Constituição Federal de 1988 e o respeito ao princípio da convencionalidade. Assim, o Anteprojeto aporta ao plano legal o tratamento constitucional dos Direitos Humanos no Brasil, em consonância com os tratados internacionais de Direitos Humanos aqui vigentes. Para tanto, o Anteprojeto elimina da ordem jurídica pátria o nefasto legado da ditadura militar nesta área, especialmente o Estatuto do Estrangeiro (Lei n° 6.815, de 19 de agosto de 1980). E, assim, lá se vai uma das "manchas" ainda restantes...

Em segundo lugar, como consequência do imperativo anterior, a proposta promove a mudança de paradigma da legislação migratória brasileira. Até então consideradas tema de segurança nacional ou questão de mercado de trabalho, com o advento deste Anteprojeto o Brasil passa a abordar as migrações internacionais sob a perspectiva dos Direitos Humanos.

Ao estabelecer uma tipologia jurídica do "migrante", o Anteprojeto abandona o conceito de "estrangeiro", não apenas de conotação pejorativa em nossa cultura,[33] mas também juridicamente consagrada na lei vigente como um sujeito de segunda classe, vulnerável à discricionariedade, senão à arbitrariedade do Estado, e privado, sem justificação plausível num regime democrático, de parcela significativa dos direitos atribuídos aos nacionais.

O anteprojeto converte a dicotomia brasileiro/estrangeiro em uma nova paleta conceitual. A expressão migrante compreende imigrantes (os nacionais de outros Estados ou apátridas que chegam ao território brasileiro) e emigrantes (os brasileiros que deixam o território do Brasil).

Os imigrantes passam a ser classificados em transitórios, temporários e permanentes. Enquanto os primeiros vêm ao Brasil para finalidade de turismo, negócios ou curta estada para realização de atividades acadêmicas ou profissionais, os demais almejam a residência no país, com intuito temporário ou definitivo.

Além de superar a conotação pejorativa da expressão estrangeiro quando aplicada a pessoas, esta tipologia oferece *per se* maior informação sobre o *status* do indivíduo, assim como maior eficiência na regulação de seus direitos e deveres.

---

[32] Antonio Carlos da Costa Silva, Anselmo Henrique Cordeiro Lopes, Diego Acosta Arcarazo, Flávio Carvalho, Landry Herilmani, Liliana Lyra Jubilut e Stela Grisotti.

[33] Do latim *extraneus*, com sentido comum de alheio, esquivo, estranho ou impróprio.

A referência ao "trabalhador fronteiriço" foi retirada da Convenção Internacional sobre a Proteção dos Direitos de Todos os Trabalhadores Migrantes e dos Membros das suas Famílias, elaborada no âmbito das Nações Unidas, que hoje tramita no Congresso Nacional,[34] para designar o indivíduo que trabalha no Brasil, porém conserva a sua residência habitual no Estado vizinho do qual é nacional, a que regressa, em princípio, todos os dias ou, pelo menos, uma vez por semana, reconhecendo as peculiaridades da circulação de pessoas nas regiões de fronteira.

Por outro lado, a proposta guarda integral respeito ao acervo brasileiro e internacional relativo ao refúgio, procurando evitar referências redundantes e, com isto, também o risco de ensejar justaposição ou dissenso entre diferentes normas.

A terceira característica do Anteprojeto é o enfrentamento da fragmentação dos avanços empreendidos pelo Brasil em matéria de regulação migratória, com o objetivo de dotar a ordem jurídica pátria de coerência sistêmica. Com efeito, na falta de uma lei compatível com o direito constitucional brasileiro e com o direito internacional dos direitos humanos, ocorreu a proliferação de atos normativos infralegais para atendimento de demandas e situações específicas, em especial as urgentes. Avançou igualmente a negociação, pelo Estado brasileiro, de acordos bilaterais e regionais relativos aos direitos dos migrantes, instituindo facilidades e benefícios para migrantes de determinadas nacionalidades.

Logo, convivem hoje no Brasil regimes de acolhida e de autorização para trabalho acentuadamente diversos, a depender das características dos migrantes em questão, pondo em xeque princípios fundamentais como o da igualdade.

Em quarto lugar, o Anteprojeto é resultado de uma longa escuta e da ampla participação da sociedade brasileira. Instadas em outras oportunidades a participar da elaboração de projetos de lei, sem que suas propostas fossem tomadas em consideração, as organizações sociais acumulam grande frustração pela persistência do Estatuto do Estrangeiro, que dificulta sobremaneira o seu trabalho, além de suportar o ônus das disfunções do Estado brasileiro em matéria de política migratória.

Por conseguinte, como elemento crucial da consolidação da democracia brasileira, o Anteprojeto acolhe demandas históricas de entidades sociais que atuam em defesa dos direitos dos migrantes. Entre elas a criação de um órgão estatal especializado para atendimento dos migrantes, em especial para gestão do processo de regularização migratória, com o necessário aprofundamento das capacidades do Estado para produção de dados e formulação de políticas públicas relacionadas a esta temática.

---

[34] Encaminhada por meio da Mensagem n° 696, de 13 de dezembro de 2010.

Com efeito, atualmente, todo avanço da legislação sobre migrações internacionais se vê comprometido, no plano da efetividade, pela inadaptação dos serviços públicos à nova realidade da mobilidade humana.

No cenário mundial, o Brasil desponta como um dos poucos países desprovidos de um serviço de migrações, cabendo à Polícia Federal grande parte do processamento dos pedidos de residência e de refúgio, de caráter eminentemente administrativo. Cumpre ressaltar que o Anteprojeto em nada dificulta ou obstaculiza a investigação e a persecução penal de migrantes, sujeitos plenamente ao direito penal brasileiro, assim como aos tratados internacionais relativos à matéria vigentes no Brasil.

Outra reivindicação social de primeiro plano é a concernente aos direitos políticos dos migrantes. Neste particular, nossa Constituição Cidadã, em 1988, não pôde antever que paulatinamente numerosos Estados, inclusive os europeus, passariam a consagrar o direito de voto dos migrantes, em especial nas eleições relativas aos poderes locais. Porém, a inclusão social dos migrantes só será possível quando a cidadania brasileira foi acessível a todos que aqui vivem e trabalham. Dada à limitação imposta pelo texto da Lei Maior, a Comissão pleiteou ao Governo Federal que envide esforços para que as Propostas de Emenda Constitucional hoje em tramitação consigam, em breve, suprimir tal anacronismo.

No plano infraconstitucional, entretanto, o Anteprojeto se encarrega de suprimir as graves restrições ao exercício de direitos políticos, promovidas pelo Estatuto do Estrangeiro em vigor.

Por fim, a quinta e última característica é a preparação do Brasil para enfrentar o momento histórico que vivemos. Está em curso um novo ciclo de migrações internacionais em decorrência da globalização econômica, cujas diferenças em relação aos ciclos precedentes desafiam os Estados.

Na nova era da mobilidade humana, marcada pela mudança dos modos de produção, pela notável evolução tecnológica, que multiplicam vertiginosamente os deslocamentos humanos de curta e média duração para fins os mais diversos, inclusive o trabalho e a reunião familiar, os conflitos armados, os regimes ditatoriais e as mudanças climáticas multiplicam os deslocamentos forçados (não desejados) e as situações de refúgio.

O Brasil adaptou-se ao direito internacional dos refugiados ainda na década de 1990, com a edição da Lei n° 9.474, de 22 de julho de 1997. No entanto, a confusão entre situações de refúgio e de migração converte a ajuda humanitária em política migratória, com graves consequências para os migrantes, mas também para o Estado brasileiro, reduzindo a cidadania à mera assistência. Ademais, ainda persistem, apesar dos esforços internacionais e nacionais, os casos de apatridia.

O Brasil conheceu recentemente algumas crises agudas, geradas por fluxos pontuais de migração internacional que, na falta de legislação adequada e de políticas dela decorrentes, ocasionaram violações de direitos humanos e um grande desgaste para os governos envolvidos, além de uma imagem negativa da mobilidade humana junto à opinião pública. As crises obnubilam a verdade histórica de que as migrações são grandes riquezas materiais e imateriais para um povo.

Emerge aqui uma questão de grande relevância: quais seriam os ganhos, para um Estado e uma sociedade, da dificuldade de regularização migratória? Os resultados das políticas migratórias dos Estados Unidos e da Europa desfazem omito de que é possível conter os fluxos de pessoas. A ilha italiana de Lampedusa pode servir de referência para a crise humanitária produzida pelo modelo europeu.[35]

Burocratizar e restringir a regularização migratória não evita o deslocamento, mas degrada as condições de vida do migrante, que passa, com razão, a temer as autoridades. A precariedade decorrente da ausência de autorização para trabalho e permanência no país é um evidente fator de agravamento do déficit de efetividade dos direitos, não apenas dos migrantes, mas também da população brasileira que com eles convive.

O êxito de sucessivas leis de anistia,[36] e igualmente dos acordos de residência firmados no âmbito do Mercado Comum do Sul – Mercosul, permitiu a inclusão social de milhares de migrantes. Grande crítico das políticas migratórias restritivas dos países desenvolvidos, o Brasil mostra, por meio destes mecanismos, que um novo paradigma migratório é possível. Países vizinhos já demonstraram esta compreensão, como exemplifica a avançada legislação argentina.[37]

Os leitores reconhecerão neste texto incontáveis sugestões, algumas delas literais, de organizações sociais com longa tradição de trabalho junto aos migrantes. Alguns dispositivos correspondem ao que de melhor foi colhido no direito comparado, após exaustivo estudo das legislações migratórias de dezenas de países. O texto inspira-se igualmente no direito internacional, com destaque para a já citada Convenção Internacional sobre a Proteção dos Direitos de Todos os Trabalhadores Migrantes e dos Membros das suas Famílias, elaborada no âmbito das Nações Unidas.

À guisa de conclusão, sustentamos que, com o advento da democracia, o Brasil tem alterado radicalmente os seus paradigmas jurídicos em diversos campos, inclusive os de árdua resistência cultural e pesada repercussão econômica – leis sobre as relações de consumo e sobre a concorrência, normas ditas antitabaco, ações afirmativas etc. –, superando

---

[35] Recentemente, o Jornal Folha de São Paulo publicou, sob o título "Travessia Clandestina. Itália bate recorde de imigração pelo mar", matéria dando conta da situação atual do problema migratório, apenas no que se refere à chegada de migrantes pelo mar italiano. Em 2014, até novembro, foram 163.368 pessoas.

[36] Sendo a mais recente a Lei n° 11.961, de 2 de julho de 2009.

[37] Lei n° 25.871, de 20 de janeiro de 2004.

continuidades mentais e poderosas pressões, internas e externas, em benefício de mudanças conceituais de tamanho vulto.

É dever imposto por sua multinacional demografia que o Brasil exerça esta coragem no campo das migrações, superando rivalidades institucionais e preconceitos memoriais para tornar-se, em breve, uma referência mundial em matéria de mobilidade humana.

6. Por fim, mas nem tanto...

A leitura do texto de Verissimo nos faz pensar na nossa história político-jurídica recente, a qual parece não conseguir – se realmente quer(?) – desconectar-se das "manchas" do passado. De um passado recente, mas que guarda vínculos com toda uma tradição arraigada na história brasileira.

O "fim" negociado de nossa última experiência autoritária deixou, porque negociado talvez, "manchas" que precisam ser enfrentadas, marcas que precisam ser derrubadas se, ao final, queremos seguir em frente, não sem antes ajustarmos contas com este passado que insiste em estar (no) presente, como um fantasma que constrange o futuro.

Não é sem motivos a dificuldade, tanto apontada, de lidarmos com a memória deste passado, ajustando contas com a história e seus atores e autores. Não é por outro motivo a nossa imensa dificuldade em ajustarmos conta com ele, em revistarmos a memória dos acontecimentos para, a partir disso, promovermos este "acerto de contas" com a responsabilidade com o passado.

Memória e esquecimento – e aqui sequer tratamos do debate em torno do "esquecimento" imposto pela nomeada Lei da Anistia – são duas dimensões que se digladiam controversamente. Apenas muito superficialmente conseguimos por, literalmente, no banco dos réus não só as figuras que produziram este passado tenebroso, como a própria história deste mesmo período para aprendermos com isso.

A "transição negociada" nos fez herdar a ideia generalizada de um perdão construído pelos próprios autores daquilo a ser perdoado. Uma anistia que foi instaurada e instalada no imaginário sociopolítico-jurídico como um esquecimento. O fechamento de uma tumba, cujos fantasmas ainda nos assombram.

Não por outro motivo, experimentamos a dualidade de uma ADPF (153) julgada pelo Supremo Tribunal Federal e uma condenação imposta ao País, no caso da Guerrilha do Araguaia, pela Corte Interamericana de Direitos Humanos.

Este parece ser um caso emblemático de como vivemos marcados por este passado que insiste em nos assombrar e, ao mesmo tempo nos condicionar.

Mas, as "manchas" não param por aí.

Como bem lembrado por Gilberto Bercovici, em âmbitos mais prosaicos, mas não menos importantes, também experimentamos esta mesma "realidade", tantas vezes varrida para debaixo do tapete.

Em "A Mancha", Verissimo nos confronta com isso e, ao mesmo tempo chama à atenção ao explicitar que "... alguma coisa aconteceu. Não só a nós naquela cadeira de ferro. Ao país, a toda uma geração. Foi isso que eu senti quando vi a mancha no chão. Porra! Alguma coisa tinha havido, e deixado uma marca. E esquecer isso era uma forma de traição" (VERISSIMO, p. 48).

Com isso, demonstra o passado, o presente e, ainda, o indefinido futuro da sínica evolução constitucional brasileira, bem como nos impõe assumir a responsabilidade não só com a memória como também com a construção do futuro, ambos intimamente conectados.

Pode-se questionar como convivemos com isso esse tempo todo. Não enxergamos a "mancha"? "Enriquecemos" e convivemos com todo este entulho? Preferimos não remexer? Qual personagem de Verissimo somos?

Dúvidas que só a literatura consegue expor em confronto com uma ordem jurídica que insiste em estabilizar condutas e congelar a história.

O Brasil, no atual cenário, tenta quebrar essa linha de continuidade, pois, mesmo após 25 anos da nova ordem constitucional democrática, mantém-se "legislações de inimizade", totalmente contrárias a proposta de democracia e pluralismo presentes na Constituição de 1988 – como no caso do enfrentamento da questão das migrações por meio de um novo marco regulatório, agora alicerçado em pressupostos de reconhecimento (migração como direito humano).

Se, por um lado, no que se refere à legislação de migrações tenta-se propor as necessárias e essenciais mudanças, ainda se recorre ou se propõe recorrer à lei de segurança nacional para conter os opositores e as massas, como ocorreu no período das manifestações de junho de 2013.

Tudo isso demonstra a necessidade de uma ruptura mais evidente para reconhecer o opositor como sujeito de direitos, e a luta de classes como legítima.

Retirar todo o contexto de inimizade que inspira tais leis é justamente o esforço que pode consolidar o respeito ao pluralismo, para que não se perpetue o discurso do terror estatal, tão utilizado em nosso período ditatorial.

Essa missão ainda precisa ser cumprida, mesmo em um ambiente onde a subjetividade do *securitizado*[38] pareça desempenhar um papel de contradição a tal projeto de sociabilidade do "comum".

Referências

BARROS, Flaviane de Magalhães. *O inimigo no processo penal – uma análise a partir da relação entre direito e política*. In: Constituição e Processo: entre o Direito e a Política. Belo Horizonte: Fórum, 2011.

BECK, Ulrich. *La mirada cosmopolita o La guerra es la paz*. Tradução: Bernardo Moreno Carrillo. Buenos Aires: Paidós. 2005.

BERCOVICI, Gilberto. O Direito Constitucional passa, o Direito Administrativo permanece: a persistência da estrutura administrativa de 1967. In: TELLES, Edson; SAFATLE, Vladimir. O que resta da ditadura: a exceção brasileira. São Paulo: Boitempo. 2010. p. 77-90.

BOLZAN DE MORAIS, Jose Luis. As Crises do Estado e da Constituição e a Transformação Espaço-Temporal dos Direitos Humanos. 2ª ed. Porto Alegre: Livraria do Advogado, 2011.

CARVALHO, José Murilo de. Os Bestializados. O Rio de Janeiro e a República que não foi. São Paulo: Cia das Letras, 1987.

CATTONI DE OLIVEIRA, Marcelo Andrade; SIQUEIRA, Gustavo. *Pequeno ensaio sobra a injustiça: memórias secas de um tribunal de segurança nacional*. Revista Sequência. N. 61, pp. 111-125. 2010.

CICERONE. *I dovero*. Milano: Bur. 1998.

FAORO, Raymundo. Os donos do poder. Formação do patronato político brasileiro. 10ª ed. Rio de Janeiro: Globo. 2000.

HARDT, Michael; NEGRI, Antonio. *Comune. Oltre il privato e Il pubblico*. Milano: Rizzoli, 2010.

———. *Declaração: Isto não é um manifesto*. São Paulo: N-1. 2014.

HOBBES, Thomas. *Leviatano*. Roma: Riuniti, 2005.

MARQUES, Raphael Peixoto de Paula. *Repressão política e usos da Constituição no Governo Vargas (1935-1937): a segurança nacional e o combate ao comunismo*. Dissertação de Mestrado apresentada junto à UnB. http://repositorio.unb.br/bitstream/10482/10412/3/2011_RaphaelPeixotodePaulaMarques.pdf. Acesso em outubro de 2014.

MARRAMAO, Giacomo. *Dopo il Leviatano. Individuo e comunità*. Torino: Bollati Boringhieri, 2000.

PADRÓS, Enrique Serra. *Terrorismo de Estado e luta de classes: repressão e poder na América Latina sob a doutrina de segurança nacional*. In: Simpósio Nacional de História, 24. 2007. Anais do XXIV Simpósio Nacional de História – História e Multidisciplinariedade: territórios e deslocamentos. São Leopoldo: UNISINOS, 2007. CD-Rom.

RESTA, Eligio. *Il diritto fraterno*. Roma-Bari: Laterza, 2006.

REZNIK, Luís. Democracia e Segurança Nacional. A política no pós-guerra. Rio de Janeiro: FGV Editora, 2004.

ROUSSEAU, Jean-Jacques. *Du Contrat Social ou principes de droit politique*. Amsterdam: chez Marc Michel Rey, 1772. Acesso em http://books.google.com.br/books

SCHMITT, Carl. *O conceito do político. Teoria do Partisan*. Belo Horizonte: Del Rey, 2009.

———. Il nomos della terra nell diritto internazionale dello "jus publicum europeaum". 4ª ed. Milano: Adelphi. 1991.

VERISSIMO, Luis Fernando. *A mancha*. São Paulo: Cia das Letras. 2004.

---

[38] Sobre este tema, ver: HARDT, Michael e NEGRI, Antonio. *Declaração*: Isto não é um manifesto. São Paulo: N-1. 2014.

— VII —

Luta por direitos, rebeliões e democracia no Século XXI: algumas tarefas para a pesquisa em Direito

JOSÉ RODRIGO RODRIGUEZ[1]

Sumário: Introdução; Tarefas da pesquisa em Direito; Mapa jurídico-conceitual das lutas contemporâneas; Figuras da perversão do direito; Fuga do direito; Falsa legalidade; Zonas de autarquia; A perversão social do direito; Conclusão: os limites do direito e os sons do silêncio; Referências bibliográficas.

Introdução

Diversas análises das rebeliões que irromperam ao redor do globo nos últimos anos, inclusive os protestos de junho de 2013 no Brasil, sugerem que estão surgindo novos padrões para as lutas sociais neste começo de século XXI. Padrões que não se enquadram na gramática tradicional da reivindicação de direitos que marcou as lutas sociais durante a maior parte do século XX (ver MARSHALL, 1967; DOUZINAS, 2009). Tal fenômeno tem sido apontado por vários analistas como um indício de que as instituições formais, como as conhecemos, não têm sido capazes de ouvir a voz dos cidadãos e cidadãs (NOBRE, 2013; CELIKATES, KREIDE, WESCHE, 2015; GOHN, 2014; ARANTES, 2014).

Parece haver um abismo de magnitude desconhecida entre as instituições formais e a sociedade, nacional e mundial. Os organismos formais do estado e dos órgãos internacionais têm mostrado sinais de serem claramente insuficientes para canalizar os desejos e necessidades dos cidadãos e cidadãs, que permanecem alienados dos centros reais de poder.[2] E, por isso mesmo, têm sentido a necessidade de encontrar outros meios para expressar sua voz, os quais não se confundem com canais do sistema político e com das modalidades da gramática da reivindicação de direitos,[3]

---

[1] Professor do PPG (Mestrado e Doutorado) da UNISINOS e Pesquisador Permanente do CEBRAP/SP

[2] Uso "alienação" aqui no sentido do texto de Franz Neumann, "O conceito de liberdade política", NEUMANN, 2013, publicação original de 1953.

[3] Sobre o que eu chamo de "duas gramáticas do estado de direito", ver adiante.

espaços que parecem estar fechados ou não dar conta de seus desejos e necessidades.[4]

No caso brasileiro, este abismo tem se aprofundado com a contribuição da pesquisa acadêmica. Como mostram Gurza Lavalle, Castello e Bichir (2004), a pesquisa empírica sobre movimentos sociais no Brasil arrefeceu a partir da década de 90 e assumiu um tom de balanço e fim de festa pós-democratização, concentrando-se principalmente na atuação junto ao estado de organismos da sociedade civil como partidos, sindicatos e ONGs. E a perda de interesse no tema parece ter provocado um *efeito de ocultação* da teoria sobre práticas de ação coletiva efetivamente presentes na sociedade civil: no mesmo artigo, os autores comprovam sua afirmação ao discutir resultados de pesquisas empíricas sobre o tema que destoam do padrão geral.

É provável que esta falta de interesse no estudo acadêmico sobre os movimentos sociais e sobre a sociedade civil em geral possa ser explicada em parte pela instalação de um padrão de normalidade democrática no Brasil a partir da Constituição de 1988, cujos protagonistas têm sido, principalmente, as entidades da sociedade civil organizada, as principais protagonistas na luta social contemporânea.

Acrescente-se a esta circunstância histórica a criação, pela Constituição e por outras normas jurídicas, de uma série de fóruns participativos em diversos organismos estatais Municipais, Estaduais e Federais. Tais fóruns abriram espaço para a participação da sociedade civil nas instituições formais e, como demonstraram Gurza Lavalle e Isunza Vera (2011), transformaram a pesquisa empírica sobre temas políticos no estudo de mecanismos de *accountability* e procedimentos formais de participação, fazendo arrefecer os temas clássicos da teoria democrática participativa e, observação minha, fechando espaço para a análise e discussão da atuação da sociedade civil para além de sua relação com o estado.

Outro fator que pode ter contribuído para ampliar o referido *efeito de ocultação* tem sido o aparente predomínio da pauta da reivindicação de direitos, em especial a reivindicação de criminalização de uma série de comportamentos, que marca a atuação efetiva do movimento feminista, antirracista e LGBT (GREGORI & DEBERT, 2008; RODRIGUEZ, PÜSCHELL, MACHADO, 2012; SIMÕES & FACCHINI, 2009).

Nos últimos tempos, tais movimentos parecem ter empregado a maior parte de sua força política para reivindicar a criação de leis criminalizantes e uma série de outras políticas públicas de seu interesse,[5] por

---

[4] Sobre a situação Brasileira, ver NOBRE, 2014; para um panorama geral da questão, ver CELIKATES, KREIDE, WESCHE, 2015, para uma análise dos meios de luta utilizados pelos movimentos sociais ao longo de história, ver TYLLY, 2008 e THOMPSON, 1966.

[5] É claro que esta impressão pode ser resultado da espécie de pesquisas que vêm sendo feitas, como assinalei logo acima.

exemplo, a Lei Maria da Penha,[6] o ensino da cultura africana nas escolas e o casamento entre pessoas do mesmo sexo, deixando em segundo plano práticas reivindicatórias e ações militantes que não coloquem o estado e a conquista de direitos como sua gramática, ponto de chegada e ponto focal.[7] Tal situação parece estar criando uma *ilusão de totalidade* para todos aqueles que observam a política tanto do ponto de vista do sistema político quanto do ponto de vista dos movimentos.

Em razão desta cegueira coletiva, a sociedade civil deixa de ser vista como uma *questão*, como um *problema* a ser investigado, como um espaço no qual irrompem sem cessar novos desejos e necessidades com alto potencial subversivo dotados da capacidade de promover a reconstrução permanente das instituições pela destruição e transformação do elenco dos direitos positivados e, portanto, desestabilizar as posições de poder estabelecidas.[8] Ao invés disso, parte da pesquisa e dos agentes sociais vê a sociedade civil como um conjunto de demandas expressas e formuladas na gramática das instituições postas,[9] capitaneadas por agentes sociais identificáveis, com os quais é preciso negociar para que o sistema político funcione a contento. A sociedade civil passa a ser vista, assim, como um espaço completamente transparente, sem nenhuma zona de sombra, cujos participantes são todos e todas dotadas de voz.[10]

Outro fator que parece ter contribuído sobremaneira para ampliar esta *ilusão de totalidade* a postura negativa de uma parte da inteligência brasileira situada no campo do pensamento crítico,[11] principalmente a

---

[6] A Lei Maria da Penha não é essencialmente criminalizante, prevê também uma série de políticas para o atendimento integral da mulher vítima de violência. No entanto, seu aspecto criminalizante ganhou o primeiro plano no debate público e tem recebido muita atenção por parte das ações dos movimentos sociais.

[7] Sobre os problemas deste tipo de estratégia para os movimentos sociais e para a dinâmica da sociedade civil como um todo, ver a coletânea fundamental *Left Legalism/Left Critique* (BROWN & HALLEY, 2002) que faz um amplo balanço do significado dos direitos para a luta social. No Brasil, essa reflexão ainda é incipiente.

[8] Sobre este ponto, ver RODRIGUEZ, 2013b. Para uma resenha crítica exaustiva de literatura sobre a sociedade civil até os anos 90 do séc. XX, ver COHEN & ARATO, 1994. Para uma reflexão compatível com a minha no que diz respeito à análise dos mecanismos de contenção da força instituinte da sociedade, ver NEGRI, 2002.

[9] Sobre o conservadorismo deste modo de pensar a atuação do Poder Judiciário, que naturaliza uma certa concepção da separação dos poderes, ver o texto de Marcos Nobre e José Rodrigo Rodriguez em RODRIGUEZ, 2013a.

[10] Sobre este ponto, ver adiante a conclusão deste texto.

[11] Reservo a expressão "teoria crítica" para nomear o pensamento dos autores e autoras que circularam e circulam em torno do Instituto de Pesquisas Sociais de Frankfurt, os quais costumam reivindicar expressamente o texto "Teoria Tradicional e Teoria Crítica" de Max Horkheimer como referência para a construção de sua própria posição. Esta reivindicação normalmente implica em um projeto de atualização da obra de Karl Marx com o objetivo de identificar o que ainda está vivo e o que caducou em seu trabalho. O objetivo final destes autores é construir novos conceitos críticos capazes de identificar tendências emancipatórias inscritas na realidade de cada momento histórico, acessível por meio da reconstrução de teorias de natureza diversa e por meio da pesquisa empírica das práticas sociais (para o sentido de "reconstrução", ver NOBRE & REPA, 2013). A Teoria Crítica não possui uma

partir do primeiro governo Lula. Refiro-me especialmente os estudos que apontaram para um suposto "fim da hegemonia" e uma suposta "capitulação da esquerda" (RIZEK, OLIVEIRA, BRAGA, 2010; ARANTES, 2007). Tais estudos sugeriam ter ocorrido o fechamento completo de qualquer perspectiva para a mudança social emancipatória no Brasil da era Lula-Dilma e no mundo, sempre em função do poder inescapável do sistema capitalista. Esta postura, que tem sido desmentida pela realidade das rebeliões contemporâneas, tirou do foco destes autores a pesquisa e a interação direta com os agentes sociais, deixando fora de seu radar a formação de novas gramáticas para a luta social, já existentes ou ainda em germe na sociedade civil.

As rebeliões recentes têm servido para praticamente obrigar os cegos a enxergar. E o que está sendo finalmente visto parece não estar ainda lá muito claro. Prova disso é a variedade de termos utilizados para caracterizar os eventos de Julho de 2013 do Brasil: manifestações, movimentos, revoltas, rebeliões, jornadas entre outros. Também as diversas maneiras avaliar seu significado para as instituições formais: "crise da democracia", "crise dos partidos políticos", "crise do sistema político", "crise de representatividade" ou, de maneira mais positiva, "surgimento de uma nova cultura política".

Não há espaço aqui para organizar esta literatura, que não para de crescer.[12] A variedade de caracterizações e diagnósticos das rebeliões de Junho sugere que o sentido daqueles acontecimentos está em disputa. Por isso mesmo, qualquer organização desta literatura deverá identificar os pressupostos de que partem cada analista para traçar um mapa mais preciso do sentido das diversas interpretações sobre junho.[13]

---

doutrina comum que a caracterize como uma escola. Ao contrário, os autores deste campo trabalham a partir de balizas abstratas as quais abrem um espaço amplo para a construção dos mais variados "modelos críticos" (NOBRE, 2004). Estes modelos críticos são muitas vezes discordantes, podem surgir a partir de estudos de direito, política, economia, psicanálise, arte, literatura entre outros campos do saber e podem variar ao longo da obra de um mesmo autor, sempre em função da necessidade de pôr a teoria em dia com novos diagnósticos do tempo. É esta variedade e liberdade constitutiva da teoria crítica a responsável pela imensa riqueza deste campo do pensamento, capaz de produzir figuras como Leo Lowenthal, Friedrich Pollock, Max Horkheimer, Erich Fromm, Walter Benjamin, Theodor Adorno, Sigfried Krakauer, Franz Neumann, Otto Kirchheimer, Jürgen Habermas, Axel Honneth, Klaus Günther e Rainer Forst. Uso a expressão "pensamento crítico" para caracterizar, com fundamento no texto de Michel Foucault, "O que é a ilustração?" (FOUCAULT, 2006) todos aqueles e aquelas que se deixaram influenciar pela revolução copernicana de Immanuel Kant, ou seja, estudiosos e estudiosas que não consideram a "realidade" como alguma coisa separada e independente de determinadas categorias do pensamento, as quais são as responsáveis por traçar as fronteiras do que se pode pensar; tenham tais categorias natureza transcendental ou histórica. Está incluída no campo do "pensamento crítico" toda a Teoria Crítica; por autodeclaração no mesmo artigo, Michel Foucault e, entre outros e outras, Nietzsche, Heidegger, Derrida e Judith Butler.

[12] Além dos trabalhos já citados, ver também CASTELLS, 2013; JEDENSNAIDER, LIMA, POMAR, ORTELLADO, 2013; VÁRIOS, 2012; VÁRIOS, 2013.

[13] Recentemente chegou às livrarias um volume sobre junho de 2013 em que autores declaradamente de direita, como Denis Rosenfield e jornalistas pouco entusiastas do que ocorreu, como José Nêumanne Pinto, apresentam suas análises e opiniões sobre o tema, v. FIGUEIREDO, 2014.

Mas o objetivo deste texto é outro. Trata-se de discutir aqui, a partir da ideia geral de que estaria havendo neste momento uma "crise da democracia brasileira", quais seriam as tarefas mais urgentes da pesquisa em Direito e, mais especificamente, qual a minha pauta pessoal neste contexto mais geral. Adianto que não considero que nossa democracia esteja em crise, mas sim assistindo ao surgimento de uma nova cultura política (NOBRE, 2013, 2014) que não se encaixa completamente nas instituições formais, em especial no sistema político como está estruturado nos dias atuais, no Brasil, mas não apenas aqui.

Nesse sentido, pode-se dizer que toda democracia está e precisa estar permanentemente em "crise", pois sempre haverá desejos e interesses que não emergiram ainda esfera pública, que não logram transformar seu sofrimento em demandas que possam ser direcionadas para as instituições formais e se transformar em direito positivo. Além disso, o reconhecimento dos desejos e necessidades de um indivíduo ou grupo tende a desestabilizar a posição dos demais e fazer nascer conflitos que tornam o direito positivo essencialmente instável.[14] É provável que estejamos vivendo um momento em que o descompasso entre instituições formais e sociedade se apresente de forma mais aguda, mas algum descompasso sempre vai haver. Portanto, as tarefas que irei descrever aqui são perenes, não se limitam a este momento histórico.

Vou me concentrar em dois temas que reputo centrais para a minha pauta de pesquisa e para a reflexão do direito em nível mundial, aos quais denominei "Mapa Jurídico-Conceitual das Lutas Sociais Contemporâneas" e "Figuras da Perversão do Direito". Como veremos a seguir, a reflexão sobre estes dois temas liga-se ao motivo mais geral deste texto que é a necessidade do estado de direito de dar voz à sociedade para que a democracia não entre em declínio e veja sua legitimidade ser corroída por dentro.

As pesquisas realizadas no âmbito do Mapa visam justamente descobrir como e porque parte da sociedade utiliza a gramática dos direitos para formular suas demandas e parte dela fica excluída desta linguagem. Já as pesquisas sobre a perversão do direito têm como objetivo identificar

---

[14] Um exemplo: a positivação do casamento entre pessoas do mesmo sexo no Brasil e no mundo tem provocado protestos por parte dos grupos religiosos e críticas no que diz respeito ao seu caráter conservador por alguns intelectuais. Alguns grupos religiosos, a despeito de gozarem de liberdade de culto e de expressão protegida pelo estado, sentem que seus valores estão ameaçados por este novo direito que protege os interesses de determinado grupo social. De sua parte, indivíduos e grupos criticam este reconhecimento, de ouro ponto de vista, por reafirmar os valores familiares e a autoridade do Estado sobre as relações sexuais e afetivas. Da mesma forma, o reconhecimento pretérito de direitos sociais para os cidadãos e cidadãs é até hoje combatido sob a alegação de que tais direitos diminuem a produtividade do trabalho, prejudicam as empresas em sua necessidade de renegociar salários em épocas de crise e tratam as pessoas de forma paternalista tornando-as dependente do Estado. Nas democracias, se o estado de direito funcionar bem, todos os direitos estarão permanentemente em tensão e em risco. Toda naturalização de direitos, veremos adiante, é sinal de patologia; é sinal de que grupos sociais ou indivíduos estão tentando injustamente imunizar sua posição em relação à luta por direitos.

estratégias autoritárias que procuram suprimir o poder da sociedade de controlar a produção de normas jurídicas que ajudam a traçar os limites de sua existência.

Esta reflexão inicial, ainda que de caráter tentativo, parece ser necessária diante de uma série de reações agressivas manifestadas diante das rebeliões de junho, dos protestos contra a Copa das Federações e da Copa do Mundo e durante o mais recente processo eleitoral brasileiro. O atual ciclo de rebeliões deixa claro, de um lado, que há desejos e interesses não atendidos e não formulados na sociedade civil e, de outro lado, que há cada vez mais partidários de posições claramente antidemocráticas e repressivas, que se colocam contra a "bagunça" das rebeliões a favor da "ordem", clamando por um retorno aos padrões de funcionamento da política como ela é, com alguns aperfeiçoamentos (REYS, 2014; BAKER & DAMÁZIO, 2014; FABIANO MENDES, 2014).

Posições como estas têm se manifestado na esfera pública de forma cada vez mais explícita, o que nos leva a pensar sobre a possibilidade de que esteja se formando no Brasil um discurso antidemocrático relativamente organizado, partidário da ordem contra o pluralismo e a "bagunça" da sociedade civil, capaz de atrair adeptos para se organizar politicamente e disputar o aparelho de Estado. A falta de estudos organizados sobre as forças conservadoras de direita e sobre as classes altas brasileiras contribuem para dificultar uma análise como esta, a despeito de, no mundo todo, diante do aprofundamento dos efeitos da crise econômica de 2008 e do avanço de organizações fundamentalistas antidemocráticas em diversos países, estarmos assistindo à ascensão eleitoral e ao poder de representantes destas forças.

A despeito deste fato, reflexões como estas são importantes em todo e qualquer momento histórico. Afinal, é justamente a ideia de que a democracia poderia estar em crise ou que ela não seria capaz de lidar com os problemas contemporâneos que pode alimentar correntes autoritárias e fazer nascer agente políticos capazes de disputar com chances de vitória o poder do estado. Exemplos históricos da ascensão de elementos marginais no sistema político para o centro da cena em cenários de perda de crença nas instituições formais não faltam, a começar pelo regime nazista para chegar nas atuais forças de extrema-direita em plena ascensão na Europa e nos Estados Unidos.

Tarefas da pesquisa em Direito

Mapa jurídico-conceitual das lutas contemporâneas

A primeira tarefa a ser levada adiante pela pesquisa em ciências humanas em geral, e pela pesquisa em direito em particular, é investigar como a sociedade civil mobiliza a gramática dos direitos para levar suas demandas aos organismos do estado. Trata-se de investigar quais são os movimentos sociais que apostam na reivindicação de direitos e que espécie de direito está sendo reivindicado. Ou seja, como os agentes sociais formulam suas demandas e que setores do ordenamento jurídico eles procuram ativar para satisfazer seus desejos e interesses. Também, se for o caso, para quais poderes do Estado as demandas por direitos são levadas sob a forma de demandas por novas leis, decisões judiciais ou normas regulamentadoras.[15]

Há demandas por direitos que se iniciam com campanhas na sociedade civil, por exemplo, a atual demanda do movimento LGBT pela criminalização de atos contra a identidade de gênero (SIMÕES & FACCHINI, 2009). O movimento feminista e o movimento negro também têm mobilizado boa parte de seus recursos políticos para reivindicar a criação de crimes que punam a violência contra a mulher e contra a discriminação racial, com resultados positivos (GREGORI & DEBERT, 2008; RODRIGUEZ, PÜSCHEL, MACHADO, 2012).

Temos assistido, portanto, à mobilização de um aspecto da gramática dos direitos e do estado pelos agentes sociais com o objetivo de satisfazer seus desejos e necessidades. O direito não tem tratado a sociedade como mero elemento passivo da regulação: os agentes sociais têm utilizado ativamente a gramática dos direitos para traduzir suas demandas em reivindicações por direitos que se consolidam em políticas públicas as mais variadas, reivindicadas junto aos três poderes do estado (AGRIKOLIANSKY, 2010; CARDOSO & FANTI, 2013).

Desde 1988, diga-se, estamos assistindo a um duplo processo de *socialização do estado* e *judicialização da sociedade* que tem como efeito a democratização crescente do aparelho estatal, transformado pela reivindicação de direitos por parte dos agentes sociais, e o aprendizado social do significado e da linguagem dos direitos. Tal processo instaurou uma nova gramática para as lutas sociais brasileiras, pois a sociedade civil e a esfera pública se juridificaram.[16]

Boa parte dos conflitos tomaram a forma de disputas pela positivação de direitos, normalmente soba a forma de leis criadas pelo estado destinada a regular a conduta dos cidadãos e cidadãs. Veremos adiante que a gramática do direito não se resume a esta forma de regular. Ela pode

---

[15] A coletânea "Law and Social Movements" organizada por Michael MacCann traz uma série de textos sobre estes problemas (MACCAN, 2008)

[16] Além dos estudos citados, vale a pena citar, como contraprova da presença pervasiva dos direitos em praticamente todas as áreas das Ciências Humanas, a coletânea "Sexualidade, gênero, diversidades", organizada por pesquisadores em psicologia, que traz uma série de textos que tocam em questões jurídicas (LAGO, TONELLI, SOUZA, 2013), as pesquisas sobre as controvérsias no campo religioso de Paula Monteiro (MONTEIRO, 2012) e as pesquisas sobre direitos sexuais de Taysa Schiocchet (SCHIOCCHET, 2007).

também tomar a forma de *regulação social autônoma*, ou seja, a reivindicação de espaços de produção normativa relativamente imunes ao poder do estado, ainda que sujeitos a determinados limites impostos por ele.

As demandas sociais criminalizantes, notemos bem, foram dirigidas principalmente ao Parlamento em um processo de mobilização e pressão que ainda está para ser estudado em maiores detalhes. Seria interessante investigar, por exemplo, qual a justificativa dos movimentos sociais para dar tanta atenção ao direito penal e de que forma eles planejaram e executaram suas ações. Com que representantes do povo eles entraram em contato, que tipo de intervenção na esfera pública eles levaram adiante para pressionar o Parlamento, se eles tinham contato com advogados, defensores públicos, membros do Ministério Público no momento de construir e veicular suas demandas, se eles tiveram alguma intervenção nas comissões ou nos debates no plenário de algum dos braços do Poder Legislativo municipal, estadual ou federal.

Mas o Parlamento não é a única arena da luta por direitos no estado brasileiros. O Poder Judiciário tem sido um espaço privilegiado para a disputa sobre o sentido das normas de nosso ordenamento jurídico, processo que tem resultado em decisões altamente relevantes para a sociedade, como a que reconheceu o direito de que pessoas do mesmo sexo constituam famílias, proferida pelo Supremo Tribunal Federal, entre outras (FERREIRA & FERNANDES, 2013).

É necessário investigar como estas demandas chegaram ao Poder Judiciário, se elas foram resultado da relação entre agentes individuais ou movimentos sociais com advogados, advogadas, membros da Defensoria Pública ou do Ministério Público ou outras autoridades. Também como estes agentes e movimentos atuaram para tentar influenciar o tribunal em suas intervenções na esfera pública e por meio da articulação de determinados argumentos jurídicos elaborados em interação com profissionais do direito. E como estas disputas se desenvolvem no interior do Poder Judiciário: que argumentos são utilizados nos conflitos dogmáticos e quais são a decisões proferidas pelos juízes de primeiro e segundo graus (RODRIGUEZ, PÜSCHELL, MACHADO, 2012).

Aqui um ponto importante: o debate sobre o sentido dos direitos no interior do ordenamento jurídico, ou seja, o estudo do direito do ponto de vista da dogmática jurídica em uma sociedade democrática *deve ter* um caráter dinâmico. Os direitos mudam de função, como diria Karl Renner (RENNER, 1981), em razão do estado atual das lutas sociais.[17] As forças

---

[17] Para Renner, o motor da mudança do direito era a transformação social compreendida como algo de objetivo, ontológico, o modelo clássico marxista do choque das relações produtivas com as relações de produção o qual, segundo ele, não provoca necessariamente a ruptura do direito posto: pode transformá-lo. Ao apontar as lutas sociais como motor da mudança, estou atualizando a obra do autor para o atual momento histórico. Em minha interpretação, a mudança de função do está ligada

sociais emergentes questionam o direito posto, mobilizam a linguagem dos direitos e transformam o conteúdo e o sentido do ordenamento jurídico em um processo constante. Qualquer paralisação deste processo pode ser um sinal de que as instituições não são mais capazes de dar voz aos desejos e demandas sociais em razão de algum mecanismo de naturalização dos direitos que favorece os interesses deste ou daquele grupo social.

Tal fato é verdadeiro especialmente em países nos quais a jurisprudência tem um papel importante na criação de normas, como é o caso do Brasil, especialmente depois da democratização do país, que também promoveu a democratização do acesso ao sistema jurídico (RODRIGUEZ, 2009 e 2013a). A recuperação da obra de Karl Renner, diga-se, autor esquecido nos últimos anos, parece-me central diante do atual momento histórico, pois o estudo das demandas sociais por este prisma permite identificar que espécie de direitos tem sido reivindicado pelos movimentos sociais[18] e qual o significado e as consequências dessas reivindicações. Também é possível refletir sobre quais são os agentes e movimentos que têm direcionado suas demandas para esta via e quais aqueles que ficaram de fora por opção ou por falta de acesso aos poderes do estado.

Como já dissemos acima, a demanda por cada vez mais crimes e penas parece ser a tônica da parte das reivindicações dos movimentos sociais contemporâneos, mesmo diante de críticas bastante intensas a respeito da inefetividade e seletividade do sistema penal (CARVALHO, 2013). O movimento negro, adotando uma estratégia um pouco diferente, também apostou suas fichas em demandas de outra natureza como ações afirmativas em vários campos (PAIVA, 2013) e o ensino obrigatório de história da África nas escolas, para ficar em apenas dois exemplos.[19] Estas não são demandas por punição de comportamentos indesejados e a reivindicação de medidas que visam a dar acesso à população negra a ensino de qualidade e postos de trabalho no estado. O ensino de história da África, por sua vez, procura valorizar a cultura negra para tentar afastar os estigmas que pesam sobre os negros brasileiros.

De outra parte, demandas ecológicas e que atinem a comunidades indígenas e quilombolas têm perdido força junto ao Poder Executivo e ao Poder Legislativo, tendo sido direcionadas principalmente ao Poder Judiciário, que julgou uma causa tão importante quanto a demarcação de

---

à indeterminação constitutiva do material jurídico em sociedades pluralistas que sempre abre espaço para o surgimento de um sem número de interpretações diferentes, as quais desestabilizam o direito compreendido como algo que emana das autoridades instituídas. Existe uma tensão constitutiva entre o direito como sentido e o direito como poder, para usar os termos de Robert Cover, na qual a proliferação de sentidos coloca o poder em questão continuamente (COVER, 1995).

[18] Para a síntese de alguns estudos sobre jurisprudência nesta linha, ver RODRIGUEZ & FERREIRA, 2013.

[19] Sobre a demanda por ensino da história da África, ver RODRIGUES, 2005.

terras indígenas de Raposa Serra do Sol. A despeito disso, há análises que procuram mostrar como os conflitos ambientais brasileiros, nos últimos anos, têm sido negociados por meio da relativização de direitos garantidos pela constituição, os quais se tornaram obstáculos para o avanço do projeto neodesenvolvimentista levado adiante pelos últimos governos (ZHOURI & VALENCIO, 2014). Minhas pesquisas sobre comunidades tradicionais também mostraram como seus problemas têm sido deixados em segundo plano na agenda dos últimos governos, com uma série de iniciativas que não tem tido nenhuma continuidade (RODRIGUEZ *et alii*, 2011).

Estes são apenas alguns pontos que merecerão atenção na construção e reconstrução constante deste Mapa Jurídico-Conceitual das Lutas Sociais, uma iniciativa que pretende abarcar uma série de projetos de pesquisas individuais e coletivos nos próximos anos com o objetivo mais geral de construir uma visão ampla da reivindicação de direitos no Brasil e em escala global;[20] também dos grupos que não têm utilizado a gramática da reivindicação de direitos, seja porque não acham adequado, seja porque não têm conseguido acesso ao direito e aos poderes do estado ou, ainda, porque se sentiram incomodados com o reconhecimento de direitos que beneficiam outros indivíduos e grupos e pretendem destruir tais direitos ou conquistar direitos similares para si.

A construção dinâmica e permanente deste Mapa parece ser ainda mais urgente diante dos recentes acontecimentos no Brasil, a contar da crise mundial de 2008 e as manifestações de Junho de 2013. Analistas indicam que podemos estar caminhando para um momento de acirramento do conflito social e político, ao menos se tomarmos nas mãos os atuais diagnósticos sobre a economia brasileira e as características da última eleição presidencial. Com efeito, desde Julho de 2013, há uma forte pressão sobre os governos pela melhoria dos serviços públicos, inclusive o transporte nas cidades, estopim daquelas rebeliões. Parte do que ocorreu naquele ano certamente expressa uma pressão social por mais gastos públicos direcionados à classe média e aos mais pobres. O problema é que o país parece não ter capacidade para investir a favor desta parcela da população sem tocar nos interesses de outros indivíduos e grupos (MENDES, 2014a).

Durante o primeiro e o segundo governo Lula, diante do crescimento da economia mundial, foi possível aumentar a renda dos mais pobres sem tocar nas instituições que perpetuam o rentismo brasileiro (LISBOA & LATIF, 2014; MENDES, 2014), uma série de benefícios fiscais, incentivos, financiamentos e tributos que favorecem à parte mais rica da população.

---

[20] Sobre os movimentos sociais no âmbito global, ver SANTOS & RODRIGUEZ-GARAVITO, 2007; BÜLOW, 2014; KRON, COSTA, BRAIG, 2012; JELIN, 2003.

A situação atual é diferente. Neste momento, análises como a de Marcos Mendes mostram que a sociedade brasileira só vai continuar a melhorar os padrões de renda dos mais pobres mediante um conflito distributivo real, ou seja, mediante a alteração do equilíbrio de forças dos diversos grupos sociais na participação da divisão dos recursos públicos.

Como a extrema desigualdade brasileira faz com que a disputa por estes recursos seja muito acirrada, a desaceleração da diminuição das desigualdades pode levar a classe média emergente, em busca de uma parcela maior na riqueza social, a questionar de fato os benefícios voltados aos mais ricos (MENDES, 2014a). Importante dizer que o debate sobre o rentismo não é apenas nacional. Depois do livro de Thomas Piketty, *O Capital no Século XXI*, publicado em 2013, esta discussão é mundial e tornou mais difícil afirmar que a proteção dos ricos, por exemplo, com a utilização de determinados mecanismos tributários, seja uma exclusividade de países emergentes.

O livro de Piketty mostra que a renda é mais importante do que a produção na geração de riqueza e, mais do que isso, que estamos assistindo a uma concentração da renda em níveis próximos a do século XIX, tendo havido uma reversão do processo de distribuição ocorrido no começo do século XX. Cada vez menos pessoas controlam, os destinos da poupança mundial e vivem dos rendimentos desse capital não produtivo, o que aprofunda as desigualdades mundiais e desequilibra a balança de poder em favor dos mais ricos (PIKETTY, 2014).

De um possível acirramento dos conflitos mundiais e nacionais em uma fase de questionamento dos organismos internacionais e da capacidade dos estados de lidar com os conflitos sociais pode resultar o surgimento de formas de protesto mais agressivas, bem diferentes da reivindicação de direitos junto aos poderes do Estado. É certo que o repertório das lutas sociais sempre incluiu outras formas de reivindicação como manifestações públicas, boicotes, greves, festas, ocupações, atos de desobediência civil, entre outros (TILLY, 2008; THOMPSON, 1966). Mas ao menos desde a democratização do Brasil, após a Constituição de 1988, até as rebeliões de junho de 2013, o sistema político e a linguagem dos direitos pareciam dar o tom da maior parte das lutas sociais brasileiras e ocidentais em geral.

Junho de 2013 no Brasil e outras rebeliões ao redor do globo mostraram que as coisas parecem ter mudado. Os desejos e interesses que em junho se mostraram de forma caótica e plural, sem grande capacidade de articulação, sem uma demanda clara, a exceção da estratégia do Movimento Passe Livre, estopim das rebeliões, voltaram a irromper nas diversas manifestações contra a Copa do Mundo (GOHN, 2014; NOBRE, 2013). Houve na época e certamente haverá no futuro algumas ações violentas, em especial de depredação de agências bancárias e concessionárias de carro levadas adiante pelos Black Blocks, que contaram com baixíssima tolerância por parte da sociedade. Em minha opinião, a reação dos meios de comunicação e da polícia foi desproporcional para responder a atos isolados, com autores claramente individualizados, atos que não tomaram conta de nenhuma manifestação, tiveram baixa relevância econômica e foram repudiados e combatidos, inclusive, pela maioria dos manifestantes nas diversas ocasiões em que ocorreram.

Seja como for, em um momento de possível acirramento do conflito e descrédito das instituições do estado de direito, é necessário refletir, a par da discussão da reivindicação de direitos, sobre o sentido e a legalidade de outras formas de manifestação da sociedade, como por exemplo a desobediência civil; formas que não se encaixam perfeitamente nos canais usualmente utilizados para promover a reivindicação de direitos e a participação do povo na condução do futuro do estado.[21] Neste momento em que parece estar claro que há desejos e necessidades sociais ainda não articulados em demandas organizadas, adotar uma postura muito agressiva e restritiva perante manifestações vindas da sociedade civil pode contribuir para alimentar a alienação desta em relação às instituições formais e a empurrar os grupos mais radicais a adotarem meios cada vez violentos.

Não podemos ignorar que a história da democracia e do estado de direito é feita de rebeliões contra o estado atual das instituições e contra o conteúdo do direito posto. Nem sempre é possível promover e construir novos direitos e novas instituições de forma completamente pacífica e sem que haja espaço para que a sociedade questione abertamente o que está posto, advogando reformas ou simplesmente a supressão de determinadas leis e instituições formais. Por exemplo, houve uma época em que o direito posto considerava sindicalizar-se um crime e reivindicar direitos trabalhistas um desrespeito à liberdade de contratar entre empregados e empregadores. Foi apenas com a desobediência aberta e sistemática às leis em conflitos, infelizmente, sangrentos, que os trabalhadores foram capazes de mudar o direito e as instituições. A reflexão sobre estes e outros tantos fatos históricos pode nos ajudar a evitar novos banhos de sangue.

O legalismo radical e intolerante empurra a sociedade para a violência ao frustrar a promessa democrática de criar um regime em que os cidadãos e cidadãs submetam-se apenas às leis que eles mesmos criaram. Ora, diante de desejos e necessidades que se renovam a cada momen-

---

[21] Exemplares aqui CELIKATES, forthcoming e SCOTT, 2012. Vale a pena citar também a visão original de Robert Cover para o fenômeno da desobediência civil, interpretada por ele como a tentativa de um grupo de viver de acordo com a sua regra, de implicar seu corpo na defesa da regra em que acredita. Desta forma, é possível colocar em xeque a regra que se julga injusta e imaginar com maior concretude uma comunidade futura em que a regra defendida fizesse parte do direito posto. Ver COVER, 1995.

to histórico, limitar a democracia à gramática atual das instituições e da reivindicação de direitos; advogar que um regime democrático deve se pautar sempre pela obediência ao direito posto significa condená-lo ao declínio, pois ele irá perder legitimidade por deixar de fora as demandas de novos grupos sociais as quais só podem ser incluídas com mudanças nas leis e no desenho das instituições.

É evidente que devemos respeitar as normas jurídicas sob pena de frustrar sua função precípua. Mas é também evidente que reformá-las, suprimi-las e protegê-las de qualquer mecanismo de naturalização que as perpetuem acriticamente, que as coloque sempre acima de qualquer suspeita, é uma tarefa central para o estado democrático de direito e para juristas comprometidos com a boa saúde do regime democrático.

Resta mencionar mais um ponto importante para a reflexão sobre a capacidade do direito de lidar com as lutas sociais, mais uma tarefa relacionada a este Mapa. Trata-se da discussão sobre a gramática que caracteriza o estado do direito ou, para falar de maneira mais precisa, da identificação das duas gramáticas do estado de direito, a gramática de regulação estatal e a gramática da regulação social.

Esta discussão também é importante para mostrar que a gramática do direito é mais plástica, é mais aberta do que muitos de seus críticos imaginam (por exemplo, FOUCAULT, 1999).[22] Com efeito, a maior parte das críticas ao estado de direito tem se concentrado na gramática da regulação estatal que cria normas abstratas de comportamento para regular o comportamento da sociedade. Mas há também a gramática da regulação social em que o estado atua como meio facilitador para que a sociedade possa produzir normas jurídicas de maneira autônoma, sem passar pelo sistema político, mas sempre dentro de determinados limites materiais e formais.

Talvez por fazer parte do campo da regulação social autônoma, os contratos têm sido identificados como um fenômeno de matriz estritamente liberal. Mas esta avaliação não esgota seu potencial para dar voz aos desejos e necessidades sociais. Por exemplo, no caso da questão indígena, é possível organizar o direito para reconhecer o caráter jurídico das normas criadas pelas várias comunidades que vivem no Brasil, problema de que tratei com mais vagar em outro lugar (RODRIGUEZ, 2010). Como mostra Robert Cover, no limite, esta gramática pode resultar na criação de um *nomos* separado, um mundo paralelo de normas, coerente em si mesmo e respeitado por uma determinada comunidade como os Amish e outros

---

[22] No fundamental *Michel Foucault e o Direito*, Marcio Alves da Fonseca constrói uma série de imagens do direito a partir de sua interpretação da obra de Foucault e a última delas, que permaneceu menos nítida, seria a imagem de um "direito novo" que não seria marcado pelo princípio da soberania e, portanto, não seria caracterizado pela gramática da regulação estatal: ver FONSECA, 2012.

fenômenos seculares nascidos, por exemplo, da renúncia à Constituição norte-americana, como mostra Robert Cover (COVER, 1995).[23]

Não há espaço para desenvolver este ponto aqui, mas é importante ao menos pontuar que a sociedade pode reivindicar o direito para regular diretamente sua conduta ou para facilitar a regulação social autônoma.[24] É claro, tal reivindicação está sujeita a variações em função do tema a ser debatido e pode ser reclamada em nome de valores democráticos ou da violência. Por exemplo, no caso de violência doméstica, a estratégia dos movimentos sociais tem sido chamar o estado a intervir sobre a sociedade de forma dura e inequívoca para retirar autonomia das famílias por meio da criminalização das condutas dos homens violentos. Em campos como a questão indígena, a estratégia parece ser outra. A demanda tem sido de conceder mais espaço para a regulação social autônoma e menos espaço para a intervenção direta do estado sobre as comunidades indígenas.

Figuras da perversão do direito

A meu ver, a segunda tarefa da pesquisa em Direito, e da pesquisa em ciências humanas em geral, é criar uma teoria da perversão do direito, projeto ao qual comecei a me dedicar em minha tese de Doutorado, publicada sob o título de *Fuga do Direito: Um estudo sobre o direito contemporâneo a partir de Franz Neumann*.

Para a formulação do problema neste texto, tomo a ideia de *perversão do direto*, ainda de forma tentativa, das páginas do livro *Brasil: Nunca Mais*, o relatório das pesquisas da Comissão Justiça e Paz sobre a tortura no Brasil na época da ditadura militar (ARNS, 2011). No livro, considera-se perversão do direito a manipulação das normas com o intuito de dar forma jurídica a atos arbitrários que não seriam tolerados caso as instituições estivessem funcionando normalmente; atos que destoam da literalidade das leis ou que violam práticas evidentemente legais.

Para os meus fins, vou chamar de *perversão do direito* determinados comportamentos institucionais que se utilizam da aparência jurídica para criar espaços de puro arbítrio nos quais é possível agir sem o controle da

---

[23] Cover apresenta aqui uma distinção importante para refletir sobre o tema da fragmentação do direito, um tema de pesquisa dos mais importantes do mundo atual, em especial pelos desafios que põem a capacidade regulatória dos estados e organismos internacionais em relação às empresas transnacionais. Há fenômenos da fragmentação em que são desenvolvidos regimes privados de regulação que se referem a um determinado assunto, por exemplo, a internet e a *lex mercatoria* (TEUBNER, 2003, 2005). E fenômenos de fragmentação que tendem para a formação de um *nomos*, ou seja, uma comunidade separada, dotada de uma constituição própria. Para ficar em meu aparelho conceitual, o primeiro fenômeno eu tenderia a classificar como "fuga do direito" e o segundo não.

[24] Importante ressaltar que algumas análises dos movimentos sociais contemporâneos mostram que é justamente essa a demanda prevalente entre suas diversas correntes, inspiradas principalmente em ideias anarquistas. Por exemplo, ver DAY, 2005 e a parte final de CREAGH, 2009. Para um panorama geral sobre os novos movimentos sociais, ver FILLIEULE; AGRIKOLIANSKY, SOMMIER, 2010.

sociedade civil, em função apenas dos interesses dos poderosos. Em um regime democrático, insistimos, as normas que regulam nosso comportamento devem ser responsivas aos desejos e necessidades sociais, seja em sua criação, seja em sua aplicação. A criação de normas que não passem pelo crivo da sociedade ou que atinjam de forma injusta determinados grupos, e não outros, caracterizam a perversão do direito, a qual faz com que o estado de direito passe a funcionar de maneira patológica,[25] frustrando a promessa que este regime faz às sociedades nas quais está presente. A perversão do direito, veremos a seguir, pode se manifestar em três figuras diferentes: *fuga do direito, falsa legalidade* e *zona de autarquia*.

Fuga do direito

A primeira figura da perversão do direito, identificada em meu doutorado, eu chamei de *fuga do direito* em um diálogo com a obra de Franz Neumann, em especial o livro *O Império do Direito*, escrito em 1936, publicado em alemão e inglês apenas na década de 80 e em português em 2013 (NEUMANN, 2013).

Minha interpretação do pensamento de Neumann, que apresento aqui em uma síntese de meu livro *Fuga do Direito*, sustenta que nosso autor toma como central para suas análises o fato de que, em determinado momento histórico, a classe operária tenha se voltado para o estado com a finalidade de reivindicar direitos. Este processo resultou na conquista dos assim denominados direitos sociais os quais, ainda no início do século XX, promoveram mudanças profundas na forma do estado, na hierarquia das fontes de direito e na balança de poder entre as classes.

A luta do proletariado, cujo objetivo era reconquistar a sua autonomia expropriada pelo contrato de trabalho compreendido como operação privada, só pôde ocorrer em razão da existência do estado de direito. Em primeiro lugar, do ponto de vista das interações entre sociedade e estado, o estado de direito, compreendido como forma de pensar e como meio de legitimação do poder, ofereceu uma justificativa plausível para fundamentar as reivindicações dos trabalhadores e trabalhadoras no momento em que os sindicatos ainda eram combatidos pela polícia e a greve era considerada um crime, justamente por violar as regras do contrato de trabalho.

Afinal, como explica Neumann, se o império do direito edificado pela burguesia se apresenta na aparência como um regime que serve aos desejos e necessidades de todos, nunca a interesses de grupos específicos, não faz sentido tratar as reivindicações do proletariado como se fossem ilegítimas. Para que a ideia de estado de direito se mantenha na condição

---

[25] Classifico de patológica toda instituição formal ou informal que funciona como obstáculo à autonomia da sociedade. Ver HONNETH, 2008, 2009.

de justificação coerente do poder estatal, ele precisa reconhecer e se propor a acolher as demandas vindas da sociedade.

O problema é que acolher novas demandas, por óbvio, desestabiliza os interesses dos grupos incluídos, reconhecidos e protegidos pelas leis até então positivadas, tornando necessário rearticular continuamente a justificação do que significa servir aos desejos e necessidades de todos para que o direito positivado faça sentido racionalmente a cada momento histórico e possa ser objeto de adesão dos cidadãos e cidadãs. A oposição aos direitos trabalhistas, para ficar apenas em um exemplo, não cessou até hoje, mesmo nos países em que eles alcançaram relativa instabilidade, ou seja, em parte do continente europeu.

Para Neumann, uma das explicações para o advento do nazismo foi, justamente, a oposição da burguesia ao uso do estado de direito e de sua gramática em favor dos interesses do proletariado. Diante destes desenvolvimentos indesejáveis do estado de direito, que contrariavam os seus interesses, a burguesia decidiu abandonar esta forma racional de justificação do poder, passando a tolerar ou a apoiar abertamente a liderança carismática de Adolf Hitler contra a livre manifestação dos desejos e necessidades da sociedade civil, com o objetivo de desarmar a ligação entre demandas sociais e instituições formais.[26]

O nazismo procurou, portanto, expropriar a autonomia da sociedade ao desarmar o mecanismo que poderia fazer com que os debates morais, éticos e de qualquer outra natureza pudessem ter consequências efetivas para a construção autônoma do regime normativo daquela sociedade por meio do desenho jurídico de suas instituições formais. Nesta época, na Alemanha, novos ramos do direito estavam surgindo, por exemplo, o direito do trabalho, cujo objetivo era, justamente, equilibrar as posições dos empregados e empregadores na regulação do preço e das condições de trabalho. No direito do trabalho, por princípio, a vontade livre é suspeita, justamente em razão da desigualdade de poder econômico entre as partes, e são criadas cláusulas obrigatórias para todo e qualquer contrato de trabalho, por exemplo, o direito a férias e ao salário mínimo.

Surgia também o direito da concorrência que visava a disciplinar a livre concorrência capitalista para evitar a formação de monopólios, instaurando a possibilidade de regular juridicamente as operações econômicas, ou seja, atingindo por outra via os contratos compreendidos como centro do ordenamento jurídico. Na mesma toada, a Constituição de Weimar elevou ao grau máximo da hierarquia das leis uma série de direitos que beneficiavam as classes exploradas, por exemplo, a função social da pro-

---

[26] Contemporaneamente, o cientista político William Sheuermann mostrou como boa parte das atuais formas de globalização da economia, como a *lex mercatoria*, podem ser vistas como uma maneira de sabotar o controle da sociedade sobre a produção de normas que limitem os contratos. Ver SCHEUERMANN, 2008.

priedade que passou a constranger os proprietários a utilizarem seus bens para fins valorizados socialmente, ou seja, expropriou a burguesia do poder de dispor livremente sobre bens que eram de sua propriedade.

Como mostrei no capítulo final de meu doutorado (RODRIGUEZ, 2009), esta figura, a *fuga do direito* é extremamente útil para refletir sobre fenômenos contemporâneos como a criação de regimes privados transnacionais, *lex mercatoria* e outros fenômenos da assim chamada globalização. Também para pensar qualquer regime normativo que afaste a sociedade do controle da produção das normas jurídicas, transferindo o poder normativo exclusivamente para as mãos daqueles diretamente interessados nas mesmas, sem que haja a possibilidade de qualquer interferência da esfera pública em seu processo de produção visando a salvaguardar interesses de outros interessados. Nesse sentido, a fuga do direito é útil para flagrar e denunciar processos de re-privatização do direito e de neutralização do poder da sociedade em favor dos interesses de entes altamente poderosos que atuam na esfera internacional.

Falsa legalidade

Chamo de falsa legalidade a produção de normas aparentemente universais, mas que são efetivamente postas a serviço de interesses parciais, por exemplo, atingir apenas a determinados grupos sociais e não outros. Neumann discute a questão da falsa legalidade de maneira muito sugestiva em seu texto sobre "O conceito da liberdade política" (NEUMANN 2013) ao analisar episódios do Maccartismo norte-americano, em especial a perseguição a funcionários públicos por meio de inquéritos administrativos. Nestes episódios, o autor identifica a utilização de normas e procedimentos aparentemente legais com fins claramente discriminatórios.

Como explica Neumann, o governo sempre terá o dever de despedir empregados desleais. Mas o problema está em como se pode definir a deslealdade e quais devem ser os procedimentos para a dispensa. Durante o maccartismo, a mera suspeita de deslealdade, leia-se, comunismo, motivava dispensas arbitrárias em um procedimento que não garantia aos empregados direito de defesa. Como se tratava da dispensa de funcionários, segundo Neumann, a administração possuía de fato este poder desde o princípio: ela não estava obrigada a conceder ao empregado a oportunidades de defesa. No entanto, este tipo de reação só ocorria diante de empregados e empregadas suspeitas de serem comunistas.

Fica claro neste caso como um direito garantido pelas leis pode acabar funcionamento como meio para discriminar pessoas e grupos julgados suspeitos por uma razão qualquer, sem que se possa identificar facilmente tal ato como discriminatório. Pior do que tudo, naquele contexto histórico, ser demito por suspeita de deslealdade tinha consequências muito graves para a vida profissional destas pessoas. Sem que fosse necessário enunciar, a deslealdade era identificada com "comunismo", e este estigma era suficiente para que a pessoa nunca mais fosse contratada por nenhum órgão do governo. Ser demitido desta forma condenava a pessoa a um verdadeiro ostracismo.

Klaus Günther utilizou o conceito neumanniano de falsa legalidade para analisar a legislação antiterror; leis que relativizaram uma série de direitos fundamentais, caros à tradição democrática, como o direito ao *habeas corpus*, à intimidade e à ampla defesa, com o objetivo de tornar a investigação e o processamento desses casos mais célere. Günther manifesta surpresa diante da falta de indignação pública diante dessas medidas e atribui este fato justamente à falsa legalidade (GÜNTHER, 2009).

De acordo com ele, os cidadãos e cidadãs tendem a concordar com essas medidas, pois elas supostamente terão efeito apenas sobre a vida de pessoas "perigosas", ou seja, sobre a vida de grupos de radicais muçulmanos por exemplo, e não sobre a vida das "pessoas comuns". A legislação antiterror, em tese, é formulada na forma universal e tem como destinatários qualquer suspeito de terrorismo. No entanto, as mesmas normas geram a expectativa de uma aplicação seletiva, supostamente incapaz de incomodar as pessoas "de bem".

O conceito de falsa legalidade é especialmente útil para evidenciar espaços de arbítrio no interior do estado de direito, espaços que passariam despercebidos se nos ativéssemos apenas ao texto das leis sem prestar atenção em sua aplicação e em seus efeitos sobre a sociedade. Sustento que uma das tarefas centrais da pesquisa empírica em direito hoje é, justamente, identificar casos de falsa legalidade para manter a legitimidade das promessas da democracia encarnadas na racionalidade do estado de direito.

Zonas de autarquia

Na concepção ocidental do termo, estado de direito significa a imposição de limites ao poder soberano e ao poder privado. Ninguém pode agir licitamente sem fundamento em uma norma jurídica ou em uma norma social que autorize diretamente uma determinada conduta ou crie um espaço de autonomia dentro dos limites impostos pelo direito de determinado ente soberano. Pode-se dizer que haja um estado de direito quando toda ação possa ser justificada a partir de uma norma criada ou não pelo Estado e, neste último caso, reconhecida por ele. (RODRIGUEZ, 2013a).

A afirmação de que a vontade do Estado deva coincidir com a vontade da sociedade, ou seja, deva ser cada vez mais inclusiva, arma um mecanismo que tende a colocar em xeque toda e qualquer instituição formal que deixe de se transformar para abarcar novos desejos e necessidades sociais. Para Franz Neumann, esta é a estrutura essencial do Estado de Direito:

> Trata-se de uma estrutura institucional que constrange o poder soberano a agir conforme a vontade da sociedade por meio de normas gerais e as instituições ligadas a elas (...), que instituem e garantem a separação entre soberania e liberdade, entre sociedade e Estado. (RODRIGUEZ, 2013: 72).

Esta forma institucional possibilita que classes e grupos sociais se utilizem dela para incluir continuamente suas demandas no direito positivo produzido ou reconhecido pelo Estado. Por isso mesmo, pode-se afirmar que o Estado moderno se caracteriza pela existência de duas esferas: a da soberania e a da liberdade em relação à soberania. A separação do Estado nessas duas esferas, acrescida da afirmação de que ele deve servir às necessidades e à vontade de todos os cidadãos, possibilita a ampliação do espaço de participação política das forças sociais na produção das normas que regulam a vida em sociedade. (RODRIGUEZ, 2009: 84).

> Trata-se de uma estrutura inclusiva e, por isso mesmo, aberta para o futuro, capaz de apreender as novas demandas sociais. A questão não é mais qual é a verdade substantiva que deve orientar a elaboração do direito positivo, mas como construir instituições capazes de ouvir a voz da sociedade. (RODRIGUEZ, 2009: 123).

A figura da zona de autarquia começa a revelar sua importância quando lembramos que não apenas as normas gerais e abstratas são importantes para o estado de direito, mas também os atos de aplicação destas normas a casos concretos. Textos normativos costumam admitir múltiplas interpretações e, portanto, os órgãos que detêm a competência para utilizá-los na solução de casos concretos também precisam zelar pela segurança jurídica. Mesmo quando o legislador confere expressamente um espaço de liberdade para a aplicação do direito, as decisões proferidas não podem deixar de se fundar em algum tipo de racionalidade que permita aos destinatários entender por que se privilegiou uma solução jurídica em detrimento de outra.

> (...) o conceito de Estado de Neumann é construído para dar conta do problema da aplicação e seu controle. Para ele, o Estado tem, de um lado, uma dimensão *jurídica*, o poder de estatuir normas individuais e normas gerais; de outro lado, este mesmo estado tem uma dimensão *sociológica*: poder de impor suas normas sobre um determinado território. Ele não se reduz ao direito positivado em abstrato, mas se projeta em suas decisões concretas, tomadas pelos poderes e por todas as pessoas, públicas ou privadas, que atuam em seu nome (...). Em todos os casos, estamos diante do objeto de estudo da ciência do direito. (RODRIGUEZ, 2012:81).

Se admitimos, com a teoria do direito do século XX, que os atos de aplicação são criativos, fica claro que intenções arbitrárias podem se insinuar também neste âmbito. Tal fato exige que a pesquisa em direito tenha, necessariamente, um momento empírico cujo objetivo seja o de zelar pela manutenção do estado de direito pelo controle da justificação das decisões de todo e qualquer órgão de poder. Tal controle se faz pela descrição de como os órgãos jurisdicionais tomam suas decisões e com a reconstrução da justificação oferecida em suas decisões. Desta forma, pode-se avaliar o grau de indeterminação que caracteriza tais decisões e, eventualmente, propor reformas institucionais para mitigar o que se considere espaços de excessiva indeterminação (RODRIGUEZ, 2012b).

A partir do material obtido por pesquisas deste teor, os estudiosos do Direito podem se pôr a criticar práticas institucionais reais, favorecendo boas justificativas contra escolhas arbitrárias, ou seja, escolhas que naturalizem soluções e desenhos institucionais sem razão ou que não sejam justificadas de maneira coerente. Se lembramos que em um Estado de Direito nenhuma função pode ser exercida de modo arbitrário, é razoável afirmar que o momento da decisão não pode estar fundado na mera autoridade do juiz. Deve se legitimar também pelo fato de que as decisões sejam bem justificadas, de acordo com os padrões vigentes em cada realidade jurídica específica.

O conceito de *zona de autarquia* tem, justamente, a função de ajudar a nomear setores do ordenamento jurídico em que os órgãos de poder atuam de forma arbitrária e explicitar modelos autoritários ou meramente simbólicos de legitimação das decisões:

> (...) chamaremos de *zona de autarquia* um espaço institucional em que as decisões são tomadas sem que se possa identificar um padrão de racionalidade qualquer, ou seja, em que as decisões são tomadas num espaço vazio de justificação. (...) zonas de arbitrariedade em que a forma jurídica se torna apenas aparência vazia para justificar a arbitrariedade do poder público ou privado. (RODRIGUEZ, 2013a:172)

Dificilmente uma autoridade declarará explicitamente "decido assim porque quero", ou "suspendo a norma para tomar em estado de exceção". Atos arbitrários em regimes em que o estado de direito esteja funcionamento normalmente são praticados ao menos sob a aparência de direito e, por isso mesmo, tendem a passar despercebidos. A identificação tanto de zonas de autarquia quanto casos de fuga do direito e falsa legalidade exigem atenção minuciosa aos procedimentos dos poderosos, o que implica em mobilizar conhecimentos técnicos sobre o funcionamento da racionalidade institucional. Por isso mesmo, serão normalmente os juristas aqueles pesquisadores melhor equipados para identificar estas figuras da perversão do direito. Mas basta estudar direito a sério para que um pesquisador em ciência humanas possa ter o mesmo desempenho de um ou uma jurista nesta tarefa.

Uma zona de autarquia se caracteriza, insisto, nas situações em que não se possa identificar nenhuma justificação racional, nenhum conjunto de regras que organize a fundamentação da decisão tomada. A zona de autarquia é formada por argumentos sob a aparência de direito, mas que, na prática, não permitem o controle da argumentação pela sociedade, uma vez que não possibilitam a reconstrução organizada do raciocínio que serve de fundamento para a decisão ou para as decisões tomadas.

As zonas de autarquia são utilizadas pelos detentores de posições de poder para, por exemplo, congelar as instituições postas e, por via de consequência, as posições de poder que elas garantem e protegem:

> Desta forma, os poderosos livram-se da necessidade de justificar racionalmente suas posições de domínio ao excluir determinados conceitos jurídicos e desenhos institucionais do debate público. (RODRIGUEZ, 2013:21)

Recentemente eu mostrei como a criação de zonas de autarquia no Brasil está relacionada a um forte personalismo em nosso Direito. Estas zonas aparecem "fundadas" em argumentos de autoridade que se utilizam de conceitos ou raciocínios naturalizados para justificar decisões (RODRIGUEZ, 2013) em um procedimento que retira da esfera pública a possibilidade de debater as razões para decidir e a justificativa do desenho do Estado, tornando ambas completamente imunes ao debate racional e público.

Em 2014, em seu trabalho de mestrado, Daniel Lieb Zugmann aplicou meu conceito de zona de autarquia para estudar a maneira pela qual o Executivo recusa a justificar racionalmente sua utilização do conceito de sigilo fiscal (ZUGMANN, 2014). Com efeito, o conceito pode ser utilizado para investigar outras esferas decisórias do estado, sempre que delas se possa exigir alguma espécie de justificação racional com base em textos normativos.

A perversão social do direito

A centralidade do direito para a reprodução racional da sociedade, como mostrou muito bem Habermas, se deve ao fato da modernização (HABERMAS, 1991). Nem costumes, nem tradição, nem a religião, nem concepções morais abrangentes parecem ser capazes de evitar que sociedades pluralistas se desagreguem violentamente. Por isso o direito ganha proeminência como meio de integração social, afinal, ele é capaz de estabilizar temporariamente e de forma potencialmente coercitiva, um determinado acordo, temporário e parcial, sobre qual deve ser o regime, ou seja, o conjunto de normas que organizam a vida em uma determinada sociedade.

Para servir a este objetivo o direito não pode ser meramente norma posta, positivada, passível de imposição pela força estatal. Ele precisa ter um papel também como móbil da ação. Precisa ser dotado de uma força moral a qual as normas meramente positivas ou, melhor dizendo, meramente técnicas, não tem (NEUMANN, 1956). Afinal, a capacidade de mobilizar os agentes para a ação de que são dotadas as normas de direito advém do fato de que estes agentes tenham a oportunidade real de tomar parte em sua formulação e reformulação constante.

Nesse sentido, o potencial emancipatório inscrito no direito exige que, de fato, os indivíduos vejam nele uma alternativa emancipatória, ou seja, exige que a sociedade veja no estado de direito uma alternativa adequada para formalizar as suas relações e criar padrões de interação. A verificação da apropriação social da gramática do direito deve ser feita por meio de análises empíricas das reivindicações dos movimentos sociais e da interação social em espaços não formalizados para que se possa identificar a maneira pela qual a sociedade utiliza e se relaciona a partir de uma disputa sobre o sentido de termos como "norma" e "direito"; uma tarefa a ser realizada nas pesquisas que formarão o Mapa Jurídico-Conceitual das Lutas Sociais a que nos referimos acima.

Seja como for, posto o problema nestes termos, fica clara a importância de compreender como as diversas interações sociais têm ou não como referência, em seu pano de fundo, normas jurídicas estatais. Trata-se de saber, nesse sentido, que espécie de interação social é estruturada, ou não, por normas jurídicas estatais, ou seja, em que tipo de interação a posição dos agentes e o objeto da interação dependem ou não da referência a normas jurídicas estatais para serem definidos.

Por exemplo, as relações de trabalho, formalizadas ou não, parecem ter como referência necessária a regulação jurídica do trabalho. É razoável supor que ser registrado ou não é fundamental para o pensamento e para a ação dos agentes sociais envolvidos neste tipo de interação. Da mesma forma, as relações familiares e amorosas parecem ter como referência necessária as normas promulgadas pelo Estado. Ser casado ou solteiro, ser casado "no papel" ou não, é fundamental para definir as posições neste tipo de interação social, insisto, mesmo fora do estado e sem qualquer contato com o poder judiciário.

De outra parte, teremos interações cujo pano de fundo não parece ser estruturado pelo direito formal, por exemplo, as relações de amizade e as relações religiosas. Nestes campos, a referência a normas jurídicas estatais tenderá, imagino, a ser secundária para a interação mútua.

A distinção entre campos estruturados ou não pelo direito estatal parece ser útil, portanto, para refletir de forma mais sofisticada, sobre o tema clássico da "juridificação" das relações sociais, sob o influxo da gramática do estado de direito. Nesse sentido, seria possível diferenciar interações sociais mais ou menos dependentes das normas estatais; campos em que a autodefinição dos agentes e a referência aos objetos de interação sejam dependentes ou não do direito estatal.

Ademais, esta distinção pode ajudar a refletir de forma mais precisa sobre a "judiciarização" das relações sociais, ou seja, sobre a necessidade ou não de levar ao Poder Judiciário conflitos ocorridos na sociedade. É razoável imaginar que, em interações sociais nas quais o status dos agentes e o objeto de interação seja dependente de normas jurídicas estatais, haja maior propensão a se recorrer aos órgãos do Estado para resolver conflitos do que campos independentes das normas estatais.

Desta maneira, a dependência do *status* dos agentes e do objeto das interações de uma referência às normas estatais parece determinar a maior ou menor capacidade da sociedade de autorregular os seus conflitos, a depender dos várias modalidades de interação social. Parece evidente também que este modo de pensar pode ajudar a refletir sobre projetos de regulação, ou seja, sobre diferentes desenhos institucionais destinados a regular as interações sociais, tendo em vista a sua maior ou menor dependência das normas jurídicas estatais.

Por exemplo, fixado o objetivo de diminuir o espaço para a regulação social no campo das relações entre homem mulher, marcadas por assimetrias e violência, o direito estatal tende a fazer as relações familiares mais dependentes da referência às normas estatais, alterando assim os esquemas operatórios que definem a interação não formalizada entre os agentes sociais. Por essa razão, o direito tem escolhido a via da criminalização de uma série de condutas para dotar os agentes sociais de um esquema de classificação referido a normas estatais capaz de dar nova significação às suas interações sociais.

Ao contrário, se o objetivo for aumentar a regulação social, seria o caso de eliminar ou diminuir a referência às normas estatais para a definição do status dos agentes sociais e de seu objeto de interação. Por exemplo, ainda no campo das relações familiares, poder-se ia eliminar do ordenamento jurídico o conceito de "casamento" e remetê-lo ao poder das interações sociais.

Diante do que foi dito acima, é necessário pensar as figuras da perversão do direito de forma espelhada, por assim dizer, tanto no que se refere às justificativas oferecidas pelas instituições formais quanto no que se refere às narrativas oferecidas pelos agentes sociais em interação.

Pois os agentes sociais podem mobilizar o direito para expropriar a autonomia e calar indivíduos e grupos sociais rivais; ou tentar fugir do controle da sociedade em geral com o objetivo de criar práticas privadas marcadas pela violência e pela injustiça supostamente jurídicas. Neste nível de atuação, o direito funciona como justificação da violência e da exploração, mediante a mobilização de regras estatais e espaços de regulação social supostamente livres do poder do estado e de acordo com o seu direito. Nestes casos, a perversão do direito se faz, portanto, sem a participação direta do estado, mas com a invocação do que seria a sua vontade de forma dogmática e naturalizada.

Conclusão: os limites do direito e os sons do silêncio

A tarefa do pensamento crítico em relação ao direito e ao estado é desfazer toda e qualquer ilusão de totalidade com o objetivo de iluminar as zonas de sombra da sociedade civil e contribuir para que os agentes sociais que se encontram sem voz sejam capazes de participar da formação e transformação constante de uma gramática instituinte que nomeie seus desejos e necessidades e os façam atingir e redesenhar constantemente as fronteiras do sistema político.

Como diz Patrícia Williams ao refletir sobre a experiência de sua avó, uma ex-escrava nos Estados Unidos, apenas uma pessoa branca e privilegiada seria capaz de desprezar a tradição ocidental do estado de direito em sua capacidade de criar condições de igualdade entre as pessoas que vivem na mesma sociedade e permitir que elas expressem a sua voz perante a sociedade e as instituições formais (WILLIAMS, 1991).

A condição de "pessoa" em sentido jurídico é o primeiro passo para que indivíduos e grupos sejam reconhecidos como iguais por seus pares e possam se manifestar em igualdade de condições junto às instituições formais. A história nos ensina que seres humanos que não gozam do *status* de pessoa aos olhos do direito e, portanto, que podem ser compradas ou vendidas, não costuma gozar de uma posição privilegiada na sociedade. Nesse sentido, o direito faz parte do estado e da sociedade ao mesmo tempo, pois as justificativas dos direitos exerce, ao mesmo tempo, funções morais e jurídicas, o que permite que sejam disputadas pelos diversos agentes sociais e estatais e se transformem em razão destas disputas.

A partir deste patamar básico, que diferencia seres humanos de coisas e de outros seres sem autonomia, é tarefa da teoria crítica indicar a tendência emancipatória inscrita nesta realidade institucional pela ligação entre estado de direito e democracia. Nesse sentido, trata-se de apontar que a tentativa constante de fazer coincidir a vontade da sociedade com a vontade do estado é capaz de oferecer à sociedade um modelo institucional capaz de positivar direitos legítimos e mantê-los instáveis em nome dos desejos e interesses que ainda estão por nascer.

A manutenção de um hiato, de um espaço, de uma cisão entre estado e sociedade civil é a característica fundamental da política democrática, a qual deve ser tratada como conquista emancipatória de que não devemos abrir mão. A promessa de igualdade contida no estado de direito oferece uma gramática para que a agentes sociais formulem suas demandas por igualdade em relação a indivíduos e grupos que já gozam de posições de proteção jurídica. De outra parte, esta mesma gramática oferece mecanismos para desestabilizar, destruir e transformar as instituições sem cessar, desde que sejam desarmados os mecanismos que procuram perverter o direito e estabilizar injustamente determinados indivíduos e grupos em posições de poder (NEUMANN, 2013; RODRIGUEZ, 2013b).

Seguindo essa linha de raciocínio, para além do que foi dito aqui, e talvez em seu pano de fundo, eu considero que um dos temas centrais para o direito e para a política neste começo de século XXI é estudo do significado político do silêncio e dos limites narrativos das duas gramáticas do direito em figurar a voz a todos aqueles que se encontram em silêncio contra a sua vontade.

Pois o silêncio pode ser voluntário, o silêncio daqueles que não desejam participar da esfera pública por alguma razão. Ou pode ser um silêncio eloquente, aquele que indica um sinal de assentimento em relação ao rumo que a comunidade política está tomando. Eu me refiro aqui a outro tipo de silêncio, o silêncio dos grupos que sofrem, que se julgam privados de direitos e não encontram canais e uma gramática capaz de se pôr a serviço de sua voz na formulação de seus desejos e necessidades diante da esfera pública e junto às instituições formais. Como diz Martine Xiberras, ao menos quando falamos do ponto de vista das gramáticas do direito:

> Existem, pois, formas de exclusão que não se veem, mas que se sentem, outras que se veem mas que ninguém fala e, por fim, formas de exclusão completamente invisibilizadas, dado que nós nem sonhamos com a sua existência, nem possuímos a fortiori nenhum vocabulário para designá-las. (XIBERRAS, 1996: 20)

Note-se que o estudo da gramática institucional também é, de certa forma, o estudo do silêncio social, posto que esta gramática traça os limites do que é possível dizer ou não em matéria política.[27] E sempre acabamos por perceber que algo sempre fica fora; um fora que pode ser acessado em momentos de rebelião como o nosso, ou por meio de outras narrativas, outras gramáticas, outra forma de ciências que trabalham com formas e estratégias textuais diferentes.

Por exemplo, Patricia Hill Collins narra, no fundamental *Black Feminist Thought*, o processo de formação das mulheres negras como um sujeito político, desde a completa invisibilidade até sua a organização autônoma com a finalidade de ter acesso à esfera pública e reivindicar direitos (COLLINS, 2009). No começo do processo, as mulheres negras não tinham espaço próprio no feminismo ou acesso à esfera pública. Habitantes de lares dominados por homens negros e trabalhadoras domésticas em lares liderados por homens brancos, nos quais não gozavam da solidariedade das mulheres brancas, que se utilizavam delas para construir sua própria emancipação das tarefas de casa, as mulheres negras permaneciam sem voz.

Carentes de educação formal, incapazes portanto de escrever suas histórias, e despidas de meios políticos para influir sobre o estado, sem

---

[27] Para este ponto, ver BROWN,2002 e BUTLER, 2002.

direito sequer a votar, estas mulheres começaram sua resistência, diz Collins, na relação com suas mães. Estas mães negras buscavam construir neste espaço de intimidade a dignidade e amor-próprio de suas filhas, objetivo que também era perseguido em espaços protegidos como as igrejas, espaços em que elas podiam falar de seus problemas entre si com liberdade.

De fato, a primeira vez em que as mulheres negras tiveram acesso à esfera pública em seu próprio nome foi em razão de canções de blues gravadas por empresas dirigidas por homens brancos que tinham interesse em vender discos para a comunidade negra. Não era necessário saber escrever ou ler para compor as letras[28] ou para aprender a cantar, por isso as primeiras cantoras de blues foram pioneiras em narrar seus problemas diante da esfera pública.

Nesse sentido, se expandirmos um pouco a análise de Collins, parece razoável dizer que, a despeito da incapacidade da gramática do direito, naquele momento histórico, de veicular a voz das mulheres negras, a arte cumpria este papel, ainda que não tivesse qualquer efeito sobre as instituições formais e, portanto, sobre as políticas públicas. Vislumbra-se aqui, diga-se, uma possibilidade de colaboração entre direito e crítica de arte, de música e de literatura que ainda não foi explorada em todo o seu potencial pelos pesquisadores e pesquisadoras em direito.[29]

De qualquer forma, além dos estudos sugeridos pelo Mapa Jurídico-Conceitual das Lutas Sociais e do desvendamento das figuras da perversão do direito aos quais este texto faz menção, ambos centrados no estudo das instituições formais, abre-se aqui um outro campo de investigação, altamente relevante para a legitimidade democrática, que deve ter, necessariamente, uma configuração interdisciplinar.

O estudo constante de outras narrativas que figurem a sociedade diferentes da linguagem dos direitos é fundamental para enriquecer a reflexão sobre a capacidade de nosso aparelho institucional de dar voz aos desejos e necessidades sociais. Uma análise mais completa deste campo de investigação exigiria estabelecer conexões entre a pesquisa em direito com outras disciplinas que se debruçam sobre a ação dos homens e mulheres em sociedade como a antropologia, a sociologia, a psicanálise e a psicologia social em busca de tudo aquilo que permanece relativamente invisível e inaudito.

---

[28] Recentemente, Angela Y. Davis, no âmbito de um projeto de análise da importância do blues e do jazz para o feminismo, transcreveu todas as letras das canções gravadas de "Ma" Rainey, as quais permaneciam sem registro escrito até os dias de hoje (DAVIS, 1998).

[29] Roberto Schwarz utilizou a literatura como fonte para o conhecimento do Brasil do século XIX de maneira exemplar, sem perder de vista suas qualidades estéticas, em continuidade aos trabalhos de Theodor Adorno. Ver SCHWARZ, 2000, 2001; ADORNO, 2001, 2003)

Outro campo que me parece profícuo para a reflexão sobre os limites do direito sobre os sons do silêncio são aqueles eventos em que a sociedade classifica um indivíduo ou uma prática como monstruosa, anormal, criminosa, vergonhosa e assim em diante. Não parece ser coincidência que os temas de praticamente todos os movimentos sociais que surgiram no ocidente durante o século XX foram em algum momento considerados moralmente indesejados e/ou ilícitos pelo direito positivo, a começar pela regulação do contrato de trabalho, passando pela prática de sexo anal, a igualdade entre brancos e negros, até o registo pelo estado de pessoas sem definição de gênero, direito reivindicado por indivíduos e grupos em alguns países do mundo.

Olhar a moral e o direito positivo desta forma pode nos levar a formular a hipótese provocativa de que é pesquisando aquilo que hoje é considerado abjeto e/ou criminoso que poderemos encontrar elementos que nos ajudem a identificar o sofrimento dos grupos sociais sem voz e pensar em novas configurações institucionais mais inclusivas, autônomas e, portanto, emancipatórias. Ao dizer isso, estou propondo uma reelaboração da conhecida frase de Oliver Wendell Holmes, importante jurista dos EUA, que afirmou a necessidade de estudar o direito do ponto de vista dos "bad guys", ou seja, dos infratores das normas.

Infelizmente, não há espaço aqui para desenvolver os traços deste programa de pesquisa, que passaria, por exemplo, pela mudança de olhar do pesquisador em Direito sobre os processos criminais, que têm sido utilizados como fonte de pesquisa sobre nossas sociedades em geral por pesquisadores tão diferentes e geniais como Michel Foucault, Carlo Ginzburg e Maria Silvia de Carvalho Franco,[30] mas que para os juristas tem sido apenas fonte de conhecimento sobre a racionalidade do direito em sentido muito estrito.

De qualquer maneira, encerro esta reflexão com a afirmação de que este programa de pesquisa parte do pressuposto de que não há silêncio absoluto. O silenciamento imposto pelo aparelho conceitual de uma disciplina ou de uma determinada prática social institucionalizada pode ser parcialmente superado por investigações em outros campos, em um jogo de ocultação e desvelamento por meio do qual podemos ter acesso às zonas sombrias da sociedade civil e antever alguns de seus possíveis desenvolvimentos futuros. Mas esta é uma tarefa para outra ocasião.

No entanto, é importante dizer, parece ser esta uma tarefa adequada para a pesquisa em direito. Afinal esta tornou-se uma das únicas depositárias da possibilidade de praticar uma visão complexa de razão,[31] cami-

---

[30] FOUCAULT, 1972; GINSBURG, 2005; FRANCO, 1997.

[31] O direito está em disputa, evidentemente, assediado por disciplinas que o encaram apenas como um instrumento destinado a realizar objetivos que se definem fora dele (visão da economia e das ciências sociais) e não como um espaço com dignidade própria cuja função é interpretar a sociedade

nhando no sentido contrário da economia e de parte das ciências sociais influenciadas pelo reducionismo matematizado com pretensões de ciência exata.

O direito visto como ciência e como forma institucional – o estado de direito – está comprometido com toda a sociedade, com os desejos e necessidades de todos, com o ser humano em sua integralidade, e não apenas com aspectos parciais de sua existência. Por isso mesmo o pensamento jurídico não pode se deixar instrumentalizar por ciência ou interesse parcial algum. Pois para exercer com eficácia sua função social, o direito precisa ser um espaço de pesquisa de alta densidade filosófica capaz de refletir sobre os destinos dos homens e das mulheres em seu país e no mundo e, ao mesmo tempo, capaz de produzir decisões legítimas com efeito simbólico e material sobre a realidade.

A mera reflexão sobre o direito pode vir a influenciar os agentes sociais e estatais responsáveis por reproduzir e transformar o estado de direito, tendo um papel relevante na justificação da ordem jurídica perante a esfera pública. Não é por outra razão que pesquisa e o ensino em direito devem se preocupar com a complexidade da sociedade vista como um todo, praticando um modo de pensar do qual este texto pretender ser um exemplo concreto.

Referências bibliográficas

ADORNO, Theodor. Prismas. São Paulo: Ática, 2001.

——. Notas de Literatura I. São Paulo: Editora 34, 2003.

AGRIKOLIANSKY, Eric. "Les usages protestataires du droit", In: FILLIEULE, Olivier ; AGRIKOLIANSKY, Eric ; SOMMIER, Isabelle (orgs.). Penser les mouvements sociaux. Conflits sociaux et contestations dans les societés contempraines. Paris: La Découverte, 2010.

ARANTES, Paulo Eduardo. O Novo Tempo do Mundo. Rio de Janeiro: Vozes, 2014.

ARNS, Dom Paulo Evaristo. Brasil: Nunca Mais. Rio de Janeiro: Vozes, 2011.

BAKER, Eduardo; DAMÁZIO, Natália. "A segurança nacional e o estilingue". In: CAVA, Bruno; COCCO, Giuseppe (orgs.). Amanhã Vai Ser Maior. O levante da multidão no ano que não terminou. São Paulo: Annablume, 2014.

BORBA, Maria; FELIZI, Natasha; REYS, João Paulo (orgs.). Brasil em Movimento. Reflexões a partir dos protestos de junho. Rio de Janeiro: Rocco, 2014.

BROWN, Wendy. "Suffering the paradox of rights". In: BROWN, Wendy; HALLEY, Janet. Left legalism/Left Critique, Durham NC: Duke University Press, 2002.

——; HALLEY, Janet (orgs). Left legalism/Left Critique, Durham NC: Duke University Press, 2002.

BÜLOW, Marisa von. A Batalha do Livre Comércio. A construção de redes transnacionais da sociedade civil nas Américas. São Paulo: UNESP, 2014.

BUTLER, Judith. "Is Kinship Always Already Heterosexual?", BROWN, Wendy; HALLEY, Janet. Left legalism/Left Critique, Durham NC: Duke University Press, 2002.

CARDOSO, Evorah Lusci & FANTI, Fabiola. "Movimentos sociais e direito: o poder judiciário em disputa", In: SILVA, Felipe Gonçalves; RODRIGUEZ, José Rodrigo (orgs). Manual de Sociologia Jurídica. São Paulo: Saraiva, 2013.

---

por meios próprios e imaginar decisões e instituições cada vez mais inclusivas e autônomas, capazes de levar em conta toda a diversidade e complexidade social, modelo de pensamento que parece corresponder, em suas grandes linhas, àquele de Ronald Dworkin, especialmente em seu último livro, "Justiça para ouriços" (DWORKIN, 2012).

CARVALHO, Salo de. *Antimanual de Criminologia*. São Paulo: Saraiva, 2013.

CASTELLS, Manuel. Redes de Indignação e Esperança. Movimentos sociais na era da internet. Rio de Janeiro: Zahar, 2013.

CAVA, Bruno; COCCO, Giuseppe (orgs.). *Amanhã Vai Ser Maior. O levante da multidão no ano que não terminou*. São Paulo: Annablume, 2014.

CELIKATES, Robin. "Civil Disobedience as a Practice of Civic Freedom", in: David Owen (ed.): *On Global Citizenship. James Tully in Dialogue*, London: Bloomsbury Press, forthcoming.

——; KREIDE, Regina; WESCHE, Tilo (orgs). *Transformations of Democracy. Crisis, Protest and Legitimation.* London: Rowman & Littlefield International, 2015.

COHEN, Jean L.; ARATO, Andrew. *Civil Society and Political Theory*. Cambridge: MIT University Press, 1994.

COLLINS, Patricia Hill. *Black Feminist Thought*. Londres: Routledge, 2009.

COVER, Robert. "Nomos and Narrative", In: COVER, Robert. *Narrative, Violence and The Law. The Essays of Robert Cover*. Michigan: The University of Michigan Press, 1995.

CREAGH, Ronald. Utopies Américaines. *Experiences libertaires du XIXe siècle à nos jours*. Marseille: Agone, 2009.

DAY, Richard J. F. Gramsci is Dead. *Anarchist Currents in the Newest Social Movements*. Toronto: Pluto Press, 2005.

DAVIS, Angela Y. *Blues Legacies and Black Feminism*. Gertrude "Ma" Rainey, Bessie Smith and Billie Holiday. New York: Pantheon Books, 1998.

DOUZINAS, Costas. *O fim dos direitos humanos*. São Leopoldo/RS: Editora Unisinos, 2009.

DWORKIN, Ronald. *Justiça para ouriços*. Coimbra: Almedina, 2012.

FABIANO MENDES, Alexandre. "A ética do anonimato, a vida da filosofia e as máscaras do poder", In: CAVA, Bruno; COCCO, Giuseppe (orgs.). *Amanhã Vai Ser Maior. O levante da multidão no ano que não terminou*. São Paulo: Annablume, 2014.

FERREIRA, Siddharta Legale; FERNANDES, Eric Baracho Dore. "O STF nas "Cortes" Victor Nunes Leal, Moreira Alves e Gilmar Mendes", *Revista Direito GV*, vol.9, no.1 São Paulo, pp. 23-45, 2013.

FIGUEIREDO, Vinicius (org.). *Junho de 2013 – A sociedade enfrenta o Estado*. São Paulo: Summus, 2014.

FILLIEULE, Olivier; AGRIKOLIANSKY, Eric; SOMMIER, Isabelle (orgs.). *Penser les mouvements sociaux. Conflits sociaux et contestations dans les societés contempraines*. Paris: La Découverte, 2010.

FONSECA, Márcio Alves da. *Michel Foucault e o Direito*. São Paulo: Saraiva, 2012.

FOUCAULT, Michel. *Sobre la Ilustración*. Madrid: Tecnos, 2006.

——. *O Nascimento da Biopolítica*. São Paulo: Martins Fontes, 1999.

——. *História da Loucura na Idade Clássica*. São Paulo: Editora Perspectiva, 1972.

FRANCO, Maria Sylvia de Carvalho. *Homens livres na ordem escravocrata*. São Paulo: Fundação Editora da UNESP, 1997.

GINZBURG, Carlo. *O queijo e os vermes*: o cotidiano e as ideias de um moleiro perseguido pela Inquisição. São Paulo: Companhia das Letras, 2005.

GOHN, Maria de Glória. *Manifestações de Julho de 2013 no Brasil e nas Praças dos Indignados do Mundo*. Rio de Janeiro: Vozes, 2014.

GREGORI, Maria Filomena; DEBERT, Guita Grin. "Violência e gênero: novas propostas, velhos dilemas". *Revista Brasileira de Ciências Sociais*, v. 23, p. 165-185, 2008.

GUNTHER, Klaus. "Os cidadãos mundiais entre a liberdade e a segurança". *Novos Estudos CEBRAP*. 2009, n.83, pp. 11-25, 2009.

GURZA LAVALLE, Adrian; ISUNZA VERA, Ernesto. "A trama da crítica democrática: da participação à representação e à accountability". *Lua Nova*, v. 84, p. 95-140, 2011.

——; CASTELLO, Graziela; BICHIR, Renata. "Quando novos atores saem de cena – Continuidades e mudanças na centralidade dos movimentos sociais". *Política & Sociedade*, Florianópolis, v. 5, n.2, p. 35-54, 2004.

HABERMAS, Jürgen. *Direito e Democracia: Entre Facticidade e Validade*. Rio de Janeiro: Tempo Brasileiro, 1991.

HONNETH, Axel. Pathologies of Reason. On the Legacy of Critical Theory. New York: Columbia, 2009.

——. "Uma patologia social da razão: Sobre o legado intelectual da Teoria Crítica". In: RUSCH, Fred (org.). *Teoria Crítica*. Aparecida SP: Ideias e Letras, 2008.

HOKHEIMER, M. "Teoria Tradicional e Teoria Crítica", In: *Benjamin, Horkheimer, Adorno, Habermas*. São Paulo: Abril Cultural, col. Os Pensadores, 1980.

JEDENSNAIDER, Elena; LIMA, Luciana; POMAR, Marcelo; ORTELLADO, Pablo. *Vinte Centavos: a luta contra o aumento*. São Paulo: Veneta, 2013.

JELIN, Elizabeth (org.). *Más allá de la nación: las escalas múltiples de los movimientos sociales*. Buenos Aires: Libros del Zorzal, 2003.

KRON, Stefanie; COSTA, Sérgio; BRAIG, Marianne (orgs.). *Democracia e reconfiguraciones contemporáneas del derecho em America Latina*. Frankfurt: Iberoamericana-Vervuert, 2012.

LAGO, Mara Coelho de Souza; TONELLI, Maria Juracy Figueiras; SOUZA, Mériti de (orgs.). *Sexualidade, gênero, diversidades*. São Paulo: Casa do Psicólogo, 2013.

LISBOA, Marcos de Barros; LATIF, Zeina Abder. "Democracia e Crescimento no Brasil", In: SCHWARTZMAN, Simon (org.). *A Via Democrática. Como o desenvolvimento econômico e social ocorre no Brasil*. Rio de Janeiro: Elsevier, 2014.

LUKACS, G. *História e Consciência de Classe*: Estudos de dialética marxista. São Paulo: Martins Fontes, 2003.

MCCANN, Michael (org.). *Law and Social Movements*. Ashgate: 2008.

MARSHALL, T. H. *Cidadania, Classe Social e "Status"*. Rio de Janeiro: Zahar, 1967.

MENDES, Marcos. *Por que o Brasil Cresce Pouco?* Desigualdade, democracia e baixo crescimento no país do futuro. Rio de Janeiro: Elsevier, 2014.

MONTERO, Paula. "Controvérsias religiosas e esfera pública", *Religião e Sociedade*. N. 32, v. 1, pp. 167-183, 2012.

NEGRI, Antonio. *O Poder Constituinte*. Ensaio sobre as alternativas da modernidade. Rio de Janeiro: DP&A, 2002.

NEUMANN, Franz L. *O Império do Direito*, São Paulo: Quartier Latin, 2013.

——. "O conceito de liberdade política". *Cadernos de Filosofia Alemã. Crítica e Modernidade*. São Paulo, n. 22, pp. 107-154, 2013.

NOBRE, M. *A Teoria Crítica*. Rio de Janeiro, Zahar, 2004.

——.*Choque de Democracia-Razões da Revolta*. São Paulo: Cia das Letras, 2013.

——. *Imobilismo em Movimento*. São Paulo: Cia das Letras, 2014.

NOBRE, M.; REPA, L (orgs.). *Habermas e a Reconstrução* – Sobre a Categoria Central da Teoria Crítica Habermasiana. Campinas: Papirus, 2012.

PAIVA, Angela Randolpho (org.). *Ação Afirmativa em Questão*. Brasil, Estados Unidos, África do Sul e França. Rio de Janeiro: Pallas, 2013.

PIKETTY, Thomas. O *Capital no Século XXI*. Rio de Janeiro: Intrínseca, 2014.

RENNER, Karl. *Gli istituti del diritto privato e la loro funzione giuridica*. Un contributo alla critica del diritto civile. Bologna: Società editrice il Mulino, 1981.

REYS, João Paulo. "Um panorama dos dias quentes de Junho de 2013 e além", In: BORBA, Maria; FELIZI, Natasha; REYS, João Paulo (orgs.). *Brasil em Movimento. Reflexões a partir dos protestos de junho*. Rio de Janeiro: Rocco, 2014.

RIZEK, Cibele Saliba; OLIVEIRA, Francisco de; BRAGA, Ruy (orgs). *Hegemonia às avessas. Economia, política e cultura na era da servidão financeira*. São Paulo: Boitempo, 2010.

RODRIGUES, Tatiane Consentino. Movimento Negro no Cenário Brasileiro. Embates e Contribuição à Política Educacional nas Décadas de 1980-1990. São Carlos: Dissertação de Mestrado (mimeo), 2005.

RODRIGUEZ, José Rodrigo. *Como decidem as cortes?* Para uma crítica do direito brasileiro. Rio de Janeiro: FGV, 2013a

——. "A desintegração do *status quo*: direito e lutas sociais". *Novos Estudos CEBRAP*, p. 49-66, 2013b.

——. "Dogmática é conflito: a racionalidade jurídica entre sistema e problema". In: RODRIGUEZ, José Rodrigo; PÜSCHEL, Flávia Portella, MACHADO, Marta Rodriguez Assis. *Dogmática é conflito: uma visão crítica da racionalidade jurídica*. São Paulo: Saraiva, pp. 21-32, 2012a.

——. "A dogmática jurídica como controle do poder soberano: pesquisa empírica e Estado de Direito". RODRIGUEZ, José Rodrigo; PÜSCHEL, Flávia Portella, MACHADO, Marta Rodriguez Assis. *Dogmática é conflito: uma visão crítica da racionalidade jurídica*. São Paulo: Saraiva, pp. 75-88, 2012b.

——. "Inverter o Espelho: O direito ocidental em normatividades plurais", In: REIS, Rosana Rocha. *Política de Direitos Humanos*. São Paulo: Hucitec, 2010.

——. *Fuga do Direito*: um estudo sobre o direito contemporâneo a partir de Franz Neumann. São Paulo: Saraiva, 2009.

RODRIGUEZ, José Rodrigo et alii. *Propriedade Intelectual e Conhecimentos Tradicionais*. Brasília: Ministério da Justiça – Secretaria de Assuntos Legislativos, Pensando o Direito vol. 36, 2011.

——; FERREIRA, Carolina Cutrupi. "Como decidem os juízes Sobre a qualidade da jurisdição brasileira", In: SILVA, Felipe Gonçalves; RODRIGUEZ, José Rodrigo. *Manual de Sociologia Jurídica*. São Paulo: Saraiva, 2013.

——; PÜSCHEL, Flávia Portella; MACHADO, Marta Rodrigues de Assis. *Dogmática é Conflito: Uma visão crítica da racionalidade jurídica*. São Paulo: Saraiva, 2012.

——. "A aplicação das leis e a juridificação de demandas sociais: o caso do racismo no Brasil". In: RODRIGUEZ, José Rodrigo; PÜSCHEL, Flávia Portella, MACHADO, Marta Rodriguez Assis. *Dogmática é conflito: uma visão crítica da racionalidade jurídica*. São Paulo: Saraiva, p. 103-132, 2012.

SANTOS, Boaventura de Sousa; RODRIGUEZ-GARAVITO, César A. (orgs.). *Law and Globalization from Below*. Cambridge: Cambridge University Press, 2007.

SCHEUERMANN, Willian. Frankfurt School Perspectives on Globalization, Democracy and The Rule of Law. London: Routledge, 2008.

SCHIOCCHET, Taysa. "Marcos normativos dos direitos sexuais: uma perspectiva emancipatória", In: BRAUNER, Maria Cláudia (org.). *Biodireito e Gênero*. Ijuí: Editora Unijuí, 2007.

SCHWARZ, Roberto. Ao Vencedor as Batatas: Forma literária e processo social nos inícios do romance brasileiro. São Paulo: Duas Cidades / Ed. 34, 2000.

——. *Um Mestre na Periferia do Capitalismo*: Machado de Assis. São Paulo: Duas Cidades / Ed. 34, 2001.

SCOTT, James C. *Two Cheers for Anarchism*. Princeton NJ: Princeton University Press, 2012.

SCHWARTZMAN, Simon (org.). A Via Democrática. Como o desenvolvimento econômico e social ocorre no Brasil. Rio de Janeiro: Elsevier, 2014.

SILVA, Felipe Gonçalves; RODRIGUEZ, José Rodrigo (ogs). *Manual de Sociologia Jurídica*. São Paulo: Saraiva, 2013.

SIMÕES, Júlio Assis; FACCHINI, Rosana. *Na Trilha do Arco-Íris: do movimento homossexual ao LGBT*. São Paulo: Editora Fundação Perseu Abramo, 2009.

TEUBNER, Günther. "A Bukowina Global sobre a emergência de um pluralismo jurídico internacional", *Impulso. Revista de Ciências Sociais e Humanas*. v. 14, pp. 9-32, 2003.

——. *Direito, Sistema e Policontextualidade*. Piracicaba: Ed. UNIMEP, 2005.

WILLIAMS, Patricia. *The Alchemy of Race and Rights. A Diary of a Law Professor*. Cambridge: Harvard University Press, 1991.

VÁRIOS. *Occupy*: movimentos de protesto que tomaram as ruas. São Paulo: Boitempo, 2012.

VÁRIOS. Cidades Rebeldes: *Passe livre e as manifestações que tomaram as ruas do Brasil*. São Paulo: Boitempo, 2013.

XIBERRAS, Martine. *As Teorias da Exclusão*. Lisboa: Instituto Piaget, 1996.

ZUGMANN, Daniel Leib. *Processo de concretização normativa e direito tributário*: transparência, justificação e zonas de autarquia do sigilo fiscal. São Paulo: Mestrado em Direito (mimeo), FGV-Direito SP, 2014.

— VIII —

A Crítica Hermenêutica do Direito e o novo Código de Processo Civil: apontamentos sobre a coerência e a integridade

LENIO LUIZ STRECK[1]

Sumário: 1. Palavras Iniciais; 2. O *holding* de um sistema de justiça democrático; 2. O novo com olhos do novo: ou o porquê integridade e coerência transcendem uma (mera) estabilidade jurisprudencial; 3. Levando o NCPC a sério; 4. Considerações finais; Referências bibliográficas.

1. Palavras Iniciais

O novo Código de Processo Civil (NCPC) é a primeira grande regulamentação brasileira sobre Processo Civil a ser aprovada em período democrático, uma vez que os códigos anteriores foram aprovados em períodos de exceção (1939 e 1973). Sem dúvidas, sua aprovação demonstra um grande avanço na doutrina, pois incorpora várias discussões teóricas desenvolvidas nos últimos tempos. Afinal, como já havia dito há alguns anos em uma conferência em Coimbra, *"a doutrina deve voltar a doutrinar"*. Apesar de o novo CPC possuir alguns problemas, como por exemplo, uma "coisa" chamada "colaboração processual" (que, longe de ser um princípio, corre o risco de jogar o processo civil nos braços do antigo socialismo processual) ou ainda a menção a uma "coisa" chamada "ponderação",[2] este deve ser levado a sério.

---

[1] Professor Titular do Programa de Pós-Graduação em Direito da Unisinos (RS); Doutor e Pós-Doutor em Direito; Ex-Procurador de Justiça (MP/RS). Advogado parecerista. Presidente de Honra do Instituto de Hermenêutica Jurídica (IHJ).

[2] Como o já dito em outras ocasiões, o problema principal da ponderação é a sua filiação ao esquema sujeito-objeto (ou das vulgatas voluntaristas da filosofia da consciência) e a sua dependência da discricionariedade, *ratio* final. Desse modo, se a discricionariedade é o elemento que sustenta o positivismo jurídico nos *hard cases* e nas vaguezas e ambiguidades dos textos jurídicos, não parece que a ponderação seja "o" mecanismo que arranque o Direito dos braços do positivismo. Pode até livrá-lo dos braços do positivismo primitivo, mas inexoravelmente o atira nos braços de outra forma de positivismo – axiologista, normativista ou pragmati(ci)sta.

Sem prejuízo das outras valiosas colaborações propostas, estarei tratando neste texto de uma determinada mudança, acolhida pela Relatoria do projeto na Câmara, e que tem consequências paradigmáticas. Após minhas críticas à estrutura inicial do projeto que apostava em uma espécie de commonlização do Direito,[3] houve o acatamento de uma sugestão minha de inspiração dworkiniana, que muito embora pareça simples, poderá produzir significativas mudanças na aplicação do direito de *terrae brasilis*: o artigo 925[4] do NCPC passará a dispor que "os tribunais devem uniformizar sua jurisprudência e mantê-la estável, **íntegra e coerente**". [grifei]

A atenção que foi dispensada pelo atento relator na Câmara, deputado Paulo Teixeira, e o apoio inestimável de Fredie Didier e Luiz Henrique Volpe, foram cruciais para o acatamento dessa sugestão de que o NCPC passasse a exigir "coerência e integridade" *da* e *na* jurisprudência. Isto é, de modo simples e direito: em casos semelhantes, deve-se proporcionar a garantia da isonômica aplicação principiológica. Trata-se da necessária superação de um modelo estrito de regras, sem cair no pamprincipiologismo que tanto critico.

Antes desta emenda, o projeto continha a obrigação de os tribunais manterem apenas a "estabilidade" da jurisprudência (artigo 882[5] do PLS 166/2010). Todavia, a estabilidade – conceito autorreferente que traduz a relação direta com os julgados anteriores – não era suficiente, era necessário mais, do contrário, poderia redundar num convencionalismo, numa aplicação judicial sempre voltada e limitada ao passado.

Assim, haverá *coerência* se os mesmos preceitos e princípios que foram aplicados nas decisões o forem para os casos idênticos; mais do que isso, estará assegurada a integridade do direito a partir da *força normativa* da Constituição. A *coerência* assegura a igualdade, isto é, que os diversos casos terão a igual consideração por parte do Poder Judiciário. Isso somente pode ser alcançado através de um holismo interpretativo, constituído a partir de uma circularidade hermenêutica. Já a *integridade* é duplamente composta, conforme Dworkin: um princípio legislativo, que pede aos legisladores que tentem tornar o conjunto de leis moralmente coerente, e um princípio jurisdicional, *que demanda que a lei, tanto quanto possível, seja vista como coerente nesse sentido.*

---

[3] Essa circunstância foi denunciada no livro O Que é Isto – Os Precedentes e as Súmulas Vinculantes (Lenio Streck e Georges Abboud; 1ª. e 2ª. ed; Livraria do Advogado, 2012).

[4] As referências ao NCPC foram extraídas do texto consolidado com os ajustes promovidos pela Comissão Temporária do Código de Processo Civil e que foi atualizado em 04.01.2015. Para consulta verificar: http://www.senado.gov.br/atividade/materia/detalhes.asp?p_cod_mate=116731 Acesso em: 06.01.2015.

[5] "Art. 882. Os tribunais, em princípio, velarão pela uniformização e pela estabilidade da jurisprudência, observando-se o seguinte: [...]".

A integridade exige que os juízes construam seus argumentos de forma coerente ao conjunto do direito, constituindo uma garantia contra arbitrariedades interpretativas; coloca efetivos freios às atitudes solipsistas-voluntaristas. A integridade é antitética ao voluntarismo, do ativismo e da discricionariedade.

Dito de outro modo, enquanto a coerência significa dizer que, em casos semelhantes, deve-se proporcionar a garantia da isonomia dos princípios subjacentes nesta cadeia, a integridade exige que os juízes construam seus argumentos de forma a manifestar um direito íntegro, e não algo fragmentado, como um aglomerado de decisões que refletem apenas perspectivas individuais. Trata-se de uma garantia contra arbitrariedades interpretativas. A integridade é uma forma de virtude política que significa rechaçar a tentação da arbitrariedade.[6]

Vive-se, pois, um momento histórico. O novo Código finalmente foi aprovado, o que propiciará o surgimento de uma nova doutrina. Uma nova doutrina que propiciará a construção de uma gramática narrativa das condições de possibilidade da aplicação do direito, onde a integridade e a coerência guardam um substrato ético-político em sua concretização, isto é, são dotadas de consciência histórica e consideram a facticidade de cada caso. O art.925 do NCPC é uma conquista da (pós-)modernidade, pois em tempos onde tudo se transforma em narrativa, uma decisão íntegra e coerente é um dos fatores que impedirá os Tribunais de dizer aquilo que é o Direito.

2. O *holding* de um sistema de justiça democrático

É provável que muitos sustentem que a inserção da coerência e integridade não passa de um artifício em que "damos nome novo a uma ideia nova" (como se fosse possível dizer as mesmas coisas com nomes diversos). Alguns afirmarão que a questão já estava bem dimensionada nos termos de "segurança jurídica/certeza" (ou justiça). Parecerá assim ao dogmaticismo ingênuo e raso, com o qual se pretende romper. Ao se apegar nas categorias jurídicas pré-modernas, ignora-se todo o contexto teórico metafísico (clássico) em que submerge a discussão doutrinária, que descortinamos com o nosso método hermenêutico.

Dito isso, desde já esclareço que a coerência não é simplesmente se ater ao fato de que cada nova decisão deve seguir o que foi decidido anteriormente. O discurso ganha em profundidade, porque exige consistência em cada decisão com a moralidade política (não a comum) instituidora do próprio projeto civilizacional (nos seus referenciais jurí-

---

[6] Integridade e coerência são dois princípios que incorporei em minha teoria da decisão, conforme se pode ver em Verdade e Consenso (Saraiva, 2014) e Jurisdição Constitucional e Decisão Jurídica (RT, 2013).

dicos) em que o julgamento se dá. A ideia nuclear da coerência e da integridade é *a concretização da igualdade*, que, por sua vez, está justificada a partir de uma determinada concepção de dignidade humana. Entre igualdade e liberdade, devemos ficar com a igualdade. Nesta perspectiva, não seria possível, por exemplo, transferir recursos dos outros para priorizar tão somente um.

Assim a *integridade* pressupõe uma igualdade de tratamento, fazendo da aplicação do direito um "jogo limpo" (*fairness* — que também quer dizer tratar todos os casos equanimemente). Nesta analogia, observamos que as normas do jogo não são instituídas de modo arbitrário e nem no decorrer da partida, caso isso venha a acontecer o resultado final seria questionado pelos participantes. De modo similar, a integridade e coerência são imperativos que vinculam a decisão judicial para encontrar sua fundamentação no direito intersubjetivamente constituído, e não em algo criado durante o processo.

Por isso, exigir coerência e integridade quer dizer que o aplicador não pode se esquivar hermeneuticamente da causa ou do recurso, afirmando "seguindo minha consciência, decido de outro modo". O julgador não poderá utilizar-se de argumentos que não estejam coerentemente sustentados, o que inclui, como ponto de partida, uma autovinculação com aquilo que antes se decidiu. Também o julgador não pode quebrar a cadeia discursiva "porque quer" (ou porque sim). Com a coerência e integridade, é possível combater os resquícios da filosofia da consciência, damos um salto para um contexto intersubjetivo de significação.

Neste sentido, pode-se dizer que no novo CPC não há espaço para decisões personalistas com que estivesse criando o direito a partir de um grau zero. Estamos livres do livre convencimento. Seja do ponto de vista normativo, seja do ponto de vista performativo, o "livre convencimento" (ou livre apreciação da prova) não é o mesmo que "decisão fundamentada". Isso porque da perspectiva normativa do princípio que exige a fundamentação das decisões, o juiz não tem a opção para se convencer por qualquer motivo, uma espécie de discricionariedade em sentido fraco que seja, mas deve explicitar com base em que razões, que devem ser intersubjetivamente sustentáveis, o porquê ele decidiu desta e não daquela maneira. Certamente que nenhuma decisão se dá no vácuo, mas num contexto histórico-institucional. Todavia, na sua fundamentação, o juiz deve posicionar-se explicitamente em relação a este contexto institucional.

Ainda com relação à coerência e integridade, relembra-se um exemplo parafraseado de Dworkin: suponhamos que por algum tempo o judiciário vinha declarando que os membros de diversas profissões (médicos, engenheiros, dentistas) eram responsáveis por danos causados por negligência, mas que os advogados eram imunes. Chega ao Judiciário uma nova causa envolvendo, agora, a responsabilidade civil de causídicos. Por estabilidade coerência, os advogados deveriam ficar imunes naquela causa. Afinal, é assim que as cortes vinham decidindo, inclusive a Corte Suprema. Só que, em face da *coerência* e *integridade do direito*, a tal imunidade ferir a *igualdade*, interrompe-se aquela cadeia estável e inaugura-se outra que melhor manifesta coerentemente o direito com um sistema íntegro.

Vamos a alguns exemplos concretos de nosso direito:

a) O STF decidiu na ADI 2.591, corretamente, que o Código do Consumidor se aplicará às instituições financeiras. Até então havia significativa divergência jurisprudencial. A tese contrária era a da aplicação do Código Civil aos contratos bancários. Note-se que, diante de tal divergência, seria possível ajustar-se a um padrão decisório de forma estável e simplesmente continuar a decidir da mesma maneira em casos posteriores. Por exemplo, seria correto continuar a decidir pela não aplicação do CDC aos contratos bancários. Ou seja, pode-se ter uma estabilidade no erro. Todavia, haveria aqui coerência e integridade na decisão? Poderíamos encontrar diversos padrões de ajuste normativo para esta decisão exclusivista. Todavia, do ponto de vista da substância, da moralidade de nossa comunidade política, haveria algum motivo para negar igualdade de tratamento em casos que envolvem a prestação de serviços bancários daqueles outros que envolvem outra situação qualquer de prestação de serviços? Por certo, a resposta é não. E essa resposta – *que leva, por uma questão de integridade,* à aplicação do CDC aos contratos bancários – foi coerentemente asseverada pelo STF no julgamento da referida ADI. Tal decisão, íntegra, deve ser aplicada de forma coerente em julgamentos posteriores. O remédio para isso é a Reclamação. No específico, em 2012, o ministro Gilmar Mendes, no julgamento da Rcl 10.424, cassou decisão do Tribunal de Justiça de São Paulo que confirmou decisão da primeira instância que, *mesmo depois* do entendimento firmado pelo STF para o caso, asseverava a tese de que os contratos bancários não estariam alcançados pela regulamentação do CDC. Deste modo, conclui-se que o STF agiu corretamente, uma vez que, neste caso, respeitou a coerência e integridade.

b) o STF permitir a pesquisa em células tronco foi uma imposição da integridade em um sistema que autoriza o aborto decorrente de estupro e, ao mesmo tempo, a reprodução *in vitro*.

c) Violou a coerência/integridade do Direito o julgamento proferido pelo STF no RE 428.991, em que foi acolhida a pretensão de servidor público no sentido de ter um benefício financeiro reajustado com base em interpretação de lei e decreto estaduais. A justificativa para isso foi a suposta *insubsistência da tese de que a ofensa à Carta da República suficiente a ensejar o conhecimento de extraordinário há de ser direta e frontal*. Porém, essa tese permanece sendo aplicada pelo STF em situações idênticas, uma vez que decorrente de sua tradição jurisprudencial (súmulas 279 e 280). Evidente a violação ao princípio da isonomia pela aplicação *incoerente* do entendimento sobre os requisitos de cabimento do recurso.

d) Violou a integridade do Direito o julgamento proferido pelo STF no RE 522.771, no qual embargos de declaração foram transformados em agravo regimental e aplicada à parte embargante a multa cominada ao agravo tido por protelatório, prevista no artigo 557, § 2º, do CPC, a qual, além de mais alta do que a multa fixada para o manejo de embargos (não reiterados) protelatórios (artigo 538, parágrafo único), exige o depósito de seu valor para a interposição de novo recurso. Isso atenta contra os princípios da segurança jurídica e da legalidade, ferindo de morte a *integridade* do Direito.

Deste modo, diante da relevância, já faz algum tempo – muito antes do NCPC – que no interior da Crítica Hermenêutica do Direito que desenvolvo, a coerência e a integridade estão presentes entre os cinco princípios que constituem o *"minimum aplicandi"* na decisão judicial.[7]

Este novo *holding* de um sistema de justiça democrático, que expurgou o livre convencimento e pauta-se na integridade e coerência, para fazer sentido tem que ser compreendido num espectro de ruptura paradigmática. Entendo ser impossível dizer que há Direito sem Filosofia. Não há direito sem paradigmas filosóficos. Parece que já superamos o paradigma epistemológico da filosofia da consciência em outras áreas. A própria filosofia, depois daquilo que se consignou a chamar de linguistic turn, movimenta-se fora dos estreitos caminhos da subjetividade assujeitadora do mundo. Isso tanto no campo da filosofia analítica quanto no âmbito da assim chamada filosofia continental, donde se situa a corrente hermenêutica. Contudo, o Direito parece estar alheio a estas mudanças. E desse enclausuramento, temos uma sequência de implicações que, de um modo ou de outro, convergem para o mesmo ponto: a aposta no protagonismo judicial. O instrumentalismo processual começou com Oskar Büllow e até hoje ecoa no século XXI, como por exemplo, nas palavras "entre si" do artigo 7º do Novo Código de Processo Civil, no que diz respeito a cooperação processual.[8]

Em outros termos, a coerência e a integridade do sistema judicial, como um todo, é uma garantia fundamental do cidadão contra a discricionariedade judicial. Devemos identificar não apenas uma alteração de modus operandi, mas, sobretudo, uma transformação de fundo que aponta para uma atividade jurisdicional que desloca o espaço de fundamenta-

---

[7] Conforme explicito amiúde em *Verdade e Consenso* (4ª. 4d. Saraiva, na parte final) e *Jurisdição Constitucional e Decisão Jurídica* (RT, 4 ed., 6º. capítulo).

[8] Art. 7º, *in verbis*: "Todos os sujeitos do processo devem cooperar entre si para que se obtenha, em tempo razoável, decisão de mérito justa e efetiva".

ção para um direito intersubjetivamente estabelecido, e não fruto de uma vontade particular.

Assim, é possível decidir novas ações sem ser solipsista. Lembrando Dworkin, a decisão jurídica é análoga a um romance em cadeia. Há vários capítulos, mas a história é sempre a mesma, e conforme o tempo se esvai seus rastros trazem cada vez uma maior vinculação. *O realismo jurídico produz contos, ou seja, decisões ad hoc* que só possuem sentido quando observadas isoladamente, em si mesmo são início-meio-fim. Mas no nosso sistema de *Civil Law*, a coerência e integridade podem darão consistência a criteriologia adotada ao ato decisório. Uma decisão integra e coerente pressupõe a responsabilidade política do juiz e, por isso, poderá contrapor seus desejos pessoais. Poderíamos resgatar um pouco de Kantorowicz, assim como o rei possui dois corpos, os juízes se investem de um múnus público que pode e deve ser diverso de suas preferências cotidianas. Este é o preço que se paga para se viver em uma Democracia.

2. O novo com olhos do novo: ou o porquê integridade e coerência transcendem uma (mera) estabilidade jurisprudencial

Conforme falei alhures à exigência de Integridade e Coerência constante no art.924 possui contornos mais profundos, indo muito além da ideia de uma jurisprudência estável. Dito de outro modo, estes acréscimos ao projeto inicial denotam um empreendimento jurídico que é construído coletivamente e sobre pressupostos de uma moralidade política una, e não uma simples repetição de julgados. Isto é, partindo disso, até mesmo algumas jurisprudências consolidadas deverão ser revistas por não mais se adequarem ao Direito brasileiro tomado como um todo.

Isto pode ser observado também da leitura do art. 926 que em seu § 4º assevera que:

A modificação de enunciado de súmula, de jurisprudência pacificada ou da tese adotada em julgamento de casos repetitivos observará a necessidade de fundamentação adequada e específica, considerando os princípios da segurança jurídica, da proteção da confiança e da isonomia.

A segurança jurídica e a proteção da confiança e da isonomia somente fazem sentido se as decisões obedecerem à coerência e à integridade. Ou seja: sem atentar para a Integridade, por exemplo, a principiologia e a Constituição poderiam ser violadas, mesmo preservando a isonomia ou a confiança. Uma cadeia sucessiva de erros somente é contida com o apelo à integridade que deverá ser coerentemente (re)construída por intermédio de uma explícita fundamentação.

Portanto, sob esta *chave de leitura*, o novo regime de precedentes aparece vocacionado a superar a padronização insensível, que há tempos vinha orientando um autoritário modelo de "gestão judicial". Para além do explicitado pelo legislador, o artigo 925 descortina um horizonte democrático para todo o resto do Código, por exemplo: potencializando o artigo 10 em suas "garantias de influência e não surpresa"[9] e estabelecendo um controle público do perigoso poder cautelar do juiz.

A coerência e a integridade são, assim, os *vetores principiológicos* pelos quais *todo* o sistema jurídico deve ser lido. Em outras palavras, em qualquer decisão judicial a fundamentação – incluindo as medidas cautelares e as tutelas antecipadas – deve ser respeitada a coerência e a integridade do Direito produzido democraticamente sob a égide da Constituição. Da decisão de primeiro grau a mais alta corte do país. Se os tribunais devem manter a jurisprudência estável, íntegra e coerente, logicamente os juízes de primeiro grau devem julgar segundo esses mesmos critérios, a partir da "chave de leitura" estabelecida no § 4º do artigo 926, que sequencia o artigo 925, *holding* hermenêutica do capítulo e de todo o NCPC.

É exatamente esse conjunto íntegro e coerente de princípios que diminuirá aquilo que com o NCPC *está proscrito*, também por sugestão feita por mim ao relator e que foi aceita: *a retirada do "livre convencimento"* que constava em quatro dispositivos e que agora desaparece – espero que para todo o sempre – para o bem da democracia e da filosofia do processo. Não se diga que isto é apenas uma aparente mudança, somente de fachada, mas sem repercussões práticas. Até mesmo um estudante de direito, ainda na graduação, saberá dizer que se lá estava e foi retirado, é porque houve a manifesta vontade de colocar o livre convencimento no *exílio epistêmico*. Aliás, a coerência e a integridade já por si impediriam o livre convencimento. Coerência e integridade são *incompatíveis* com o voluntarismo judicial.

Então, de um modo mais simples, o que quer dizer "coerência e integridade"? Penso nesta resposta a partir da "dogmática do cotidiano". Da mesma forma em que no dia a dia não podemos sair por aí trocando o nome das coisas e fazendo o que queremos, também no direito não podemos trocar o nome dos institutos e atribuir sentidos às coisas segundo nossos sentimentos pessoais. Assim como o mundo não nos pertence e nele nos situamos a partir de uma intersubjetividade, também no direito a linguagem não é privada, e aqui podemos encontrar profícuas contribuições na segunda filosofia de Wittgenstein. A linguagem não me pertence, não nascemos numa realidade em que livremente nominamos os entes, ao contrário somos inseridos numa determinada tradição que nos permite o acesso ao mundo. De modo análogo, encontram-se os juízes imersos no "mundo jurídico" que precisa ser recontado de modo coerente e integro, isto é, nas decisões deve ser demonstrada sua conformidade com o todo e com a moralidade política subjacente.

---

[9] Cf. NUNES, Dierle. *Processo jurisdicional democrático*. Curitiba: Juruá, 2009.

Poderíamos pensar na seguinte alegoria: você pode mentir e manter a estabilidade destas mentiras. Como se dá um basta a esta cadeia de mentiras? Mostrando a verdade. A verdade quebra a mentira. Contudo, esta verdade não é apriorística. Esta se dá numa tradição (jurídica), que também não é estanque, mas que pode ser coerentemente desvelada com o fito que se mantenha íntegra. Ou seja, a integridade e a coerência servem para quebrar uma cadeia falsa-equivocada acerca da interpretação de uma lei. Onde se lê "verdade", leia-se a Constituição em seu todo principiológico.

Decisão *íntegra e coerente* quer dizer respeito ao direito fundamental do cidadão frente ao Poder Público de não ser surpreendido pelo entendimento pessoal do julgador, um direito fundamental a uma resposta adequada à Constituição, que é que, ao fim e ao cabo, sustenta a integridade, como defendo em minha obra *Verdade e Consenso*. Na feliz construção principiológica de Guilherme Valle Brum,[10] sempre que uma determinada decisão for proferida em sentido favorável ou contrário a determinado indivíduo, ela deverá necessariamente ser proferida da mesma maneira para os outros indivíduos que se encontrarem na mesma situação.

Decidir com coerência e integridade é um dever e não uma opção ou escolha: o direito não aconselha meramente os juízes e outras autoridades sobre as decisões que devem (*ought to*) tomar; diferentemente, determina que eles têm um dever (*have a duty to*) de reconhecer e fazer vigorar certos padrões.[11]

A partir de agora, teremos um lema (padrão) a seguir: lutar para que o direito seja um conjunto harmônico que deve expressar um sistema coerente de justiça, ligado por princípios que proporcionam essa integridade.[12]

3. Levando o NCPC a sério

Há tempos sabemos que o direito não cabe em códigos e abandonamos o ideal codicista que (também) caracterizava o positivismo exegético. Todavia, isto não pode, e nem deve, significar uma desvalorização tamanha que transforme um código em algo sem sentido. Assim, antes que alguém diga que o NCPC será "letra-morta" nas mãos de juristas mais "práticos" (*sic*), devemos, fundamentalmente, levar o direito a sério. Não precisamos encarar a lei como mero engodo, e estabelecer uma relação paranoica entre

---

[10] Cf. Brum, Guilherme Valle. *Uma teoria para o controle judicial de políticas públicas*. Rio de Janeiro: Lumen Juris, 2014, p. 124-150. Sobre o tema recomenda-se o livro de Rafael Tomaz de Oliveira, *Decisão Judicial e Conceito de Princípio*. Porto Alegre, Livraria do Advogado, 2008.

[11] Dworkin, Ronald. *Levando os Direitos a Sério*. São Paulo: Martins Fontes, 2011. p. 78.

[12] Argemiro Martins, Cláudia Roesler e Ricardo de Jesus (A noção de coerência na teoria da argumentação jurídica de Neil MacCormick – NEJ n. 27, 2011 enxergam – corretamente – uma cooriginariedade entre coerência e integridade, lição que retiram de MacCormick, que, a exemplo de Dworkin, aposta na coerência e na integridade como condição de possibilidade para as decisões judiciais em uma democracia.

cidadania e burocracia. Ainda quando a promessa estatal soar vazia – o que não é o caso –, podemos apropriarmo-nos dela na práxis social. Friedrich Müller lembra-nos que "não se estatuem impunemente textos de normas e textos constitucionais" e que "os textos podem revidar".[13] Acrescento: os textos podem nos "esbofetear" epistemicamente.

Lido *em sua melhor luz*, o NCPC abre as portas para que se adote, finalmente, uma teoria da decisão judicial efetivamente democrática. Penso, como venho deixando claro em alguns textos especializados, que o problema da democracia, no processo, deve ser equacionado de dois modos: primeiro, por meio de um procedimento em que se garanta, via contraditório, uma *decisão participada* (na linha daquilo que Marcelo Cattoni e Dierle Nunes, para citar apenas estes, sugerem); segundo, através dos *fundamentos* que compõem a decisão jurídica (e aqui é que aparece, de forma mais nítida, o dever judicial de manter a coerência e a integridade do direito).

Levadas estas exigências mais a fundo é possível concordar com a tese de Francisco Motta, de que a interpretação construtiva da Constituição leva à tese de que uma decisão jurídica e democraticamente correta deve ter a sua legitimidade confirmada por uma dupla dimensão da resposta correta: procedimento constitucionalmente adequado e a interpretação dirigida à integridade.[14]

Ainda assim poderia surgir a seguinte indagação: Quais as vantagens de se manter *íntegra e coerente* a jurisprudência? Simples: Integridade quer dizer o entrelaçamento entre a legalidade e a constitucionalidade. O Poder Público deve ter uma só voz. Quer dizer: a integridade está ligada à questão da legitimidade da coerção oficial e a coerência como modo de sua manifestação, isto é, sua conformação com o direito, compreendido como uma totalidade. Compreenderam? É disso que trata, afinal, com a "emenda streckiana-dworkiniana" do NCPC o problema da democracia foi trazido para o coração do Direito. Essa seria, digamos assim a "minha interpretação autêntica da emenda".

Sendo ainda mais claro: são justamente as dimensões de *ajuste e valor* (*fit e value*), componentes *integridade* (uma virtude política, para Dworkin), que fornecem o material necessário para que se considerem, *da forma correta*, os argumentos dos sujeitos processuais (reconhecidos enquanto membros de uma comunidade política genuína).

Trazer a integridade e a coerência para o âmago do processo não é, portanto, fazer uma perfumaria jurídica, ou criar um cosmético destinado a cair em concursos públicos ou a impulsionar a venda de novos livros.

---

[13] Cf. Müller, Friedrich. *Quem é o povo?* Trad. Peter Naumann 6ª ed. São Paulo: Revista dos Tribunais, 2011, p. 88.

[14] Cf. Motta, Francisco. *Ronald Dworkin e a Decisão Jurídica*. Tese de doutoramento defendida na Unisinos-RS, Capes 6, sob minha orientação. Livro no prelo.

Ao contrário, isto tem implicações muito mais profundas e que devem ser respeitadas. Dentre estas, podemos elencar:

- Levar a sério o processo e os direitos de seus participantes;
- Há uma mudança de *postura*, ou de *atitude interpretativa* com relação ao processo e as disposições que lhe dizem respeito;
- É enxergar nos contraditores não meros opositores ou *adversários*, mas sim *membros de uma comunidade política genuína*, que são governadas por *princípios comuns* (e não apenas por regras criadas pelo jogo político) e que, justamente por isso, respeitam *a integridade*, já que aceitam "a promessa de que o direito será escolhido, alterado, desenvolvido e interpretado de um modo global, fundado em princípios".[15]
- É entender que Integridade e Coerência transcendem uma simples concepção de estabilidade que pode perpetuar entendimentos equivocados. De modo diverso, a decisão judicial não é correta porque "repete" um posicionamento consolidado – que seria uma postura convencionalista e não interpretativa – mas por que se amolda, coerentemente ao direito que é tomado com um sistema íntegro constituído por uma moralidade política comum. Este é um exercício constante, pois é um movimento (sempre) historicamente situado, exigindo, deste modo, que a cada *decisão* a Integridade seja desvelada coerentemente.

4. Considerações finais

Como qualquer nova lei, o CPC nascerá com avanços, mas com alguns problemas. Afinal, a realidade é dinâmica e sempre caminha a frente das nossas tentativas regulatórias. No entanto, isto não retira seu valor, principalmente, pela inserção da Coerência e da Integridade que, adequadamente assimiladas, nos possibilitarão dizer que, a partir de agora, ingressar em juízo não é mais "correr sozinho e arriscar chegar em segundo lugar", com o juiz decidindo ao seu bel prazer.

Penso que poderemos viver tempos de *accountabillity*, de uma efetiva democratização da atividade jurisdicional. Deverá haver uma prestação de contas, toda e qualquer decisão deverá manter a coerência e Integridade do Direito, como também a estabilidade dos julgados quando inexistirem razões jurídicas suficientemente fortes para quebrá-la. Em qualquer caso, isto deve ser explicitado, possibilitando, assim, o fortalecimento desta tradição.

---

[15] Dworkin, Ronald. *O Império do Direito*. 2. ed. São Paulo: Martins Fontes, 2003, p. 227-232.

Como adverti, a doutrina não pode olvidar que tem um papel importante nesta empreitada. Espero que o NCPC não seja transformado em um simples objeto a ser ensinado por intermédio de simplificações, facilitações, resumos dos (re)sumos, ou outros que tais. O problema é que neste *iter*, muito é perdido, e a necessária compreensão dos contornos sociais e teóricos são substituídos por afirmações assépticas que na superficialidade não mais representam o fenômeno jurídico em sua inteireza.

Como venho afirmando, o caso jurídico, caso concreto, decisão, validade: tudo isso está umbilicalmente ligado e dependente da integridade e da coerência, que se constituem na condição de possibilidade do significado da jurisprudência e doutrina em um Estado Democrático de Direito. Decidir de modo adequado é tarefa da jurisdictio; apontar como isto deve ser feito é tarefa da doutrina, que denomino de constrangimento epistemológico. Não há jurisprudência sem doutrina e a doutrina tem a função de fazer uma censura significativa de decisões. Deste modo, reforço que nós doutrinadores devemos levar a sério o novo CPC, sob pena de contribuirmos para uma implementação precária de seus avanços em nossa prática jurídica.

Por fim, ressalto que a Coerência e a Integridade não se limitam ao modo como devemos tratar os julgados anteriores. É importante frisar que, como princípios garantidores da igualdade e da equanimidade da *applicatio*, aplicam-se também à legislação ou para qualquer outro padrão normativo vinculante. Muitos mais que um modelo operacional, apontam para outro paradigma jurídico, em que o Direito manifesta-se com um empreendimento coletivo, um constructo intersubjetivo e não como um amontoado de vontades individuais.

Referências bibliográficas

BRUM, Guilherme Valle. *Uma teoria para o controle judicial de políticas públicas.* Rio de Janeiro: Lumen Juris, 2014, p. 124-150.

DWORKIN, Ronald. *Levando os Direitos a Sério.* São Paulo: Martins Fontes, 2011.

——. *O Império do Direito.* 2. ed. São Paulo: Martins Fontes, 2003.

MARTINS, Argemiro; ROESLER, Cláudia; DE JESUS, Ricardo. A noção de coerência na teoria da argumentação jurídica de Neil MacCormick. In: Novos Estudos Jurídicos n. 27, 2011.Disponível em: http://www6.univali.br/seer/index.php/nej/article/view/3281 Acesso em: 09/01/2015.

MOTTA, Francisco. *Ronald Dworkin e a Decisão Jurídica.* Tese de doutoramento defendida na Unisinos-RS. Livro no prelo.

MÜLLER, Friedrich. *Quem é o povo?* Trad. Peter Naumann 6. ed. São Paulo: Revista dos Tribunais, 2011.

NUNES, Dierle. *Processo jurisdicional democrático.* Curitiba: Juruá, 2009.

OLIVEIRA, Rafael Tomaz. *Decisão Judicial e Conceito de Princípio:* a hermenêutica e a (in)determinação do direito. Porto Alegre, Livraria do Advogado, 2008.

STRECK, Lenio Luiz; ABBOUD, Georges. *O Que é Isto – Os Precedentes e as Súmulas Vinculantes.* Porto Alegre: Livraria do Advogado, 2012.

——. *Verdade e consenso: constituição, hermenêutica e teorias discursivas.* 5. ed. São Paulo: Saraiva, 2014.

——. *Jurisdição Constitucional e Decisão Jurídica.* 3. ed. São Paulo: Revista dos Tribunais, 2013.

— IX —

Da epistemologia jurídica normativista ao construtivismo sistêmico II[1]

LEONEL SEVERO ROCHA[2]

Sumário: 1.1. Teoria do Direito e forma de sociedade; 1.2. O Direito positivo; 1.3. Normativismo analítico; 1.4. Hermenêutica jurídica; 1.5. Sociologia e Teoria dos Sistemas; 1.6. A pragmática-sistêmica; 1.7. A pragmática-sistêmica em Luhmann; 1.8. Comunicação, risco e perigo: sistemas fechado e aberto; 1.9. Paradoxo e autopoiese; 2.1. Forma de sociedade transnacionalizada: novo Direito?

1.1. Teoria do Direito e forma de sociedade

O objetivo deste texto é apontar os limites e possibilidades da manutenção das matrizes teóricas, analíticas e hermenêuticas, dominantes no Direito, perante as inúmeras transformações que a globalização vem provocando, com o intuito de introduzir para a reflexão jurídica as vantagens da utilização de uma matriz teórica pragmático sistêmica autopoiética.[3]

Do ponto de vista metodológico, efetuaremos a nossa abordagem, neste texto, conciliando, inicialmente, a categoria *forma de sociedade*,[4] de *Claude Lefort*, com a teoria dos sistemas sociais, de Niklas Luhmann (esta última sendo efetivamente o nosso eixo temático). Para facilitar a exposição, entendemos que o Direito e o *político* estão relacionados com a forma de sociedade em que vivemos, com a sua *"mise en sens e mise en scène"*, com os princípios geradores que permitem a autocriação histórica de uma sociedade. *A política*, por sua vez, como organização, concretiza-se no Estado, interagindo com o governo, partidos políticos, grupos de pressão

---

[1] O presente texto constitui-se em uma versão revisada e ampliada do texto publicado no livro *Introdução ao Direito como sistema autopoiético*, 2ª versão. Porto Alegre: Livraria do Advogado, 2012.

[2] Doutor pela EHESS-Paris. Titular do PPGD-Unisinos. Pesquisador I do CNPq.

[3] Sobre isso ver nosso artigo: ROCHA, Leonel. *Epistemologia do Direito*: Revisitando as Três Matrizes Jurídicas in RECHT, 2013.

[4] A noção de Forma de Sociedade é trabalhada por Claude Lefort in: *Essais Sur Le Politique*. Paris: Seuil, 1988; esta temática é também exaustivamente analisada em nosso texto intitulado *"Direito, Cultura Política e Sociedade"*, publicado no Anuário do Programa de Pós-Graduação em Direito da Unisinos, n. II, São Leopoldo: Unisinos, ano de 2000.

e sindicatos. Para Luhmann, o Direito na sociedade moderna configura-se com a diferenciação funcional, que seria a Forma da sociedade construída na Europa ocidental, do ponto de vista de Lefort. Da mesma maneira, Luhmann afirma que o sistema jurídico é também um sistema que pertence a sociedade e a realiza.[5]

Do ponto de vista pragmático, que pretendemos enfatizar aqui, é importante a dimensão temporal, uma vez que o tempo permitiria a tomada de decisões inovadoras, fora das estruturas sociais imobilizadoras. As decisões jurídicas têm uma estrutura temporal específica: a dogmática jurídica – a dogmática procura estabelecer *a priori* as respostas aos problemas, elaborando assim um controle das decisões e, consequentemente, do tempo.

Deste modo, procuraremos efetuar a nossa abordagem a partir de um ponto de vista crítico, voltado à análise das relações entre a política, o tempo e o Direito, tendo como pano de fundo as relações entre o saber jurídico e a forma de sociedade (o político), num primeiro momento com a denominada modernidade e num segundo momento com a sua crise: a pós-modernidade.

A forma da sociedade moderna, o político, instituiu-se de maneira mais específica a partir das grandes revoluções políticas, econômicas e filosóficas que se consolidaram no final do século XVIII: a Revolução francesa, a Revolução americana (independência dos EUA), a Revolução industrial e a Revolução filosófica do iluminismo. A grande consequência desta nova forma de sociedade, que muitos denominam de modernidade, foi a destruição do imaginário político medieval: organizado a partir de uma forma de sociedade estratificada, onde os lugares do poder já estariam predeterminados, a partir de um centro transcendente.[6]

Na sociedade medieval o tempo, dentro da perspectiva que estamos propondo, seria atemporal. Pois, não havia possibilidade de produção de novos simbolismos sociais. Nesta ótica, o modelo jurídico dominante na Europa não poderia deixar de ser o jusnaturalismo: concepção jurídica que postula a existência de valores absolutos a priori, portanto estáticos e fora do tempo. Desta maneira, a modernidade, ao romper com a forma política medieval, e com o jusnaturalismo transcendente, enfrenta pela primeira vez, a problemática do controle das decisões. Em outras palavras: as relações entre tempo e Direito. Pois, a forma característica da sociedade moderna é a diferenciação: separam-se indissoluvelmente as esferas do poder, do saber, da lei, da religião, do prazer implicando na necessidade da legitimação constante de suas áreas de atuação.

---

[5] LUHMANN, Niklas. *El Derecho de la Sociedad*. México: Herder, 2002. p. 37.
[6] Ver: ROCHA, Leonel Severo. Direito, Cultura Política e Sociedade. In: ROCHA, Leonel Severo; STRECK, Lênio. *Anuário do Programa de Pós-graduação em Direito da Unisinos*. n. II, São Leopoldo: Unisinos, 2000.

Neste tipo de sociedade existe uma grande indeterminação, tudo está em aberto, a discutir. Daí surgir o problema da legitimidade, do reconhecimento social, das decisões políticas (vinculantes) tomadas. Também aparece a questão da ideologia, necessidade de negar a irreversibilidade das indeterminações geradas pela pluralidade de imaginários sociais possíveis. A razão, a racionalidade, aparece como a postura metodológica a ser empregada para a conjuração dos riscos da indeterminação. Daí as propostas, para se citar as mais conhecidas, como a de Kant, de criar uma nova razão transcendental, a partir das categorias de tempo e espaço; ou a de Hegel, de uma nova dialética histórica centrada na figura do Estado. O Estado seria a manifestação real da racionalidade na história. Neste momento, não se pode deixar de lembrar a lucidez de Marx, ao denunciar o afastamento destas posturas da realidade histórica efetiva: as relações de dominação engendradas pelo modo de produção capitalista.

1.2. O Direito positivo

Na sociedade moderna, diferenciada, não se pode mais pensar em critérios de verdade necessária ou impossível, mas somente possível. A forma de sociedade moderna tem de enfrentar assim a complexidade produzida pela possibilidade de se tomar decisões sempre diferentes. Nesta linha de ideias, na modernidade não é mais factível se manter a concepção medieval dominante de Direito, o Direito natural: Direito eterno, imutável, indiferente às transformações sociais. O Direito moderno, ao contrário, para sobreviver na sociedade indeterminada, será um Direito positivo. Um Direito diferenciado e construído por decisões.

Assim, o Direito positivo é o Direito colocado por força de uma decisão política vinculante (Luhmann). O Direito positivo é uma "metadecisão" que visa a controlar as outras decisões, tornando-as obrigatórias. Para tanto, elabora-se uma sistema jurídico normativista e hierarquizado. Deste modo, a teoria jurídica normativista, que ainda é a base da racionalidade do Direito, deriva de um contexto histórico bem preciso. É uma teoria que se origina e fundamenta na forma de sociedade que chamamos de modernidade. E o significado mais lapidar que se pode dar à expressão modernidade seria aquele de um período, de uma fase, em que há uma grande crença na ideia de racionalidade, a qual, no Direito, para simplificar, estaria ligada a uma forte noção de Estado. Nesta ótica, a teoria jurídica da modernidade é uma teoria ligada à noção de Estado, que permitiu posteriormente o desenvolvimento de uma dinâmica metalinguística que se denomina normativismo.

Em suma, tem-se hoje em plena forma de sociedade globalizada, ainda, uma teoria jurídica originária da modernidade presa a noção de Estado e de norma jurídica. O principal autor que melhor representa toda essa concepção juridicista é Hans Kelsen.[7] É, assim, uma teoria datada que tem como pressuposto teórico, epistemológico, o normativismo, que vai como se sabe, difundir-se por todo o ocidente como a matriz teórica representante do Direito da modernidade.

Desta maneira, quando se ingressa nesta nova forma de sociedade, que também se poderia denominar de transnacionalizada, ou pós-moderna, o problema é o fato de que qualquer perspectiva mais racionalista ligada ao normativismo e ao Estado se tornar extremamente limitada. Não se pode assim continuar mantendo ingenuamente uma noção de racionalidade jurídica vinculada ao ideal kelseniano.[8]

Nesta linha de raciocínio, se entende a necessidade de criticar-se a epistemologia do neopositivismo analítico, da linguagem da denotação pura, introduzindo-se uma epistemologia construtivista que privilegie a temática da pluralidade social, da complexidade, dos paradoxos e riscos, e mostre algumas das consequências que estas perspectiva estão provocando na teoria do Direito.

Desta maneira, observa-se uma crise do Direito da modernidade. Saliente-se, porém, que a maioria das observações sobre a existência de uma crise do Direito é extremamente conhecida, e, portanto, não se pretende aqui recordá-las, mas caminhar por percursos que avancem além das já tradicionais percepções de que o Direito, pelos motivos já salientados, começa a ficar defasado em relação a uma série de questões importantes da sociedade, em relação a problemas políticos decisivos e, principalmente, daquilo que chamamos de *novos Direitos*.

Inserindo-se neste modo de observação, a crise do Direito não é somente uma deficiência de sua estrutura tradicional, mas uma crise da integração de seus pressupostos dogmáticos para funcionarem dentro da globalização. Desta maneira, é preciso se colocar de forma mais clara a grande questão, e que é uma das consequências da crítica que tem sido feita ao Direito da modernidade, ou seja, aquela da necessidade de se relacionar o Direito com a política e a sociedade – e essa questão não é nada simples. Não basta apenas dizer-se que é preciso pensar-se o Direito juntamente com a política e a sociedade, quanto a isso, há um certo consenso. O problema está em dar-se um efetivo sentido pragmático a essa assertiva.

A crítica jurídica pode ser dividida genericamente em duas etapas: a primeira refere-se ao momento da crítica do normativismo; já a segunda, mais elaborada, propõe uma nova hermenêutica para se pensar o Direito. E o que é essa nova hermenêutica? Trata-se de uma hermenêutica que

---

[7] KELSEN, Hans. *Teoria Pura do Direito*. Trad. João Batista Machado. Coimbra: Armênio Amado Editor Sucessor, 1976.

[8] KELSEN, Hans. *Teoria Geral do Direito e do Estado*. São Paulo: Martins Fontes, 1990.

surge quando se percebe as insuficiências da noção de norma jurídica, e se começa a entendê-la como algo que não é completo, um conceito que é limitado, que deve ser complementado pela interpretação das estruturas latentes da sociedade.

1.3. Normativismo analítico

A filosofia analítica[9] (teoria geral do Direito) possui um vasto leque de aplicações. Para Jonathan Turner, a analítica propõe a utilização de esquemas proposicionais que giram em torno de assertivas que ligam variáveis entre si. Esses esquemas podem ser agrupados em três tipos gerais: axiomáticos, formais e empíricos.[10]

Esse projeto de construção de uma linguagem rigorosa para a ciência, no entanto, foi adaptado para o Direito, principalmente, por Hans Kelsen[11] e por Norberto Bobbio.[12] Estes autores podem ser considerados neopositivistas, pois postulam uma ciência do Direito alicerçada em proposições normativas que descrevem sistematicamente o objeto Direito. Trata-se de uma meta-teoria do Direito, que, ao contrário, do positivismo legalista dominante na tradição jurídica (que confunde lei e Direito), propõe uma ciência do Direito como uma metalinguagem distinta de seu objeto. Para tanto, utiliza-se igualmente a Semiótica de Pierce e a Semiologia de Saussure.

A teoria do Direito de Kelsen possui, porém, influências do neokantismo, evidentes no seu ideal de "ciência pura". Nos capítulos iniciais da Teoria Pura do Direito,[13] mantém pressupostos kantianos, que se mesclam com os neopositivistas, pouco a pouco (cap. sobre "ciência do Direito"). O ideal de pureza implica separar o conhecimento jurídico, do Direito natural, da metafísica, da moral, da ideologia e da política. Por isso, Kelsen tem como uma de sua diretrizes epistemológicas basilares o dualismo kantiano, entre ser e dever ser, que reproduz a oposição entre juízos de realidade e juízos de valor. Kelsen, fiel à tradição relativista do neokantismo de Marburgo, optou pela construção de um sistema jurídico centrado unicamente no mundo do dever ser. Tal ênfase acarretou a superestima-

---

[9] Conforme nosso entendimento, pode-se dividir epistemologicamente a Teoria do Direito em Três perspectivas. Sobre isso, ver: ROCHA, Leonel Severo. Três matrizes da Teoria Jurídica. In: *Anuário do Programa de Pós-graduação em Direito da Unisinos*. n. I, São Leopoldo: Unisinos, 1999.

[10] TURNER, Jonathan H. *The Structure of Sociological Theory*. Homewood: Dorsey Press, 1986.

[11] KELSEN, Hans. *Teoria Pura do Direito*. Trad. João Batista Machado. Coimbra: Armênio Amado Editor Sucessor, 1976.

[12] BOBBIO, Norberto. *Ciencia del Derecho y análisis del lenguaje*. In: MIGUEL, Alfonso Ruiz (org.). *Contribución a la teoría del Derecho*. Madrid: Editorial Debate, 1990.

[13] KELSEN, op. cit., nota 3.

ção dos aspectos lógicos constitutivos da teoria pura, em detrimento dos suportes fáticos do conhecimento.[14]

A dicotomia entre *"sein/sollen"* foi apreendida por Kant a partir de Hume. Este último, em sua conhecida lei, afirma: "não podemos inferir um enunciado normativo de um enunciado declarativo e vice-versa. Isto é, não é uma inferência lógica aceitável, por exemplo, sustentar que caso se dê o fato "p", então "p" está permitido. Pp não é logicamente derivável de "p". Nem é possível concluir que se "p" é obrigatório, então efetivamente "p" é verdadeiro: a verdade de "p" não se infere na norma "Op".[15]

Kelsen, ao contrário do que pensam seus críticos apressados, por filiar-se à tradição da "teoria do conhecimento", assume como inevitável a complexidade do mundo em si. Para esse autor, a função do cientista é a construção de um objeto analítico próprio e distinto das influências da moral, da política e da ideologia. A partir dessa premissa é que Kelsen vai procurar, assim como Kant, depurar essa diversidade e elaborar uma "ciência do Direito". Na teoria pura, o Direito é distinto da ciência do Direito. O Direito é a linguagem objeto, e a ciência do Direito, a metalinguagem: dois planos linguísticos diferentes.

Esta concepção metalinguística do real, criada por Bertrand Russell para superar certos paradoxos lógicos, é utilizada por Kelsen em vários aspectos, que devem ser esclarecidos para evitar confusões. Para ilustrá-lo, pode-se comentar a relação entre a norma jurídica e a ciência. Isto ocorre em dois momentos próprios. O primeiro momento kelseniano da metalinguagem define a norma jurídica como um esquema de interpretação do mundo – um fato só é jurídico se for o conteúdo de uma norma –, isto é, como condição de significação normativa. Trata-se assim do movimento que dá ao ser o seu sentido, através da "imputação" de uma conduta que deve ser obedecida, desenvolvendo-se no nível pragmático dos signos jurídicos, portanto, com caráter prescritivo.

O segundo momento da teoria pura é quando se transforma a metalinguagem, descrita acima – a norma jurídica – em linguagem objeto da ciência do Direito, a qual, por sua vez, passa a ser a sua metalinguagem. Aqui, ao contrário do procedimento anterior não existiria a intenção prescritiva – que dinamiza o Direito –, apenas se procura descrever de forma neutra a estrutura das normas jurídicas. Em breves palavras, a norma jurídica é uma metalinguagem do ser, localiza ao nível pragmático da linguagem, que ao emitir imperativos de conduta não pode ser qualificada de verdadeira ou falsa, simplesmente pode ser válida ou inválida. O critério de racionalidade do sistema normativo, já que as normas não po-

---

[14] ROCHA, Leonel Severo. A dimensão política da teoria pura do direito. In: *Revista do Instituto de Hermenêutica Jurídica*, Porto Alegre: Instituto de Hermenêutica Jurídica, ano 1, n. 4, jan./dez. de 2006.

[15] VERNENGO, Roberto. *Curso de Teoría General del Derecho*. Buenos Aires: Cooperadora de Derecho, 1976.

dem ser consideradas independentemente de suas interações, é dado pela hierarquia normativa (norma fundamental) na qual uma norma é válida somente se uma norma superior determina a sua integração ao sistema. A teoria jurídica dominante anterior a essa corrente neopositivista, o jusnaturalismo, via o campo normativo como somente estático, dependente da adequação a ideais metafísicos. O normativismo kelseniano acabou por introduzir a perspectiva dinâmica do Direito, explicando os processos de produção e autorreprodução das normas. Já a ciência do Direito, por sua parte, sendo uma metalinguagem das normas jurídicas, ao preocupar-se somente com a descrição do sistema normativo, situando-se ao nível semântico-sintático da estrutura linguística, poderia ser verdadeira ou falsa em relação à objetividade da descrição efetuada por meio de seus modalizadores deônticos. Neste último aspecto, Kelsen é neopositivista.

Explicando melhor: Kelsen, mais do que propriamente um neopositivista, possui uma teoria que pode também ser estudada por intermédio da analítica. Assim, Bobbio foi quem de fato aplicou a metodologia da filosofia analítica, por meio do neopositivismo, às teses do normativismo de Kelsen. O paradigma do rigor seria a sua grande proposta metodológica para a ciência jurídica. O neopositivismo seria assim a metodologia a ser aplicada à teoria do Direito. Neste sentido, a discussão introdutória à problemática jurídica deveria ser precedida de uma introdução ao neopositivismo, função reservada para a epistemologia jurídica. Para Bobbio, isto implicaria uma *"teoria da reconstrução hermenêutica das regras"*, isto é, traduzir na linguagem normal dos juristas, a linguagem originária do legislador. A filosofia analítica teria dois campos de atuação a serem agilizados respectivamente pela *"teoria do sistema jurídico"* e pela *"teoria das regras jurídicas"*. A primeira, trataria da estrutura interna e das relações entre as regras, tema da *"dinâmica jurídica"* em Kelsen e da *"teoria do ordenamento"* em Bobbio. A teoria das regras jurídicas (Robles) abordaria, por sua vez, a *"teoria dos conceitos fundamentais"* (Bobbio), ou a *"estática jurídica"* (Kelsen).

No entanto, a analítica é uma matriz ainda bem centrada nos aspectos descritivos e estruturais do Direito. Portanto, bem limitada politicamente, por uma noção de Estado insuficiente, gerando, também, consequências teóricas graves, devido a sua incapacidade de pensar uma complexidade social de uma maneira mais ampla.

A Semiótica fornece, por esses motivos, um instrumental teórico mais consistente para a análise da interpretação jurídica, permitindo um maior desenvolvimento das posturas que pregavam a necessidade da elaboração de uma linguagem mais rigorosa para o Direito. Neste sentido, a Semiótica auxiliou na renovação da teoria do Direito que foi iniciada pela

"Teoria Pura do Direito", de *Hans Kelsen*,[16] o "O Conceito de Direito", de *Herbert Hart*,[17] e o "Realismo Jurídico", de *Alf Ross*,[18] para se citar as propostas mais conhecidas, que procuraram construir, sob diferentes pressupostos epistemológicos, um estatuto de cientificidade neopositivista para o Direito: uma metodologia fundada na elaboração de uma linguagem rigorosa para o Direito.

Do ponto de vista da Semiótica, em grandes linhas, o rigor linguístico que tornaria famoso *Norberto Bobbio*[19] partia da necessidade da realização de um processo de elucidação dos sentidos das palavras que culminaria com a construção de uma jurisprudência fundada na denotação pura. Para *Bobbio*,[20] as regras com as quais o jurista se ocupa em suas análises se expressam em proposições normativas, sendo a interpretação da lei uma abordagem da linguagem. O problema do jurista seria a construção de uma linguagem em que se estabelecem as regras de uso das definições jurídicas. Para tanto, seriam necessárias três fases denominadas respectivamente, por *Bobbio*, de *purificação, integração* e *ordenação* da linguagem jurídica. Este processo deveria solucionar, entre vários problemas, a questão das lacunas e antinomias jurídicas.[21]

Porém, mais tarde, com a constatação desta impossibilidade de se apontar definições objetivas, *Bobbio* chegaria a admitir a presença inexorável de antinomias e lacunas no Direito, e *Kelsen*, ainda mais reticente, aceitaria a total irracionalidade da interpretação feita pelos órgãos do Direito.[22]

O fracasso da tentativa da matriz analítica em elaborar uma linguagem pura para o Direito (desafio hoje em dia retomado pela linguagem técnica da lógica e informática jurídica) forneceria, contudo, com alguma perplexidade, bons argumentos para a crítica jurídica dos anos setenta. Assim, alguns juristas críticos começaram a propor leituras ideológicas do discurso jurídico a partir da análise positiva das ambiguidades, vaguezas e indeterminações que *Bobbio* pretendeu afastar. Para muitos, exatamente a percepção das indeterminações permitiria desmascarar o conteúdo ideológico do Direito. No entanto, nos últimos textos da fase jurídica de Bobbio, ele chegaria a agregar à definição de Estado aspectos promocionais (sanções positivas), os quais seriam necessários para que o

---

[16] KELSEN, Hans. *Teoria Pura do Direito*. Coimbra: Armênio Amado Editor Sucessor, 1976.

[17] HART, Herbert. *O Conceito de Direito*. Lisboa: Fundação Calouste Gulbenkian, 1976.

[18] ROSS, Alf. *Sobre el Derecho y la Justicia*. Buenos Aires: EUDEBA, 1977.

[19] BOBBIO, Norberto. *Teoria dell` Ordinamento Giuridico*. Torino: Giappichelli, 1960.

[20] BOBBIO, Norberto. *Il Positivismo Giuridico*. Torino: Giappichelli, 1979.

[21] Cf. BOBBIO, Norberto. *Ciencia del Derecho y Analisis del Lenguage*. In: MIGUEL, Alfonso Ruiz. *Contribución a la Teoria del Derecho de Norberto Bobbio*. Madrid: Debate, 1990.

[22] Ver capítulo VIII de: KELSEN, Hans. *Teoria Pura do Direito*. Coimbra: Armênio Amado Editor Sucessor, 1976.

Direito também exercesse uma função social.[23] Tudo isto também facilitou a entrada, na cena jurídica, da tópica argumentativa de *Viehweg* e de *Perelman*. A filosofia analítica limpou paradoxalmente o caminho para as perspectivas opostas, como por exemplo as defendidas pela retórica. Daí, a realização de novas releituras da argumentação de *Vico* e da Tópica de *Aristóteles*.

Por essas razões, a *filosofia analítica normativista*, baseada em critérios sintático-semânticos, conforme tinham proposto *Kelsen* e *Bobbio*, foi forçada a alterar-se para fazer frente ao surgimento de novas exigências teórico-sociais. Para tanto, a analítica, na atualidade, foi obrigada a voltar-se para a análise de critérios pragmáticos de racionalidade. Nesta linha de ideias, o critério de verdade do neopositivismo, ligado à comprovação lógica e/ou semântica, voltado à intersubjetividade universal de uma demonstração dedutiva ou à verificação empírica dos enunciados, entrou em crise.

Na mesma linha de ideias, a crítica jurídica voltada principalmente a uma dialética "denuncionista" do conteúdo ideológico que estaria oculto nos vazios semânticos das palavras da lei, também eclipsou-se junto com o objeto criticado.[24] Em outras palavras, para se fazer uma crítica política efetiva do Direito não é suficiente analisar-se as lacunas e ambiguidades dos signos do Direito, pois o sentido pleno do Direito independe de suas indeterminações *a priori*. O sentido do Direito é complementado pelo contexto. A análise isolada das anemias significativas dos signos é completamente desprovida de interesse. Isto seria, a *contrario sensu*, admitir-se que o normativismo kelseniano era ideologicamente procedente. A Semiótica do Direito exagerou o papel da definição *a priori* dos signos para a constituição da comunicação humana. Pode-se dizer, então, que uma das respostas à crise do normativismo é uma teoria hermenêutica que coloca a importância de compreender o Direito além da norma, com uma participação maior dos operadores do Direito e dos intérpretes não oficiais, dos intérpretes que fazem parte da sociedade.

Contudo, essa constatação que é coerente, é insuficiente. Ou seja, é importante compreender-se o Direito dentro da sociedade, assim como que a norma jurídica é um dever ser formal. Isso, mantendo-se o pressuposto da adequação do conceito de norma jurídica, pois alguns preferem falar em regras e princípios. A hermenêutica é, portanto, uma tentativa de se manter a estrutura normativa ampliando-se as suas fontes de produção de sentido.

---

[23] Ver: BOBBIO, Norberto. *Da Estrutura à Função*. São Paulo: Manole, 2012.

[24] ROCHA, Leonel Severo. Crítica da Teoria Crítica do Direito. In: ROCHA, Leonel Severo. *Epistemologia Jurídica e Democracia*. São Leopoldo: Unisinos, 2003.

1.4. Hermenêutica jurídica

Nesta ótica, as teses hermenêuticas da filosofia da linguagem ordinária, desde *Wittgenstein*, foram um avanço ao romperem com o apriorismo analítico do neopositivismo, acentuando o fato de que o sentido depende do contexto, da situação, do uso e funções dos discursos. Para *Wittgenstein*, o sentido depende das *formas de vida e dos jogos de linguagem*. Esta é uma postura que coloca a importância da instituição e da sociedade para a determinação do sentido. Neste aspecto, valoriza-se a enunciação em relação ao enunciado. Isto permitiu no Direito um melhor aproveitamento dos estudos sobre a retórica a partir da ampliação do âmbito de abrangência de sua perspectiva problemática, podendo-se destacar, no Brasil, neste setor, as contribuições de *Ferraz Júnior*[25] e *Luís Warat*.[26] Igualmente, não foi difícil aproximar-se a tese da linguagem ordinária daquela da teoria dos atos de fala de *Austin*, que coloca a importância da performatividade do Direito.

A teoria de *Austin*,[27] revista por *Searle*, enfatiza a enunciação através dos atos comunicativos (a ação comunicativa) para a delimitação do sentido. Para *Austin*, existem três tipos principais de atos de fala: os *atos locucionários*, que contêm o conteúdo das orações; os *atos ilocucionários*, onde o emissor realiza uma ação dizendo algo; e os *atos perlocucionários*, típicos de verbos performativos, como por exemplo, te prometo, te ordeno, te confesso, te condeno. Quem soube utilizar brilhantemente este arsenal teórico para a compreensão do Direito, já desde os anos sessenta, foi a teoria do Direito anglo-saxônica, principalmente, através da obra de *Herbert Hart*. Como expoente da hermenêutica jurídica contemporânea, Hart discute a *importância do reconhecimento*, como já apontara Hobbes, para a legitimidade do Direito. Graças à hermenêutica filosófica (Gadamer; Ricoeur), estes autores têm conseguido superar a antiga tensão entre a dogmática jurídica e a sociologia, colocando os textos (a enunciação) como o centro das discussões.

A Hermenêutica é hoje, entretanto, uma derivação crítica da filosofia analítica, baseada nos trabalhos de Wittgenstein (*"Investigações Filosóficas"*[28]) que redefiniu, em meados do século, a ênfase no rigor e na pureza linguística por abordagens que privilegiam os contextos e funções das imprecisões dos discursos. A hermenêutica, diferentemente, da prag-

---

[25] WARAT, Luís Alberto. *O Direito e sua Linguagem*. Porto Alegre: Sergio Antonio Fabris Editor, 1984.
[26] FERRAZ JUNIOR, Tércio Sampaio. *A Ciência do Direito*. São Paulo: Atlas, 1980.
[27] AUSTIN, John. *Quando Dizer é Fazer*: palavras e ações. Porto Alegre: Artes Médicas, 1990.
[28] WITTGENSTEIN, Ludwig. *Investigações Filosóficas*. Coleção Os Pensadores. Tradução: José Carlos Bruni. São Paulo: Nova Cultural, 1999.

mática, centrada nos procedimentos e práticas sociais, preocupa-se com a interpretação dos textos.

No terreno jurídico, a grande contribuição é portanto do positivismo de Herbert Hart ("*O Conceito de Direito*") e seus polemizadores (Raz,[29] Dworkin). O positivismo jurídico inglês foi delimitado por Austin e alçado até a filosofia política por intermédio do utilitarismo de Bentham. Na teoria de Hart, leitor de Bentham, a dinâmica das normas somente pode ser explicitada através da análise das chamadas *regras secundárias* (adjudicação, mudança e reconhecimento), que permitem a justificação e existência de sistema jurídico. Para sistêmicos autopoiéticos, como Gunther Teubner, a concepção hartiana dessas regras caracterizou um salto metodológico notável para que o Direito atingisse o que ele denominou de *"hiperciclo"*.[30]

Hart preocupa-se com a questão das definições. Porém, inserindo-se na concepção pragmática da linguagem, com objetivos hermenêuticos, este autor entende que o modo tradicional de definição por *gênero e diferença específica* é inapropriado para a compreensão de noções tão gerais e abstratas, pois a caracterização de tais definições necessitaria de termos tão ambíguos quanto os que se deseja, definir. Para Hart, Direito é uma expressão familiar que empregamos na prática jurídica sem a necessidade de nenhuma definição filosófica. Assim, a preocupação da jurisprudência não é com a explicitação da designação pura do signo Direito, como tenta fazer Bobbio, mas "explorar as relações essenciais que existem entre o Direito e a moralidade, a força e a sociedade (...) Na realidade, ela consiste em explorar a natureza de uma importante instituição social".[31]

A tese do Direito como instituição social significa que se trata de um fenômeno cultural constituído pela linguagem. Por isso, é que Hart, desde a linguística, pretende privilegiar o uso da linguagem normativa como o segredo para que se compreenda a normatividade do Direito. Esta atitude epistemológica tem, para Raz,[32] duas consequências: "em primeiro lugar, os termos e expressões mais gerais empregadas no discurso jurídico (...), não são especificamente jurídicos. São, geralmente, o meio corrente mediante o qual se manifesta a maior parte do discurso normativo". Em segundo lugar, com a análise da linguagem,

> a normatividade do Direito é explicada conforme a maneira como afeta aqueles que se consideram a si mesmos como sujeitos de Direito. Um dos temas principais tratados por Hart é o fato de que quando uma pessoa diz "tenho o dever de..." ou 'você tem o dever de...', ela expressa o seu reconhecimento e respalda um "standard" de conduta que é adotado como um guia de comportamento.[33]

---

[29] RAZ, Joseph. *O Conceito de Sistema Jurídico*. São Paulo: Martins Fontes, 2012.
[30] TEUBNER, Gunther. *O Direito como Sistema Autopoiético*. Lisboa: Fundação Calouste Gulbenkian, 1989.
[31] HART, Herbert. *O Conceito de Direito*. Lisboa: Fundação Calouste Gulbenkian, 1976.
[32] RAZ, Joseph. *O Conceito de Sistema Jurídico*. São Paulo: Martins Fontes, 2012.
[33] Idem.

Isso expressa um reconhecimento de quem formula a regra, seu desejo de ser guiado por ela, e a exigência (social) de que outros também o sejam. A normatividade é social. A necessidade do reconhecimento é que colocou a teoria de Hart no centro da hermenêutica. Nessa lógica, não é surpreendente o fato que, para Hart, o Direito possui uma zona de textura aberta que permite a livre manifestação do poder discricionário do juiz para a solução dos conflitos, nos chamados *hard cases*.

Esta última postura é criticada por Dworkin,[34] que entende que o Direito sempre proporciona uma *"boa resposta"*, já que o juiz, ao julgar, escreve a continuidade de uma história (*chain novel*). Neste sentido, Dworkin coloca a célebre metáfora do romance escrito em continuidade, apontando para metáfora da *Narração*. A boa resposta (*"right answer"*) seria aquela que resolvesse melhor à dupla exigência que se impõe ao juiz, ou seja, fazer com que a decisão se harmonize o melhor possível com a jurisprudência anterior e ao mesmo tempo a atualize (justifique) conforme a moral política da comunidade. Dworkin iniciou a partir dessa tese inúmeras polêmicas. Uma das mais célebres foi aquela realizada com Jules Coleman,[35] da Universidade de Yale, que retoma a tese de Raz de que o positivismo é exclusivo, que permite que a moral seja incluída como Direito válido somente se houver uma convenção autorizada expressamente pela comunidade jurídica para tal.[36]

Neste sentido, apesar das diferenças, Hart e Dworkin percebem que o Direito tem necessariamente contatos com a moral e com a justiça. Daí o lado político do Direito anglo-saxão, sempre ligado ao liberalismo, embora na versão crítica destes autores: Hart influenciado pelo utilitarismo de Bentham, e Dworkin pelo não contratualismo de Rawls.

A concepção de Estado da Hermenêutica é, portanto, mais democrática que a da filosofia analítica, voltando-se para as instituições sociais e abrindo-se já para o Estado interventor. De qualquer maneira, num certo sentido, esta matriz, já bastante prescritiva, ainda é normativa, embora, possa-se dizer que Dworkin possui uma teoria da interpretação, capaz de avançar além do positivismo e do utilitarismo. Um outro problema que permanece é o excessivo uso da metodologia individualista na hermenêutica do *common law*.

Entretanto, a linguagem ordinária, assim como algumas vertentes da hermenêutica, ao efetuarem o seu deslocamento pragmático, não ficaram isentas de dificuldades. Pode-se aqui citar, por exemplo, o psicologismo de sua teoria da ação, ainda muito centrada na chamada filosofia da cons-

---

[34] DWORKIN, Ronald. *Law's Empire*. Cambridge: Harvard University Press, 1986.

[35] COLEMAN, Jules. *The Practice of Principle: In Defence of a Pragmatist Approach to Legal Theory*. New York: Oxford University Press, 2001.

[36] DWORKIN, Ronald. *A Justiça de Toga*. São Paulo: Martins Fontes, 2010. p. 266.

ciência de origem cartesiana. Deste modo, um dos juristas que procurou resolver esta problemática recorrendo a hermenêutica narrativa, que relaciona o sujeito com a instituição, é *Ronald Dworkin*.[37] Contudo, Dworkin, ao considerar a moral como fundamental na interpretação, coloca um forte obstáculo a mudança social voltada aos Direitos de gênero e comportamentos não tradicionais.

Todos estes problemas que estamos levantando, e também algumas virtudes, provêm da constatação das limitações das análises centradas exclusivamente nos três níveis da semiótica (sintaxe, semântica e pragmática). Para *Landowski*, é preciso a elaboração de uma mudança de ponto de vista metodológico e teórico:

> A contribuição da semiótica consiste sobretudo, parece-nos, em possibilitar a passagem de uma concepção atomista da significação – aquela em que se apoiaram, na falta de melhor hipótese, os estudos de estatística lexical em voga durante as últimas décadas – a uma problemática de tipo estrutural que tem por objetivo dar conta dos discursos enquanto totalidades significantes, decerto apreensíveis em diferentes níveis de profundidade, mas, em todo caso, irredutíveis a uma simples adição de lexemas imediatamente indentificáveis em superfície.[38]

Assim sendo, num primeiro momento, na modernidade, o normativismo surge como um sistema jurídico fechado, em que as normas válidas se relacionam com outras normas, formando um sistema dogmático hierarquizado; e, num segundo momento, na globalização, surgem hermenêuticas que dizem que as normas jurídicas, no sentido kelseniano, no sentido tradicional, não são mais possíveis, que é preciso haver uma noção mais alargada, mais ampla que inclua também regras, princípios, diretrizes políticas, com uma participação maior da sociedade. A hermenêutica é um avanço da crítica jurídica porque aprofunda a questão da interpretação normativa, dando uma função criativa muito importante aos juízes, advogados, e aos operadores do Direito em geral. Isto quer dizer, que a hermenêutica fornece ideologicamente muito mais poder de ação. Entretanto, a hermenêutica jurídica também possui lacunas teóricas. A hermenêutica jurídica abre um importante ponto de preferência para análise da sociedade, para a compreensão do Direito. Mas ela não explica suficientemente o que seja sociedade.

1.5. Sociologia e Teoria dos Sistemas

Nesta linha de ideias, pode-se propor uma terceira etapa, além das matrizes normativistas e hermenêuticas; na qual pretende-se refletir melhor sobre o que é a sociedade.[39] Para que se aprofunde a concepção de

---

[37] DWORKIN, Ronald. *Law's Empire*. Cambridge: Harvard University Press, 1986.

[38] LANDOWSKI, Eric. *La Société Réflechie: Essais de Socio-Sémiotique*. Paris: Seuil, 1989.

[39] Essa perspectiva é aprofundada no artigo *"Três matrizes da teoria jurídica"* de Leonel Severo Rocha, in Anuário do Programa de Pós-Graduação em Direito Mestrado e Doutorado da Unisinos, São Leopoldo, 1999.

uma sociedade relacionada com o Direito é preciso rever-se completamente as relações do Direito com o social. Para tanto, o objetivo seria, basicamente, avançando além da hermenêutica, rediscutir-se a Sociologia do Direito. O problema é qual Sociologia do Direito?

Pretendemos sugerir para responder a essa questão algumas das possibilidades heurísticas que podem nos oferecer as abordagens que vêm produzindo a *epistemologia construtivista*, a partir das linguísticas pragmáticas, as ciências cognitivas e a atual teoria dos sistemas, notadamente nos trabalhos de *Luhmann*,[40] para a proposta de uma nova teoria da interpretação jurídica e, consequentemente, de outras possibilidades para se avançar além da Semiótica do Direito. Esta perspectiva permite uma revisão da racionalidade jurídica, redefinindo seus critérios tradicionais de cientificidade, ao abrir-se para observações que enfrentam questões normalmente omitidas na atribuição de sentido do Direito, como a consideração positiva da existência de paradoxos na relevância significativa.

Observar é produzir informação. A informação está ligada à comunicação. A problemática da observação do Direito deve ser relacionada com a interpretação jurídica. Para se observar diferentemente é preciso ter-se poder. A principal característica do poder é ser um meio de comunicação encarregado da produção, controle e processamento das informações. Uma das formas possíveis para se obter observações mais sofisticadas, de segundo grau, seria portanto o desenvolvimento de uma nova *Teoria dos Meios de Comunicação do Direito*.

Deste modo, esta observação poderia estabelecer critérios para a constituição de uma teoria do Direito, cuja função seria elaborar uma observação reflexiva sobre a totalidade da comunicação do Direito. E, como se sabe, conforme a teoria adotada varia o ponto de vista da observação. Assim, para uma observação sobre o Direito, capaz de permitir uma melhor compreensão das mudanças no seu entendimento, é necessário trabalhar-se com matrizes teóricas diferentes daquelas tradicionais. Somente, desde uma observação diferente poder-se-á recolocar o sentido social da interpretação jurídica, que no século XX foi dominada pela Semiótica. A hipótese que esboçamos neste texto é que somente uma nova Matriz Jurídica pode nos ajudar na reconstrução da teoria jurídica contemporânea.

1.6. A pragmática-sistêmica

A interpretação na teoria dos sistemas parte do conceito de comunicação. Esta análise afirma que a sociedade apresenta as características de um sistema permitindo a observação dos fenômenos sociais através dos laços de interdependência que os unem e os constituem numa totalidade.

---

[40] LUHMANN, Niklas. *Sistemi Sociali: Fondamenti di una Teoria Generale*. Bolonha: Il Mulino, 1990;

O sistema, para *Bertalanffy*, é um conjunto de elementos que se encontram em interação. Nesta teoria entende-se que o sistema reage globalmente, como um todo, as pressões exteriores e às reações dos seus elementos internos. A moderna teoria social dos sistemas foi delineada classicamente por *Parsons*[41] possuindo características que privilegiam o aspecto estrutural de sua conservação.

No entanto, a teoria dos sistemas renovou-se enormemente com as contribuições das ciências cognitivas, das novas lógicas e da informática, passando a enfatizar os seus aspectos dinâmicos. Do ponto de vista epistemológico, pode-se enfatizar a importância do chamado *construtivismo* para esta transformação. O construtivismo entende que conhecimento não se baseia na correspondência com a realidade externa, mas somente sobre as construções de um observador (*Von Glaserfeld, Heinz Von Foerster*). Para a área jurídica, nesta última linha de investigação, é interessante salientar-se, dentro dos limites deste texto, duas perspectivas neoparsonianas: *a teoria da diferenciação* e a *teoria da ação comunicativa*.

Para as teorias neossistêmicas, a interpretação não pode mais restringir-se ao formalismo linguístico da semiótica normativista de matriz analítica, nem ao contextualismo, um tanto psicologista, da matriz hermenêutica, mas deve voltar-se para questões mais sistêmico-institucionais. Nesta perspectiva, centra-se nas formas de interpretação elaboradas pelos *meios de comunicação simbolicamente generalizados*, nas *organizações*, encarregadas de produzir decisões jurídicas, e nas novas maneiras de decidir conflitos, como a *arbitragem* e a *mediação*.

Luhmann e Habermas, importantes autores alemães, vão enfatizar também certos aspectos filosóficos desta matriz, os quais a Sociologia americana de Parsons não tinha dado ênfase. Habermas, por exemplo, elaborou uma teoria dos sistemas, na linha de Parsons, em que o ambiente tem uma certa autonomia. Para Habermas, existe a ideia de sistema, mas também existe igualmente um ambiente, que ele denomina de mundo da vida. A ideia de sistema de Parsons é mantida com a revisão possibilitada pela concepção de mundo da vida. Além do mais, Habermas efetua uma forte leitura filosófica nessa questão, colocando Kant como o autor fundamental, numa rediscussão ética de toda essa problemática. Assim, Habermas força um retorno a Kant juntamente com a ideia de que o consenso seria necessário à sociedade contemporânea. À diferença de Parsons, Habermas também coloca a questão da linguagem, do discurso, como central. Entretanto, não coloca a linguagem como texto, como o faz a hermenêutica mais tradicional, colocando-a como comunicação. Parsons fala em linguagem como comunicação, e, por isso, Habermas,

---

[41] PARSONS, Talcott. *Sistema Social*. Madrid: Revista de Ocidente, 1976. Ver, também, do mesmo autor: *A Estrutura da Ação Social*. Volumes I e II. Pretópolis: Vozes, 2010.

em homenagem aos seus grandes mestres – Weber fala em teoria da ação, Parsons fala em comunicação –, escreve sua principal obra com o título de *Teoria da Ação Comunicativa*.[42]

Luhmann é, porém, o autor que mais nos interessa aprofundar nesse momento. Luhmann, sempre teve uma polêmica com Habermas, tendo uma trajetória intelectual semelhante. Trata-se de uma teoria dos sistemas com um retorno a certas bases filosóficas de Hegel. Deste modo, Luhmann vai inspirar-se em numa dialética e, com isso, ele vai colocar que o mais importante não é a perspectiva que está em Habermas, de se obter o consenso, mas afirmar, ao contrário, que o sentido da sociedade é a produção da diferença. É sempre preciso que a sociedade produza diferença, não consenso. Deste modo, estamos distantes da linha do diálogo de Habermas, e da estabilização, na perspectiva de Parsons. A sociedade tem de ser observada desde o critério de produção do diferente.

Por isso, a teoria de Luhmann é uma concepção de mundo que pode ser chamada, na falta de outro nome, *pós-moderna*.[43] Teoria que acentua não a racionalidade, não o consenso, não a identidade, mas a produção da diferença, da fragmentação, da singularidade. É uma teoria crítica nesse sentido avançando o máximo possível além de qualquer noção de racionalidade tradicional. Embora continue aproveitando uma parcela das contribuições de Weber e de Parsons, a sociedade de Niklas Luhmann visa à produção da diferença. Nesta ótica, introduziu-se toda essa trajetória para se salientar a importância da teoria sociológica do Direito. Historicamente, Weber colocou o problemática da ação, da decisão; Parsons, a problemática dos sistemas. E, Luhmann, por sua vez, vai rever tudo isso e aprofundar numa teoria da sociedade contemporânea.

1.7. A pragmática-sistêmica em Luhmann

Esta matriz provoca efetivamente uma grande mudança epistemológica na teoria do Direito, e, talvez, por isso, ainda não chegou a ter grande influência na dogmática positivista dominante. O ponto de partida são as análises de Luhmann sobre a *"Teoria dos Sistemas"*, de Parsons.

Niklas Luhmann adaptaria, entretanto, alguns aspectos da teoria de Parsons, somente numa primeira fase de sua atividade intelectual, porque, em seus últimos textos,[44] Luhmann voltou-se para uma perspectiva epistemológica *"autopoiética"* (Varela-Maturana):[45] acentuando a sistema-

---

[42] HABERMAS, Jurgen. *Teoria da Ação Comunicativa*. Madrid:Taurus,1989;

[43] Luhmann se considera um sociólogo da modernidade, porém a sua concepção de modernidade para nós se aproxima mais da idéia de pós-modernidade.

[44] LUHMANN, Niklas. *La Sociedad de la Sociedad*. México: Herder, 2007.

[45] MATURANA, Humberto; VARELA, Francisco. *Él Árbol Del Conocimiento: las bases biológicas del entendimento humano*. Buenos Aires: Lúmen, 2003.

ticidade do Direito como autorreprodutor de suas condições de possibilidade de ser, rompendo com o funcionalismo (*input/output*) parsoniano.

A perspectiva sistêmica autopoiética (pragmático-sistêmica) permite afirmar que por trás de todas as dimensões da semiótica, notadamente as funções pragmáticas da linguagem nos processos de decisão jurídica, estão presentes a problemática do risco e do paradoxo, os quais estão redefinidos no interior do sistema. Nesta linha de ideias é que se pode entender porque Luhmann, indo bem além de Kelsen (analítica) e Hart (hermenêutica), define o Direito[46] como "uma estrutura de generalização congruente em três níveis: temporal (norma), social (institucionalização) e prático ou objetivo (núcleo significativo)". Isto porque, para Luhmann, na obra Sociologia do Direito, "o comportamento social em um mundo altamente complexo e contingente exige a realização de graduações que possibilitem expectativas comportamentais recíprocas e que são orientadas a partir de expectativas sobre tais expectativas". Estas reduções podem dar-se através de três dimensões: temporal, social e prática. Na dimensão temporal, "essas estruturas de expectativas podem ser estabilizadas contra frustrações através da normatização"; na dimensão social, essas estruturas de expectativas podem ser institucionalizadas, isto é, apoiadas sobre o consenso esperado de terceiros; e na dimensão prática, "essas estruturas de expectativas podem ser fixadas também através da delimitação de um 'sentido' idêntico, compondo uma interrelação de confirmações e limitações recíprocas".

Em um mundo altamente complexo e contingente, o comportamento social, para Luhmann, requer portanto reduções que irão possibilitar expectativas comportamentais recíprocas e que são orientadas, a partir das expectativas sobre tais expectativas. Isto gera a questão da dupla contingência. A consecução disso reside então em harmonizar as dimensões, através de reduções que irão se dar em cada uma delas, por intermédio de mecanismos próprios. Isto caracteriza o que Luhmann denomina "generalização congruente", onde "congruente" significa coerência, ou seja, congruência. Importante, também, em Luhmann é a sua constatação de que:

> O Direito não é primariamente um ordenamento coativo, mais sim um alívio para as expectativas. O alívio consiste na disponibilidade de caminhos congruentemente generalizados para as expectativas significando uma eficiente indiferença inofensiva contra outras possibilidades, que reduz consideravelmente o risco da expectativa contrafática.

Nesta ordem de ideias, a função do Direito reside na sua eficiência seletiva, na seleção de expectativas comportamentais que possam ser generalizadas em todas as dimensões. O Direito é assim *"a estrutura de um sistema social que se baseia na generalização congruente de expectativas compor-*

---

[46] LUHMANN, Niklas. *Sociologia do Direito*. v. I. Rio de Janeiro: Tempo Universitário, 1972.

tamentais normativas". O Direito, para Luhmann, é uma estrutura dinâmica devido à permanente evolução provocada pela sua necessidade de constantemente agir como uma das estruturas socias redutoras da complexidade das possibilidades do ser no mundo (Husserl).

Assim, a complexidade organizada, causada pela chamada dupla contingência, é combatida pelos processos de identificação estrutural, somente possíveis com a criação de diferenciações funcionais. A Teoria Sistêmica do Direito, comunicando a norma jurídica com o social e a práxis significativa, fornece um importante passo para a construção de uma nova teoria do Direito que aborde simultaneamente os seus aspectos analíticos, hermenêuticos e pragmáticos, em relação com o sistema social.

Nesta linha de ideias, é lúcida a visão de Miguel Reale[47] que há muito tempo tem reivindicado uma postura tridimensional do Direito (do mesmo modo que Luhmann, ao propor também três dimensões para a estrutura jurídica), manifesta por uma dialética de implicação-polaridade em busca de um normativismo jurídico concreto: o Direito é uma experiência histórico-cultural.

Do mesmo modo, é importante a contribuição de Ferraz Júnior[48] que entende a ciência do Direito como voltada ao problema da decidibilidade dos conflitos, desde um instrumental que articula os modelos analíticos, hermenêuticos e argumentativos do Direito. Ferraz Júnior desenvolveu o seu pensamento, inicialmente, a partir de sua tese sobre a obra de Emil Lask, que foi um dos primeiros[49] a ter uma postura "tridimensional do Direito", ao pretender superar a oposição entre o ser e o dever ser através do mundo da cultura, tendo sofrido também grande influência de Luhmann.

A teoria dos sistemas de Luhmann tem assim proporcionado a configuração de um novo "estilo científico" mais apto a compreensão das atuais sociedades complexas que vivemos, estando no centro das discussões atuais sobre o sentido do Direito e da sociedade. A própria filosofia analítica tem se reformulado intensamente com tendências a substituir o neopositivismo (ou complementar) pelas análises da lógica modal (deôntica), criada por Von Wright[50] e desenvolvida por lógicos como Kalinowski,[51] revistas pelos trabalhos inovadores da "lógica paraconsistente", não tri-

---

[47] REALE, Miguel. *Teoria Tridimensional do Direito*. São Paulo: Saraiva, 2006.
[48] Sobre o tema ver: ROCHA, Leonel Severo. Semiótica e Pragmática em Tércio Sampaio Ferraz Jr. In: ADEODATO, João Maurício; BITTAR, Eduardo C. (org.). *Filosofia e Teoria Geral do Direito*: homenagem à Tércio Sampaio Ferraz Júnior. São Paulo: Quartier Latin, 2001. p. 755-772.
[49] REALE, Miguel. *Filosofia do Direito*. São Paulo: Saraiva, 2009. p. 512.
[50] WRIGHT, Georg Von. *Norm and Action*: a logical enquiry. New York: Humanities Press, 1963.
[51] KALINOWSKI, Georges. *Introduction a la logique juridique: elements de semiotique juridique, logique des normes et logique juridique*. Paris: Libr. Generale de Droit Et de Jurisprudence, 1965.

vial, no domínio jurídico. A informática jurídica também parece ser um campo de atuação de grande futuro.

Existem igualmente juristas, como Aulis Aarnio da Universidade de Helsinki, que pretendem retomar a filosofia analítica, através de um viés mais interpretativo procurando ver o "racional como razoável".[52] Para tanto, procuram "combinar especialmente três pontos de vista, isto é, chamada Nova retórica, a filosofia linguística do último Wittgenstein e o enfoque racionalista representado por Jürgen Habermas".[53] Este autor entende que a interpretação possa ser vista como uma soma de jogos de linguagem, assim como,

> a ênfase da conexão entre a linguagem e a forma de vida, a interpretação do conceito de audiência com ajuda do conceito de forma de vida, o exame das teorias da coerência e de consenso como pautas de medição das proposições interpretativas, um moderado relativismo axiológico e uma tentativa de localizar os traços racionalistas da interpretação.

Esta atitude interpretativa de Aarnio coloca a tradição analítica conjuntamente com a hermenêutica, neste aspecto, não podemos igualmente subestimar as críticas feitas por MacCormick a Dworkin, assim como, os seus trabalhos realizados com Ota Weinberger sobre a possibilidade de uma *Teoria Institucional do Direito*. Como se sabe, Dworkin, desde sua controvertida tese da "resposta correta", conclui pela "completude do Direito". Para Dworkin, "as lacunas do Direito são raras; existe quase sempre uma resposta exata a uma questão jurídica".[54]

Não obstante, para MacCormick, Dworkin subestima os aspectos "institucionais" do Direito. "A lei é de fato uma caso central e paradigmático de uma 'instituição de Direito', e é um fato institucional (jurídico) que os Atos ou Artigos existam como Direito".[55] Neste sentido, segundo MacCormick:

> Prefiro a ontologia da teoria institucional do Direito, que autoriza a aceitação da existência das leis como textos-leis independentemente do estabelecimento de uma conclusão qualquer sobre a melhor maneira de interpretar e aplicar estes textos no processo que os torna operacionais. O Direito em ação deve evidentemente ser acionado pela mediação de visões politicamente controvertidas de um Estado ideal. O Direito em repouso é, entretanto, um compromisso sempre temporário entre visões opostas. Não é o ideal de ninguém. É um fato institucional.[56]

Para Weinberger, existe uma interdependência entre a ação do indivíduo e a sociedade. Esta interdependência se realiza em instituições que são modelos de ação. Assim, influenciado por Searle e Anscombe,

---

[52] AARNIO, Aulis. *The Rational as Reasonable*: a Treatise on Legal Justification. Dordrecht: D. Reidel, 1986.

[53] Idem.

[54] DWORKIN, Ronald. *La complétude du droit*. In: AMSELEK, P. (ed.). *Controverses autour de l'ontologie du droit*. Paris: Presses Universitaires de France, 1989. p. 127-135.

[55] MACCORMICK, Neil; WEINBERGER, Ota. *An Institutional Theory of Law: new approaches to legal Positivism*. Dordrecht: D. Reidel, 1985.

[56] MACCORMICK, Neil. *Legal reasoning and legal theory*. Oxford: Oxford University Press, 1995.

Weinberger volta-se para os fatos institucionais. O conhecimento é o conhecimento de indivíduos capazes de viver e agir num sistema de instituições sociais. Portanto, hipótese mais rica que a da sociologia tradicional baseada em fatos brutos. Para este autor:

> É justamente durante a análise destas relações que percebi que toda instituição compreende um núcleo normativo e outro de informações práticas. Este dado está também na base da teoria geral, de fundamento neo-institucionalista, da validade de todas as categorias de normas sociais.[57]

Todas estas derivações da analítica e da hermenêutica jurídica desembocam assim em perspectivas pragmáticas de caráter institucional, chegando a tese de MacCormick e Weinberger do Direito como *"fato institucional"*.

Embora não pretendamos analisar detidamente neste momento outras perspectivas, não se pode deixar de apontar o enfoque da *Análise Econômica do Direito*, que permitiu uma abordagem mais detalhada das consequências das decisões jurídicas. Nesse sentido, destacam-se Robert Cooter (Berkeley) e Thomas Ulen (Illinois), os quais, desde o marco teórico iniciado por Ronald Coase, Guido Calabresi e Gary Becker, obrigam-nos a refletir não somente sobre os fundamentos, mas também sobre as consequências econômicas das decisões jurídicas.[58] Com muito sucesso na área do Direito, Richard Posner, por sua vez, critica a obsessão pela teoria moral e constitucional nos juristas, propugnando por uma observação dos fatos sociais e suas relações empíricas com a economia e com a política.[59]

Tais perspectivas (institucionalista e econômica, dentre outras) podem ser heuristicamente complementadas, como abordaremos abaixo, pelas propostas da segunda fase luhmanniana, aquela de matriz autopoiética, aliada à concepção de "risco", a qual aponta interessantes avanços para esta discussão da racionalidade do Direito e da sociedade. Por tudo isso, como se depreende de nossa abordagem, a teoria do Direito depende, na atualidade, de uma teoria da sociedade: *pragmático-sistêmica*.

A teoria dos sistemas de Luhmann procura explicar a sociedade como sistema social. É importante nesta matriz epistemológica demonstrar-se que certos elementos básicos tornam possível formas de interação social. Isso implica uma grande complexidade, que exige cada vez mais subsistemas, como o Direito, a economia, a religião, etc., os quais, por sua vez, se diferenciam; criando outros subsistemas, e assim sucessivamente.[60]

---

[57] MACCORMICK, Neil; WEINBERGER, Ota. *An Institutional Theory of Law: new approaches to legal Positivism*. Dordrecht: D. Reidel, 1985.

[58] COOTER, Thomas; ULEN, Thomas. *Direito e Economia*. São Paulo: Artmed, 2010.

[59] POSNER, Richard. *A Problemática da Teoria Moral e Jurídica*. São Paulo: Martins Fontes, 2012.

[60] LUHMANN, Niklas. *Risk: a sociological theory*. New York, Aldine de Gruyter, 1993.

1.8. Comunicação, risco e perigo: sistemas fechado e aberto

A sociedade como sistema social se constitui e se sustenta por intermédio da *"comunicação"*. Por sua vez, a comunicação depende da linguagem, das funções, da diferenciação e das estruturas, gerando a evolução social.

Entretanto, para os objetivos de nosso argumento, interessa-nos acentuar inicialmente a categoria de *"risco"*. Em outras palavras, na sociedade complexa, o risco torna-se um elemento decisivo: é um evento generalizado da comunicação, sendo uma reflexão sobre as possibilidades de decisão.

Na literatura tradicional, o risco vem acompanhado da reflexão sobre a *"segurança"*. Nesta ótica, Luhmann prefere colocar o risco em oposição ao *"perigo"*, por entender que os acontecimentos sociais são provocados por decisões contingentes (poderiam ser de outra forma), que não permitem mais se falar de decisão segura. A sociedade moderna possui condições de controlar as indeterminações, ao mesmo tempo, que não cessa de produzi-las. Isso gera um *"paradoxo"* na comunicação. Nesta ordem de raciocínio, concordamos com Luhmann, no sentido de que a pesquisa jurídica deve ser dirigida para uma nova concepção da sociedade, centrada no postulado de que o risco é uma das categorias fundamentais para a sua observação.

Toda teoria dos sistemas se caracteriza por manter determinado tipo de relações com o ambiente. A teoria da diferenciação afirma que somente os sistemas são dotados de sentido, sendo que o ambiente é apenas uma complexidade bruta, que ao ser reduzida, já faz parte de um sistema. É o sistema a partir da dinâmica da diferenciação que constrói o sentido. Trata-se do princípio da diferenciação funcional dos sistemas sociais da sociedade moderna.

Um sistema diferenciado deve ser, simultaneamente, *operativamente fechado* para manter a sua unidade e *cognitivamente aberto* para poder observar a sua diferença constitutiva. Portanto, a sociedade possui como elemento principal a comunicação: a capacidade de repetir as suas operações diferenciando-as de suas observações. A tomada de decisões produz tempo dentro da sociedade. Nesta perspectiva, não é o consenso que produz o sentido das decisões, mas a diferenciação.

As *organizações* são as estruturas burocráticas encarregadas de tomar decisões coletivas a partir da programação e código dos sistemas. Os sistemas adquirem a sua identidade numa permanente diferenciação com o ambiente e os outros sistemas, graças às decisões das organizações. O *poder judiciário* pode ser visto como uma organização voltada a consecução das decisões do sistema do Direito. A produção do diferente em cada processo de tomada de decisões gera o tempo. Quando a diferenciação ocorre numa meta-observação do sistema surgem paradoxos que constituem a efetiva matriz da história.

Devido a todos estes fatores, *Luhmann*[61] coloca como objeto preferencial de seu campo temático a *Comunicação:* somente a comunicação pode produzir comunicação. A comunicação para *Luhmann* se articula com a discussão a respeito dos chamados *Meios de Comunicação Simbolicamente Generalizados*. A comunicação, para Luhmann, é uma síntese entre a *informação*, o *ato de comunicação* e a *compreensão*. Esta síntese é possível dependendo da forma como os meios de comunicação permitem a produção do sentido. Assim, a comunicação não derivaria de suas pretensões de racionalidade consensual. Uma tal postura permite afirmar que as funções pragmáticas da linguagem nos processos de decisão jurídica, podem e devem ser redefinidas somente no interior dos sistemas.

Nessa segunda fase, denominada autopoiética, *Luhmann* radicaliza a sua crítica da sociedade, graças, então, às suas concepções de *risco* e de *paradoxo*, que apontam avanços para a discussão a respeito da racionalidade do Direito e da sociedade. A constatação da presença permanente do risco de não se obter consequências racionais em relação aos fins pretendidos nas decisões (como pregara *Weber*), para *Luhmann*, gera o inevitável paradoxo da comunicação na sociedade moderna. Em outros termos, impede a diferenciação entre a operação de fechamento e abertura dos sistemas. Assim, rompe com o funcionalismo parsoniano, voltado à teoria do interesse: cuja racionalidade dependeria da objetividade da ação do ator em relação a determinados fins (funções).

1.9. Paradoxo e autopoiese

Qual é a noção a partir daí que podemos ter de um sistema que é ligado ao passado e ao futuro simultaneamente, que lida com a ideia de paradoxo? Chamamos isso de *autopoiesis*.[62] O *sistema autopoiético* é simultaneamente fechado e aberto, ou seja, é um sistema que sincroniza a repetição e a diferença, tendo que equacionar no seu interior esse paradoxo, que os operadores do Direito vão usar como critério para tomar decisões.

Assim, a noção de autopoiese surge como uma necessidade de se pensar aquilo que não poderia ser pensado em uma visão dogmática e unidimensional. É um sistema que não é fechado nem aberto. Por quê? Porque um sistema fechado é impossível, não pode haver um sistema que se autorreproduza somente nele mesmo. Por sua vez, igualmente, não

---

[61] LUHMANN, Niklas. *Sistemi Sociali*. Bolonha: Il Mulino, 1990.
[62] TEUBNER, Gunther. *O Direito como Sistema Autopoiético*. Lisboa: Fundação Calouste Gulbenkian, 1989.

pode haver um sistema totalmente aberto e sem limites. Há, aqui, então, a proposta da autopoiese que estabelece um critério de repetição e diferença simultânea. E, aprofundando esse último aspecto, tendo-se interesse em falar novamente a respeito de programação finalística (economia, por exemplo), na programação de produção da diferença, iremos então retomar aquela complexidade inicial enfrentada por Weber. Retorna-se, desse modo, ao problema da dupla contingência (indeterminação), e, forçando novamente a discutirmos quais são as consequências das nossas ações.

A fuga desse dilema é obtida no Direito tradicional por intermédio do jogo da resposta dogmática onde as consequências das nossas ações já estão dadas antecipadamente. Se, por exemplo, alguém matar outrem e isso for comprovado em um "devido processo legal", poderá sofrer uma determinada pena, que já estaria prevista na legislação. O Direito dá o sentido do futuro. A partir do momento em que rompemos com essa noção e começamos a pensar a produção da diferença, na construção de novas realidades, temos que reavaliar que tipo de consequências podem decorrer de nossas decisões. E é por isso que destacamos o conceito sociológico de *risco*,[63] pois, a cada vez que uma decisão é tomada em relação ao futuro – e sabemos que não é fácil tomá-la, porque existe muita complexidade –, temos que pensar na contingência (como sendo a possibilidade de que os fatos não ocorram da maneira como estamos antevendo). É preciso, portanto, levar-se a sério a consideração de todas as consequências, toda a complexidade que está por trás da produção de uma decisão diferente. Por isso, devemos investigar também as organizações e sistemas, como a Administração, a Economia, que participam ativamente das decisões. O risco é a contingência: uma decisão sempre implica na possibilidade de que as suas consequências ocorram de maneira diferente. As organizações são os sistemas encarregados de reduzir a complexidade em tal situação. Essa é uma das funções do Poder Judiciário, que ocupa o centro do Sistema do Direito.

Assim sendo, a sociologia luhmanniana, apresenta uma série de propostas que nos permitem observar o Direito de maneira diferente; de uma maneira mais dialética (sem síntese), no sentido de que é preciso ver a sociedade como tentativa de construção de futuro. É difícil observar-se o Direito atual usando-se somente critérios dogmáticos-normativistas. A partir desta ruptura epistemológica, proposta pela matriz pragmático-sistêmica, vislumbra-se uma epistemologia circular, e não mais linear, como tradicionalmente enfocada. Entretanto, para que seja possível o perfeito entendimento dessa nova perspectiva com que é vislumbrada a teoria e

---

[63] Sobre Risco, ver: LUHMANN, Niklas. *Sociologia del Riesgo*. Trad. Javier Torres Nafarrate. Guadalajara: iberoamericana, 1992.

prática do Direito, necessita-se uma abordagem das características decorrentes da autorreferencialidade do sistema jurídico.[64]

Conforme Gunther Teubner, a *autorreferência* é a "característica visceral" do Direito Pós-Moderno, e sua abordagem faz-se essencial para um entendimento do Direito como um sistema autopoiético.[65] A *Referência* é a designação proveniente de uma distinção e a peculiaridade do prefixo *auto* reside no fato de que a operação de referência resulta naquilo que designa a si mesmo. Para Luhmann, a expressão autorreferência (*Self-reference*):

> Designa toda operação que se refere a algo fora de si mesmo e que, através disto, volta a si. A pura auto-referência, a qual não toma o desvio do que lhe é externo, equivaleria a uma tautologia. Operações reais ou sistemas reais dependem de um 'desdobramento' ou destautologização desta tautologia, pois somente então, estas poderão compreender que são somente possíveis em um ambiente real de uma maneira limitada, não arbitrária.[66]

Para Teubner, essa nova forma do Direito sugere quatro características.[67] Primeiramente, a autorreferência aponta uma *indeterminação* por parte do Direito, como algo insuscetível de qualquer controle ou direção externa, não sendo determinada por autoridades terrestres ou por textos, pelo Direito Natural ou pela revelação divina. São as decisões anteriores que estabelecem a validade do Direito e este determina a si próprio por sua autorreferência, baseando-se em sua própria positividade. O Direito retira sua validade desta autorreferência pura, segundo a qual o Direito é o que o Direito diz ser Direito, isto é, qualquer operação jurídica reenvia ao resultado de operações jurídicas anteriores. A validade não pode ser importada do ambiente do sistema jurídico porque "o Direito é válido, então, em razão de decisões que estabelecem sua validade",[68] assim, a única racionalidade possível é a que consiste numa configuração interna possibilitadora de redução de complexidade do meio, o que incompatibiliza-se com as noções de *input* e *output*.

A segunda característica salienta a relação entre autorreferência e *imprevisibilidade* do Direito. Segundo esta concepção, o dogma da segurança

---

[64] Aqui, e nas páginas seguintes, acentua-se algumas ideias que já anotamos no texto escrito conjuntamente com Delton Winter de Carvalho intitulado "Auto-referência, Circularidade e Paradoxos na Teoria do Direito", publicado no Anuário do Programa de Pós-graduação em Direito da Unisinos, n. 4, 2002.

[65] Idem.

[66] Luhmann conceitua *Self-reference* como a expressão que: "*Designates every operation that refers to something beyond itself and through this back to itself. Pure self-reference that does not take this detour through what is external to it self would amount to a tautology. Real operations or systems depend on an 'unfolding' or de-tautologization of this tautology because only then can they grasp that they are possible in a real envireonment only in a restricted, non-arbitrary way*". In: LUHMANN, Niklas. *Ecological Communication*. Cambridge: Chicago University Press. p. 143.

[67] TEUBNER, Gunther. *O Direito como Sistema Autopoiético*. Lisboa: Fundação Calouste Gulbenkian, 1989.

[68] LUHMANN, Niklas. "O Enfoque Sociológico da Teoria e Prática do Direito". *Revista Seqüência*. n° 28, Junho, 1994. p. 6

jurídica (previsibilidade da aplicação do Direito aos casos concretos) seria incompatível com a autorreferência. Conforme abordou-se acima, a própria ideia de contingência afasta o dogma da segurança jurídica e pode-se vislumbrar a indeterminação diretamente vinculada à autonomia do Sistema do Direito. O Direito apresenta uma contínua mutação estrutural, no sentido de satisfação de sua funcionalidade específica. *"Existe a certeza de que haverá Direito, porém incerteza quanto ao seu conteúdo".*[69]

A terceira interpretação proposta por Teubner salienta a *circularidade* essencial do Direito. Tal perspectiva parte da constatação de que, ao atingir os níveis hierarquicamente superiores, há a impossibilidade de seguir-se adiante, uma vez que há a remessa ao nível hierárquico mais inferior, num estranho círculo ("espiral"), onde geralmente uma norma processual tenderá a decidir o conflito posto ao sistema jurídico.

O Sistema do Direito é um sistema social parcial que, a fim de reduzir a complexidade apresentada por seu ambiente, aplica uma *distinção específica* (codificação *binária*: Direito/Não Direito) através da formação de uma comunicação peculiar (*comunicação jurídica*). Com isso, a operacionalidade deste sistema parcial tem por condição de possibilidade a formação de uma estrutura seletiva que, reflexivamente, pretende apreender situações do mundo real[70] (meio envolvente) para o sistema parcial funcionalmente diferenciado que é o Direito. O Direito apresenta-se, assim, como um código comunicativo (a unidade da diferença entre Direito e Não Direito), no sentido manter sua estabilidade e autonomia – mesmo diante de uma imensa complexidade (excesso de possibilidades comunicativas) – através da aplicação de um código binário. Isso ocorre, porque, a partir do circuito comunicativo geral (sistema social), novos e específicos circuitos comunicativos vão sendo gerados e desenvolvidos até o ponto de atingirem uma complexidade e perficiência tal, na sua própria organização autorreprodutiva (através da aplicação seletiva de um código binário específico), que se autonomizam do sistema social geral, formando subsistemas sociais autopoiéticos de segundo grau/sistemas parciais;[71] isto é, sistemas parciais de comunicação específica.

Cada Sistema Parcial passa a integrar/constituir o Sistema Social Geral mediante uma perspectiva própria. Com isso tem-se um acréscimo

---

[69] NICOLA, Daniela R. Mendes. Estrutura e Função do Direito na Teoria da Sociedade de Luhmann. In: ROCHA, Leonel Severo (org.). *Paradoxos da Auto-Observação.* Curitiba: JM Editora, 1997. p. 238.

[70] Assim, pode-se conceber o Direito como a construção de uma "para-realidade, uma *Wirklichkeit*, de complexidade reduzida, em cima de uma realidade propriamente dita". Ver: GUERRA FILHO, Willis Santiago. O Direito como Sistema Autopoético. In: *Revista Brasileira de Filosofia*. São Paulo. n. 163. 1991. p. 190.

[71] Neste sentido, pode-se afirmar que o Direito não é um ordenamento de condutas mas sim, um código de comunicação, conforme, NICOLA, Daniela R. Mendes. Estrutura e Função do Direito na Teoria da Sociedade. In: ROCHA, Leonel Severo (org.). *Paradoxos da Auto-Observação*. Curitiba: JM Editora, 1997.

no potencial do sistema social para poder enfrentar e reduzir a complexidade que, paradoxalmente, devido a essa especialização funcional, é ampliada. O problema surge, quando, irresistivelmente, tende-se a aplicar a distinção Direito/Não Direito (a qual possibilita o fechamento operacional) à própria distinção, o que repercutiria em conclusões do tipo: "não é Direito dizer o que é Direito/Não Direito". Tal fato causaria um bloqueio no processo de tomada de decisões. Esses bloqueios, por sua vez, denominam-se *paradoxos da autorreferência*.

A partir destes apresenta-se a quarta característica da autorreferencialidade do Direito, cuja perspectiva reflexiva constata que a realidade da prática do Direito é uma realidade *circularmente estruturada*. Esta interação autorreferencial dos elementos internos (que se dão mediante articulações circulares) acarretam em tautologias que bloqueiam a operação interna. Luhmann explica este problema da seguinte forma:

> Através da aceitação de um código binário (jurídico/antijurídico), o sistema obriga a si próprio a essa bifurcação, e somente reconhece as operações como pertencentes ao sistema, se elas obedecem a esta lei. (...) Se os sistemas se baseiam em uma diferença codificada (verdadeiro/falso, jurídico/antijurídico, ter/não ter), toda a auto-referência teria lugar dentro destes códigos. Opera dentro deles como relação de negação, que excepciona terceiras possibilidades e contradições; precisamente este procedimento que estabelece o código não pode ser aplicado à unidade do próprio código.

E, concluindo de forma "desparadoxizante", afirma o autor: "A não ser: por um observador".[72]

Quando ciente dessa evolução, estar-se-á preparado para reconhecer e identificar todo o conjunto de fenômenos permanentes de autorreferência, paradoxos e contradições que permeiam o sistema jurídico. Esses paradoxos são inerentes à realidade do Direito e não podem ser suplantados por uma simples postura crítica (a qual apenas demonstra a existência de paradoxos dentro do sistema do Direito), ou por uma tentativa de suplantá-los mediante uma nova distinção; mas, conforme Teubner, por intermédio da constatação de que os elementos que compõe o sistema do Direito – ações, normas, processos, realidade jurídica, estrutura, identificação – constituem-se circularmente, além de vincularem-se uns aos outros também de forma circular.

Destarte, o sistema jurídico, como um sistema autopoiético, apresenta-se ante uma interação autorreferente, recursiva e circular de seus elementos internos (fechamento operacional), os quais, por isso, não apenas se auto-organizam, mas, também, se autoproduzem; isto é, produzem os elementos necessários para a sua reprodução. Assim, suas condições originárias, tornam-se independentes do meio envolvente e possibilitam sua própria evolução. Todavia, Teubner, mais recentemente, tem trabalhado

---

[72] LUHMANN, Niklas. O Enfoque Sociológico da Teoria e Prática do Direito. In: *Revista Seqüência*. n° 28, junho, 1994. p. 3-4.

o conceito de policontexturalidade como condição para observação do Direito na globalização.[73]

Entretanto, retomando a nossa argumentação, além do sistema efetuar uma autoprodução de seus elementos e estruturas, o próprio ciclo de autoprodução deve ser capaz de se (re)alimentar. "Esta função de automanutenção é obtida através da conexão do primeiro ciclo de autoprodução com um segundo ciclo, que possibilite a produção cíclica garantindo as condições de sua própria produção (é o chamado hiperciclo)".[74]

2.1. Forma de sociedade transnacionalizada: novo Direito?

Na atualidade, o Direito atravessa uma outra fase teórica, seguindo Luhmann, que pode ser chamada de autopoiética. Nessa fase mais evoluída, radicaliza-se a sua crítica, graças as concepções de risco e de paradoxo, que apontam interessantes avanços para a discussão a respeito da racionalidade do Direito e da sociedade.

Isso caracteriza a forma de sociedade do terceiro milênio como um sistema social hipercomplexo dominado pela a complexidade e a dupla contingência.[75] Por isso, a produção e imposição do sentido pelo Direito é extremamente difícil, e se percebe a relevância cada vez maior dos meios de comunicação simbolicamente generalizados como únicos detentores do poder e construção de futuro.

Com a constatação da presença permanente do risco nas decisões, percebe-se o inevitável paradoxo da comunicação na sociedade moderna. Por isso, aquela possui condições de controlar as indeterminações, ao mesmo tempo, que não cessa de produzi-las. A sociedade contemporânea é constituída por uma estrutura paradoxal, na qual se amplia a justiça e a injustiça, o Direito e o não Direito, a segurança e a insegurança, a determinação e a indeterminação. Em outras palavras, nunca a sociedade foi tão estável e nunca a sociedade foi tão instável, pois a lógica binária não tem mais sentido na "paradoxalidade" comunicativa.

Nessa ordem de raciocínio, a pesquisa jurídica deve ser dirigida para uma nova forma de sociedade, centrada no postulado de que a complexidade é uma das categorias fundamentais para a sua observação. A concepção de sociedade de risco torna ultrapassada toda a sociologia clássica voltada, seja para a segurança social, seja a um conflito de classes determinado dialéticamente; como também torna utópica a teoria da ação comunicativa livre e sem amarras. O risco coloca a importância de uma

---

[73] TEUBNER, Gunther. *Direito, Sistema e Policontexturalidade*. São Paulo : Unimep, 2005.
[74] TEUBNER, Gunther. *O Direito como Sistema Autopoiético*. Lisboa: Fundação Calouste Gulbenkian, 1989. p. 48-49.
[75] LUHMANN, Niklas. *Sociologia do Direito*. v. I. Rio de Janeiro: Tempo Universitário, 1972.

nova racionalidade para tomada das decisões nas sociedades complexas, redefinindo a filosofia analítica, a hermenêutica e a pragmática jurídicas, numa teoria da sociedade pragmático-sistêmica, que desbloqueie a comunicação jurídica.

Na atual forma de sociedade, é relevante a ideia de transnacionalização. A transnacionalização é a união de dois pólos espaciais inconciliáveis na lógica tradicional: o local e o universal. Para muitos pareceria a recuperação da dialética, porém não se trata da possibilidade de nenhuma síntese. Trata-se da produção da simultaneidade entre a presença e a ausência, que somente é possível devido a sua impossibilidade. Esse paradoxo é constitutivo da nova forma de sociedade que começamos a experimentar, e, nesse sentido, é um convite a reinventar, uma vez mais, o político e o Direito.

Toda a teoria do Direito está ligada a uma teoria do Estado: Estado de Direito. A matriz teórica analítico-normativista somente é possível a partir de um conceito de validade fundamentado na força obrigatória do poder do Estado. Por sua vez, a matriz hermenêutica é uma derivação dialético-crítica do normativismo. Assim sendo, estas matrizes mantêm uma relação preponderante com a noção estatal de Direito. É fácil perceber, portanto, a amplitude das transformações que provoca no Direito a constatação de que o Estado deixou de ser o fundamento único de validade do poder e da lei.[76]

Na perspectiva da teoria sistêmica vivencia-se, então, uma hipercomplexidade, uma vez que os processos de autopoiese dos sistemas sociais dinamizam-se intensamente para fazer frente a esta desorganização do poder e do Direito. A *hipercomplexidade* é a possibilidade de recorrer-se a diferentes sistemas para o enfrentamento de questões específicas. As organizações têm a função de tomar decisões a partir de cada sistema, por exemplo, o Poder Judiciário é a organização encarregada de decidir desde o sistema do Direito. Não existe mais a pretensão de se tomar decisões isoladas. As decisões não dependem somente dos indivíduos, mas das organizações.

A programação condicional foi a maneira elaborada pela dogmática jurídica para racionalizar os processos decisórios do Direito estatal. No momento em que o Estado, enquanto programador do Direito, deixa de ser o centro de organização da política, a programação sofre uma perda de racionalidade, recuperando a indeterminação que visa a reduzir. Neste sentido, em muitas questões jurídicas, o poder judiciário em vez de simplesmente aplicar a programação condicional, necessita recorrer a funda-

---

[76] Porém, o Estado ainda detém o monopólio em muitas questões chaves da sociedade, dificultando as análises simplistas que afirmam o seu desaparecimento. O Estado continua existindo, ao lado de outras organizações, caracterizando mais um paradoxo; é soberano e não soberano.

mentações extraestatais. Em outros termos, a quebra de racionalidade do controle do Estado sobre a política faz com que a política invada setores do Direito, forçando o Judiciário a tomar decisões de um outro tipo: a programação finalística.

Na linguagem tradicional, poder-se-ia dizer que a *programação condicional* caracteriza um sistema fechado e a *programação finalística* um sistema aberto. Assim a tendência do Direito seria a de transformar-se em um sistema aberto. Do ponto de vista sistêmico, pode-se afirmar que o sistema do Direito é operativamente fechado e cognitivamente aberto ao mesmo tempo. Em outras palavras, o sistema do Direito é autopoiético, isto é, reproduz de forma condicional os seus elementos diferenciando-se de suas consequências cognitivas. O sistema do Direito é constituído por uma lógica que articula a repetição e a diferença. Desse modo, autopoiese não é sinônimo de sistema fechado. É preciso livrar-se das amarras da lógica clássica que, fundamentada no princípio da não contradição, não nos permite pensar a riqueza da alteridade. A complexidade da produção de sentido do Direito como paradoxo torna-se, assim, uma condição para a observação da comunicação do Direito, uma vez que essa se constitui numa das mais importantes características da nova forma de sociedade.

Para concluir, não posso deixar de lembrar Luis Alberto Warat[77] que em sua longa trajetória intelectual e pessoal, investigou o Direito e suas relações com a afetividade, retomando o que Luhmann denominou de O amor como Paixão, como o caminho aberto pela Mediação.Para Warat, na minha perspectiva, a autopoise teria sentido para o Direito desde uma comunicação centrada no amor de na paz.

---

[77] Warat, Luis Alberto. *Surfando na Pororoca*. Florianópolis: Boiteux, 1999.

— X —

Desigualdade e tributação no Brasil do Século XXI

MARCIANO BUFFON[1]

Sumário: 1. Considerações Iniciais; 2. A desigualdade brasileira: causas históricas e atual cenário; 3. As "manifestações de riqueza" atingidas pela tributação no Brasil; 4. Composição da Carga Tributária no Brasil; 5. Proposições voltadas à utopia útil da igualdade; 5.1. Preservação do mínimo existencial; 5.2. Tributação universal e progressiva da renda e do patrimônio; 5.3. Tributação sobre o consumo e sua inerente e dispendiosa burocracia; 5.4. A tributação para preservação do meio ambiente; 6. Considerações finais; 7. Referências.

1. Considerações Iniciais

Se há um tema que vem ocupando um espaço de crescente centralidade nos debates que permeiam esta segunda década do século XXI, inescapavelmente há de reconhecer-se que é a questão da desigualdade. Em especial, essa discussão ganhou força a partir da Grande Crise de 2008 e seus desdobramentos ainda indefinidos.

É certo que, em nível mundial, a ampliação das desigualdades vem ocorrendo, em maior ou menor grau, a partir da década de 1980, todavia, os dias que ora se sucedem transformaram-se em tempos outrora inimagináveis. De um lado, tem-se uma crise paradigmática que vai destruindo paulatinamente os fundamentos que restavam do velho Estado de Bem-Estar Social europeu, sem que se consiga, minimamente, prever o tamanho das consequências a curto e médio prazos. Por outro lado, constata-se a emergência de novos atores políticos e econômicos no plano internacional, que conferem outra roupagem ao capitalismo.

O aprofundamento da crise que se iniciou em 2008 nos Estados Unidos contaminou de tal forma as economias mais fragilizadas do Velho Mundo que, dificilmente, se consegue, hoje, traçar um cenário para o pós--crise, simplesmente porque não é possível dizer se está-se apenas diante de uma sucessão de eventos que causaram uma perturbação temporária,

---
[1] Doutor em Direito pela Universidade do Vale do Rio dos Sinos – UNISINOS. Professor do Programa de Pós-Graduação em Direito (Mestrado) e da graduação na UNISINOS. Advogado na área tributária.

ou se houve o rompimento definitivo com um paradigma que, até então, era entendido como uma verdade inconteste (neoliberalismo).

O que está em crise, na atualidade, é a concepção que se apresentou como a fórmula capaz de assegurar o progresso e a riqueza a todos – aqui no Brasil materializada, entre outras, pelo clichê "deixa o bolo crescer para depois dividir". Não é preciso realizar um esforço investigativo de fôlego para perceber que a implementação de dogmas como o da total desregulamentação do mercado financeiro ocupa um espaço de crucial importância nos eventos que ocorrem desde 2008, bem como colaborou para acentuar os níveis de desigualdade existentes entre países e dentro deles.

Em vista disso, seria razoável imaginar que as receitas para superar este momento estivessem desconectadas desse *modus pensandi*. No entanto, percebe-se que, até o momento, não só há uma defesa intransigente da referida concepção teórica, como há também um conjunto de ações direcionadas à preservação dos interesses justamente daqueles que mais se beneficiaram ao longo dos "anos de ouro" desta concepção. O receituário é imposto de uma forma autoritária, reiterando-se a necessidade de fazer-se "mais do mesmo" (que deu errado!), sob a promessa de que, com isso, a crise restará superada.

No caso específico do Brasil, em um sentido contrário, constata-se que houve um influxo na desigualdade social desde o início deste século, estando este processo relacionado com a melhora nas condições de vida das classes "c" e "d", especialmente em função de políticas públicas a elas direcionadas (programa de renda mínima, elevação do piso salarial acima da inflação, etc.), como reconhecem estudiosos de diferentes matizes ideológicas.

No entanto, ainda que se possa internamente festejar a redução da desigualdade social, há de reconhecer-se que, dificilmente, estes avanços prosseguirão nos próximos anos, uma vez que os efeitos das políticas públicas responsáveis por eles são limitados no tempo. Diante disso, a questão que se coloca é: de que forma a significativa desigualdade ainda existente no Brasil pode ser reduzida para níveis aceitáveis?

Sem riscos de radicalismo, pode-se dizer que é chegado o momento de a tributação dar sua parcela de contribuição neste processo. Após vinte e cinco anos de promulgação da Constituição Cidadã, não é aceitável que o modelo de tributação continue sendo, ao contrário do que ela preconiza (art. 3º, inc. III), um verdadeiro instrumento de redistribuição de renda às avessas.

Quando se fala de tributação, invariavelmente há de se ter presente que, ao longo de sua história, reafirmou-se sua tendencial aptidão a ser um instrumento de redução das desigualdades sociais e econômicas dentro de um modelo de produção capitalista. Entretanto, com o advento do que se convencionou denominar neoliberalismo, tal característica restou minimizada ou até mesmo foi entendida como economicamente disfuncional.

Ocorre que, especialmente diante da crise antes descrita, as verdades incontestes que prevaleceram nos últimos trinta anos, senão ruíram, encontraram importantes forças opostas à sua manutenção. Isso pode ser constatado em recentes estudos publicados. Entre eles, podem ser destacados: a) *O Capital no Século XXI* – obra-prima do economista francês Thomas Piketty; b) *O Preço da Desigualdade*, do Prêmio Nobel de Economia Joseph Stiglitz; c) bem como estudos mais específicos acerca da América Latina, desenvolvidos: pela ONU, mediante sua Comissão Econômica para América Latina e Caribe – CEPAL/2012 (Mudança Estrutural para Igualdade); e, pelo Banco Interamericano de Desenvolvimento – BID/2013 (Arrecadar não Basta: a tributação como instrumento do desenvolvimento).

Levando-se em consideração tais estudos e adaptando-os à realidade brasileira, será possível examinar o tamanho do fosso da desigualdade no cenário nacional, as razões pelas quais o modelo de tributação ora adotado mostra-se incompatível com o formato constitucional respectivo e quais seriam as sugestões viáveis e potencialmente úteis para que a tributação possa, enfim, recuperar sua histórica função de elemento imprescindível para minimização das desigualdades.

2. A desigualdade brasileira: causas históricas e atual cenário

Quando se fala da história, sempre há o risco de que a análise seja um tanto reducionista, pois o perigo da história é que ela parece fácil, mas não é. De qualquer sorte, ciente disso e não se arvorando à condição de historiador, pretende-se, nesse momento inicial, examinar os problemas com os quais o Brasil vem convivendo ao longo de sua existência. Nesta perspectiva, a desigualdade social ocupa um espaço de notória importância, além de estar no ponto de partida de várias outras situações sociais e economicamente indesejadas.

É certo que a América Latina, como um todo, se encontra entre as regiões mais pobres do mundo, e que a pobreza extrema – de uma parte expressiva da população – representa um problema crônico e responsável por tantas outras mazelas. No entanto, por mais incompreensível que possa parecer a tantos, a pobreza extrema trata-se de um problema passível de solução, não demandando esforços faraônicos para solucioná-la.

A pobreza extrema é algo que pode ser superado em curto ou médio prazo, bastando para tanto a implementação de políticas públicas que estejam aptas a assegurar padrões mínimos de existência aos "deserdados de expectativas".[2] Neste sentido, os programas de renda mínima implementados, em maior ou menor grau, por vários países da região, correspondem a ações estatais direcionadas a este fim e são tendencialmente eficazes no combate à pobreza extrema.

Ocorre que, a desigualdade social é um problema muito mais complexo, sendo insuscetível de ser resolvido apenas com a aplicação de recursos públicos, como ocorre com a pobreza extrema. Dá-se isso porque as políticas públicas que visam combater a pobreza, por vezes, implicam ganhos econômicos, inclusive, àqueles que não são diretamente beneficiados por elas, gerando um sentimento coletivo de ganho para todos. Aliás, vale ressaltar que programas dessa natureza (renda mínima, por exemplo) não constituem criação do Estado Social e faziam, inclusive, parte do receituário neoliberal clássico.

Diferentemente disso, políticas públicas que combatam a desigualdade geram uma situação de desconforto por parte daqueles que, ou perdem o *status* social que lhes era histórica e exclusivamente garantido ou sentem-se incomodados pelo fato de que há maior mobilidade social das classes inferiores, reduzindo a distância outrora existente. Acontece que não basta combater a pobreza extrema, pois a questão da desigualdade é tão ou mais importante do que ela.[3]

A desigualdade existente no Brasil e na maioria do continente Latino Americano[4] possui causas históricas que remontam ao longo período

---

[2] No caso do Brasil, segundo dados do Ministério do Desenvolvimento Social e Combate à Fome – MDS, se o Bolsa Família não existisse, haveria 36 milhões de pessoas na zona da pobreza extrema, número que foi significativamente reduzido desde a implantação do referido programa de renda mínima. Disponível em: <http://bolsafamilia10anos.mds.gov.br/themes/bolsa/infografico/superando/superando.html>. Acesso em: 15 abr. 2014.

[3] Segundo afirma Thomas Piketty, em reposta à pergunta da Jornalista da BBC – Brasil Ruth Costas (*Se o Brasil já está conseguindo reduzir a pobreza, por que precisa se importar também com a desigualdade?*), porque poderia ter uma redução ainda maior da pobreza e um crescimento maior da economia se tivesse menos desigualdade. É tudo uma questão de grau. Concordo que precisamos de um pouco de desigualdade para continuar crescendo. O problema é quando a desigualdade atinge níveis extremos, muito altos. Aí deixa de ser útil para o crescimento. Passa a se perpetuar por gerações, afeta a questão da mobilidade. Os níveis de desigualdade no Brasil estão entre os maiores do mundo. Se o Brasil quiser crescer no século 21 precisa garantir que amplos grupos da população tenham acesso à educação de qualidade, qualificação e trabalhos que pagam bem. Para isso é necessário muito investimento social inclusivo. Disponível em: <http://www.bbc.co.uk/portuguese/noticias/2014/11/141127_piketty_entrevista_ ru_lgb>. Acesso em: 2 dez. 2014.

[4] Conforme constata recente estudo da CEPAL, na América Latina e no Caribe há, com grandes diferenças entre países, uma combinação de estruturas e instituições que conduzem economias de baixa produtividade e alta segmentação, bem como parcerias com as desigualdades em termos de mídia, recursos, redes de relações e de reconhecimento mútuo. A combinação de estruturas pouco diversificadas e de baixa intensidade em conhecimento e instituições ineficientes, frequentemente capturadas pelos agentes de maior poder econômico e político conduz a uma distribuição primária de recursos – que decorre o mercado altamente desigual, que por sua vez apenas marginalmente afetou o sistema fiscal e políticas sociais. Comissão Econômica para a América Latina e o Caribe (CEPAL). *Pactos para la igualdad: hacia un futuro sostenible.* 2014. p. 33. Disponível em: http://www.cepal.org/cgin/getProd.asp?xml=/publicaciones/xml/7/52307/P52307.xml&xsl=/ tpl/p9f.xsl&base=/brasil/tpl/topbottom.xsl. Acesso em: 2 dez. 2014.

em que a escravidão fazia parte da realidade das colônias europeias. O verdadeiro "holocausto negro", que perdurou por mais de quase três séculos, corresponde a uma de suas raízes históricas mais determinantes. Não bastou, porém, a simples abolição legal da escravatura para que os homens livres – negros – fossem reconhecidos como iguais e pudessem almejar os mesmos desejos dos homens brancos. Após serem declarados formalmente livres, eles passaram a integrar um grupo marginalizado de pessoas, dando origem, mais tarde, a grandes conglomerados urbanos desprovidos das mínimas condições de habitação.

Além do "holocausto negro", a América Latina patrocinou o "holocausto" da população indígena, mediante a simples eliminação física ou ações políticas e econômicas que a marginalizaram e, concomitantemente, impediram que fosse mantido – em regra – seu modo de vida distinto. Aqueles que buscaram ou foram forçados a integrar-se na vida econômica e social do restante da população permaneceram em situação de extrema fragilidade social e esta realidade é comum em quase todos os países da região.

Neste processo de construção de uma sociedade desigual, a divisão da terra também ocupou um espaço de notoriedade. Os grandes latifúndios que surgiram – e muitos continuam a existir – foram um fator determinante de concentração da renda em uma ínfima parcela da população, mediante a exploração, num primeiro momento, do trabalho escravo e, num segundo momento – e até no presente –, de trabalhadores que labutam em condições análogas à escravidão. Obviamente, em condições dessa natureza, a renda obtida permite apenas a própria sobrevivência, tanto quanto o combustível somente permite que uma máquina funcione.

Nos grandes centros urbanos, este processo potencializou-se mediante a ocupação de áreas periféricas, com alta densidade populacional, sem os requisitos mínimos de saneamento e moradia. Neste cenário, coexistem trabalhadores que buscam a satisfação de suas necessidades básicas, com subempregos mal remunerados e insuficientes para garantir-lhes o mínimo. Trata-se de um cenário perfeito para proliferação da violência e multiplicação de atividades ilícitas, principalmente o tráfico de drogas. Em locais com tais características, restam sonegadas as legítimas expectativas de uma existência digna a uma vida boa.

Paralelamente a este cenário, existem verdadeiros oásis de riqueza explícita. A parcela da população que ocupa o topo de pirâmide econômica vive e consome artigos de luxo, cujo principal valor reside justamente no seu preço, ou seja, o bem não vale pela utilidade que possa ter, mas sim pelo seu próprio custo, pois é a publicização deste que permite a ostentação perante os demais.[5] Tornam-se, assim, invejados e concomitantemente odiados, criando-se o contexto perfeito para uma sociedade conflituosa, desigual e, portanto, distanciada da desejável coesão.

Com a descrição deste cenário, torna-se possível compreender o fato de o Brasil compor a lista das dez economias mais ricas do mundo e estar concomitantemente alocado na lista das quinze economias com as piores distribuições de renda, equiparando-se a países da região do continente africano ao sul do Deserto do Saara, que foi apontada, em relatório desenvolvido pelo Programa das Nações Unidas para o Desenvolvimento, como umas das regiões mais miseráveis do mundo.[6] Esta contradição pode ser facilmente constatada na tabela que segue:

MAIORES ECONOMIAS DO MUNDO
1. Estados Unidos da América
2. China
3. Índia
4. Japão
5. Alemanha
6. Rússia
7. Brasil
8. França
9. Reino Unido
10. Indonésia

Fonte: Banco Mundial

PIORES DISTRIBUIÇÕES DE RENDA
1. Seychelles
2. Comores
3. Namíbia
4. África do Sul
5. Micronésia
6. Haiti
7. Zâmbia
8. Honduras
9. Bolívia
10. República Central da África
11. Colômbia
12. Guatemala
13. Brasil
14. Belize
15. Suriname

Fonte: PNUD

Segundo dados publicados pelo IBGE, observa-se que, no Brasil, em 2012, enquanto os 10% com maiores rendimentos detinham 41,9% da renda total, os 40% com menores rendimentos apropriaram-se de 13,3% da

---

[5] Como salienta Wolfang Streeck, há muito tempo o consumo nas sociedades capitalistas maduras dissociou-se das necessidades materiais. Hoje grande parte do consumo não está atrelada ao valor de uso da mercadoria: o que conta é seu valor simbólico, sua aura ou halo. É por isso que os profissionais da indústria pagam mais do que nunca pelo *marketing* – publicidade, *design* dos produtos e inovação. Mesmo assim, os valores intangíveis da cultura tornam o sucesso comercial difícil de prever, certamente mais do que na época em que era possível alcançar o crescimento suprindo, gradualmente, todos os lares de um país com uma máquina de lavar. STREECK, Wolfang. Como vai acabar o capitalismo? O epílogo de um sistema em desmantelo crônico. *Revista Piauí*, ed. 97, out. 2014.

[6] É preciso destacar, entretanto, que dados divulgados no Relatório do Desenvolvimento Humano de 2009, mostravam o Brasil entre os 10 piores países com redistribuição de renda.

renda total,[7] o que colabora para que o GINI brasileiro ocupe esta posição tão vexatória, comparativamente as maiores economias do mundo.

O coeficiente de GINI, desenvolvido pelo matemático italiano Corrado Gini, é um parâmetro internacional usado para medir a desigualdade de distribuição de renda entre os países. O coeficiente varia entre 0 e 1. Quanto mais próximo do zero, menor é a desigualdade de renda num país, ou seja, melhor a distribuição de renda. Quanto mais próximo do um, maior a concentração de renda. Veja-se a evolução do índice de GINI no Brasil, a partir de dados da Pesquisa Nacional por Amostra de Domicílio – PNAD, realizada pelo IBGE:

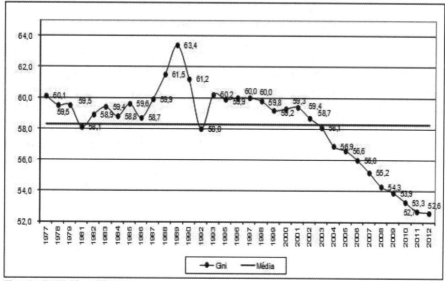

Fonte: PNAD, vários anos.

Observa-se que, apesar de estar longe de ser solucionado, no Brasil, o problema da desigualdade vem recuando. Enquanto em 2002, o coeficiente era de 59,4; em 2012, estava em 52,6, o que demonstra uma melhora na distribuição de renda. Contudo, muito embora na última década tenha se constatado um quadro de melhora no processo de distribuição de renda e redução das desigualdades, pode-se facilmente perceber que isso não foi suficiente para retirar o país da incômoda e paradoxal posição de grande potência econômica muito desigual, além de perceber-se uma estagnação deste processo, já no ano de 2013.

Não obstante as causas históricas antes mencionadas, há de examinar-se quais são as causas que atualmente colaboram com a manutenção

---

[7] Síntese dos Indicadores Sociais. *Instituto Brasileiro de Geografia e Estatística*. Disponível em: <http://biblioteca.ibge.gov.br/visualizacao/livros/liv66777.pdf>. Acesso em: 15 abr. 2014.

do *status quo* da desigualdade ou que impedem que os índices representativos sejam, de fato, minimizados – ou, quando minimizados, este processo seja lento. Há uma série de causas, conforme antes rapidamente examinadas. Porém, opta-se por examinar um dos aspectos reconhecidamente relevante: a carga fiscal. Essa opção justifica-se à medida que se pode constatar que a redução da desigualdade ocorrida em território nacional deu-se "apesar da tributação", pois, em relação a esta, poucas mudanças ocorreram no sentido de utilizar a sua potencialidade redistributiva de renda, notadamente pela via dos ingressos.

3. As "manifestações de riqueza" atingidas pela tributação no Brasil

Uma das questões mais importantes a examinar-se numa carga fiscal diz respeito à resposta para a singela pergunta: quem paga a conta? Embora pareça simplório assim referir-se, a justiça fiscal somente será alcançada quando aqueles que estejam obrigados a contribuir tenham efetivamente capacidade para tal e quando os detentores de maior capacidade econômica contribuam de acordo com esta capacidade. Nisso, pois, reside a justiça ou a injustiça no campo fiscal.

Tradicionalmente, as três manifestações de capacidade econômica aptas a expressar a possibilidade de contribuir para a manutenção da coletividade residem na renda, propriedade e consumo, ou seja, os cidadãos cumprem com o dever de pagar tributos levando-se em consideração a renda obtida, o patrimônio existente ou o consumo de determinados bens e serviços. É certo que há outras bases, mas estas cumprem muito mais do que um papel de instrumento de intervenção do Estado, como ocorre com os tributos aduaneiros.

Em países que alcançaram melhores índices de desenvolvimento econômico e social – os nórdicos principalmente –, a renda representa o principal fator de escolha daqueles que suportarão o ônus fiscal. Não é por acaso que, nestes casos, o imposto de renda, com uma sistemática progressiva, corresponde a um dos principais meios de obtenção de receitas derivadas do Estado.

Também a existência de patrimônio denota uma clara e manifesta capacidade de contribuir para com a coletividade. Embora seja fruto da renda acumulada – e, portanto, já objeto de anterior tributação –, ser proprietário de bens e direitos representa economicamente uma manifestação de riqueza. A exação fiscal que leva em consideração como base de cálculo do tributo o valor dos respectivos bens trata-se, em tese, de uma imposição fiscal justa,[8] até porque pode atingir bens que tenham sido adquiridos com rendas ilicitamente sonegadas.

A terceira grande manifestação de capacidade contributiva diz respeito ao consumo. Os bens e serviços consumidos pela população representam – também em tese – uma demonstração de riqueza, especialmente se forem de luxo. É inegável, porém, que a tributação sobre o consumo deve prever mecanismos que evitem a tributação de bens de primeira necessidade, sob pena de tornar-se regressiva[9] e aviltar o denominado "mínimo existencial".

O mínimo existencial pode ser definido como o valor necessário para que uma família média possa prover seu sustento, mediante o atendimento de necessidades básicas, tais como alimentação, moradia, vestuário, transporte, lazer etc. Uma forma de arrecadar que esteja comprometida com o princípio da dignidade humana apenas permite que a incidência fiscal atinja a parcela da renda que não comprometa uma existência minimamente digna, razão pela qual a exigência de tributos indiretos sobre o consumo de bens relacionados às necessidades descritas acima fere claramente o referido princípio.

É certo também que a intributabilidade do mínimo existencial não diz respeito apenas à proibição da incidência de tributos indiretos sobre bens e serviços de primeira necessidade. Além disso, ela aplica-se em relação aos impostos incidentes sobre a renda e o patrimônio, motivo pelo qual um sistema tributário que queira estar subordinado ao princípio da dignidade humana haverá de estabelecer limites satisfatórios de isenção fiscal em relação à renda e em relação ao próprio patrimônio.

A partir dos pressupostos descritos, há de examinar-se como a tributação no Brasil apresenta-se, no sentido de verificar se os princípios mencionados estão sendo observados.

4. Composição da carga tributária no Brasil

Historicamente, a tributação correspondeu a um meio de redução das desigualdades sociais, em especial depois do advento do denominado Estado de Bem-Estar Social, o qual teve/tem como missão assegurar

---

[8] Neste ponto, vale lembrar uma objeção reiteradamente levantada contra tal ponto de vista. Ela diz respeito ao fato de existirem pessoas idosas ou incapacitadas para o trabalho proprietárias de imóveis valiosos, adquiridos ou herdados, sem que, no presente, tenham renda suficiente para pagar elevados tributos sobre os mesmos, pois isso afetaria a própria subsistência. Para contornar esta indesejável situação, há conhecidos mecanismos tributários, como, por exemplo, a concessão de isenção para aqueles proprietários acima de uma determinada idade, cuja renda seja decorrente de benefícios previdenciários.

[9] A tributação regressiva ocorre quando o cidadão com menor capacidade econômica é impelido ao recolhimento de tributos em proporções maiores àqueles com maior capacidade.

níveis mínimos de existência, pois sua gênese está comprometida com o princípio da dignidade humana e com a solidariedade social.

O que cabe analisar aqui é se, no Brasil, esta função essencial da tributação vem sendo exercida na plenitude de suas possibilidades ou se, ao contrário, a tributação, além de não reduzir as desigualdades, tem exercido um paradoxal papel de instrumento de redistribuição de renda às avessas. Há de examinar-se, portanto, se o modo de tributar corresponde a um meio de distribuição ou de concentração de renda.

A carga tributária é um índice obtido mediante a comparação entre a totalidade da riqueza produzida em um país (Produto Interno Bruto – PIB) e o valor arrecadado a título de tributos.[10] No caso do Brasil, percebe-se um incremento na carga tributária a partir da estabilização da moeda em 1994 até os primeiros anos deste século, sendo que, após isso, houve relativa estabilização. Ela subiu de 27,26% no ano de 1995 para 35,80% em 2008. Com a crise econômica veio a baixar, em 2009, para 33,08%, subir em 2012 para 35,85% PIB, e totalizou 35,95% em 2013.[11]

Apesar de haver um consenso social de que carga tributária brasileira é elevada, há países em que ela é significativamente maior do que no Brasil, mormente os membros da Organização para a Cooperação e Desenvolvimento Econômico – OCDE, conforme tabela abaixo, elaborada com dados do ano de 2012 (últimos dados disponíveis, exceto Brasil):

País	Carga Tributária (%)
Dinamarca	48,0
França	45,3
Itália	44,4
Suécia	44,3
Finlândia	44,1
Áustria	43,2
Noruega	42,2
Hungria	38,9
Luxemburgo	37,8
Alemanha	37,6
Eslovênia	37,4
Islândia	37,2

---

[10] No Brasil, contudo, a Secretaria da Receita Federal tem incluído no cálculo da carga tributária também as receitas que têm natureza de poupança compulsória, como no caso do FGTS, conforme as notas metodológicas dos estudos que tem divulgado. Carga Tributária no Brasil 2013. Disponível em: <http://idg.receita.fazenda.gov.br/dados/receitadata/estudos-e-tributarios-e-aduaneiros/estudos-e-estatisticas/carga-tributaria-no-brasil/carga-tributaria-2013.pdf>. Acesso em: 22 dez. 2014. p. 31.

[11] Carga Tributária no Brasil 2013. Disponível em: <http://idg.receita.fazenda.gov.br/dados/receitadata/estudos-e-tributarios-e-aduaneiros/estudos-e-estatisticas/carga-tributaria-no-brasil/carga-tributaria-2013.pdf>. Acesso em: 22 dez. 2014.

Brasil	35,9
República Checa	35,5
Reino Unido	35,2
Grécia	33,8
Espanha	32,9
Portugal	32,5
Israel	31,6
Canadá	30,7
Irlanda	28,3
Suíça	28,2
Turquia	27,7
Coreia do Sul	26,8
Estados Unidos	24,3
Chile	20,8

Fonte: OCDE, Receita Federal

É incontestável que, em sua maioria, os países com carga fiscal maior que a brasileira – como os da OCDE acima mencionados – têm maior índice de desenvolvimento e disponibilizam serviços públicos melhores para a população. No entanto, as comparações entre países costumam ser feitas somente a partir da relação PIB x arrecadação, ignorando a quantidade de pessoas envolvidas nesse processo. Por exemplo: segundo dados do Banco Mundial, em 2013, a arrecadação da Dinamarca representou aproximadamente 48% em relação ao seu PIB ($ 335.9 bilhões), enquanto o Brasil arrecadou aproximadamente 35,9% sobre o seu PIB ($ 2.246 trilhões).[12] Levando-se em consideração a população desses países em 2014, verifica-se que a Dinamarca arrecada (aritmeticamente) cerca de $ 28.643 mil por habitante (= $ 161.232 bilhões / 5.629 milhões de habitantes), ao passo que o Brasil arrecada cerca de $ 3.991 mil por habitante (= $ 806.314 bilhões / 202.0 milhões de habitantes).

Para que o Brasil arrecadasse por pessoa o mesmo que a Dinamarca ($ 28.643 mil/hab.), seria preciso que a arrecadação nominal fosse em torno de $ 5.785 trilhões, ou seja, 157,57% maior que o total de riquezas produzidas no Brasil atualmente (PIB). Nesse contexto, comparações simplórias, aos moldes dos discursos "lá se arrecada 48% mas há serviços públicos de qualidade", desconsideram importantes fatores como este – a dimensão populacional – que jamais pode ser ignorado na avaliação da tributação frente à implementação de políticas públicas.[13]

---

[12] Fonte: Banco Mundial. Disponível em: <http://www.worldbank.org/en/country/denmark> e <http://www.worldbank.org/pt/country/brazil>. Acesso em: 22 dez. 2014.

[13] É claro que uma discussão desse porte não se resume às conclusões ora expostas, mas estas servem para demonstrar o quão é distinta a realidade entre os países nórdicos e o Brasil e falho o argumento de que lá se arrecada quase 50% do PIB, mas tem-se um ótimo retorno.

Por outro lado, como o Brasil compõe a lista de países em desenvolvimento e não houve efetiva implementação do Estado Social, considera-se de maior importância a análise sobre como estão sendo cobrados os tributos, porque muito pior do que ter uma carga tributária elevada (caso assim se queira considerar) é ter uma carga irracional e injusta. Assim, torna-se necessário averiguar de qual setor provém a maior parte da receita derivada do Estado; quem contribui de forma mais elevada para esse percentual de arrecadação em relação ao PIB; e sobre quais as bases tributárias está incidindo essa tributação.

Segundo dados da Secretaria da Receita Federal, apontados no estudo *Carga Tributária 2013*, mais de 50% do total arrecadado incidiu sobre bens e serviços, ou seja, sobre o consumo; um percentual significativo sobre a folha de salários; um percentual pouco relevante, diante das possibilidades da graduação segundo a capacidade contributiva, sobre a renda; uma pequena parte sobre a propriedade e outra irrisória sobre as operações financeiras; e o restante, sobre outros tributos da União, Estados, Distrito Federal e Municípios, conforme se verifica na tabela a seguir:

Composição da Carga Tributária – 2013			
Tipo de Base	R$ milhões	% PIB	% Participação
Total da Receita Tributária	1.741.658,31	35,95	100
Tributos sobre a Renda	315.276,04	6,51	18,10
Tributos sobre a Folha de Salários	435.062,92	8,98	24,98
Tributos sobre a Propriedade	68.408,47	1,41	3,93
Tributos sobre Bens e Serviços	893.055,30	18,43	51,28
Tributos sobre Operações Financeiras	29.162,89	0,60	1,67
Outros Tributos	692,69	0,01	0,04

Fonte: Receita Federal

Vale ressaltar que estão incluídos, entre os tributos sobre bens e serviços, o Imposto sobre Circulação de Bens e Serviços – ICMS, Imposto sobre Produtos Industrializados – IPI, PIS, COFINS, Simples Nacional, IRPJ e CSLL das empresas do Lucro Presumido, Imposto sobre Serviços – ISS, Contribuição de Intervenção de Domínio Econômico – CIDE, Imposto sobre Importação – II, Imposto sobre Exportação – IE, Contribuição Previdenciária sobre Faturamento e Produção Agropecuária, dentre outros tributos que são, em tese, embutidos nos preços dos produtos e repassados ao consumidor final.

Em relação aos tributos sobre a folha de salários, estão contemplados os valores da Contribuição Previdenciária incidente diretamente sobre a remuneração, incluindo a contribuição patronal e dos empregados e autônomos, além dos valores recolhidos ao FGTS e ao conhecido Sistema "S". Destaca-se que a contribuição previdenciária substitutiva, referida pela Lei nº 12.546/2011, a Cota Patronal da contribuição Previdenciária das empresas optantes pelo Simples Nacional e a contribuição incidente sobre a Produção Agropecuária são consideradas na categoria dos Tributos sobre Bens e Serviços, e não na categoria de tributos sobre a folha de salários.

Nos tributos sobre a propriedade, estão abarcados o Imposto Territorial Rural – ITR, o Imposto Predial e Territorial Urbano – IPTU –, o Imposto sobre Propriedade de Veículos Automotores – IPVA –, o Imposto de Transmissão *Causa Mortis* e Doação – ITCD – e o Imposto da Transmissão de Bens *Inter Vivos* – ITBI. Nos tributos sobre Transações Financeiras, são computados os valores da Contribuição Permanente sobre Movimentações Financeiras – CPMF – e o Imposto sobre Operações Financeiras.

Em relação à renda, constam o Imposto de Renda das Pessoas Físicas – IRPF –, o Imposto de Renda das Pessoas Jurídicas – IRPJ –, a Contribuição Social sobre o Lucro Líquido – CSLL – e demais retenções destes tributos. Apesar de existirem outros regimes tributários em que existe a incidência do IRPJ e da CSLL, aqui são somente considerados os apurados pelo regime do Lucro Real, enquanto os demais regimes de apuração destes tributos são enquadrados nos tributos sobre bens e serviços (Lucro Presumido e Simples Nacional).

Veja-se que, no Brasil, as categorias que representam o maior ingresso de receitas são os tributos incidentes sobre bens e serviços, que corresponde a 51,28%, e sobre a folha de salários, com arrecadação de 24,98%, enquanto o Imposto sobre a Renda mantém-se em 18,10%. Dessa forma, a tributação brasileira está alicerçada sobre o consumo e sobre o trabalho, porque ambos correspondem a 76,26% de toda a arrecadação.

Já em países mais desenvolvidos, a tributação sobre a renda e o patrimônio constitui o cerne da incidência dos tributos. Nos países membros da Organização para a Cooperação e Desenvolvimento Econômico – OCDE, por exemplo, os impostos sobre o consumo representam, em média, 31,90% da tributação total; o imposto sobre a renda, em torno de 34,90% do total tributado; e sobre o patrimônio, giram na média de 5,6%. Há outros países em que a tributação sobre o patrimônio ultrapassa 10%, como no Canadá, na Coreia do Sul, na Grã-Bretanha e nos Estados Unidos da América.[14]

---

[14] *Sistema Tributário:* diagnóstico e elementos para mudanças. Brasília: Sindicato Nacional dos Auditores-Fiscais da Receita Federal do Brasil, 2010. p. 14.

A partir do diagnóstico acima, pode-se constatar que, não obstante a adoção de algumas políticas públicas que alcançaram êxito na redução da desigualdade social no Brasil, o modo de tributar mantém-se inalterado, colaborando com isso para minimizar os efeitos redistributivos de tais políticas.

Não se está a sustentar que seja possível, apenas mediante a tributação, alcançar uma expressiva redução das desigualdades, até porque estudos demonstram que os gastos públicos são mais efetivos para fins de redistribuição do que a tributação.[15] No entanto, é inegável que, uma vez adequada para tal intento, a tributação tem um inegável potencial redistributivo, bastando para tanto examinar modelos tributários vigentes em períodos precedentes.[16]

Percebe-se, pois, que modelos tributários redistributivos estão na origem de sociedades mais igualitárias e, portanto, desenvolvidas, pelo motivo de que níveis elevados de desigualdade são economicamente disfuncionais, pois "sociedades demasiado desiguais não funcionam com eficiência, e as suas economias não são nem estáveis, nem sustentáveis em longo prazo".[17]

5. Proposições voltadas à utopia útil da igualdade

A partir da análise precedente, pode-se rumar para a apresentação de proposições que estejam tendencialmente aptas a romper com a tradicional função antirredistributiva da tributação em terras brasileiras. Obviamente, no plano político, há de reconhecer-se que a aceitabilidade de tais proposições enfrentará poderosas posições antitéticas, tornando-as próximas a uma utopia. Porém, parafraseando Piketty, no mínimo, mostra-se como uma "utopia útil", pois esta discussão permitirá recolocar a questão da desigualdade no centro do debate sobre a tributação, além de abrir clareiras na floresta da insensibilidade, com um argumento bem ao gosto de quem a conserva: é melhor para economia viver em uma sociedade menos desigual.

Entre as propostas que melhor cumpririam a finalidade defendida por este trabalho – especificamente voltadas para atual realidade brasilei-

---

[15] KERSTENETZKY, Celia Lessa. *O estado do bem-estar social na idade da razão*: a reinvenção do Estado Social no mundo contemporâneo. Rio de Janeiro: Elsevier, 2012. p. 137.

[16] No que tange à questão da tributação da renda e da propriedade, Piketty relata que os Estados Unidos optaram pela progressividade tributária dos impostos sobre a renda e o patrimônio, de uma forma efetiva, desde meados da segunda década do século XX, permanecendo com esta sistemática até o início dos anos 1980 (com alíquotas máximas superiores a 70% sobre a renda). A partir disso, sustenta que isso colaborou significativamente para a manutenção de níveis reduzidos de desigualdade neste mesmo período na sociedade americana. PIKETTY, Thomas. *Le Capital au XXI° siècle*. Paris: Éditions du Seuil, 2013. p. 803.

[17] STIGLITZ, Joseph E. *O preço da Desigualdade*. Lisboa: Bertrand Editora. 2013. p. 152.

ra – pode-se elencar as seguintes: a) preservação do mínimo existencial; b) tributação universal e progressiva da renda e do patrimônio; c) redução e unificação da tributação sobre o consumo e a consequente desburocratização e) tributação voltada à proteção do meio ambiente. Este é o intento que se passa a perseguir.

5.1. Preservação do mínimo existencial

Quando se examina a questão tributária no Brasil, constata-se sua clara incompatibilidade com o modelo de Estado vigente desde 1988. O Estado Democrático de Direito – nas felizes palavras de Bonavides: o estado produtor da igualdade – só será reconhecido como tal se todas suas ações estiverem voltadas à construção de uma sociedade livre, justa e solidária, na qual a redução das desigualdades seja seu inescapável norte, como preconiza o artigo constitucional que define os objetivos fundamentais (art. 3º).

Não bastasse isso, ninguém que pretenda conhecer minimamente a sua Constituição pode olvidar da importância de nela restar consagrado o princípio da dignidade da pessoa humana, o qual é entendido como o elemento comum de todos os direitos fundamentais. Embora seja um tanto difícil definir o que seja dignidade da pessoa humana, é razoavelmente fácil identificar quando tal princípio constitucional esteja sendo vilipendiado, sendo que a coisificação do ser humano representa o exemplo mais lembrado disso.

Em matéria tributária, não há sequer a necessidade de um esforço investigativo de fôlego para perceber o quanto este princípio é diariamente violado. Isto ocorre de uma maneira imperceptível e indolor, mas seus efeitos são cruéis e devastadores da dignidade, pois como é possível imaginar que alguém possa ser tratado "igual em dignidade" se uma parcela expressiva de seus recursos, que seriam utilizados para própria sobrevivência, são carreados para mantença do Estado?

Se o princípio da capacidade contributiva constitui o norte que alumia o sistema tributário e sua adequada compreensão implica o direito/dever de contribuir conforme a efetiva possibilidade, nada parece mais lógico, óbvio e natural do que não se admitir a exigência de tributos nos casos em que capacidade contributiva não existe, preservando-se assim o mínimo existencial.

Em vista disso, não se deve admitir a exigência de Imposto de Renda ou contribuição previdenciária sobre salários, cujos valores sejam insuficientes para fazer frente àquelas necessidades básicas, as quais a própria Constituição determinou deveriam ser satisfeitas com o salário mínimo (art. 7º inciso IV).

Tampouco, admite-se a exigência de tributos que incidam sobre o patrimônio de valores irrisórios (imóveis urbanos ou rurais, veículos automotores, transmissão de propriedade via compra e venda, doação ou *causa mortis*), pois a titularidade de patrimônio de valor insignificante denota, em tese, a inexistência de capacidade contributiva.

Não se admite, outrossim, a exigência de tributos vinculados (taxas e contribuições de melhoria principalmente) daqueles cidadãos cuja renda mensal seja insuficiente para prover a própria sobrevivência, embora se reconheça que essas espécies tributárias sejam menos afeitas ao princípio da capacidade contributiva.

Por fim, aqueles tributos sobre o consumo terão sua incidência obstada sobre produtos e mercadorias que sejam consideradas de necessidade básica, notadamente gêneros alimentícios e vestuário básicos.

Ocorre que, no Estado Democrático de Direito brasileiro, há inúmeras situações em que o desrespeito ao mínimo existencial manifesta-se claramente. Entre tantas, podem ser aqui lembradas:

a) incidência de contribuição previdenciária sobre salário-mínimo, descontada diretamente pela fonte pagadora;

b) limite reduzido de isenção do imposto de renda das pessoas físicas (R$ 1.787,40 em 2014);

c) inexistência, em muitos casos de Estados e Municípios, de limite de isenção para incidência de tributos sobre o patrimônio (IPTU, ITCD, IPVA, ITBI).

Mas é no campo da tributação sobre o consumo que a afronta ao mínimo existencial mostra-se mais evidente, embora para quem a suporta seus efeitos sejam paradoxalmente imperceptíveis. Famílias com rendas de até dois salários mínimos consomem mais da metade de sua renda suportando os efeitos da incidência fiscal sobre as mercadorias adquiridas, no mais das vezes, gêneros de primeira necessidade destinados à própria sobrevivência.[18]

Em vista disso, é possível sustentar que o modo de tributar brasileiro faz tábula rasa dos princípios mais elementares da tributação, em qualquer Estado que queira merecer o rótulo de "Democrático de Direito", quais sejam: dignidade humana e capacidade contributiva. Ao fazer isso, a tributação converte-se num verdadeiro instrumento de redistribuição

---

[18] Segundo estudo do IPEA, formulado com base em dados do ano de 2008, famílias com renda mensal de até dois salários mínimos pagam 53,9% de sua renda em tributos, enquanto famílias com renda mensal superior a 30 salários mínimos pagam 29% de sua renda em tributos. O Estudo também apresenta o percentual de renda atingido de famílias enquadradas em outras faixas de rendimentos. Receita Pública: Quem paga e como se gasta no Brasil. *Instituto de Pesquisa Econômica Aplicada*. Disponível em: <http://ipea.gov.br/portal/images/stories/PDFs/comunicado/090630_comunicadoipea22.pdf>. Acesso em: 10 dez. 2014. p. 4.

de renda às avessas, de tal forma que consegue frear inclusive esforços redistributivos realizados por meio de políticas públicas inclusivas.

Quando se examina isso, acredita-se que uma "reforma tributária" voltada para a preservação do mínimo existencial implicaria uma poderosa convergência de vontade política, via aprovação de Emenda Constitucional. Ledo engano. Para isso, basta simplesmente a aprovação de leis meramente ordinárias, com maioria simples do Congresso Nacional, ou uma lei complementar estabelecendo normas válidas para todos os Entes da Federação.

5.2. Tributação universal e progressiva da renda e do patrimônio

Uma das mais tradicionais e inquestionáveis manifestações de capacidade contributiva diz respeito à obtenção de renda e à existência de patrimônio. Conforme antes referido, países que obtiveram êxito na tarefa de cobrar impostos progressivos sobre a renda e propriedade, não coincidentemente, construíram sociedades mais igualitárias e economicamente mais eficientes. Em especial, isto se constatou nas democracias sociais escandinavas e nos estados sociais europeus do pós-guerra, valendo lembrar que a referida forma de tributar esteve presente nos anos de menor desigualdade dos Estados Unidos (1914 – 1980), conforme antes referido a partir do estudo de Piketty.

Ocorre que, na América Latina e no Brasil, tal não se sucedeu. Um estudo da CEPAL aponta uma série de fatores pelos quais a fiscalidade na América Latina não tem cumprido adequadamente com seu papel de indutor redistributivo, destacando que, entre eles, reside o fato de que os países da região enfrentam dificuldades em arrecadar impostos diretos (potencialmente progressivos) tais como os impostos sobre a renda pessoal e a propriedade, optando pela cobrança de tributos incidentes sobre o consumo (tendencialmente regressivos).[19]

O referido diagnóstico também é compartilhado pelo estudo do Banco Interamericano de Desenvolvimento – BID, para o qual os principais problemas relativamente à tributação na América Latina dizem respeito a: a) arrecadação muita baixa; b) impostos minimamente progressivos; c) evasão fiscal generalizada; d) e administrações tributárias excessivas débeis.[20]

---

[19] Comissão Econômica para a América Latina e o Caribe (CEPAL). *Mudança estrutural para Igualdade:* uma visão integrada do desenvolvimento. Disponível em: <http://www.eclac.cl/pses34/noticias/docume ntosdetrabajo/0/47440/2012-SES-34-Mudanca_estrutural_sintese.pdf>. Acesso em: 15 abr. 2014. p. 41.

[20] Banco Interamericano de Desenvolvimento (BID). *Recaudar no basta*: los impuestos como instrumento de desarrollo. Disponível em: <http://publications.iadb.org/bitstream/handle/11319/3473/Recaudar%20no% 20basta%3a%20los%20impuestos%20como%20instrumento%20de%20desarrollo.pdf?sequence=1>. Acesso em: 10 dez. 2014. p. 1.

A questão da progressividade do imposto sobre a renda tem ocupado um espaço de centralidade nos estudos recentemente publicados de Piketty e Stiglitz, antes referidos. O primeiro sustenta ser necessário repensar o imposto progressivo sobre o rendimento como um instrumento de redução da crescente desigualdade social, mediante uma elevação das alíquotas marginais,[21] num movimento em sentido diametralmente oposto do que vem ocorrendo desde os anos 1980.[22]

Por sua vez, Stiglitz, embora se referindo à realidade americana, sustenta que "um sistema tributário mais progressivo pode contribuir um pouco para restaurar a confiança na justiça do nosso sistema, o que poderia ter enormes benefícios sociais, incluindo para a nossa economia".[23]

De uma forma mais ampla, o estudo do BID sustenta que a tributação das pessoas físicas na América Latina corresponde a uma verdadeira "caixa vazia", pois dá-se de forma aparente, estando na sua essência esvaziado por uma excessiva generosidade dos benefícios fiscais existentes, os quais correspondem a quase cinquenta por centro da arrecadação efetiva, pelo tratamento privilegiado para a renda proveniente do capital e pela evasão fiscal.[24]

No que tange à baixa progressividade do imposto sobre a renda, o estudo lembra que, embora noventa por cento da arrecadação esteja concentrada nos dez por cento mais ricos, estes restam submetidos às alíquotas efetivas muito reduzidas (menos de 4%), motivo pelo qual se arrecada muito pouco, não havendo "capacidade de melhorar diretamente a distribuição de renda ou financiar gastos públicos que poderiam ser redistributivos".[25]

Em relação ao Brasil, a ausência de uma efetiva progressividade no imposto de renda contrasta, inclusive, com a norma constitucional que a determina. Há uma quantidade reduzida de alíquotas e uma alíquota máxima que poderia ser revista para cima. Além disso, a parcela mensal da renda das pessoas físicas isenta de imposto é insuficiente, na medida em que se situa abaixo do mínimo necessário para sobrevivência de uma família, conforme antes examinado.

Com relação à renda proveniente do capital, a legislação brasileira tem conferido um tratamento privilegiado, como ocorre com a tributação

---

[21] Vale lembrar que, neste aspecto, a alíquota mais elevada existente no Brasil corresponde a 27,5% e acaba por incidir de uma forma igualitária sobre rendas acentuadamente díspares.

[22] PIKETTY, Thomas *O capital no século XXI*. Ed. Temas e Debates: Lisboa, 2014. p. 745-793.

[23] STIGLITZ, Joseph E. *O preço da Desigualdade*. Lisboa: Bertrand Editora. 2013. p. 186.

[24] Banco Interamericano de Desenvolvimento (BID). *Recaudar no basta*: los impuestos como instrumento de desarrollo. Disponível em: <http://publications.iadb.org/bitstream/handle/11319/3473/Recaudar%20no%20basta%3a%20los%20impuestos%20como%20instrumento%20de%20desarrollo.pdf?sequence=1>. Acesso em: 10 dez. 2014. p. 6.

[25] Ibid., p. 7.

na fonte – com alíquotas menores que as máximas – da renda obtida nas mais variadas espécies de aplicações financeiras, além de haver isenção com relação aos valores recebidos a título de distribuição de lucros das pessoas jurídicas, bem como em relação aos valores pagos a título de juros sobre o patrimônio das pessoas jurídicas – estes submetidos à alíquota menor de imposto (15%), sendo permitida sua total dedutibilidade como despesa na apuração do lucro da empresa.

Outra notória manifestação de capacidade econômica diz respeito à titularidade de um determinado patrimônio, seja material ou imaterial. Em razão disso, na escala dos fatos geradores tributários, o patrimônio vem logo após a renda. Isso se dá mediante a incidência de impostos sobre a propriedade (ITR, IPTU, IPVA no caso do Brasil) ou sobre a sua transmissão (ITBI e ITCD), ou ainda sobre a titularidade de direitos e ações, os quais não são alcançados pela incidência direta no Brasil (tributa-se apenas a renda obtida).

Conforme antes mencionado, os impostos sobre o patrimônio representam menos de 4% do montante da arrecadação brasileira, iniquidade esta escancarada pela quase nula arrecadação do imposto sobre a propriedade rural – num país tão extenso em que o agronegócio representa uma valiosa fonte de riquezas privadas.[26]

O próprio IPTU, de competência dos municípios, invariavelmente é exigido com alíquotas fixas, sendo que, só recentemente, o Supremo Tribunal Federal entendeu que impostos desta natureza (reais) poderiam ter alíquotas progressivas em razão do valor do bem.[27] O mesmo ocorre com o Imposto sobre a Transmissão *Causa Mortis* ou Doação – ITCD. No caso específico do Rio Grande do Sul, tal imposto havia alíquotas progressivas (de 1 a 8%) até 2010, sendo que a lei gaúcha foi modificada fixando alíquotas únicas (3% na doação e 4% na herança).[28]

---

[26] O ITR é tão insignificante que, desde 2003, a Constituição autoriza que sua arrecadação seja transferida para os municípios e, até o momento, isso não se concretizou pela total falta de interesse desses de receberem um verdadeiro "cavalo de troia" tributário.

[27] RECURSO EXTRAORDINÁRIO. CONSTITUCIONAL. TRIBUTÁRIO. LEI ESTADUAL: PROGRESSIVIDADE DE ALÍQUOTA DE IMPOSTO SOBRE TRANSMISSÃO *CAUSA MORTIS* E DOAÇÃO DE BENS E DIREITOS. CONSTITUCIONALIDADE. ART. 145, § 1º, DA CONSTITUIÇÃO DA REPÚBLICA. PRINCÍPIO DA IGUALDADE MATERIAL TRIBUTÁRIA. OBSERVÂNCIA DA CAPACIDADE CONTRIBUTIVA. RECURSO EXTRAORDINÁRIO PROVIDO. BRASIL. Supremo Tribunal Federal. *Recurso Extraordinário nº 562.045*. Recorrente: Estado do Rio Grande do Sul. Recorrido: Espólio de Emília Lopes de Leon. Relator: Min. Ricardo Lewandowski. Brasília, 27 de novembro de 2013. Disponível em: <http://redir.stf.jus.br/paginadorpub/paginador.jsp?docTP=AC&docID=630039 >. Acesso em: 10 dez. 2014.

[28] Sobre esta questão, Piketty alerta que, no Brasil "os impostos sobre herança também são particularmente baixos para padrões internacionais e históricos. Se não me engano, aqui é de 4%. Nos EUA, por exemplo, esse imposto pode chegar a 40% para as maiores heranças. Na Alemanha, Grã-Bretanha e França também. Você não vê notícias de que esses países que têm imposto sobre herança de 40% tenham de reduzir suas taxas para o patamar brasileiro, de 4%, para reter milionários. Acho que é perfeitamente possível para o Brasil ter níveis mais altos (de imposto sobre os ricos)

Em virtude de Resolução do Senado Federal,[29] a alíquota máxima para tal imposto é de apenas 8%, patamar irrisório quando comparado com outros países, como, por exemplo, os Estados Unidos da América, onde as alíquotas variam entre 18% e 40%.[30] Caso as alíquotas do imposto sobre a herança sejam diminutas, as tendências de concentração de patrimônio e renda não sofrem resistência, agravando o problema da desigualdade social.

No que tange ao IPVA, outra não é a conclusão. Invariavelmente, os Estados exigem-no com alíquotas fixas, independentemente do valor do bem, além de não incidir sobre bens de notório valor econômico (helicópteros e aviões particulares).

Com a combinação de todos estes fatores, não fica difícil de entender porque a tributação sobre a propriedade (o capital em geral) no Brasil representa uma parcela incipiente da arrecadação fiscal e colabore decisivamente para que se tenha um modo de tributar voltado a taxar os mais pobres e desonerar os efetivos detentores da riqueza nacional. Justifica-se, assim, a afirmativa de que tributação, por aqui, implica uma redistribuição de rendas às avessas.

Em sentido diametralmente oposto da realidade brasileira e sem prejuízo à tributação do patrimônio num plano interno, Piketty defende a instituição de um imposto mundial sobre o capital. Não obstante reconheça o caráter utópico de tal ideia, sustenta tratar-se de uma utopia útil, pois o objetivo de um imposto desta natureza, muito mais do que financiar o Estado, seria regular o capital internacional e, com isso, ter um mecanismo tendencialmente eficaz para evitar crises financeiras e bancárias. Para contornar os naturais entraves de um imposto sobre o patrimônio, em nível mundial, sustenta que haja uma transmissão automática das informações bancárias, relativamente aos ativos, incluindo-se aqueles depositados em bancos estrangeiros (paraísos fiscais em especial).[31]

O certo é que uma reforma tributária que tivesse como objetivo a tributação universal da renda e do patrimônio, de uma forma progressiva no Brasil, não necessitaria sequer de uma Emenda Constitucional, bastando para tanto (a exemplo da intributabilidade sobre o mínimo existencial) a edição de leis complementares ou ordinárias. Ocorre que isso pressupõe

---

sem ter uma fuga massiva de capitais". Disponível em: <http://www.bbc.co.uk/portuguese/noticias/2014/11/141127_piketty_entrevista_ru_lgb>. Acesso em: 2 dez. 2014.

[29] BRASIL. Senado Federal. Resolução nº 9, de 1992. Estabelece alíquota máxima para o Imposto sobre Transmissão *Causa Mortis* e Doação, de que trata a alínea a, inciso I, e § 1º, inciso IV do art. 155 da Constituição Federal. Disponível em: <http://legis.senado.gov.br/legislacao/ListaTextoIntegral.action?id=113958&norma=136383>. Acesso em: 9 out. 2014.

[30] UNITED STATES OF AMERICA. Internal Revenue Service. Instructions for Form 706. United States Estate (and generation-skipping transfer) Tax Return. Disponível em: <http://www.irs.gov/pub/irs-pdf/i706.pdf>. Acesso em: 09 out. 2014.

[31] PIKETTY, Thomas *O capital no século XXI*. Ed. Temas e Debates: Lisboa, 2014. p. 785-822.

uma desinteressada e republicana vontade política, para a qual não parece haver consenso, pelo menos em um horizonte próximo.

5.3. Tributação sobre o consumo e sua inerente e dispendiosa burocracia

Da análise precedente, constata-se que, entre as bases econômicas da tributação brasileira, a renda e o patrimônio restaram em segundo plano. Houve aqui uma clara e manifesta opção em minimizar a incidência sobre tais manifestações de riqueza. Em vista disso, obviamente, foi necessário financiar o Estado brasileiro com a arrecadação maciça de tributos que incidem sobre a outra clássica base de incidência fiscal: o consumo.

Vale lembrar que, na União Europeia e em vários outros países, há um único tributo incidente sobre o consumo, conhecido mundialmente com o nome IVA – Imposto sobre Valor Agregado. Como havia necessidade de gravar-se fortemente o consumo, pode-se dizer que, no Brasil, há no mínimo seis tributos incidentes sobre o consumo (ICMS, IPI, PIS, COFINS, ISSQN, CPFS). Ocorre que tributos desta natureza carregam em si uma característica que lhes é inerente: a regressividade. Este efeito indesejável da tributação indireta decorre do fato que aquele que arca com o efetivo ônus da carga é o consumidor final, não havendo distinção entre a capacidade econômica de cada qual, exceto se houver uma efetiva e profunda seletividade de alíquotas em razão da essencialidade das mercadorias e serviços e se fosse preservado, nos termos antes preconizados, o mínimo existencial.

Como aponta o estudo da CEPAL, a política fiscal na América Latina esteve orientada não apenas em gravar o consumo, mediante a incidência de tributos indiretos, como também direcionou-se a gravar "basicamente as receitas das pessoas jurídicas e, em bem menor medida, as rendas obtidas por pessoas físicas, o que diminui seu efeito redistributivo"[32] e, portanto, aumenta o caráter regressivo do sistema (indutor de desigualdade).

Por sua vez, o Estudo do BID, embora voltado a questões mais econômicas, defende que haja uma reforma fiscal que simplifique a arrecadação, pois a maioria dos sistemas da região é excessivamente complexa, sendo que o "resultado, em geral, são impostos que distorcem profunda-

---

[32] Por exemplo: ao realizar uma comparação com países da União Europeia, onde os impostos diretos e indiretos ascendem a 16,1 e 11,7% do PIB respectivamente, enquanto na América Latina alcançam 5,4 e 9,6 respectivamente. Na região, os impostos que incidem sobre a renda das pessoas físicas não chegam a representar, em média, 1% do PIB (no período compreendido entre 2000 e 2008 representaram de fato 0,46% do PIB), enquanto nos países da OCDE equivalem a 9,1% do PIB. No caso do imposto de renda das sociedades, a diferença também é significativa, mas bem menor: no período compreendido entre 2000 e 2008, a arrecadação destes impostos representou, em média, 1,6% do PIB nos países da região e 3,3% do PIB nos países da OCDE. Comissão Econômica para a América Latina e o Caribe (CEPAL). *Mudança estrutural para Igualdade:* uma visão integrada do desenvolvimento. Disponível em: <http://www.eclac.cl/pses34/noticias/documentosdetrabajo/0/47440/2012-SES-34-Mudanca_estrutural_sintese.pdf>. Acesso em: 15 abr. 2014. p. 41.

mente a alocação de recursos e resultam em bases impositivas limitadas e frágeis". Segundo o Estudo do BID, a redução da complexidade, com bases mais amplas, estimularia um ambiente de incentivo à inovação e o surgimento de novas empresas, o que corresponderia a "um dos meios mais seguros de promover um crescimento com maior produtividade e melhorias sustentáveis do bem-estar e da equidade na região".[33]

Quanto à questão da complexidade apontada, o Brasil ocupa o desconfortável posto de país com um dos maiores "custos de conformidade", isto é, o custo suportado pelas empresas com a simples apuração dos tributos devidos e o fornecimento de informações ao fisco. É certo que a complexidade é típica da pós-modernidade, em que as relações sociais e econômicas tornam-se globalizadas, sofisticadas e intrincadas. Por conseguinte, parece um tanto difícil imaginar um sistema tributário que fosse essencialmente simples.

Não obstante, há um considerável espaço para que o espírito da desburocratização seja fortemente recuperado, especificamente no sentido de unificar os tributos incidentes sobre o consumo e reduzir a infindável gama de obrigações acessórias, entendidas como tais, aqueles deveres de registrar padronizadamente dados, prestar informações, apresentar declarações, etc. Todos estes custos, por óbvio, acabam por repercutir no preço final das mercadorias e, de uma maneira indistinta, portanto, colaboram para acentuar o caráter regressivo do sistema.[34]

Em vista disso, é inadiável que se faça uma reforma tributária que vise reduzir a quantidade e a complexidade dos tributos incidentes sobre o consumo, cabendo lembrar que, para tanto, há necessidade de utilizar-se o instrumento da Emenda Constitucional, pois tal reforma implicaria a rediscussão do próprio pacto federativo.

5.4. A tributação para preservação do meio ambiente

Não obstante a oposição de poderosos interesses, logrou-se construir um consenso de que a questão ambiental não pode mais ser descurada. O risco é concreto e seus efeitos iminentes, não só para futuras gerações,

---

[33] Banco Interamericano de Desenvolvimento (BID). *Recaudar no basta*: los impuestos como instrumento de desarrollo. Disponível em: <http://publications.iadb.org/bitstream/handle/11319/3473/Recaudar%20no%20basta%3a%20los%20impuestos%20como%20instrumento%20de%20desarrollo.pdf?sequence=1>. Acesso em: 10 dez. 2014. p. 4.

[34] Como sustenta Casalta Nabais, é imperioso simplificar o sistema fiscal, o que convoca, naturalmente, o legislador para que simplifique todo o complexo sistema de tributação das empresas. Designadamente, impõe-se que o legislador desonere as empresa da rede labiríntica de obrigações acessórias que crescentemente as tem vindo a manietar. Impõe-se, por isso, reduzir – e reduzir significativamente – o número de leis fiscais que nos regem, bem como simplificar as restantes, de modo a que tenha uma legislação fiscal que não só seja suscetível de ser aplicada, mas, sobretudo, possa ser aplicada com custos bem menores do que aqueles que se verificam atualmente. NABAIS, Casalta. Avaliação indireta e manifestações de fortuna na luta contra a evasão fiscal. *Separata*. Direito e Cidadania. Praia – Cabo Verde: ano VI, n. 20-21, mai/dez 2004. p. 219.

mas inclusive para esta que, mesmo sabedora da amplitude do problema, continua a devastar inexoravelmente o seu próprio meio natural. Em vista disso, todos os ramos do conhecimento humano estão convocados a dar sua parcela de contribuição para minimizar esta verdadeira "crônica da morte anunciada", para lembrar García Márquez.

Embora não se perceba uma relação direta entre o objeto central deste trabalho (desigualdade) e questão ora posta, há de ter-se presente que, num cenário de degradação ambiental, os prejuízos suportados pela parcela da população economicamente mais fragilizada são inversamente proporcionais à sua capacidade contributiva, constituindo-se, pois, num dos fatores de manutenção da desigualdade. Além disso, uma adequada tributação sobre a exploração de recursos naturais pode constituir-se em preciosa fonte financiadora de políticas públicas redistributivas.

O estudo do BID sugere que sejam realizadas reformas tributárias pró-desenvolvimento, tendo por objetivo a criação de sistemas tributários com visão de futuro, pois a região desfruta de uma extraordinária riqueza natural, a qual vem sendo desconsiderada na atual sistemática de cobrança de impostos ambientais ou nos atuais projetos de impostos sobre as *commodities*. "Para adaptar o futuro à realidade, os sistemas tributários precisam criar incentivos para o uso mais eficiente de recursos naturais finitos e levar em consideração as necessidades das gerações futuras de latino-americanos".[35]

Com relação à exploração dos recursos naturais, especialmente aqueles cuja exploração seja voltada a atender ao mercado externo, há, no Brasil, uma grave omissão, sendo cobrados apenas royalties – que não são tributos – em percentuais reduzidos, enquanto que sobre os valores exportados prevalece a mais ampla imunidade tributária, não incidindo, portanto, nenhum tributo. Em relação à exportação dos denominados *Commodities* Agrícolas (soja, trigo, suco de laranja) ou minerais (mínerio de ferro, *alumínio*, petróleo, ouro, níquel), ocorre, tão somente, a incidência dos tributos sobre o lucro obtido (IRPJ e CSLL), desde que as operações sejam realizadas diretamente para o destinatário efetivo da mercadoria, sem "transitar" por países com tributação favorecida (paraísos fiscais).

Quanto à tributação ambiental propriamente dita, a extrafiscalidade parece ser um instrumento mais adequado à preservação ambiental, pois permite estimular ou desestimular comportamentos, tendo como objetivo um meio ambiente ecologicamente equilibrado. A utilização de impostos ou contribuições sociais visando à defesa do meio ambiente, opera-se mediante o mecanismo da seletividade, ou seja, a denominada tributação

---

[35] Banco Interamericano de Desenvolvimento (BID). *Recaudar no basta*: los impuestos como instrumento de desarrollo. Disponível em: <http://publications.iadb.org/bitstream/handle/11319/3473/Recaudar%20no%20basta%3a%20los%20impuestos%20como%20instrumento%20de%20desarrollo.pdf?sequence=1>. Acesso em: 10 dez. 2014. p. 4-5.

ambiental pode ser implementada com a fixação de alíquotas seletivas, conforme o grau de adequação da atividade, produtos ou serviços com o objetivo constitucional de assegurar a todos um meio ambiente ecologicamente equilibrado.

No Estudo do BID, a extrafiscalidade aparece de uma forma muito mais visível em sua face "punitiva", pois se sustenta que "forçar todos a pagar pelos males que causam à sociedade deveria ser uma política pública socialmente aceitável". Isso poderia acontecer mediante a cobrança de impostos – mecanismo da extrafiscalidade acima explanado – ou por meio da cobrança de pedágios ou outros mecanismos de preço. Dessa forma, "os bens públicos – como qualidade ao ar, segurança rodoviária ou facilidade de transporte – podem ser protegidos". Com isso, os governos latino-americanos poderiam "elevar a arrecadação para ajudar a solucionar os diversos males que corroem a qualidade de vida nas cidades latino-americanas".[36]

De qualquer forma, a extrafiscalidade constitui-se num instrumento capaz de desestimular certas atividades, a ponto de ser economicamente mais vantajoso encontrar formas menos poluentes para o exercício da respectiva atividade. Seria ainda um meio adequado de estimular comportamentos, atividades ou consumo de determinados produtos, os quais, sob o ponto de vista ambiental, pudessem ser entendidos como corretos.

6. Considerações finais

É inegável que a desigualdade social é um problema histórico e um dos principais desafios a serem enfrentados pelos governos latino-americanos, reconhecendo-se, pois, que, nesta questão, as causas históricas que justificam os níveis de desigualdade no restante da região coincidem em larga escala com as causas da desigualdade social persistente em *Terrae Brasilis*, para lembrar uma expressão constantemente usada por Lenio Streck.

É certo que a questão fiscal corresponde apenas a uma das causas da desigualdade. No entanto, não se trata de uma causa que possa ser desprezada. Tanto em nível nacional como no restante da região, pode-se afirmar que a tributação, além de não cumprir seu papel de redutora de desigualdades, foi e continua sendo uma maneira perversa e eficaz de fazer-se uma espécie das redistribuição de renda às avessas. Esse processo deu-se em razão de uma combinação da vários fatores, entre os quais se destacam a opção pela tributação sobre o consumo em detrimento da renda e da propriedade, resultando em um modelo de tributação altamente regressivo e indutor das desigualdades. Além disso, a tributação da ren-

---
[36] Banco Interamericano de Desenvolvimento (BID). *Recaudar no basta*, cit., p. 18.

da não observa a eficazmente testada regra da progressividade, mecanismo muito caro, por exemplo, para as sociais democracias que lograram a construção das sociedades menos desiguais do mundo.

Não obstante o recente êxito com as políticas públicas voltadas ao combate da pobreza extrema – inclusive com reflexos importantes na redução das desigualdades –, há de reconhecer-se que o avanço teria sido maior se o modo de tributar também estivesse comprometido com a causa.

É inaceitável, pois, que esta geração conviva em um dos espaços mais desiguais do mundo e continue a acreditar que isso seja simplesmente uma decorrência lógica de malsucedidas escolhas individuais, por parte daqueles que não lograram êxito em ocupar o topo da pirâmide ou nunca transpuseram a porta da resguardada "sala vip" da alta sociedade.

Como restar inertes, se esta sociedade profundamente desigual dá contínuos e vigorosos passos no sentido de uma desagregação extremamente conflituosa e violenta? Como continuar a fazer de conta que o destino do outro não importa e que os muros, concretos ou fictícios, que separam as autodenominadas "pessoas de bem" sejam suficientes para que a cegueira da insensibilidade não venha a ser violada pela tragédia da realidade?

7. Referências

BID. Banco Interamericano de Desenvolvimento. *Recaudar no basta*: los impuestos como instrumento de desarrollo. Disponível em: <http://publications.iadb.org/bitstream/handle/113 19/3473/Recaudar%20no%20basta%3a%20los%20impuestos%20como%20instrumento%20de%20desarrollo.pdf?sequence=1>. Acesso em: 10 mai 2014.

BRASIL. Senado Federal. Resolução nº 9, de 1992. Estabelece alíquota máxima para o Imposto sobre Transmissão Causa Mortis e Doação, de que trata a alínea a, inciso I, e § 1º, inciso IV do art. 155 da Constituição Federal. Disponível em: <http://legis. senado.gov.br/legislacao/ListaTextoIntegral.action?id=113958&norma=136383>. Acesso em: 9 out. 2014.

BRASIL. Supremo Tribunal Federal. *Recurso Extraordinário nº 562.045*. Recorrente: Estado do Rio Grande do Sul. Recorrido: Espólio de Emília Lopes de Leon. Relator: Min. Ricardo Lewandowski. Brasília, 27 de novembro de 2013. Disponível em: <http://redir. stf.jus.br/paginadorpub/paginador. jsp?docTP=AC&docID=630039>. Acesso em: 10 dez. 2014.

CARGA Tributária no Brasil 2013. Disponível em: <http://idg.receita.fazenda.gov. br/dados/receitadata/estudos-e-tributarios-e-aduaneiros/estudos-e-estatisticas/carga-tributaria-no-brasil/carga-tributaria-2013.pdf>. Acesso em: 10 dez. 2014.

CEPAL. Comissão Econômica para a América Latina e o Caribe. *La reacción de los gobiernos de las Américas frente a la crisis internacional*. Santiago de Chile: Comissão Econômica para América Latina e Caribe, jul. 2009.

——. *Mudança estrutural para Igualdade*: uma visão integrada do desenvolvimento. Disponível em: <http://www.eclac.cl/pses34/noticias/documentosdetrabajo/0/47440/2012-SES-34-Mudanca_estru tural_sintese.pdf>. Acesso em: 15 abr. 2014.

ESTUDO do Banco Mundial mostra Brasil como 7ª maior economia do mundo. *Valor Econômico*. Disponível em: <http://www.valor.com.br/internacional/3532202/estudo-do-banco-mundial-mostra-brasil-como-7#ixzz33sm5nMyO>. Acesso em: 15 abr. 2014.

FAORO, Raymundo. *Os donos do poder*: formação do patronato político brasileiro. 4. ed. São Paulo: Globo, 2008.

FISZBEIN, A.; SCHADY, N. *Conditional Cash Transfers. Reducing Present and Present Future*: political study report. Washington, DC: World Bank, 2009.

FREYRE, Gilberto. *Casa-grande & senzala*: formação da família brasileira sob o regime da economia patriarcal . 51. ed. São Paulo: Global, 2011.

HOLANDA, Sérgio Buarque de. *Raízes do Brasil*. 26. ed. São Paulo: Companhia das Letras, 1995.

KERSTENETZKY, Celia Lessa. *O estado do bem-estar social na idade da razão*: a reinvenção do Estado Social no mundo contemporâneo. Rio de Janeiro: Elsevier, 2012.

NABAIS, Casalta. Avaliação indireta e manifestações de fortuna na luta contra a evasão fiscal. *Separata*. Direito e Cidadania. Praia – Cabo Verde: ano VI, n. 20-21, mai/dez 2004.

ORGANIZAÇÃO para a Cooperação e Desenvolvimento Econômico (OCDE). *Latin America: Tax revenues continue to rise, but are low and varied among countries, according to new OECD-ECLAC-CIAT report*. <http://www.oecd.org/brazil/latin-america-tax-revenues-continue-to-rise-but-are-low-and-varied-among-countries-according-to-new-oecd-eclac-ciat-report.htm>. Acesso em: 15 abr. 2014.

PIKETTY, Thomas *O capital no século XXI*. Ed. Temas e Debates: Lisboa, 2014.

PIKETTY, Thomas. *Le Capital au XXI° siècle*. Paris: Éditions du Seuil, 2013.

RECEITA Pública: Quem paga e como se gasta no Brasil. *Instituto de Pesquisa Econômica Aplicada*. Disponível em: <http://ipea.gov.br/portal/images/stories/PDFs/comunicado/090630 _comunica doipea22.pdf>. Acesso em: 10 dez. 2014.

RIBEIRO, Darcy. *O povo brasileiro*: a formação e o sentido do Brasil. 3. ed. São Paulo: Companhia das Letras, 2010.

SÍNTESE dos Indicadores Sociais. *Instituto Brasileiro de Geografia e Estatística*. Disponível em: <http://biblioteca.ibge.gov.br/visualizacao/livros/liv66777.pdf>. Acesso em: 15 abr. 2014.

SISTEMA TRIBUTÁRIO: diagnóstico e elementos para mudanças. Brasília: Sindicato Nacional dos Auditores-Fiscais da Receita Federal do Brasil, 2010.

STIGLITZ, Joseph E. *O preço da Desigualdade*. Lisboa: Bertrand Editora, 2013.

STREECK, Wolfgang. Como vai acabar o capitalismo? O epílogo de um sistema em desmantelo crônico. *Revista Piauí*, ed. 97, out. 2014.

UNITED NATIONS DEVELOPMENT PROGRAMM. *Human Development Report 2014*. Disponível em: <http://hdr.undp.org/en/content/human-development-report-2014>. Acesso em: 10 dez. 2014.

UNITED STATES OF AMERICA. Internal Revenue Service. Instructions for Form 706. United States Estate (and generation-skipping transfer) Tax Return. Disponível em: <http://www.irs.gov/pub/irs-pdf/i706.pdf>. Acesso em: 09 out. 2014.

— XI —

A efetivação dos direitos de transexuais na jurisprudência do STJ: uma reflexão sobre os desafios da despatologização à luz do diálogo Honneth-Fraser

MARIA EUGENIA BUNCHAFT[1]

Sumário: 1. Introdução; 2. Do sexo e da identidade sexual; 3. Mudança do prenome e do *status* sexual na jurisprudência brasileira; 4. O debate Honneth-Fraser; 5. A transexualidade, direito à saúde e os desafios da despatologização à luz da ideia de contrapúblicos subalternos; 6.A jurisprudência do STJ sobre transexualidade: uma reflexão sobre os desafios da despatologização à luz do debate Honneth-Fraser; 7. Considerações finais; 8. Bibliografia.

1. Introdução

A transexualidade é um dos temas mais controversos da bioética. A temática é encoberta por autocompreensões assimétricas de mundo vinculadas a concepções religiosas, que terminam por minimizar os aspectos jurídicos fundamentais relativos ao direito à identidade sexual. A união entre homem e mulher, considerada um alicerce fundamental de uma sociedade, construído em torno do núcleo familiar, aos poucos, passa a ser questionada. Inicialmente, a união entre homem e mulher era algo inquestionável, razão pela qual a moralidade majoritária inspirava discriminações contra os homossexuais. Nesse aspecto, as religiões ocidentais delinearam compreensões morais que concebiam o sexo em uma dimensão reprodutora, voltada para a preservação da família e da espécie humana.

Nesse quadro teórico, a identidade sexual vem sendo compreendida de forma mais ampla que o simples sexo morfológico. O sexo deixa de ser considerado como um elemento fisiológico, geneticamente determinado e imutável, contemplando os componentes genético, endócrino, morfológico, civil e psíquico. Ana Paula Ariston Barion Peres (2001) ainda acrescenta duas categorias: o sexo psicossocial e o sexo de criação. Elimar

---
[1] Professora do Programa de Pós-Graduação em Direito da Unisinos. Professora de Direito Constitucional da Graduação da Unisinos. Doutora e Mestre em Teoria do Estado e Direito Constitucional pela PUC-Rio. Pós-Doutora em Filosofia na UFSC.

Szaniawsky (1998) destaca que o sexo psíquico contempla o sexo de criação, associado ao ambiente responsável pelo processo de desenvolvimento infantil. Em suma, decorre do relacionamento familiar e da educação transmitida à criança, tendo em vista o desenvolvimento do seu papel social feminino ou masculino.

Nesse particular, em regra, há uma compatibilidade entre sexo biológico, legal e de criação. Em determinadas situações, todavia, pode haver uma incompatibilidade entre a identidade de gênero e o sexo anatômico, tendo em vista a concepção de sexo psicossocial. Segundo Antonio Chaves (2004), o sexo psicossocial decorre de interações genéticas, fisiológicas e psicológicas que irão delimitar a estruturação do comportamento e da identidade sexual do indivíduo. O sexo psicossocial pressupõe uma articulação de diversos fatores, inspirando a identidade de gênero, que é a autocompreensão do indivíduo sobre sua sexualidade. No entanto, o sexo psicossocial pode ser incompatível com o sexo biológico: o indivíduo é biologicamente perfeito, mas identifica-se com o sexo feminino.

Em face desta leitura, alguns tribunais têm partido de uma leitura moral do ordenamento jurídico e de uma perspectiva reconstrutiva, superando autocompreensões assimétricas de mundo. Por meio da análise de diferentes projetos de lei que tratam da temática do transexualismo, pretendemos demonstrar que a insuficiência da atuação do processo político majoritário na satisfação de demandas sociais específicas de transexuais tem sido suprida pelo papel pedagógico da atuação de determinados tribunais e do Superior Tribunal de Justiça na interpretação do direito de mudança do prenome e do sexo. Propugnamos realizar uma investigação da jurisprudência do STJ na efetivação de direitos de transexuais à luz do diálogo Honneth-Fraser.

Diante dessa estrutura conceitual, os estudos contemporâneos sobre sexualidade demonstram que a concepção binária de gênero do ocidente e o alinhamento automático entre sexo anatômico e identidade sexual são categorias construídas culturalmente. A pluralidade de identidades de gênero que não se enquadram no binarismo convencional não pode ser utilizada como fundamento para a sua patologização, pois esta potencializa estigmas e incrementa a discriminação. Nesse sentido, a discussão sobre a transexualidade também possui um significado filosófico que será explorado no presente trabalho. Assim, a filosofia do reconhecimento de Nancy Fraser revela-se essencial para a desconstrução da concepção binária de gênero.

Mas por que motivo se faz imprescindível a compreensão do debate Honneth-Fraser na análise da temática dos direitos de transexuais na jurisprudência do STJ? Ela é necessária, porque o debate Honneth-Fraser inspira uma discussão sobre a prioridade ou não do justo sobre o bem, assim como um debate que indaga se determinadas formas de judicialização que protegem direitos de transexuais vinculam-se ao princípio da paridade de participação ou ao paradigma da autorrealização.

Nesse particular, o debate Honneth-Fraser é fundamental para a compreensão da temática da discussão sobre direitos fundamentais de transexuais tematizada no julgamento do Recurso Especial n. 1.008.398-SP. De fato, recentes decisões judiciais do STJ na regulamentação do direito à mudança de prenome e sexo por transexuais inspiram uma possível discussão: deve o reconhecimento ser considerado uma questão de paridade de participação, como pretende Fraser?

Axel Honneth (2003a), em *Luta por Reconhecimento*, delineou uma filosofia política que associa uma teoria do desenvolvimento psíquico à evolução moral da sociedade. Outrossim, Honneth estabeleceu um diálogo com Fraser (2003), teórica feminista, professora da Nova Escola para Pesquisa Social de Nova Iorque. Indubitavelmente, o debate entre Honneth e Fraser (2003a), que resultou no livro *Redistribution or Recognition*, é fundamental para elucidar a temática da análise do julgamento da jurisprudência do STJ sobre transexualidade. No entanto, é necessário atualizar tal debate à luz de novos ensaios teóricos de ambos os autores.

Sob esse aspecto, em *Das Recht der Freiheit*, Honneth (2011) sublinha que uma sociedade justa é aquela em que as diferentes esferas sociais (esfera íntima, mercado e Estado Democrático) concretizam a liberdade individual. Como salienta Sobottka, "enquanto em *Luta por Reconhecimento*, as relações intersubjetivas são descritas como um processo em que simultaneamente se socializam e individualizam os participantes; em *O Direito da Liberdade*, a própria liberdade é descrita como constituída através de relações intersubjetivas." (SOBOTTKA, 2013, p. 166).

Mas a questão fundamental é: quais as implicações conceituais da integração das concepções de reconhecimento delineadas por Honneth e Fraser em relação à concretização de direitos fundamentais de transexuais no STJ? E em que medida os argumentos dos autores podem ser referenciais teóricos capazes de compreender a possibilidade de desconstrução da matriz binária homogeneizante e os desafios propostos pelas demandas de despatologização, que pretendem desconsiderar o diagnóstico de um suposto transtorno de identidade de gênero como sendo um requisito para a cirurgia de transgenitalização? O presente trabalho tem por objetivo investigar em que medida a estrutura teórica de Fraser, especialmente a concepção de "contrapúblicos subalternos" atende aos desafios propostos pelos movimentos de despatologização das identidades transexuais, de concretização de direitos fundamentais desses grupos no STJ e de estabelecimento de um referencial social mais sensível e compatível com o respeito à diversidade sexual. A possibilidade de desconstrução da dicotomia hetero-homo pode ser potencializada por meio da existência de públicos alternativos que contemplam discursos de oposição de minorias excluídas da esfera pública oficial, como os transexuais.

Nessa concepção filosófica, a visão de justiça que foi defendida por Fraser (2003a), em *Redistribution or Recognition*, era bidimensional. A partir do momento em que a questão da moldura de justiça torna-se suscetível à contestação, termina por permitir a visibilidade de uma terceira dimensão da justiça não abordada anteriormente e descrita por Fraser (2010) em *Scales of Justice*: a da representação. Assim, para Fraser (2010), se as regras de decisão política que estruturam os processos públicos de contestação impedem que determinados indivíduos tenham a oportunidade de participar plenamente como pares, surge a falsa representação da *política comum*.

Portanto, a questão é: que medida a concretização de direitos de transexuais no STJ serve para desconstruir mecanismos institucionais na esfera do reconhecimento que impedem a paridade de participação de tais minorias sexuais? E em que medida se relaciona à ideia de liberdade social, tal como descrita por Honneth?

Em suma, por meio de um método hermenêutico e monográfico (estudo de caso) e tendo como técnica de pesquisa a análise jurisprudencial de decisões no STJ propugnamos sustentar que o debate sobre o *quem* da temática da mudança de nome de transexuais e da superação da despatologização transcende a moldura keynesiana-westfaliana dos públicos nacionais, tal como descrita por Fraser.

Em síntese, assumimos o objetivo de defender que Honneth, ao propugnar sanar o *deficit* sociológico da Teoria Crítica, termina por suscitar o que Werle e Melo (2013) denominam de *deficit* político da Teoria Crítica, no sentido de inexistir em sua teoria qualquer preocupação em "explicitar um princípio de justificação recíproca e universal em que os próprios cidadãos pudessem decidir quais formas de reconhecimento e princípios de justiça são legítimos ou ilegítimos." (WERLE; MELO, 2013).

Feitas essas considerações, passamos à análise da temática da transexualidade.

2. Do sexo e da identidade sexual

Antes de tudo, é mister destacar que a transexualidade constitui uma identidade de gênero na qual a pessoa tem a convicção de pertencer ao sexo oposto e um desejo irreverssível de adaptar o corpo físico à imagem que faz de si mesmo. A transexualidade pressupõe uma incompatibilidade entre o sexo biológico e a identidade psíquica.

Desse modo, a cirurgia de transgenitalização objetiva compatibilizar o sexo morfológico e o sexo psicossocial. A primeira cirurgia de redesignação realizada no Brasil ocorreu com o transexual Waldir Nogueira, em 1971. Não obstante, o Ministério Público ofereceu denúncia contra o médico pela prática de crime de lesões corporais de natureza gravíssima, o que ensejou a sua condenação, em primeira instância, a 2 anos de reclusão. Em 2º grau, foi absolvido, pois o tribunal compreendeu a inexistência de ação dolosa em sua atividade profissional, tendo caráter terapêutico.

É de se mencionar que, durante alguns anos, o Conselho Federal de Medicina compreendia que essa cirurgia tinha caráter mutilante e não corretivo, de forma que o médico que a praticasse cometia crime de lesão corporal. A partir da Resolução nº 1482/97, a cirurgia de mudança de sexo passou a ser considerada não criminosa. O Conselho Federal de Medicina editou, em 2002, a Resolução nº 1.652/02, que foi revogada pela Resolução nº 1.955/10. De acordo com o art. 4º dessa Resolução, antes de realizar a cirurgia, o transexual deve se submeter a um acompanhamento por uma equipe médica multidisciplinar, constituída por psiquiatra, cirurgião, endocrinologista, psicólogo e assistente social, por período não inferior a 2 anos de acompanhamento conjunto. Somente podem ser operados os transexuais maiores de 21 anos, desde que ausentes características físicas inapropriadas para cirurgia.

Primeiramente, incumbiu-se a resolução de definir o fenômeno transexual. Para ser transexual, o indivíduo deve ser portador de desvio psicológico permanente de identidade sexual, com rejeição do fenótipo e tendência à automutilação ou autoextermínio. Antes do advento do novo Código Civil, a doutrina divergia sobre o caráter ilícito da cirurgia de transgenitalização. Autores contrários à licitude da cirurgia argumentavam que esta desconsiderava uma dimensão ética, ensejando danos irreparáveis ao corpo físico e saudável, sendo uma medida muito drástica que não conduzia ao equilíbrio psíquico e à tão sonhada adaptação social. Alegava-se também que o direito à liberdade sexual não suscitava o direito irrestrito sobre a própria corporeidade. A liberdade sexual não se confundiria com a liberdade de escolher o próprio sexo, que é inalterável.

Por esse prisma, o novo Código Civil resolveu a questão controvertida relativa à licitude da cirurgia de transgenitalização, pois o art. 13 dispõe que: "Salvo exigência médica, é defeso ato de disposição do próprio corpo, quando importar em diminuição permanente da integridade física ou contrariar os bons costumes." Em 2008, a Portaria 1.707, do Ministério da Saúde, estabeleceu o processo transexualizador na esfera do SUS. Essa portaria concebe a transexualidade como um desejo de viver e ser aceito na condição de pessoa do sexo oposto que, em geral, se encontra associado a um sentimento de desconforto com o sexo anatômico.

Sob essa ótica, tal compreensão fundamentava-se no que já havia sido estabelecido pela Carta dos Direitos dos Usuários da Saúde (2006), que consigna o direito ao atendimento humanizado e desprovido de discriminação por orientação sexual e identidade de gênero para os usuários do SUS. Tal portaria afirma seu objetivo voltado para a integralidade da atenção em relação aos transexuais. Ademais, pondera que essa atenção deve ser humanizada, objetivando "promover um atendimento livre de discriminação, inclusive pela sensibilização dos trabalhadores e dos demais usuários do estabelecimento de saúde para o respeito às diferenças e à dignidade humana".

Até esse momento, inexistia uma regulamentação específica para este atendimento no Brasil, pois a Resolução nº 1.652, de 2002, do CFM, tratava somente da cirurgia de transgenitalismo. O artigo 1º da Portaria 1.707/2008, do Ministério da Saúde, estabelece que o processo transexualizador deve ser efetivado em serviços de referência devidamente habilitados e voltados para a atenção integral à saúde para os indivíduos que dele necessitem, atendidas as condições previstas na Resolução nº 1.652/02, do CFM.

A portaria 1.707 estabelece seu objetivo com a integralidade da ação direcionada aos indivíduos transexuais. Explicita que tal atenção não se restringe de maneira centralizadora "à meta terapêutica apenas no procedimento cirúrgico de transgenitalização e nas demais intervenções somáticas aparentes ou inaparentes". Ademais, pondera que esta atenção deve ser humanizada, objetivando "promover um atendimento livre de discriminação, inclusive pela sensibilização dos trabalhadores e dos demais usuários do estabelecimento de saúde para o respeito às diferenças e à dignidade humana".

De fato, antes da cirurgia, os transexuais passam por dois anos de acompanhamento pela Unidade de Psiquiatria, sendo que, após esse lapso temporal, podem obter ou não o diagnóstico de serem portadores de "transexualismo." Somente com o diagnóstico e o laudo podem se submeter a consultas de urologia para fins de alterações corporais que abrangem a homonioterapia feminilizante ou masculinizante e procedimentos complementares.

Antes de tudo, é mister considerar que os efeitos estigmatizantes da medicalização e patologização decorrentes dos discursos biomédicos sobre transexualidade terminam por fazer com que as pessoas transexuais construam suas autoimagens como sendo de pessoas doentes e afetadas por um transtorno de identidade de gênero. Os transexuais se autocompreendem a partir de uma perspectiva científica, ou seja, a partir de um conjunto de saberes científicos que irão inspirar suas condutas na sociedade e nas instâncias políticas.

Se, por um lado, o diagnóstico viabiliza o direito à realização da cirurgia de transgenitalização, por outro lado, potencializa a estigmatização e a exclusão social. O debate sobre a condição patologizante da transexualidade tem sido resgatado atualmente por aqueles que consideram o diagnóstico como uma condição que garante a realização da cirurgia no serviço e os que defendem a exclusão da necessidade de diagnóstico, pois os transexuais teriam direito de disposição do próprio corpo.

Nesse cenário, aqueles que se opõem à necessidade do diagnóstico postulam que a qualificação da transexualidade não se vincula a uma incompatibilidade com as normas de gênero. A transexualidade seria mais uma dentre uma multiplicidade de identidades de gênero, questionando a interpretação patológica. Se, atualmente, a transexualidade ainda é compreendida como um distúrbio mental pela OMS, tal fato pode ser modificado. Há uma discussão recente sobre a proposta de que a próxima edição da CID-11 – Classificação Internacional de Doenças – deixe de contemplar condutas relacionadas à identidade de gênero, objetivando a despatologização do sexo.

Com efeito, tal compreensão sobre a necessidade de despatologização tem sido a bandeira de luta de representantes transexuais da sociedade civil cujas demandas específicas, que anteriormente eram desconsideradas dentro do próprio movimento LGBT, vêm sendo paulatinamente consideradas e reconhecidas.

Nesse contexto, assume especial relevância a ideia de contrapúblicos subalternos, estabelecida por Nancy Fraser. Portanto, a desvinculação entre a compreensão do fenômeno transexual e a interpretação patologizante, assim como a problematização do binarismo poderá, à luz do referencial teórico de Fraser, desconstruir mecanismos institucionais na esfera do reconhecimento que impedem o princípio da paridade de participação de tais minorias sexuais.

Nessa linha de raciocínio, a partir do movimento feminista, há um processo de problematização de dicotomia homem-mulher com o objetivo de desestabilizar as diferenciações entre homens e mulheres. Na primeira fase do movimento feminista, há uma contraposição entre gênero e sexo. O gênero seria culturalmente construído, não sendo um resultado causal do sexo. (Butler, 2008). O sexo estaria associado às características anatômicas biologicamente determinadas. O gênero, por sua vez, ultrapassa as fronteiras biológicas, sendo socialmente construído.

Diante do exposto, a partir da segunda fase do movimento feminista, as feministas passaram a compreender que a vinculação do sexo a fatores biológicos era o elemento estruturante do sexismo, inspirando um potencial opressivo capaz de inspirar desigualdades. Embora reconhecendo que muitas distinções entre homens e mulheres não tinham origem no fator biológico, o sexo ainda era considerado um elemento importante, pois muitas diferenças entre homens e mulheres não eram apenas culturais.

Nesse particular, segundo Nicholson (2000), com a terceira fase do movimento feminista, o binarismo feminino-masculino é substituído por uma compreensão mais ampla, em que o sexo não pode ser independente do gênero, pois deve ser algo "que possa ser subsumido pelo gênero." (NICHOLSON, 2000). Para Butler (2008), nesta fase, tanto sexo como gênero passam a ser concebidos como categorias construídas sócio-historicamente.

Ainda na década de 1980, com o surgimento da teoria *queer*, há uma problematização do binarismo, refletindo uma multiplicidade de identidades, vivências e expressões sexuais possíveis e existentes, questionando-se a ideia de sexualidade desviante. A teoria *queer* pressupõe uma interpretação antiessencialista de sexualidade, avaliando criticamente as políticas de identidade. A ideia é distanciar-se dos estudos de lésbicas e *gays*, direcionando seu foco para as minorias sexuais não hegemônicas, voltadas para a transformação social e a ruptura com as normas assimétricas socialmente estabelecidas de comportamento sexual, como o travestismo e a transexualidade.

Nesse quadro teórico, os estudos pós-modernos, partindo de pressupostos teóricos semelhantes aos apontados pela teoria *queer*, ponderam também que as identidades não são perfeitas, fixas, estáveis, coerentes, unificadas, definitivas. Segundo Silva (2000), as identidades são instáveis, contraditórias, fragmentadas, inacabadas. Portanto, é possível delinear uma compreensão renovada que desconstrói a divisão binária dos sexos, tendo em vista a multiplicidade de expressões identitárias da sociedade contemporânea.

3. Mudança do prenome e do *status* sexual na jurisprudência brasileira

Durante a década de 1980, a jurisprudência dos tribunais havia consagrado a tese da imutabilidade do prenome e do estado sexual no registro. Somente as retificações da Lei de Registros Públicos eram admitidas, pois o registro público deveria ser preciso e regular, constituindo expressão da verdade. Quanto à mudança de sexo, o entendimento era no sentido de que sexo não era uma questão de escolha, mas determinado biologicamente. Consequentemente, a cirurgia não suscitava uma verdadeira alteração do sexo. Tal retificação do registro civil só era admitida, em regra, no caso do intersexual.

Em face desta leitura, a modificação em relação ao entendimento da matéria surge na década de 1990 na jurisprudência do Tribunal de Justiça do Rio Grande do Sul, que passou a decidir favoravelmente em relação à admissibilidade da modificação do registro do transexual redesignado. Com a Resolução nº 1.482/97, do Conselho Federal de Medicina, alguns tribunais brasileiros passaram a decidir pela licitude da cirurgia e pela admissibilidade da mudança do prenome. O entendimento passou a ser no sentido de que nada adiantará ao transexual a cirurgia, se houver a situação vexatória de se apresentar à sociedade com um prenome incompatível com a sua situação física.

É mister sublinhar que a regra da imutabilidade prevista no art. 58 da Lei de Registros Públicos passou a ser relativizada pela jurisprudência no sentido de assegurar ao transexual operado o direito a um prenome no registro que não o exponha a uma situação vexatória, havendo vários acórdãos dos Tribunais de Justiça de São Paulo, Rio de Janeiro, Rio Grande do Sul e Pernambuco que buscam adequar o prenome e o estado sexual do transexual.

Diante dessa estrutura conceitual, há um primeiro entendimento doutrinário que defende a admissibilidade de alteração do prenome, averbando-se o termo *transexual* no registro para garantir que outrem não seja induzido a erro. Mesmo entre os autores que consideram a admissibilidade da alteração do *status* sexual, há controvérsia em relação à possibilidade de constar ressalva no registro sobre a condição de transexualidade. Maria Helena Diniz (2006) leciona que, após a cirurgia da transgenitalização, o registro deve realizar a alteração sem a ressalva, sob pena de ofensa à dignidade humana.

Assim, a autora destaca que a nova certidão de nascimento não deve contemplar qualquer observação quanto à natureza das retificações procedidas, consignando-se somente a ressalva de que o assento foi modificado por sentença judicial em ação de retificação do registro, cujo teor é segredo de justiça. A certidão com inteiro teor do mandado poderia ser fornecida a critério do juiz para salvaguarda de direitos. Nesse quadro teórico, defendemos, com base em Antonio Chaves (1994), a impossibilidade de qualquer ressalva nos documentos, ainda que sigilosa, porque a lei veda qualquer discriminação.

Nessa configuração normativa, o art. 196 da Constituição Federal prevê o direito à saúde, que contempla o direito ao equilíbrio físico mental do transexual e constitui a base jurídica para a adequação do sexo e prenome. O transexual deve ostentar um prenome pelo qual é conhecido, que espelha a verdade, pois o registro deve estar em consonância com a realidade.

Por outro lado, o direito à vida, à integridade psicofísica e à saúde constitui o trinômio que informa o livre desenvolvimento da personalidade e a salvaguarda da dignidade da pessoa humana. Esse princípio é determinante em qualquer questão de biodireito, estando previsto no art 1º, inciso III, da Carta Magna, como um valor fundamental sobre o qual se funda a República. O direito à busca do equilíbrio corpo-mente está ancorado no direito à saúde e no direito à identidade sexual que integra um aspecto da identidade pessoal.

Nessa trajetória jurídica, o Tribunal de Justiça de São Paulo deferiu alteração de prenome e de sexo a transexual redesignado, conforme ementa transcrita:

> Tribunal de Justiça de São Paulo. 1ª Câmara de Direito Privado. APL 9069885-07.2007.8.26.0000. Des. Relator Luiz Antonio de Godoy. D.J 10/01/2012.
>
> REGISTRO CIVIL. Retificação. Transexual submetido à cirurgia de redesignação sexual. Alteração do prenome e designativo de sexo. Possibilidade. Princípio da dignidade da pessoa humana. Alteração do registro civil, de modo a refletir a verdade real vivenciada pelo transexual e que se reflete na sociedade. Ação procedente. Retificação dos fundamentos da sentença. Recurso desprovido. (SÃO PAULO, 2012 b).

No entanto, a jurisprudência majoritária permite a alteração de prenome, independentemente da realização da cirurgia de transgenitalização, mas nega a alteração de gênero no registro, condicionando-o ao procedimento cirúrgico. Nesse sentido, manifestou-se o Tribunal de Justiça de Sergipe por intermédio da 1ª Câmara Cível no julgamento da Apelação Cível nº 2012209865, por meio da Desembargadora Relatora Maria Aparecida Santos da Silva (D. J. 9/7/2012):

> Tribunal de Justiça de Sergipe. 1ª Câmara Cível. Apel. Cível n. 2012209865. Desembargadora Relatora Maria Aparecida Santos da Silva. D.J. 9/7/2012.
>
> Apelação cível. Retificação de registro. Transexual não submetido a cirurgia de alteração de sexo. Modificação do prenome. Possibilidade. Autor submetido a situações vexatórias e constrangedoras todas as vezes em que necessita se apresentar com o nome constante em seu registro de nascimento. Princípio da dignidade da Pessoa Humana. Alteração do gênero biológico constante em seu registro de masculino para transexual sem ablação de sua genitália. Impossibilidade. (SERGIPE, 2012).

No mesmo raciocínio, exigindo a cirurgia para mudança do *status* sexual, manifestou-se o Tribunal de Justiça do Estado de Minas Gerais, por intermédio da Sexta Câmara Cível no julgamento da apelação nº 10232100002611-0/001, por meio da Desembargadora Sandra Fonseca (D. J. 28/09/2012). Não obstante, em 2012, o Tribunal de Justiça de São Paulo, por intermédio da 6ª Câmara de Direito Privado, no julgamento da apelação nº 85395620048260505 SP 0008539-56.2004.8.26.0505, tendo como Desembargador-Relator Vito Guglielmi (D. J. 18 de outubro de 2012), deferiu alteração do prenome e do sexo de transexual independentemente da cirurgia de transgenitalização. A ementa do julgado estabelece os seguintes termos:

> Tribunal de Justiça de São Paulo. 6.ª Câmara de Direito Privado. Apelação nº 85395620048260505-SP-0008539-56.2004.8.26.0505. Desembargador Relator Vito Guglielmi.
>
> Apelação Cível. Registro civil. Alteração de prenome e sexo da requerente em virtude de sua condição de transexual. Admissibilidade. Hipótese em que provada, pela perícia multidisciplinar, a desconformi-

dade entre o sexo biológico e o sexo psicológico da requerente. Registro civil que deve, nos casos em que presente prova definitiva do transexualismo, dar prevalência ao sexo psicológico, uma vez que determinante do comportamento social do indivíduo. Aspecto secundário, ademais, da conformação biológica sexual que torna despicienda a prévia transgenitalização. Observação, contudo, quanto à forma das alterações que devem ser feitas mediante ato de averbação com menção à origem da retificação em sentença judicial. Ressalva que não só garante eventuais direitos de terceiros que mantiveram relacionamento com a requerente antes da mudança, mas também preserva a dignidade de autora, na medida em que os documentos usuais a isso não farão qualquer referência. Decisão de improcedência afastada. Recursos providos. (SÃO PAULO, 2012).

No mesmo sentido, a 4ª Câmara de Direito Privado do Tribunal de Justiça de São Paulo, no julgamento da Apelação nº 0007491-04.2013.8.26.0196, por meio do Desembargador-Relator Maia da Cunha (D. J. 13 /08/2013), decidiu que a exigência de cirurgia de transgenitalização como condição para mudança do *status* sexual no registro viola o princípio constitucional da dignidade humana. O Desembargador Maia da Cunha foi acompanhado pelo Desembargador Fábio Quadros, reformando a sentença do juiz de primeira instância, sendo vencido o Desembargador Carlos Teixeira Leite. Por esse prisma, é oportuno transcrever a ementa do julgado:

Tribunal de Justiça de São Paulo. 4ª Câmara de Direito Privado. Apelação n.º 0007491-04.2013.8.26.0196. Desembargador Relator Maia da Cunha.
Retificação de registro civil. Transexualidade. Pretensão à modificação da designação de sexo e nome. Interesse de agir presente mesmo antes da realização da redesignação de gênero. Obediência ao princípio da dignidade da pessoa humana de que trata o artigo 1º, III da Constituição federal. Definitividade do registro civil que recomenda a realização de estudo médico pericial e psicossocial, bem como a requisição das fichas de atendimento do acompanhamento realizado quando da preparação para a cirurgia de mudança de sexo. Recurso provido, com recomendação. (SÃO PAULO, 2013).

Ademais, a jurisprudência majoritária, desde 2009, admite a mudança de sexo no registro após a cirurgia. Mas antes de 2009, havia controvérsia na jurisprudência, tendo havido decisões que consideravam o sexo não como uma questão de escolha, mas biologicamente determinado. No entanto, tal posicionamento foi superado desde 2009, quando o STJ, no julgamento do RESP nº 1008398/SP (BRASIL, 2009c), a Terceira Turma do STJ, por unanimidade, deu-lhe provimento, deferindo a alteração de prenome e de sexo de transexual redesignado, tendo como Relatora a Ministra Nancy Andrighi. Tal julgamento será oportunamente analisado. No caso específico da transexualidade, alguns projetos de lei que tentavam regulamentar a matéria não foram aprovados. Desse modo, é necessário analisar determinados projetos de lei que tentavam regulamentar os direitos de transexuais.

Atualmente, tramitam no Congresso Nacional diversos projetos de lei que tratam dos direitos dos transexuais, como, por exemplo, os Projeto de Lei nº 2.976/2008 (DIOGO, 2008), nº 1.281/2011 (LIMA, 2011), nº 658/2011 (RODRIGUES, 2011) e nº 4.241 /2012 (KOKAY, 2012).

Existe o Projeto de Lei da Câmara n. 72/2007 (ZICA, 2007), alterando o artigo 58 da Lei nº 6.015/73, que dispõe sobre registros públicos, possibilitando a alteração do prenome de pessoas transexuais:

Art. 58. O prenome será definitivo, admitindo-se, todavia, a sua substituição, mediante sentença judicial, nos casos em que:

I – o interessado for:

a) conhecido por apelidos notórios;

b) reconhecido como transexual de acordo com laudo de avaliação médica, ainda que não tenha sido submetido a procedimento médico-cirúrgico destinado à adequação dos órgãos sexuais;

II – houver fundada coação ou ameaça decorrente da colaboração com a apuração de crime por determinação, em sentença, de juiz competente após ouvido o Ministério Público.

Parágrafo único. A sentença relativa à substituição do prenome na hipótese prevista na alínea b do inciso I deste artigo será objeto de averbação no livro de nascimento com a menção imperativa de ser a pessoa transexual.

Nesse sentido, a Lei nº 6.015/73 estatui que toda alteração de prenome seja realizada pela via judicial, o projeto estabelece um procedimento simplificado e célere, prevendo a exigência de um laudo médico que comprove a condição da pessoa transexual. Em síntese, durante a discussão do projeto, surgiram inúmeras críticas dirigidas contra a necessidade de se averbar o nome no registro e a ausência de previsão específica para alteração de sexo. A novidade do projeto reside na possibilidade de o transexual requerer a adequação do prenome mesmo que não tenha se submetido à cirurgia de transgenitalização. O projeto passou pela Comissão de Constituição e Justiça do Senado, tendo sido distribuído ao Senador Eduardo Suplicy, que emitiu parecer favorável ao projeto. Até o momento da elaboração dessa obra, 13 de outubro de 2014, o projeto encontra-se na subseção de Coordenação Legislativa do Senado, aguardando inclusão na ordem do dia.

Outrossim, a principal proposta legislativa é o Projeto de Lei nº 5.002/2013 (WYLLYS; KOKAY, 2013), que tramita na Câmara dos Deputados, estabelecendo o direito à identidade de gênero, concebida como a vivência interna e individual do gênero tal como cada pessoa o sente, a qual pode corresponder ou não com o sexo atribuído após o nascimento, incluindo a vivência pessoal do corpo (art. 2º). Segundo esse projeto, o SUS e os planos de saúde estariam obrigados a custear tratamentos hormonais integrais e cirurgias de transgenitalização a todos os interessados maiores de 18 anos. Estes últimos não estariam obrigados a satisfazer qualquer requisito relativo a um tipo de diagnóstico, tratamento ou autorização judicial. Além disso, o projeto prevê que os maiores de 18 anos podem mudar o prenome independentemente de autorização judicial. E libera também para estes a mudança do status sexual nos documentos pessoais com ou sem cirurgia.

Sob esse aspecto, permite a manutenção dos números dos documentos, omitindo-se os nomes originais. Nas hipóteses de tratamento hormonal, cirurgia de transgenitalização e mudança de nome e sexo nos documentos, se o interessado for menor de 18 anos, é necessário requerimento dos pais ou representantes legais. Se este se opuser, o adolescente pode recorrer à defensoria pública para requerer a autorização judicial mediante procedimento sumariíssimo.

Até 13 de outubro de 2014, o projeto está aguardando designação de relator na Comissão de Direitos Humanos e Minorias. Enquanto tais propostas legislativas não são aprovadas, o Judiciário supre a lacuna legal. Sob esse aspecto, quando os mecanismos das instâncias deliberativas funcionam adequadamente, de forma a contemplar minorias estigmatizadas, a intervenção judicial minimiza-se; mas, quando a atuação dos órgãos políticos não atende às expectativas normativas de minorias insulares, a tendência é a atuação judicial expandir-se, de forma a suprir o *deficit* de abertura e participação das mesmas. A questão fundamental é analisar se tais formas de judicialização vinculam-se ao princípio da paridade de participação ou ao paradigma da autorrealização. Para tal empreendimento, é importante aprofundar a reflexão sobre o debate Honneth-Fraser, que assume especial relevância para a temática da transexualidade.

4. O debate Honneth-Fraser

De início, é premente lecionar que a filosofia de Axel Honneth (2003a) pressupõe a construção da identidade como expressão de lutas intersubjetivas por reconhecimento mútuo. A identidade humana, portanto, surge a partir da intersubjetividade. Por meio de relações intersubjetivas, os indivíduos estabelecem três formas de interação social. A primeira delas é a autoconfiança, que se expressa nas relações de amor e amizade por meio das quais a unidade originalmente simbiótica entre mãe e filho irá romper-se, originando instâncias de autonomia apoiadas pela dedicação materna.

Em suma, a segunda forma de reconhecimento ocorre por meio da atribuição de direitos universais que permitem aos indivíduos alcançarem um sentido de autorrespeito. É por meio de relações juridicamente institucionalizadas que os cidadãos estabelecem sua autoimagem. Por fim, a terceira forma de reconhecimento constitui a dimensão da autoestima, por meio da qual os indivíduos são socialmente estimados por seus atributos singulares na esfera da divisão do trabalho de uma comunidade. (BUNCHAFT, 2009, p. 378-379).

Em síntese, Honneth (2003a) apresenta um conceito de luta por reconhecimento a partir da dimensão ética da injustiça, fornecendo novas bases filosóficas para sua proposta de renovar a Teoria Crítica, compreendendo os padrões concretos de desrespeito como a base motivacional capaz de inspirar a gramática dos conflitos sociais. Segundo Sobbotka e Saavedra, em *Das Recht der Freiheit*, Honneth (2011 apud SOBBOTKA; SAAVEDRA, 2012) modifica sua estrutura conceitual, pois, ao invés das três esferas do reconhecimento, estas passam a ser formas de expressão da liberdade, sendo esta hierarquicamente superior.

Por esse prisma, para Honneth (2003a), somente quando os indivíduos se propõem rearticular as relações de interação social é possível superar a tensão afetiva inerente ao potencial emancipatório das experiências de sofrimento. É oportuno resgatar uma passagem que elucida o pensamento do autor:

> Para chegar a uma autorrelação bem-sucedida, ele depende do reconhecimento intersubjetivo de suas capacidades e de suas realizações; se uma tal forma de assentimento social não ocorre em alguma etapa de seu desenvolvimento, abre-se na personalidade como que uma lacuna psíquica, na qual entram as reações emocionais negativas como a vergonha ou a ira. Daí a experiência do desrespeito estar sempre acompanhada de sentimentos afetivos que, em princípio, podem revelar ao indivíduo que determinadas formas de reconhecimento lhe são socialmente denegadas. (HONNETH, 2003a, p. 220).

Nessa trajetória teórica, o autor propugna investigar os pressupostos necessários que ensejam situações de vulnerabilidade moral, porquanto as experiências de desrespeito e humilhação impedem as condições necessárias para uma autorrealização plena. Honneth apropria-se do pensamento de Dewey, segundo o qual os sentimentos são compreendidos como "a repercussão afetiva do sucesso ou insucesso de nossas intenções práticas." (HONNETH, 2003a, p. 221).

Sob essa ótica, o filósofo alemão analisa que, em situações de vulnerabilidade moral, os sujeitos ofendidos, quando seus parceiros de interação não correspondem às suas expectativas normativas, terminam por expressar sentimentos de vexação, que "consistem num rebaixamento do sentimento de valor próprio." (HONNETH, 2003a, p. 222).

Nesse ponto, como destaca Honneth, entretanto, nem Hegel nem Mead fazem "referência à maneira como a experiência de desrespeito social pode motivar um sujeito a entrar numa luta ou num conflito prático." (HONNETH, 2003a, p. 220). Honneth examina que, após uma evolução nos estudos psicanalíticos sobre o desenvolvimento da personalidade humana, seria intrínseco às relações afetivas entre mãe e filho uma articulação entre autonomia e ligação, porquanto, como leciona Hegel, o amor deve ser compreendido como "um ser-si-mesmo em um outro".

Nesse cenário, a ideia fundamental de Honneth é, com base em Winicott, contrapor-se às linhas psicanalíticas que consideram a criança como um objeto de investigação independente. Desse modo, o autor alemão desenvolve uma perspectiva intersubjetiva relativa ao processo de desenvolvimento psíquico que considera o amor como "uma forma determinada de reconhecimento em virtude do modo específico pelo qual o sucesso das ligações afetivas se torna dependente da capacidade, adquirida na primeira infância, para o equilíbrio entre a simbiose e a autoafirmação." (HONNETH, 2003a, p.163).

De fato, segundo Freud (*apud* HONNETH, 2003a, p. 161), "os parceiros de interação da criança só tiveram importância de início, na medida em que se apresentavam como objetos de investimentos libidinosos que resultavam de um conflito intrapsíquico de demandas pulsionais inconscientes e de controle do ego gradualmente emergente", de forma que o desenvolvimento psíquico ocorre em uma perspectiva monológica. Não obstante, em Winicott, diferentemente, o amor constitui uma forma de reconhecimento intersubjetivo marcada por uma tensão entre afirmação da autonomia apoiada pela dedicação materna. O trecho a seguir resume o pensamento de Honneth:

> Em seus primeiros meses de vida, a criança pequena depende a tal ponto da complementação prática de seu comportamento pelos cuidados maternos, que ela representa uma abstração errônea quando a pesquisa psicanalítica a considera como um objeto de investigação independente, isolada de qualquer pessoa de referência. A assistência com que a mãe mantém o bebê em vida, não se conecta ao comportamento infantil como algo secundário, mas está fundida com ele de uma maneira que torna plausível supor, para o começo de toda vida humana, uma fase de intersubjetividade indiferenciada, de simbiose portanto. (HONNETH, 2003a, p. 164).

Nessa linha de raciocínio, a criança, inicialmente, concebe-se como parte da mãe, de forma que, aos poucos, aquela unidade originalmente simbiótica vai alcançando algumas instâncias de autonomia, de modo que a criança aprende a aceitar-se como ser independente. A mãe vai paulatinamente retornando às suas atividades cotidianas e, em resposta, "o bebê desenvolve logo uma disposição para atos agressivos, dirigidos primariamente à mãe, percebida agora também como independente..." (HONNETH, 2003a, p. 168).

De fato, como que para "rebelar-se contra a experiência do desvanecimento da onipotência, ele procura destruir o corpo dela, vivenciado até aqui apenas como fonte de prazer, aplicando-lhe golpes, mordidas e empurrões." (HONNETH, 2003a, p. 168). Assim, Honneth concebe os comportamentos agressivos da criança decorrentes do seu processo de desligamento, como resultado de uma luta por reconhecimento, porquanto "só na tentativa de destruição da mãe, ou seja, na forma de uma luta, a criança vivencia o fato de que ela depende da atenção amorosa de uma pessoa, existindo independentemente dela, como um ser com pretensões próprias." (HONNETH, 2003a, p. 170).

É imperioso postular que, segundo Winicott, a capacidade especial de estar só revela um processo de amadurecimento emocional no qual a criança alcança um sentido de autoconfiança, pois, mesmo após certa autonomia, as necessidades afetivas são satisfeitas pela confiança na dedicação materna. Daí a importância de determinados objetos transicionais com os quais a criança estabelece especial relação afetiva, pois representam "os elos de mediação ontológica" entre a experiência da simbiose e da autonomia.

Nesse contexto, nas palavras de Honneth, "a criança só está em condições de um relacionamento com os objetos escolhidos no qual 'ela se perde', quando pode demonstrar, mesmo depois da separação da mãe, tanta confiança na continuidade da dedicação desta, que ela, sob proteção de uma intersubjetividade sentida, pode estar a sós, despreocupada." (HONNETH, 2003a, p. 172).

Com efeito, Winicott compreende a experiência de "estar só" como a possibilidade de vivenciar, enquanto ser desejante, uma confiança na satisfação das próprias carências sem a necessidade de estar fundido, de forma a obter uma estabilidade emocional em relação ao seu confrontante social. Na vida adulta, "as relações amorosas são impelidas pela reminiscência inconsciente da vivência de fusão originária que marcara a mãe e o filho nos primeiros meses de vida." (HONNETH, 2003a, p. 173). Nesse particular, Honneth enfatiza a expansão das possibilidades de relação afetiva, alcançando novas formas de relacionamento amoroso, independentemente das expectativas sociais e padrões institucionalizados, refletindo um processo de "desconvencionalização do fundamento familiar", tendo como elemento preponderante o elo afetivo.

Nesse quadro teórico, como pretende o filósofo, "o núcleo familiar representa um mundo da vida, no qual os processos comunicativos se manifestam por atitudes e orientações que são primariamente uma expressão dos sentimentos pessoais de seus membros." (HONNETH, 2007, p. 145). Há um distanciamento da família nuclear burguesa – na qual o homem exerce autoridade com reflexos nas estruturas de poder social – de maneira que as relações afetivas se abrem a novas formas de opção sexual, tendo em vista a primazia da esfera privada, com a proliferação de formas alternativas de entidades familiares, independentemente de padrões sociais institucionalizados. Confira-se o argumento de Honneth:

> Mas, na medida em que o casamento começou a se tornar independente de expectativas sociais e econômicas, um amplo processo foi posto em funcionamento no qual as convenções envolvidas na fundação de uma família foram desmanteladas; a decisão de fundar uma família tornou-se determinada fundamentalmente pela atração emocional que os dois cônjuges têm um pelo outro. (HONNETH, 2007, p. 147).

De um lado, com o surgimento do casamento entre pessoas do mesmo sexo, ou de pais e mães solteiros, há um enfraquecimento do modelo familiar burguês e uma ampliação das possibilidades de autorrealização que os sujeitos vivenciam enquanto seres carentes e desejantes. De outro lado, Honneth estabelece uma perspectiva analítica que tem o propósito de analisar as dimensões do reconhecimento em uma abordagem negativa. Mister se faz ponderar ainda que, com fundamento em elementos teóricos desenvolvidos pelo filósofo Avishai Margalit, Honneth destaca o aspecto moral intrínseco à violação das condições para uma autorrealização, considerando intrínseca, à situação de desrespeito moral, uma violação aos pressupostos do reconhecimento.

Não obstante, o autor apresenta uma concepção teórica fundamental para atender aos desafios inerentes a situações de opressão na sociedade: o conceito de *invisibilidade social*. Nas palavras de Honneth (2001, p. 2), "sujeitos humanos são visíveis a outro sujeito, na medida em que este pode identificá-los de acordo com as características do relacionamento, como pessoas claramente definidas por propriedades", ou seja, quando nossos parceiros de interação social reconhecem nossas singularidades e atributos.

Nesse particular, de acordo com Honneth, "a história cultural oferece inúmeros exemplos nos quais o dominador expressa sua superioridade social ao não perceber aqueles que dominam." (HONNETH, 2001, p. 1). Um sujeito pode confirmar sua própria visibilidade somente forçando seu parceiro de interação social a reconhecer suas singularidades e propriedades que formam uma identidade.

Em face desta leitura, Honneth (2003b) estabeleceu um debate com Nancy Fraser (2003a) sobre os fundamentos filosóficos das teorias do reconhecimento, sendo que tal diálogo foi expresso no livro *Redistribution or Recognition*. A divergência entre os autores surge porque Fraser propõe articular distribuição material de recursos e reconhecimento cultural por meio de uma política econômica socialista, capaz de combater as diferenças sociais, e uma perspectiva desconstrutivista, que implicaria não políticas estreitas de autenticidade de grupo, mas um processo de desconstrução identitária.

Diante dessa estrutura conceitual, a autora procura se distanciar de uma abordagem psicológica do reconhecimento, contrapondo-se à desvinculação entre as dimensões econômica e cultural e rompendo com uma perspectiva dicotômica que privilegia as questões distributivas ou se restringe às injustiças culturais. A divisão social entre homossexuais e heterossexuais, por exemplo, não se baseia apenas em critérios econômicos, pois os homossexuais ocupam diferentes posições sociais na divisão do trabalho e não constituem uma classe especialmente explorada.

Assim, nas palavras da autora, "a divisão é enraizada, diferentemente, na ordem de *status* da sociedade como padrões institucionalizados de valores culturais que constroem a heterossexualidade como natural e normativa e a homossexualidade como perversa e desprezada." (FRASER, 2003a, p. 18). Trata-se de padrões normativos institucionalizados nas diversas áreas do direito, relativas à família, intimidade e igualdade. É relevante trazer as palavras de Fraser:

> Eles estão também estabelecidos em muitas áreas da política governamental (incluindo imigração, naturalização e política de asilo) e padrões de práticas profissionais (incluindo medicina e psicoterapia). Padrões valorativos heteronormativos também penetram na cultura popular e na interação cotidiana. O resultado é construir *gays* e lésbicas como uma sexualidade desprezada, sujeitos a formas sexualmente específicas de subordinação de status. O último inclui vergonha e assalto, exclusão dos direitos e privilégios do casamento e parentesco, restrições nos direitos de expressão e associação, imagens estereotipadas danosas na mídia, assédio e depreciação na vida cotidiana e negação dos plenos direitos e de igual proteção da cidadania. (FRASER, 2003a, p. 18).

Nesse sentido, *gays* e lésbicas sofrem uma série de injustiças como consequência da subordinação na ordem de *status*, tendo em vista a institucionalização de normas heterossexistas que negam, por exemplo, uma ampla gama de benefícios sociais e familiares concedidos às relações heterossexuais. Indubitavelmente, para a autora, "superar a homofobia e o heterossexismo exige a mudança da ordem sexual de *status*, desinstitucionalizando padrões valorativos heteronormativos e substituindo-os por padrões que expressem igual respeito por *gays* e lésbicas." (FRASER, 2003a, p. 19).

Outrossim, em se tratando de classes sociais nas quais os indivíduos são tradicionalmente explorados, são necessários, entretanto, remédios redistributivos que visam a superar injustiças econômicas. No caso das mulheres, a discriminação combina características de exploração econômica com elementos de discriminação sexual, de forma que a injustiça é tridimensional, situando-se tanto na esfera econômica, na esfera do reconhecimento, como no âmbito da representação.

Antes de tudo, é mister considerar que se trata de formas de injustiça primárias e cooriginárias, de forma que "nem uma política de redistribuição nem uma política de reconhecimento isoladamente são suficientes." (FRASER, 2003a, p. 19). As mulheres necessitam combater ambas as dimensões da injustiça. A discriminação contra transexuais é uma categoria híbrida decorrente da injustiça econômica, da ordem de *status* na sociedade, e da esfera de representação, porque a orientação sexual estrutura a divisão fundamental entre trabalho produtivo remunerado ocupado por heterossexuais e trabalho mal remunerado atribuído a travestis e transexuais.

Sob esse aspecto, seria necessário combater a injusta divisão de trabalho que discrimina economicamente transexuais, assim como os padrões heterossexistas institucionalizados que incrementam o estigma. Esses padrões "são relativamente independentes da economia política e não são meramente superestruturais. Eles, portanto, não podem ser superados apenas por redistribuição, mas exigem medidas adicionais independentes de reconhecimento." (FRASER, 2003a, p. 21).

Nessa perspectiva, Fraser (2001) diferencia remédios afirmativos e transformativos. Os remédios afirmativos vinculam-se ao que denomina de "multiculturalismo dominante". Este propõe "reparar o desrespeito por meio da reavaliação das identidades injustamente desvalorizadas de grupos, enquanto deixa intacto tanto o conteúdo dessas identidades quanto as diferenciações de grupos que as embasam." (FRASER, 2001, p. 267).

Em suma, a autora defende os remédios transformativos, que são associados à ideia de desconstrução. Estes transformariam a estrutura cultural subjacente, desestabilizando as diferenciações de grupo existentes. Tais remédios transformativos estão associados à *queer politics*, que visa a desconstruir a dicotomia homo-hétero, contrapondo-se, portanto, às políticas de identidade *gay*. O objetivo transformativo "não é solidificar uma identidade *gay*, mas desconstruir a dicotomia hetero-homo a fim de desestabilizar todas as identidades sexuais." (FRASER, 2001, p. 268).

Em síntese, para Fraser, o modelo de *status* "permite a cada um justificar alegações por reconhecimento como moralmente vinculantes sob condições modernas de pluralismo valorativo." (FRASER, 2003a, p. 30). Para a autora, tentar justificar alegações de reconhecimento identitárias vinculadas a concepções de autorrealização implica uma perspectiva sectária. Nas palavras da teórica feminista, "o modelo de *status* é deontológico e não sectário", porquanto "não apela para uma concepção de autorrealização ou bem. Diferentemente, apela para uma concepção de justiça que pode – e deve – ser aceita por aqueles com concepções divergentes de bem." (FRASER, 2003a, p. 31).

Nessa trajetória teórica, o modelo de *status* de Fraser pretende contrapor-se ao modelo teórico delineado por Honneth, porquanto as políticas identitárias – ao focalizarem a perspectiva da autorrealização – negligenciam os padrões institucionalizados de desvalorização cultural que impedem os indivíduos de se tornarem parceiros plenos na esfera da paridade de participação. A ideia é desconstruir "leis matrimoniais que excluem parceiros do mesmo sexo como ilegítimos e perversos, políticas de bem-estar social que estigmatizam mães-solteiras como parasitas sexualmente irresponsáveis, e práticas policiais tais como os perfis raciais que associam pessoas racializadas à criminalidade." (FRASER, 2003a, p. 29-30).

Por esse prisma, Fraser (2003a) focaliza não as concepções de vida boa, mas a desinstitucionalização dos padrões de valores culturais que impedem a participação paritária do indivíduo, enquanto parceiro pleno da vida social. Para Honneth, a privação de direitos a minorias sexuais se expressa através de uma experiência de desrespeito, que conduz à perda do autorrespeito e da capacidade de referir-se a si mesmo como um igual dentro da interação social. Fraser (2003a), por sua vez, sublinha que a questão fundamental não é focalizar as experiências de sofrimento decorrentes de contextos de vulnerabilidade moral, como pretende Honneth, mas as efetivas implicações do não reconhecimento na esfera da paridade de participação.

Sob essa ótica, a ideia é desvincular-se de demandas de reconhecimento identitárias atinentes a concepções de autorrealização, que inspirariam uma postura sectária. Diferentemente, para Honneth, a possibilidade do surgimento de indivíduos autônomos, que desenvolvem livremente sua identidade, depende do desenvolvimento intacto de relações de reconhecimento. De acordo com Fraser (2003a), a questão é: o que fazer com nossa identidade autônoma? Criar uma sociedade justa na qual todos tenham a possibilidade de participar.

A divergência fundamental entre os autores consiste no seguinte pressuposto: para que se forma a identidade? Para Honneth, a possibilidade de desenvolvimento da identidade autônoma seria um fim em si mesmo, sendo que a participação na esfera pública assume uma dimensão instrumental; para Fraser, é um meio para alcançar o fim superior da participação.

Nesse cenário, tanto Honneth como Fraser (2003a) desenvolvem uma visão instrumental do reconhecimento. Este seria um meio para alcançar determinados fins: a identidade pessoal intacta ou a participação paritária plena. Trata-se de algo do qual cada um poderia dispor por meio de um ato de declaração ou vontade individual. A crítica de Kompridis (2008) a Fraser (2003a) direciona-se à compreensão da autora do reconhecimento construído como um remédio para injustiça.

Nesse contexto, Fraser (2003a) pressupõe uma estrutura deontológica baseada no ideal da paridade de participação. Ao invés de tratar o reconhecimento como instrumental para a autorrealização individual, ela o trata como instrumental para adquirir *status* como parceiro pleno na interação social. Já para Honneth, o reconhecimento seria uma constante antropológica que funciona como uma condição necessária para a formação de uma identidade pessoal intacta.

Com efeito, Kompridis (2008) analisa dois problemas na concepção instrumental de Fraser. Na sua interpretação, a perspectiva de Fraser (2003a) medicaliza a questão do reconhecimento, da identidade e da justiça como se estivéssemos lidando com uma doença no corpo político para a qual o remédio apropriado deve ser prescrito.

Ademais, para Kompridis (2008), Fraser (2003a) instrumentalizaria algo que não seria instrumentalizável. Kompridis (2008) leciona que o reconhecimento não seria algo do qual pudéssemos dispor ou medir em porções apropriadas para pessoas apropriadas em um tempo apropriado. Enquanto podemos distribuir recursos econômicos por meio da máquina estatal, reconhecimento não é algo que pode ser redistribuído. Por outro lado, segundo Kompridis (2008), tão importante quanto os mecanismos legais são as mudanças nas práticas de reconhecimento.

Nessa linha de raciocínio, o autor defende que a luta por reconhecimento legal não é um modelo suficientemente complexo de compreensão das lutas por reconhecimento como um todo, pois normas legais de reconhecimento são sempre contestáveis. Kompridis (2008) sublinha que o reconhecimento deve ser compreendido como uma prática que demanda um importante processo de reeducação e em alteração das nossas orientações cognitivas e expectativas normativas.

Nesse quadro teórico, destaca que medidas institucionais são formas de facilitar esses processos de aprendizagem, mas formas legais de reconhecimento, por si mesmas, não são suficientes para produzirem mudanças culturais e simbólicas no nível da prática cotidiana. A questão, para o autor, é saber que tipo de mudança Fraser (2003a) pretende quando fala em "desinstitucionalização de padrões de valores culturais". Seriam processos mais complexos de mudança cultural e normativa?

Não obstante, na perspectiva de Kompridis (2008), o reconhecimento implica tanto justiça como autorrealização, insinuando a necessidade de integrar ambos os paradigmas. No entanto, alega que o reconhecimento seria melhor compreendido como uma questão de liberdade no sentido foulcaultiano: uma preocupação sobre como nós nos autogovernamos. Qualquer tentativa de reduzir o reconhecimento a uma interpretação monista seria uma leitura errônea.

Nesse particular, Kompridis (2008) critica a perspectiva delineada por Fraser (2003a) de direcionar a crítica para a justiça institucionalizada. Fraser (2003a) postula que a alegação mais radical de Kompridis (2008) sobre Teoria crítica é a de que o desejo por reconhecimento seria não realizável e autodestrutivo. De fato, tal desejo seria tão problemático "que os teóricos críticos tratariam ele não como uma aspiração emancipatória, mas como uma veículo de normalização e portanto como objeto de crítica." (FRASER, 2008, p. 329). Negando quais esforços de distinguir as más ou boas formas de reconhecimento, eles abandonam as preocupações terapêuticas e questionam o desejo por reconhecimento.

Em face desta leitura, Fraser (2008) pondera que a perspectiva de Kompridis(2008) enfrenta duas objeções: uma conceitual e outra política. Ao afirmar que o desejo por reconhecimento seria autodestrutivo, ele assume o que necessita primeiro ser demonstrado: que o desejo por reconhecimento seria melhor compreendido como o desejo de ser considerado e valorizado pelos outros pelo que realmente é e por seus valores. Se essa tese fosse correta, o reconhecimento não seria nem possível, nem desejável, e tal categoria deveria ser abandonada pela Teoria Crítica.

No entanto, Fraser (2008) alega que propõe outro referencial teórico, pois lutas por reconhecimento são lutas contra subordinação de *status*, que constitui uma violação de justiça. Tais lutas "apontam pela necessidade de mudança institucional, especificamente a necessidade de desinstitucionalizar padrões hierárquicos de valores culturais e substituí-los por padrões que promovem a paridade de participação" (FRASER, 2008, p. 330). Adotada tal perspectiva, reivindicações por reconhecimento, redistribuição e representação não são autoderrotáveis.

Politicamente, a proposta de abandonar a categoria do reconhecimento pressupõe uma visão autoritária e elitista da Teoria Crítica, que "trata as lutas por reconhecimento como um joguete." (FRASER, 2008, p. 330). Fraser (2008) sublinha que a tarefa necessária de distinguir o bom do mau reconhecimento é fundamental para qualquer Teoria Crítica com interesse emancipatório. Tanto politicamente, como conceitualmente, a tarefa de equiparar reconhecimento a normalização falha em produzir uma visão defensável de Teoria Crítica como uma investigação que objetiva desmascarar a dominação.

Diante dessa estrutura conceitual, outros teóricos críticos deveriam tratar o reconhecimento como um conceito contestável cujo significado nunca pode ser estabelecido. Fraser (2008) postula que a maneira de conectar o interesse de Kompridis (2008) em valorizar a contestação sobre o significado do reconhecimento com o objetivo emancipatório da Teoria Crítica vincula-se à ideia de que todos os afetados devem ter iguais chances de participar plenamente nas lutas para definir o que conta como reconhecimento. É papel da teoria critica identificar os impedimentos à justa contestação sobre o significado do reconhecimento.

Assim, segundo Fraser (2008), a concepção do reconhecimento como uma questão de liberdade contradiz tanto a noção de reconhecimento como a normalização e a visão do seu significado como essencialmente contestável, pressupondo uma abordagem monista. Destaca que o único ideal de liberdade aceitável para a Teoria Crítica é o ideal da liberdade igual. Nas palavras de Fraser, "arranjos sociais que asseguram a liberdade de uns pela restrição da liberdade de outros são inaceitáveis, assim como os arranjos que permitem a alguns exercerem sua liberdade às custas da liberdade dos outros." (FRASER, 2008, p. 332).

Nesse sentido, a proposta de Fraser (2008) é questionar se os arranjos sociais permitem a todos participarem como pares, eliminando impedimentos estruturais à liberdade igual, incluindo aqueles inerentes a relações institucionalizadas de reconhecimento. A visão do reconhecimento como liberdade mantém sua perspectiva crítica "somente na medida em que pressupõe a visão do reconhecimento como uma dimensão da justiça no sentido da paridade de participação." (FRASER, 2008, p. 333).

Outrossim, em relação à alegação de Kompridis, segundo a qual a Teoria Crítica deve se preocupar tanto com justiça como com autorrealização, Fraser alega que a Teoria Crítica deve "priorizar a crítica da injustiça institucionalizada de forma a abrir espaço para formas legítimas de autorrealização." (FRASER, 2008, p. 334). Tratando-se a justiça como a primeira virtude, ela deve "equalizar as condições sobre as quais as várias interpretações de florescimento humano são formuladas, debatidas e perseguidas." (FRASER, 2008, p. 334).

Sob esse aspecto, Fraser (2003a) insiste que o erro do não reconhecimento não depende da presença de efeitos psicológicos, mas isso significaria, questiona Kompridis (2008), que os efeitos do não reconhecimento são moralmente irrelevantes? Certamente seria difícil imaginar casos genuínos de não reconhecimento que sejam historicamente relevantes, nos quais os efeitos não estejam presentes.

Nessa perspectiva, Kompridis (2008) pondera que a presença de tais efeitos seria uma indicação de que há algo de errado com a atual institucionalização de normas de igualdade. Kompridis (2008) indaga sobre o que teria levado Fraser (2003a) a considerar os efeitos psicológicos do não reconhecimento como irrelevantes para julgar a injustiça. Por uma questão de objetividade, para Fraser (2003a), em sua crítica a Honneth, seria relevante o que realmente conta a título de injustiça em contraposição ao que é meramente vivenciado como injustiça.

Em suma, Fraser (2003a) assevera que devemos apelar não para uma esfera de experiências subjetivas que não podem ser publicamente verificáveis, mas para impedimentos externamente manifestados e publicamente verificáveis que impedem algumas pessoas de serem membros plenos da sociedade. Na perspectiva de Kompridis (2008), uma estratégia seria recorrer a discursos despersonalizados de justiça. Tais discursos descentrados oferecem "um ponto de referência empírico mais plausível e objetivo para avaliar as pretensões de reconhecimento que o sofrimento inarticulado." (KOMPRIDIS, 2008, p. 299).

Diferentemente do segundo, o primeiro não é protegido da contestação pública, mas tem a vantagem de ser sujeito ao escrutínio do debate público. De acordo com Kompridis, a distinção entre o que conta a título de injustiça e o que é vivenciado como injustiça é muito problemática. Se, por um lado, "a experiência subjetiva é notoriamente incerta como fonte de justificação, ela também é insubstituível e fonte de inteligibilidade absolutamente necessária." (KOMPRIDIS, 2008, p. 299). Segundo Kompridis (2008), a identificação do não reconhecimento deve passar tanto pela experiência subjetiva como pelos discursos descentrados.

Em síntese, os discursos despersonalizados podem atuar como corretivos das experiências subjetivas e estas como corretivas dos primeiros.

O autor defende um elo recíproco entre as experiências subjetivas e os discursos descentrados. Elas devem permear os discursos para assegurar que o conteúdo deles não seja vazio e que eles não sejam fonte de alienação. O não reconhecimento deve ter a capacidade de atribuir sentido ao seu sofrimento mediante discursos descentrados.

Por esse prisma, Fraser (2003a) privilegia os últimos em detrimento dos primeiros, concebendo o não reconhecimento como desprovido da noção de sofrimento. Honneth, por sua vez, atribui ênfase às experiências subjetivas. Mas, se o que necessita ser alegado não pode ser externamente manifestado e publicamente verificável em discursos em vocabulários atuais disponíveis e se os discursos e vocabulários exigidos não podem simplesmente ser criados da noite para o dia, para Kompridis a questão é: como podemos confiar nos "padrões de verificação pública que pressupõem a adequação dos discursos atuais disponíveis e os vocabulários de avaliação e justificação?" (KOMPRIDIS, 2008, p. 300).

De fato, de acordo com o autor, é precisamente porque "não podemos presumir a adequação justificatória dos discursos atuais, que a experiência subjetiva deve sempre ser um ponto de referência normativo indispensável de resistência, contestação e transformação." (KOMPRIDIS, 2008, p. 300). Sob essa ótica, a crítica de Kompridis (2008) a Fraser (2003a) é no sentido de que seria altamente improvável que os vocabulários disponíveis sejam plenamente adequados àquilo que necessita ser reconhecido. A questão é: como o sofrimento inarticulado irá tornar-se articulado?

Nesse ponto, para Kompridis (2008), a articulação deve preceder a reivindicação, pois, muitas vezes, há uma experiência de ausência de voz, de inexpressividade ou de capacidade para articular experiências de sofrimento. A luta para encontrar voz ou dar um nome ao que até agora não possuía implica ampliar "o horizonte do significado moral e relembrar-nos que a razão pública não é redutível ao discurso justificatório." (KOMPRIDIS, 2008, p. 301-302).

É mister frisar que Kompridis (2008) alega que Fraser (2003a) minimiza a importância da inovação linguística para dar expressão às injustiças não articuladas e inominadas. Fraser (2008) contra-argumenta que não haveria nada em sua abordagem que afirme que vocabulários existentes de justificação sejam adequados para revelar danos que ainda não foram publicamente articulados.

Sob essa ótica, a autora (2008) refere-se a uma categoria que desenvolveu por mais de vinte anos sobre os "meios de comunicação e interpretação". Estes são melhor situados para expressar as perspectivas dos seus estratos mais favorecidos do que dos grupos subordinados. Impedindo a paridade de participação, essa tendência estabelecida pelos "meios de interpretação e comunicação" cria laços assimétricos e uma injustiça institucionalizada.

Com efeito, para Fraser, "cada luta histórica contra injustiça tem envolvido a criação de novos vocabulários para articulação de injustiças que previamente são inominadas." (FRASER, 2008, p. 335). A segunda onda do feminismo inventou expressões como "estupro", "assédio sexual", entre outras inovações linguísticas. A ausência de voz a que se refere Kompridis (2008), para Fraser (2008), está vinculada à necessidade de criação de novos contrapúblicos subalternos que ampliam interpretações de necessidades não são ouvidas na esfera pública oficial.

5. A transexualidade, direito à saúde e os desafios da despatologização à luz da ideia de contrapúblicos subalternos

É por meio de contrapúblicos de resistência que os movimentos sociais ampliam a gama de conhecimento de injustiças publicamente articuladas, expandindo o universo da razão pública. Na verdade, haveria, para Fraser, uma multiplicidade de formas críticas de comunicação expressas em termos de "contrapúblicos". Estes constituem "arenas discursivas paralelas nas quais os membros dos grupos socialmente subordinados inventam e circulam contradiscursos para formular interpretações opostas de suas identidades, interesses e necessidades." (FRASER, 1992 p. 123).

Indubitavelmente, para FRASER (1992, p. 122-123), como os membros dos grupos subordinados nem "sempre teriam arenas para deliberar entre si próprios sobre suas necessidades, objetivos e estratégias", uma pluralidade de públicos concorrentes tem maior potencialidade em promover o princípio da paridade de participação, diferentemente de um público único, compreensivo.

Nesse cenário, com a noção de contrapúblico, "Fraser desenvolve uma ideia mais dinâmica de lutas sociais ao mesmo tempo em que acrescenta uma dimensão mais política à noção de esfera pública". (LARA; FINE, 2007, p. 38). Sob essa ótica, Fraser (1998) insiste na necessidade de compreender tais estratégias de poder como políticas e de como processos de legitimação em debates públicos quebram desigualdades de *status* das mulheres.

Nesse contexto, Fraser (1998, p. 79) pretende demonstrar como, em processos discursivos da esfera pública, "grupos sociais com desigualdade de poder tendem a desenvolver estilos culturais desigualmente valorados". A existência de segmentos do movimento feminista que não concebem mulheres transexuais como mulheres ilustra tais desigualdades nos processos discursivos da esfera pública oficial.

Nesse quadro teórico, concluímos, com base em Fraser (1998), pela necessidade de desconstruir a dicotomia hetero-homo, desestabilizando as identidades sexuais, o que somente se efetivaria por meio da constatação de certos públicos alternativos que inspiram a circulação de discursos de oposição de grupos excluídos da esfera pública oficial, tendo como exemplos os transexuais e travestis.

Indubitavelmente, essa multiplicidade de públicos concorrentes, especificamente no Brasil, proporcionou avanços relevantes nos debates sobre direito à saúde de transexuais por meio de acordos e articulações entre o movimento social de transexuais e o Ministério da Saúde. Carvalho e Carrara (2013) asseveram que, partir de 1997, há o estabelecimento de um compromisso estratégico entre lideranças do Coletivo Nacional de Transexuais e segmentos progressistas do universo acadêmico.

Nesse particular, essa aliança inspirou um conjunto de transformações nas políticas públicas de saúde voltadas para as demandas dos grupos transexuais, diferenciando-as dos grupos travestis. Segundo Carvalho e Carrara (2013), enquanto as organizações travestis surgem do binômio "violência policial-AIDS", as organizações transexuais se articulam em torno de políticas de saúde, voltadas para efetivar o acesso ao aparato biomédico que assegure o direito à cirurgia de transgenitalização, assim como em torno da possibilidade de modificação dos documentos.

No entanto, apesar de o discurso médico-psiquiátrico viabilizar a distinção da especificidade de suas demandas em relação às dos travestis, muitas das lideranças do movimento transexual possuem suas identidades situadas em um universo próximo ao dos travestis, especialmente no que se refere à prática da prostituição. De fato, os transexuais e transexuais são minorias sexuais não hegemônicas cujas demandas e direitos, muitas vezes, são desconsiderados dentro do próprio movimento LGBT.

Em face dessa leitura, a circulação de discursos de oposição de minorias sexuais não hegemônicas excluídas da esfera pública oficial, como os transexuais e travestis, têm paulatinamente potencializado o princípio da paridade de participação delineado por Fraser, minimizando o *deficit* de liderança política de tais grupos. Paulatinamente, há um maior protagonismo político das lideranças das ONGs que representam grupos transexuais e travestis. Esse recente processo de amadurecimento político do movimento é incrementado por uma esfera pública transnacional estabelecida a partir da práxis discursiva de identidades trans que não se situam dentro das mesmas fronteiras de um Estado nacional.

Assim, de acordo com o GATE (Ação Global pela Igualdade Trans) e a STP (Campanha Internacional *Stop Trans Pathologization*), a OMS publicou uma nova proposta sobre saúde trans na versão do CID-11. A publicação contempla novas categorias reivindicadas pelo Grupo de Trabalho da OMS: incongruência de gênero na adolescência e idade adulta e incongruência de gênero na infância. Ambas as categorias integram um novo capítulo do CID-11: o Capítulo 06, que trata de "condições relacionadas com a saúde sexual", sendo um capítulo separado do capítulo "transtornos mentais e de comportamento".

Nesse sentido, o CID-11 será votado somente na Assembleia Mundial de saúde no ano de 2017. De acordo com o GATE e STP, é preciso analisar e debater sobre a questão de a categoria "incongruência" poder repatologizar as questões trans no CID-11. O GATE e a Campanha internacional STP defendem que o acesso à saúde e o reconhecimento da identidade de gênero são direitos humanos e que seu cumprimento não deve depender de categorias diagnósticas. Tal práxis discursiva das identidades trans, em nível transnacional, pode ser elucidada a partir do referencial teórico de Fraser (2010).

Em *Scales of Justices*, Fraser (2010) acrescenta, à estrutura conceitual da justiça anteriormente focada na perspectiva bidimensional (redistribuição e reconhecimento), uma terceira perspectiva: a da representação. Esta irá complementar o instrumental de Fraser, sendo capaz de contemplar a dimensão estruturante do enquadramento da justiça em sociedades globais. Portanto, a terceira dimensão da justiça é o político, que "diz respeito à natureza da jurisdição do Estado e das regras de decisão pelas quais ele estrutura as disputas sociais." (FRASER, 2009, p. 19).

Outrossim, não é mais suficiente elucidar sobre *o que* é e *quem* são os destinatários da justiça. Nas palavras de FRASER (2009, p. 19), "ao estabelecer regras de decisão, a dimensão política também estipula os procedimentos de apresentação e resolução das disputas tanto na dimensão econômica e cultural." E conclui: "ela revela não apenas *quem* pode fazer reivindicações por redistribuição e reconhecimento, mas também *como* tais reivindicações devem ser introduzidas no debate e julgadas." (FRASER, 2009, p. 19).

Dessa maneira, identidade de gênero é uma categoria tridimensional situada na estrutura econômica, na ordem de *status* e na esfera da representação. Assim, os transexuais, no Brasil, estariam submetidos tanto à injustiça na esfera da distribuição, no âmbito do reconhecimento, como na dimensão da representação, sendo que ambas as dimensões se reforçam mutuamente.

Em suma, o político é uma dimensão conceitualmente distinta da justiça que não se reduz à perspectiva econômica ou cultural, apesar de eles estarem entrelaçados. O *como* da justiça assume um papel constitutivo nos procedimentos democraticamente estruturados dos processos políticos decisórios e será a categoria necessária para configurar uma teoria crítica capaz de identificar contextos de exclusão que integram os três níveis.

Nessa perspectiva, a autora defende uma esfera pública transnacional na qual há uma rearticulação dos processos decisórios, superando as fronteiras dos estados nacionais territorialmente situados. A categoria esfera pública situada territorialmente sofre uma revisão crítica à luz de uma abordagem transnacional. Fraser (2010) alega que a teoria da justiça para tempos anormais deve rejeitar pressuposições cientificas. Fatos incontroversos quanto a *quem* é afetado, decorrentes de interpretações dos historiadores, teorias sociais e pressuposições normativas também são objeto de discussão. As questões do *quem* são submetidas a um processo dialógico que irá delimitar as reivindicações dos desfavorecidos.

Recentemente, Honneth (2011), por sua vez, publicou um novo livro, *Das Recht der Freiheit*. Este decorreu de uma estratégia teórica mais ampla, capaz de abranger uma teoria da justiça que se expresse na forma de uma análise da sociedade. Nas palavras de Honneth, "isso somente seria possível se as esferas constitutivas da nossa sociedade fossem compreendidas como a corporificação institucional de determinados valores, cuja pretensão imanente de realização possa servir como indicador dos princípios de justiça especificados em cada esfera." (HONNETH, 2011, p. 9).

Nessa concepção filosófica, a descrição dos princípios normativos que legitimam e estruturam as instituições sociais conecta-se a uma reconstrução normativa que pressupõe uma análise crítica dos potenciais emancipatórios intrínsecos às instituições sociais, garantindo a relevância social da sua teoria da justiça. A liberdade passa a expressar-se em três dimensões diferentes. A liberdade negativa pressupõe a inexistência de impedimentos externos à concretização da vontade individual e à possibilidade de atuar sem necessidade de justificar-se a terceiros.

Em síntese, a segunda dimensão pressupõe a liberdade expressa em uma forma reflexiva. Esta pressupõe a possibilidade de realizar julgamentos morais de normas que irão pautar a conduta individual, problematizando as exigências impostas pela sociedade e instituições quando não atendam a argumentos universalizáveis. Trata-se da racionalidade kantiana na qual o indivíduo distancia-se de suas paixões e, como sujeito moral, passa a orientar-se por uma moralidade que trata cada ser humano como um fim em si mesmo.

Por esse prisma, as instituições sociais somente podem ser consideradas justas quando satisfazem as expectativas legítimas dos cidadãos de efetivar essas formas de liberdade. Por fim, há uma terceira dimensão da liberdade, que é denominada social, articulando-se ao papel da intersubjetividade no reconhecimento. Nas palavras de Honneth, "o sujeito, em última análise, somente é livre, quando encontra um outro com o qual estabelece uma relação de reconhecimento recíproco, porque divisa nos objetivos dele uma condição para a realização dos seus próprios objetivos." (HONNETH, 2011, p. 86).

Sob essa ótica, a formação da identidade do sujeito autônomo depende de relações intersubjetivas de reconhecimento, estando ligada à execução de papéis sociais que são estabelecidos pelas instituições.[2] A liberdade social somente é possível nas instituições sociais, sendo um elemento constitutivo de liberdade dos indivíduos. Honneth (2011) considera a concepção hegeliana de reconhecimento como essencial para as instituições da liberdade em sociedades modernas, sendo efetivada pela Estado, mercado e sociedade civil.

Nesse ponto, o autor concebe "a instituição da esfera pública democrática como um espaço social intermediário no qual cidadãs e cidadãos devem formar aquelas convicções passíveis de um consenso geral que deveriam ser respeitadas pelo processo legislativo por meio de procedimentos próprios do Estado de Direito." (HONNETH, 2011, p. 471). Honneth sublinha como um dos fatores centrais para a construção de uma esfera pública democrática a cristalização do ideal do patriotismo constitucional que permita fluxos de comunicação entre governo e população.

Por fim, Honneth (2011) enumera cinco pressupostos que irão viabilizar um maior nível de concretização da liberdade social: garantias jurídicas de participação política dos indivíduos; espaço comunicativo comum; um sistema diferenciado de mídia; motivação para engajamento participativo dos cidadãos em discussões públicas; e cristalização de um sentimento de solidariedade cívica. Compreendemos que este último pressuposto pode ser resgatado para atender aos desafios da despatologização da transexualidade proporcionar um contato paritário entre a multiplicidade de formas identitárias, favorecendo o pluralismo na sociedade.

No próximo subcapítulo, passaremos a investigar a jurisprudência do STJ sobre transexualidade à luz do diálogo Honneth-Fraser.

6. A jurisprudência do STJ sobre transexualidade: uma reflexão sobre os desafios da despatologização à luz do debate Honneth-Fraser

No deferimento do pedido de homologação da Sentença Estrangeira nº 01058, o STJ determinou a retificação do registro para atribuir sexo e prenome feminino a determinado transexual. O autor da ação ajuizou

---

[2] Analisando o tema, leciona OKOCHI (2012, p. 14) que, "por meio da incorporação da autorrealização nas relações sociais que o reconhecimento recíproco desempenha um papel fundamental". Para OKOCHI (2012, p. 14), "a liberdade é possível à medida que os sujeitos encontram outros com quem podem ter relações de reconhecimento recíproco, dentro de suas práticas institucionais, e podem encontrar condições para sua própria autorrealização".

pedido de homologação de sentença estrangeira formulada pelo Tribunal de Gênova, na Itália, que estabeleceu a retificação do prenome e do sexo no registro civil após a realização de cirurgia para mudança de sexo.

Nesse cenário, o Ministro-Presidente, Barros Monteiro, citou um acórdão paradigmático proferido pelo Tribunal de Justiça de São Paulo na apelação civil nº 165.157-4/5, no qual o relator Desembargador Boris Kaufmann leciona que "manter-se um ser amorfo, por um lado mulher, psíquica e anatomicamente reajustada, e por outro lado homem, juridicamente, em nada contribuiria para a preservação da ordem social e da moral...". Nesse sentido, vale a pena transcrever uma passagem do voto do Min. Dr. Barros Monteiro:

> Já na Declaração Universal dos Direitos de Homem, adotada e proclamada pela Resolução 217 A (III) da Assembléia Geral das Nações Unidas em 10 de dezembro de 1948, afirmava-se que a dignidade é inerente a todos os membros da família humana. E a Constituição em vigor inclui, entre os direitos individuais, a inviolabilidade da intimidade, da vida privada, da honra e da imagem das pessoas (art. 5º X). Reside aqui o fundamento autorizador da mudança do sexo jurídico, pois, sem ela, ofendida estará a intimidade do autor, bem como sua honra. O constrangimento, a cada vez que se identifica, afastou o autor de atos absolutamente normais em qualquer indivíduo, pelo medo da chacota. A busca da felicidade, que é direito de qualquer ser humano, acabou comprometida. (BRASIL, 2006).

Nesse contexto, o Min. Barros Monteiro ponderou que a pretensão não ofende a soberania, a ordem pública ou os bons costumes, sendo fundamental conferir ao interessado "uma identidade de gênero que lhe permita resolver a grave dicotomia em sua personalidade, com a possibilidade de garantir-lhe uma vida mais serena e de favorecer a sua integração social em sintonia com sua tendência natural." (BRASIL, 2006). Verificamos, por meio da leitura do voto do Ministro Barros Monteiro, que, apesar, apesar de o Ministro compreender que a pretensão não ofende a ordem pública, ao se referir a uma "grave dicotomia em sua personalidade", pressupõe uma compreensão patologizante da transexualidade com potencial estigmatizante.

Com efeito, o processo de homologação da Sentença Estrangeira n.º 002149 (BRASIL, 2006b), o mesmo Ministro-Relator, Barros Monteiro, também deferiu o processo de homologação com base nos mesmos argumentos. Nos processos relativos às Sentenças Estrangeiras nº 004179 (BRASIL, 2009a) e nº 002732 (BRASIL, 2009b), ambas julgadas em 7/04/2009, o Ministro-Relator, César Asfor Rocha, também deferiu o pedido de homologação, mas determinou que ficasse consignada, às margens do registro civil do requerente, a observação de que as modificações do nome e do sexo decorrem de decisão judicial.

É de se mencionar que, no julgamento do RESP nº 1008398/SP (BRASIL, 2009c), a Terceira Turma do STJ, por unanimidade, deu-lhe provimento em 15/10/2009, nos termos do voto da Relatora, Ministra Nancy Andrighi, deferindo a alteração de prenome e de sexo de transexual redesignado, com base no princípio da dignidade da pessoa humana. A Ministra-Relatora leciona que:

> [...] conservar o sexo masculino no assento de nascimento do recorrente, em favor da realidade biológica e em detrimento das realidades psicológica e social, bem como morfológica, pois a aparência do transexual redesignado, em tudo se assemelha ao sexo feminino, equivaleria a manter o recorrente em estado de anomalia, deixando de reconhecer seu direito de viver dignamente. [...] (BRASIL, 2009).

Nessa linha de raciocínio, o voto da Ministra Nancy Andrighi, ao se referir às realidades psicológica e social do transexual, assim como à necessidade de não manter o recorrente em estado de anomalia, representa um avanço na jurisprudência brasileira, no que se refere à superação da concepção patologizante de transexualidade. Assim, defendemos que a desconstrução discursiva da concepção binária de gênero e a superação da interpretação patologizante, no que se refere à moldura adequada de justiça, devem, à luz do referencial teórico de Fraser, satisfazer a dimensão da representação e contar com o assentimento de todos os concernidos a um processo de deliberação justo e aberto.

Ademais, tal desconstrução deve estar atenta às experiências internacionais de concretização de direitos humanos relativos a demandas identitárias de transexuais, pois, segundo Fraser (2010), o princípio de todos os afetados não coincide necessariamente com o princípio do Estado territorial. Nesse ponto, emerge, no cenário internacional, a campanha "Stop Trans Patologization", articulada por ativistas *queer*, que consideram os gêneros como categorias instáveis e plurais.

Nesse quadro teórico, percebemos a relevância do pensamento de Fraser (2010), pois, a partir deste, podemos visualizar como a discussão atual sobre o *quem* da temática da transexualidade ultrapassa a moldura keynesiana-westfaliana dos públicos nacionais. As demandas por reconhecimento reivindicadas por transexuais cada vez mais ultrapassam os limites do Estado nacional, pois os reivindicantes não se restringem a problematizar temáticas relativas apenas às relações entre cidadãos e Estado.

Nesse particular, defendemos que lutas por reconhecimento para concretização dos direitos de transexuais devem estar desvinculadas das experiências emotivas de sofrimento vivenciadas pelo sujeito, tais como descritas por Honneth em 2003, porquanto a expansão dos processos intersubjetivos por reconhecimento mútuo pode efetivar-se plenamente por meio da concepção de "paridade de participação", configurada por Fraser.

Em face desta leitura, a autora focaliza a relevância do estabelecimento de lutas no espaço público, permitindo o surgimento de padrões aprimorados e justos de interação social. Tais considerações foram explicitadas no seguinte trecho:

O cerne normativo da minha concepção é a noção de paridade de participação. De acordo com essa norma, a justiça requer arranjos sociais que permitam a todos os membros da sociedade interagir uns com os outros como companheiros. Para a participação paritária ser possível, eu alego que, ao menos, duas condições devem ser satisfeitas. Primeiro, a distribuição de recursos materiais deve ser de tal forma que assegure aos participantes independência e voz. A segunda condição requer que padrões institucionalizados de valores culturais expressem igual respeito para com todos os participantes e assegurem igual oportunidade para alcançar estima social. (FRASER, 2001, p. 29).

Diante dessa estrutura conceitual, a autora pretende contrapor-se a uma perspectiva afirmativa, adotando uma postura desconstrutiva que visa a combater padrões institucionalizados de valores culturais, por meio dos quais determinados grupos são impedidos de alcançar pleno reconhecimento. Honneth, por sua vez, ao estabelecer que o objetivo primordial da Teoria Crítica seria garantir os pressupostos intersubjetivos voltados para resguardar a autorrealização individual, deixa "a questão central de como evitar as relações arbitrárias de dominação social e dominação político-jurídica em segundo plano." (WERLE; MELO, 2013).

Assim, segundo Fraser, os movimentos sociais, ao reivindicarem o direito de determinar o *quem*, problematizam o *como* hegemônico, tematizando a criação de procedimentos novos e não hegemônicos relativos a disputas de enquadramento de justiça. Tal questão pode ser exemplificada na questão da discussão sobre a transexualidade no que se refere ao *quem* destinatário de tais benefícios e em relação a quais critérios para definição do *quem*.

7. Considerações finais

Diante do exposto, depreende-se que a insuficiência da atuação das instâncias deliberativas no provimento de demandas sociais específicas de transexuais tem sido suprida pelo papel pedagógico da atuação de alguns tribunais e do Superior Tribunal de Justiça na interpretação constitucional da questão da transexualidade, postura esta que se insere em um contexto mais amplo, revelando uma sensibilidade jurídica dos Tribunais Superiores em relação ao tema dos grupos estigmatizados, seja no que se refere a direitos de transexuais, de homossexuais ou, como pretendemos demonstrar, de índios.

Nesse sentido, quando concebemos a arena constitucional como um cenário de lutas pelo reconhecimento, percebemos que o Judiciário – enquanto instância de representação de minorias – pode inspirar uma nova narrativa simbólica, um novo processo de articulação da diferença em uma cultura jurídico-constitucional aberta e inclusiva, sempre que as instâncias deliberativas mostrarem-se insensíveis às aspirações normativas de grupos estigmatizados.

De fato, em situações estratégicas, portanto, a arena jurídica pode inspirar uma sensibilidade normativa para grupos minoritários, sobretudo em momentos nos quais o processo político majoritário não seja capaz de atender às pretensões de minorias estigmatizadas. Na temática dos direitos fundamentais de transexuais, diversos projetos de lei tentavam regulamentar a matéria e foram arquivados. Não obstante, compreendemos que o Judiciário pode suscitar narrativas simbólicas emancipatórias que inspiram a integração da diferença em uma cultura jurídica inclusiva, sempre que as instâncias deliberativas mostrarem-se insensíveis às aspirações normativas de grupos estigmatizados.

Sob esse aspecto, para concretizar os direitos fundamentais de transexuais, é fundamental resgatar a perspectiva teórica de Fraser. Este modelo permite desconstruir mecanismos institucionais na esfera da distribuição, do reconhecimento e da representação que impedem uma participação efetiva de transexuais como pares nas interações sociais do espaço público.

Nessa perspectiva, o modelo de *status* delineado por Fraser, em 2003, pretendia desvincular-se da perspectiva identitária que havia sido delineada por Honneth (2003b), porquanto este, ao enfatizar a dimensão psicológica do reconhecimento, terminava por negligenciar as estruturas sociais institucionalizadas que impediam a paridade de participação de grupos minoritários. A questão fundamental, portanto, não é focalizar o potencial das experiências de sofrimento, como pretendia Honneth (2003), mas as efetivas implicações das relações raciais assimétricas na esfera da interação social.

Em suma, sustentamos que as reivindicações de reconhecimento de transexuais devem estar desvinculadas de demandas por autorrealização, sendo mais efetivas ao se direcionarem para os pressupostos que garantem ao princípio da paridade de participação de transexuais. Daí a relevância da ideia de "contrapúblicos subalternos', potencializando a desconstrução da dicotomia hétero-homo e desestabilizando todas as identidades sexuais.

É justamente nessas arenas discursivas, estabelecidas pelos "contrapúblicos subalternos", que os transexuais têm articulado, de forma mais renovada, a compreensão acerca de sua realidade, no que se refere à discussão de temas relacionados a violência, despatologização, transfobia, mudança de prenome, minimizando a profunda situação de desvantagem na esfera pública oficial.

Em síntese, sustentamos que o instrumental teórico de Fraser é relevante para a compreensão de formas de judicialização que protegem direitos de transexuais, pois, de um lado, permite combater as assimetrias econômicas entre as minorias sexuais, ampliando as possibilidades de acesso dos transexuais no mercado de trabalho. De outro lado, a concepção de contrapúblicos subalternos possibilita ao movimento transexual desconstruir concepção binária de gênero do ocidente, o alinhamento automático entre sexo anatômico e identidade sexual e a interpretação patologizante da transexualidade.

Nessa trajetória teórica, defendemos, com base em Fraser (1998), a necessidade de desestabilizar as identidades sexuais, o que poderia se concretizar por meio da existência de contrapúblicos subalternos, que permitem circulação de discursos de oposição de identidades trans excluídas da esfera pública oficial. Assim, a luta por reconhecimento não pode ser considerada como expressão da liberdade, como pretende Kompridis, a menos que os antagonistas sejam igualmente empoderados para exercer sua liberdade.

Por esse prisma, não basta que transexuais sejam consideradas minorias-alvo de políticas de saúde. É fundamental que sejam protagonistas de uma criação democrática de políticas públicas voltadas para a desconstrução de padrões hierárquicos de valores culturais relacionados a uma concepção patologizante de transexualidade. Somente uma perspectiva desconstrutiva proposta por Fraser pode resguardar direitos de minorias sexuais não hegemônicas, inspirando a transformação social e a ruptura com as normas assimétricas de mundo.

Indubitavelmente, o Movimento LGBT no Brasil, por meio de procedimentos não hegemônicos, tem discutido sobre os critérios para a definição do *quem*, o que revela a importância da dimensão da representação, tal como descrita por Fraser. No entanto, apesar das conquistas de *gays* e lésbicas no cenário nacional, em relação aos transgêneros, ainda há um *deficit* de representação de transexuais nos espaços políticos nacionais. Justamente para suprir esse *deficit* recentemente, há um considerável processo de transnacionalização do movimento trans por meio de conexões e redes discursivas que não se situam em territórios geograficamente delimitados. De fato, o estabelecimento de redes transnacionais entre o Movimento transexual pode potencializar a construção de interpretações antiessencialistas capazes de romper com os discursos patologizantes e seus efeitos estigmatizantes em uma perspectiva que articula o local e o global.

Sob essa ótica, sustentamos, com fundamento na teoria de Fraser (2008), que o objetivo emancipatório da Teoria Crítica diz respeito à compreensão de que todos os afetados devem ter iguais chances de se engajar em lutas participativas na esfera pública para definir o que vale como reconhecimento. A questão é: "alguns deles foram excluídos ou marginalizados como consequência de um arranjo social injusto?" (FRASER, 2008, p. 331-332). É papel da teoria crítica identificar os impedimentos à justa contestação sobre o significado do reconhecimento.

No entanto, a partir da reviravolta teórica de Honneth, em 2011, percebemos que a concretização de direitos fundamentais de transexuais também se relaciona intimamente à ideia de liberdade social, expressando um mecanismo por meio do qual as instituições sociais estabelecem papéis sociais renovados aos indivíduos que irão moldar intersubjetivamente a construção de suas identidades autônomas. Com efeito, tal princípio encontra-se implícito nos votos da Ministra Nancy Andrighi no julgamento do RESP n. 1008398/SP (BRASIL, 2009c).

Se, em *Luta por Reconhecimento*, a capacidade do indivíduo de desenvolver sua concepção de bem estava associada à dimensão das relações intersubjetivas de reconhecimento, a partir de 2011 conecta-se às instituições sociais fundamentais. Agora, para Honneth, o princípio essencial de justiça passa a ser a liberdade. Cada uma das esferas da sociedade está constituída e legitimada por esse valor.

Nesse ponto, nas palavras de Sobottka: "Embora essa liberdade seja sempre concebida como individual, suas distintas compreensões encontram sua expressão como promessas consagradas historicamente através de lutas sociais em instituições da sociedade." E conclui: "Essas promessas institucionalizadas são a base normativa das exigências de justiça." (SOBOTTKA, 2013, p. 160).

Nesse cenário, uma sociedade justa é aquela que satisfaz as expectativas normativas de seus cidadãos no sentido de concretização da ideia de liberdade. Tal efetivação objetiva do princípio da igualdade pode ser compreendida, à luz da teoria de Honneth, como a cristalização de promessas consagradas historicamente nas instituições sociais. A temática da transexualidade serve para ilustrar a ideia de Honneth segundo a qual os papéis sociais estabelecidos pelas instituições irão moldar a liberdade social dos indivíduos.

Com efeito, para superar o preconceito transfóbico, é necessário corrigir o *deficit* de representação política de transexuais nas instâncias de poder, razão pela qual percebemos a relevância do novo modelo teórico tridimensional de Fraser (2010) para análise dos desafios propostos LGBT. Esse *deficit* de representação de minorias sexuais não hegemônicas nos espaços de representação política nacional ainda é uma herança da sociedade heterossexista e transfóbica que impede a construção de uma democracia plena no Brasil.

8. Bibliografia

BRASIL. *Lei n. 6.015 de 31 de Dezembro de 1973*. Dispõe sobre registros públicos e dá outras providências. Disponível em: <http://www.planalto.gov.br/ccivil_03/leis/l6015.htm>. Acesso em 4/10/2009.

──. *Lei 10.406 de 10 de janeiro de 2002*. Institui o Código Civil. Disponível em: <http://www.planalto.gov.br/ccivil_03/leis/2002/l10406.htm>. Acesso em 4/10/2009.

——. *Portaria n. 1.707 de 18 de Agosto de 2008, do Ministério da Saúde*. Institui, no âmbito do Sistema Único de Saúde, o Processo Transexualizador, a ser implantado nas unidades federadas, respeitas as competências das três esferas de gestão. Disponível em: <http://bvsms.saude.gov.br/bvs/saudelegis/gm/2008/prt1707_18_08_2008.html>. Acesso em 4/10/2009.

——. Superior Tribunal de Justiça. Presidência. *Sentença Estrangeira n. 001058*. Voto do Relator, Min. Barros Monteiro. Brasília-DF, dj. 04/12/2006a. Disponível em: <www.stj.gov.br> Acesso em 4/10/2009.

——. Superior Tribunal de Justiça. Presidência. *Sentença Estrangeira nº 002149*. Voto do Relator, Min. Barros Monteiro. Brasília-DF, j. 01/08/2006b. Disponível em: <www.stj.gov.br> Acesso em 4/10/2009.

——. Superior Tribunal de Justiça. Presidência. *Sentença Estrangeira nº 004179*. Voto do Relator, Min. César Asfor Rocha. Brasília-DF, j. 07/04/2009a. Disponível em: <www.stj.gov.br> Acesso em 4/10/2009.

——. Superior Tribunal de Justiça. Presidência. *Sentença Estrangeira nº 002732*. Voto do Relator, Min. César Asfor Rocha. Brasília-DF, j. 07/04/2009b. Disponível em: <www.stj.gov.br> Acesso em 4/10/2009.

——. Superior Tribunal de Justiça. Terceira turma. *Recurso Especial n. 1008398/SP*. Voto da Relatora, Ministra Nancy Andrighi. Brasília-DF, j. 15/10/2009c. Disponível em <www.stj.gov.br> Acesso em 4/10/2010.

BUTLER, Judith. *Problemas de gênero:* feminismo e subversão da identidade. Rio de Janeiro: Civilização Brasileira, 2008.

CARVALHO, Mario Felipe Lima; CARRARA, Sérgio. Em direção a um futuro trans. Contribuições para a história do movimento de travestis e transexuais no Brasil. *Sexualidad, Salud y Sociedad*, Rio de Janeiro, n. 14, p. 319-351, 2013. Disponível em: <http://www.e-publicacoes.uerj.br/index.php/SexualidadSaludySociedad/article/view/6862/4940>. Acesso em 5 de Setembro de 2014.

CHAVES, Antonio. *Direito à vida e ao próprio corpo:* intersexualidade, transexualidade, transplantes. São Paulo: Revista dos Tribunais, 2004.

CONSELHO FEDERAL DE MEDICINA, 1997. *Resolução n. 1482 de 19 de Setembro de 1997*. Autoriza a título experimental a realização de cirurgia de transgenitalização. Disponível em: http://www.portalmedico.org.br/php/pesquisa_resolucoes.php. Acesso em 4/10/2013.

——, 2002. *Resolução n. 1652 de 2 de Dezembro de 2002*. Dispõe sobre a cirurgia de transgenitalismo e revoga a Resolução 1482/ 97. Disponível em: http://www.portalmedico.org.br/php/pesquisa_resolucoes.php. Acesso em 4/10/2013.

——, 2010. *Resolução n. 1955 de 3 de setembro de 2010*. Dispõe sobre a cirurgia de transgenitalismo e revoga a Resolução 1652/ 2002. Disponível em: http://www.portalmedico.org.br/php/pesquisa_resolucoes.php. Acesso em: 4/10/2013.

DINIZ, Maria Helena. *O Estado Atual do Biodireito*. São Paulo: Saraiva, 2006.

DIOGO, Cida. *Projeto de Lei n. 2976/ 2008*. Acrescenta o art. 58-A ao texto da Lei 6.015 de 31 de Dezembro de 1973, que dispõe sobre registros públicos. Disponível em: http://www.camara.gov.br/proposicoesWeb/fichadetramitacao?idProposicao=386164. Acesso em 13/10/2013.

FRASER, Nancy. Distorted Beyound all Recognition: A Rejoinder to Axel Honneth. *In:* FRASER, Nancy; HONNETH, Axel. *Redistribution or Recognition?* – A Political Philosophical Exchange. London: Verso, 2003a.

——. Justice Social in the Age of Identity Politics. *In:* FRASER, Nancy; HONNETH, Axel. *Redistribution or Recognition?* – A Political Philosophical Exchange. London: Verso, 2003b.

——. Reenquadrando a Justiça em um Mundo Globalizado. *Lua Nova*, São Paulo, n. 77, p. 11-39, 2009.

——. *Scales of Justice:* Reimagining Political Space in Globalizing World. New York: Columbia University Press, 2010.

HONNETH, Axel. Invisibility: on the epistemology of recognition. *Supplement to the Proceedings of the Aristotelian Society*, volume 75, n. 1, 2001.

——. *Luta por reconhecimento*. A gramática moral dos conflitos sociais. São Paulo: Ed. 34, 2003a.

——. Redistribution as Recognition: a Response to Nancy Fraser. *In:* FRASER, Nancy; HONNETH, Axel. *Redistribution or Recognition*. Londres/New York: Verso, 2003b.

——. The Point of Recognition: A rejoinder to the rejoinder. *In:* FRASER, Nancy; HONNETH, Axel. *Redistribution or Recognition*. Londres/New York: Verso, 2003c.

——. Between Justice and Affection: The Family as a Field of Moral Disputes. *In:* HONNETH, Axel. *Disrespect* – The Normative Foundations of Critical Theory. Cambridge: Polity Press, 2007, p. 145.

KOKAY, Erica. *Projeto de Lei da Câmara n. 4241 /2012*. Dispõe sobre o direito à identidade de gênero. Disponível em: http://www.camara.gov.br/proposicoesWeb/fichadetramitacao?idProposicao=552237. Acesso em 13 /10/2013.

LIMA, João Paulo. *Projeto de Lei da Câmara n. 1281/2011*. Dispõe sobre a mudança de prenome da pessoa transexual que realizar cirurgia para troca de sexo. Disponível em: http://www.camara.gov.br/proposicoesWeb/fichadetramitacao?idProposicao=501425. Acesso em 13 /10/2013.

MINAS GERAIS. Tribunal de Justiça do Estado de Minas Gerais. Sexta Câmara Cível. *Apelação cível n. 10232100002611-0/001.* Voto do(a) Rel(a) Desembargadora Sandra Fonseca. D.J. 28/9/2012. Disponível em: <www.tj.mg.gov.br> Acesso em 4/4/2013.

NICHOLSON, Linda. Interpretando o gênero. *Revista de Estudos Feministas.* Santa Catarina, vol. 8, n. 2, p. 9-41, 2000.

SILVA, Tomaz Tadeu. A produção social da identidade e da diferença. *In*: SILVA, Tomaz Tadeu (org.). *Identidade e Diferença: a perspectiva dos Estudos Culturais.* Petrópolis: Vozes, 2000.

PERES, Ana Paula Ariston Barion. *Transexualismo – O direito a uma nova identidade.* Rio de Janeiro: Renovar, 2001.

RODRIGUES, Romero. *Projeto de Lei do Senado n. 658/2011.* Reconhece os direitos à identidade de gênero e à troca de nome e sexo nos documentos de identidade de transexuais. Disponível em http://www.senado.gov.br/atividade/materia/detalhes.asp?p_cod_mate=103053. Acesso em 13/10/2013.

SÃO PAULO. Tribunal de Justiça do Estado de São Paulo. Primeira Câmara de Direito Privado. *Apelação n. 9069885-07.2007.8.26.0000.* Voto do Relator, Desembargador Luiz Antonio de Godoy. D.J 10/01/2012. Disponível em: <www.tj.sp.gov.br> Acesso em 4/4/2013.

——. Tribunal de Justiça do Estado de São Paulo. Sexta Câmara de Direito Privado. *Apelação n. 85395620048260505- SP-0008539-56.2004.8.26.0505.* Voto do Relator, Desembargador Vito Guglielmi. D.J. 18 de outubro de 2012. Disponível em: <www.tj.sp.gov.br> Acesso em 4/4/2013.

——. Tribunal de Justiça do Estado de São Paulo. Quarta Câmara de Direito Privado. *Apelação n. 0007491-04.2013.8.26.0196.* Voto do Relator, Desembargador Maia da Cunha. D.J. 13 de Agosto de 2013. Disponível em: <www.tj.sp.gov.br> Acesso em 4/4/2013.

SERGIPE. Tribunal de Justiça do Estado de Sergipe. Primeira Câmara Cível. *Apelação cível n. 2012209865.* Voto do(a) Rel(a) Desembargadora Relatora Maria Aparecida Santos da Silva. D.J. 9/7/2012. Disponível em: <www.tj.se.gov.br> Acesso em 4/4/2013.

SZANIAWSKI, Elimar. *Limites e Possibilidades do Direito de Redesignação Sexual.* São Paulo: Editora Revista dos Tribunais, 1998.

WYLLYS, Jean; KOKAY, Erica. *Projeto de Lei n. 5002/2013.* Dispõe sobre o direito à identidade de gênero e altera o art. 58 da Lei 6.015 de 31 de dezembro de 1973. Disponível em http://www.camara.gov.br/proposicoesWeb/fichadetramitacao?idProposicao=565315. Acesso em 4/4/2013.

ZICA, Luciano. *Projeto de Lei da Câmara n. 72/2007.* Altera o art. 58 da Lei 6.015 de 1973, que dispõe sobre registros públicos e dá outras providências, possibilitando a substituição do prenome de pessoas transexuais. Disponível em: http://www.senado.gov.br/atividade/materia/detalhes.asp?p_cod_mate=82449. Acesso em 4/4/2013.

SOBBOTKA, Emil e SAAVEDRA, Giovani. Justificação, Reconhecimento e Justiça: tecendo Pontes entre Boltanski, Honneth e Walzer. *Civitas,* v. 12, n. 1. Porto Alegre, 2012.

— XII —

O direito à saúde no Rio Grande do Sul de 1990 a 2010: casos emblemáticos que marcaram o processo de efetivação

SANDRA REGINA MARTINI

Sumário: Introdução; 2. A contextualização jurídico-sanitária; 3. Os casos emblemáticos selecionados; 3.1. O Rio Grande do Sul como pioneiro na área da saúde mental; 3.2. O caso do Município de Giruá: a tentativa de privatizar o sistema público?; 3.3. A questão do tabagismo: uma sentença que proibiu o fumo em aviões; 3.4. A questão transexual: uma Ação Civil Pública que assegurou a cirurgia transgenitalização pelo SUS; Conclusões.

Introdução

> *As peculiaridades da relação entre o Rio Grande do Sul e o Brasil*
> *ficam evidenciadas de forma simbólica na bandeira do Estado,*
> *que é formada por três faixas coloridas: uma verde, a outra amarela,*
> *ambas evocando as cores da bandeira nacional, separadas por uma vermelha,*
> *denotando o sangue que foi derramado na história do Estado.*[1]

A sociedade brasileira é constituída de diferenças regionais marcantes. Comparar cada unidade federativa implica descobrir um quadro de especificidades nos âmbitos social, educacional, econômico e ambiental.[2] O federalismo pressupõe uma conjugação de centros políticos autônomos sem que exista uma hierarquia entre cada unidade, porém existindo uma distribuição de competências. A estrutura de Estado Federal possibilita uma maior vinculação democrática entre o governante/governado, tendo em vista que o governo de cada unidade respeita as peculiaridades

---

[1] OLIVEN, Ruben George. Na fronteira da Nação: o regionalismo gaúcho. In: Luiz Roberto Pecoits Targa (org.). *Breve inventário de temas do sul*. Porto Alegre: UFRGS: FEE; Lajeado: UNIVATES, 1998, p. 307.

[2] BARBUGIANI, Luiz Henrique Sormani. O direito sanitário no federalismo brasileiro: da legalidade da edição de normas sanitárias pelas diversas esferas de poder e a inexistência de conflito entre elas. *Revista de Direito Sanitário*, Brasil, v. 7, n. 1-3, p. 109, out. 2006.

regionais.³ A união destes Estados-Membros, fundada num ideal de solidariedade, permite uma espécie de planificação de atuação estatal. Entretanto, é justamente essa a principal crítica levantada ao modelo de Estado Federal, por ser impossível dar pesos políticos semelhantes a membros distintos e, fundamentalmente, por criar uma igualdade forçada por meio de engajamento solidário apenas formal.⁴ Nesse contexto, o Sistema de Saúde, pós-1988, foi instaurado na lógica do modelo federativo, com base na divisão de responsabilidades, de financiamento e de competências, com vista ao aspecto prestacional do Estado, no intuito de mudança do *status quo*. Esse contexto expressa a preocupação do constituinte em erradicar os determinantes sociais que promovem a desigualdade social no tocante ao aspecto sanitário, haja vista que todos devem ter acesso a essas prestações positivas do Estado, bem como acesso aos meios mais benéficos no que concerne à qualidade de vida e, por conseguinte, ao direito à saúde.⁵

No caso específico do direito à saúde, temos iniciativas governamentais e não governamentais que passaram a ser incrementadas a partir da década de 90, fruto do processo de democratização vivenciado que marcaram a história não só do Rio Grande do Sul, mas também do Brasil. Este artigo pretende demonstrar como algumas ações no contexto do direito à saúde no RS foram importantes para a criação de legislação e políticas públicas para esta área, através da apresentação dos resultados da pesquisa desenvolvida com apoio da Fundação de Amparo à Pesquisa do Estado do Rio Grande do Sul (FAPERGS) sobre o *Mapeamento de ações para efetivação do direito à saúde no Rio Grande do Sul de 1990 a 2010*. Tivemos como indagação inicial a seguinte questão: Quais foram as ações desenvolvidas para efetivação do direito à saúde no Estado, de 1990 a 2010, no âmbito do Sistema Único de Saúde? Para responder a este questionamento, entrevistamos operadores dos mais diversos sistemas sociais que, após uma rápida explicação teórico-metodológica, serão compartilhadas e analisadas, sem fazer deste artigo o relatório da pesquisa.

É oportuno alertar que o Rio Grande do Sul, embora tenha contribuído de forma significativa para a efetivação do direito à saúde no nosso país, não é o único Estado que colaborou. Nossa reflexão vai mostrar alguns aspectos que foram historicamente importantes para o encontro

---

³ Nas palavras de Dalmo Dallari o Estado Federal preserva os "particularismos" de cada região. DALLARI, Dalmo. *Elementos de Teoria Geral do Estado*. 20. ed. São Paulo: Saraiva, 1998. p.258-261.

⁴ Esse caráter de "solidariedade" é fruto da divisão constitucional de competências na matéria de saúde, ou seja, a saúde é dever do Estado em todas suas esferas. Paralelamente a isso, não podemos olvidar que a característica da fraternidade está implícita nesses "mandamentos constitucionais", haja vista que para haver a solidariedade é necessário que haja pacto, pacto entre iguais, e no modelo federativo é essencial que se tenha "igualdade" entra esses, já que a saúde é fruto de *pactuações*, de decisões.

⁵ SCHWARTZ, Germano; GLOECKNER, Ricardo Jacobsen. *A tutela antecipada no direito à saúde*. A aplicabilidade da Teoria Sistêmica. Porto Alegre: SAFE, 2003. p. 85-86.

entre saúde e direito. Não pretendemos com este artigo exercitar qualquer espécie de bairrismo, mas descrever e analisar eventos significativos e que tiveram repercussão além do âmbito estadual. Certamente, as demais unidades federativas contribuíram em outras ações que, somadas, nos fazem ver a evolução de vários direitos sociais. Apenas pretendemos destacar "peculiaridades", sem defender posições antinacionalistas ou separatistas ou, ainda, qualquer enfoque de gênero. Defendemos a unidade do Brasil, buscando nas melhores experiências locais "modelos que sirvam a toda terra", como diz o Hino Rio-Grandense, mas reforçando a ideia segundo a qual, especialmente na área da saúde, é fundamental a união dos entes federados.[6] Assim, esclarecido este aspecto, é preciso também fazer outra observação: vamos apresentar dados relativos também ao sistema da educação, exatamente porque defendemos o conceito amplo de saúde e um dos principais fatores para o efetivo bem-estar físico, mental e social é sem dúvida o nível educacional, o qual influencia inclusive nos indicadores de mortalidade infantil, por exemplo.

Por isso, vamos trabalhar com dados da atualidade do Brasil, pois a saúde não pode ser analisada separadamente de outros sistemas sociais, em especial, no caso desta reflexão, dos sistemas da educação, política e direito.

A relação do direito à saúde com a efetivação de outros direitos sociais é evidente em função do que determina uma condição de saúde. Exsurge dessa conectividade, a importância do registro de algumas experiências que produziram uma transformação social. Uma ação extremamente importante foi na área da saúde mental, tendo em vista que o Rio Grande do Sul teve a primeira Lei de Reforma Psiquiátrica, cujo impacto provocado em todo o movimento entorno do tema foi definitivo para que vários Estados criassem a sua lei e, de certo modo, obrigassem o governo federal a ter uma Lei Federal, a qual ocorreu somente em 2001.[7] Esta ação iniciada no Estado teve uma repercussão nacional significativa, motivo pelo qual trataremos de alguns aspectos do contexto em que foi criada a

---

[6] Sobre o tema da saúde e federalismo, são oportunas as reflexões de Gilberto Bercovici: "A importância dessa atuação conjunta da União com Estados, Distrito Federal e Municípios, na área de saúde, é tanta que, inclusive, um dos motivos que justificam a decretação de intervenção federal nos Estados, ou de intervenção nos Municípios, é o de assegurar a aplicação do mínimo exigido da receita dos entes federados nas ações e serviços públicos de saúde."BERCOVICI, Gilberto. Complexo Industrial em Saúde, desenvolvimento e proteção constitucional ao mercado interno. In: *Revista de Direito Sanitário*, São Paulo, v. 14, n. 2, jul./out. 2013, p. 15. Sobre assunto, cabe uma consideração: o Conselho Regional de Medicina do Estado do Rio Grande do Norte chegou a pedir uma intervenção para garantir a prestação em saúde e diminuir o caos em hospitais públicos, embora o Ministério da Saúde e Governo Federal tenham descartado a hipótese.

[7] BRASIL. LEI Nº 10.216, DE 6 DE ABRIL DE 2001. Dispõe sobre a proteção e os direitos das pessoas portadoras de transtornos mentais e redireciona o modelo assistencial em saúde mental. Disponível em: <http://www.planalto.gov.br/ccivil_03/leis/leis_2001/l10216.htm >. Acesso em: 15 dez. 2014.

lei e buscaremos relatar fatos "esquecidos", mas que foram determinantes para essa conquista.

A questão da saúde mental é apenas um exemplo de que direito, saúde, política e democracia estão interligados. A pouca visibilidade desta aproximação faz com que as transformações sociais pareçam isoladas, entretanto observamos que no período da pesquisa (1990-2010), tanto os movimentos na área da saúde como no direito estavam efervescendo: mesmo que não tivessem uma articulação direta, ambos tratavam do mesmo objetivo, qual seja a democratização do país, iniciada nos anos 80 e ainda não consolidada plenamente, já que os mais importantes direitos sociais ainda continuavam longe de uma parcela significativa da população.

Esta reflexão histórico-sanitária foi construída metodologicamente com vários instrumentos: pesquisa nos órgãos sanitários e jurídicos, entrevistas com os operadores dos sistemas da saúde e do direito. O destaque que daremos é para as entrevistas que realizamos, pois elas trazem relatos de especificidades que nem sempre aparecem descritas em artigos ou textos, por isso agregam valor para a história. Devem ser não apenas vivenciadas, mas precisam ser registradas. Além das entrevistas realizadas pela equipe, também utilizamos outras pesquisas realizadas no Rio Grande do Sul durante o período. Com isso, estruturamos o presente artigo em duas partes: (i) a contextualização jurídico-sanitária e (ii) a apresentação de casos específicos. No primeiro ponto, apresentaremos os movimentos sociais em ambos os sistemas, mostrando que, embora não tivessem uma aproximação cotidiana, estes movimentos sociais tinham como ponte de ligação a democracia, ou melhor, a luta por ações e atuações que levassem ao fortalecimento da frágil democracia. No segundo, relataremos alguns casos específicos, entre eles a saúde mental, o caso de Giruá, o caso do fumo em aviões e o transexualismo.

2. A contextualização jurídico-sanitária

A partir do final da década de 80, observamos o retorno dos movimentos sociais no Brasil, em várias áreas. Esses movimentos iniciam isolados um do outro, mas todos passam a lutar pela democratização do país, pelo acesso a direitos, por uma nova constituição. O espaço público passa a ter um novo significado, a população se reapropria dos "lugares perdidos". Tanto na área da saúde como na do direito ocorreram fortes mobilizações. Os protagonistas mudaram a história e fizeram, de fato, um processo de transformação social. Na área da saúde, tivemos a criação de fóruns para debates que iniciaram com o tema da municipalização da saúde; dessas reflexões decorreram iniciativas como: "Nossa Casa", em São Lourenço do Sul, sendo a primeira experiência a tratar doentes mentais fora dos modelos tradicionais hospitalares; e em Venâncio Aires, iniciou-se um forte movimento de Prefeitos para a efetivação da descentralização das ações de saúde, falando-se na municipalização da saúde. Ainda no final da década de 1980, vimos um grande número de municípios realizando concursos, ou seja, os municípios passaram a se preparar para o novo momento sanitário. Do mesmo modo, na área do direito: observamos que artigos sobre crítica ao direito começaram a surgir, especialmente o Movimento do Direito Alternativo, assim como o debate sobre direito e psicanálise. O Estado do Rio Grande do Sul ficou conhecido pela atuação "alternativa" de juízes e promotores; os magistrados do trabalho iniciaram um debate centrado na ideia de "juiz-cidadão", tema que teoricamente vinha sendo estudado por Agostinho Ramalho Marques Neto.[8] Estes movimentos abriram os debates tanto nas conferências de saúde como nas conferencias jurídicas, tendo forte impacto na criação de políticas públicas e na reforma do ensino jurídico.

Tratando especificamente do Movimento Sanitário, vemos que ele foi um espaço importante para repensar a saúde pública. O protagonismo do RS pode ser visto, por exemplo, na primeira experiência brasileira de saúde da família, com a Unidade de Saúde de São José do Murialdo, em Porto Alegre. Esta e outras iniciativas permitiram a estruturação do controle social em saúde como, por exemplo, a criação dos conselhos de saúde, os quais foram e continuam sendo muito atuantes. Já que esses representam, também, uma articulação de ações sociais que conseguem ocupar um espaço legitimado pelo Estado. Isso ocorre com a inserção constitucional dos conselhos de saúde na Constituição de 1988. O movimento sanitário, entendido como *um conjunto organizado de pessoas e grupos partidários ou não, articulados ao redor de um projeto*,[9] tinha na sua base de articulação diversos saberes envolvidos, o que possibilitava o questionamento ao Estado, envolvendo as mais diversas demandas de saúde. Era um modo de influenciar a própria dinâmica do Estado.

Seria impossível pensar nas estruturas de efetivação de direitos sem percorrer o caminho histórico que retrata os movimentos sociais ocorridos em ambos os sistemas desde 1990, mostrando que, embora não tivessem uma aproximação cotidiana, estes movimentos sociais tinham como ponte de ligação a democracia, ou melhor, a luta por ações e atuações que levassem ao fortalecimento da frágil democracia. O Estado Brasileiro, que até há bem pouco tempo ambicionava ser uma das cinco primeiras nações com o maior Produto Interno Bruto (PIB), no limiar da década de 1990, não era estruturado e aparelhado como é atualmente, sem mencio-

---

[8] MARQUES NETO, Agostinho Ramalho. *O Poder Judiciário na perspectiva da Sociedade Democrática – o juiz-cidadão*. Revista ANAMATRA, 1994.

[9] PAIN, Jairmilson Silva. Bases conceituais da reforma sanitária brasileira. FLEURY, Sonia. A questão democrática na saúde. In: *Saúde e Democracia* – A luta do CEBES. Sonia Fleury (Org.). São Paulo: Lemos Editorial & Gráficos Ltda., 1997. p.11.

nar que as instituições responsáveis pela aproximação com os Sistemas Sociais ainda estavam em fase de maturação, como é o caso do Ministério Público Federal e da Defensoria Pública, instituição criada no Estado do Rio Grande do Sul em 1994. Uma análise econômica indicaria que a progressiva ampliação da tutela de direitos sociais e, por conseguinte, a ampliação da capacidade de investimento em instituições e estruturas sociais responsáveis pela prestação do serviço de saúde pública, recebeu uma forte influência da estabilização econômica vivida a partir de 1995, com a redução da inflação da taxa de 916,43% (1994) a 22% (1995). Nos anos seguintes, o índice de inflação acumulado que antes beirava a casa dos milhares/ano, atingiu patamares inferiores a 10% ao ano.[10] Exemplos mais próximos ao momento em que vivemos são os índices marcados em 2010, 2011, 2012 e 2013 que atingiram montantes situados entre 5,83% e 6,5% a.a.[11] Até dezembro de 2014, esta taxa havia acumulado um índice de 5,58% a.a, resultado de uma retração econômica e da redefinição da agenda econômica que o país se proporá no âmbito nacional e internacional, notadamente em um rumo diferente dos últimos 12 anos, sem mencionar o tensionamento político pós-eleitoral e ampliação da repercussão de operações deflagradas pela Polícia Federal que atingiram frontalmente empresas brasileiras direta ou indiretamente ligadas ao Executivo Federal.

No plano educacional, o quadro evolutivo mostra semelhante modificação. Não estamos falando somente da ampliação ou modificação da população universitária, com ingresso de mais pessoas de baixa renda na academia. Antes, os estratos sociais mais desfavorecidos beiravam taxas de 1,5% do total de universitários, quadro alterado para cerca de 7,0% em 2013.[12] Mais do que isso, o tempo de anos de estudo para pessoas com idade superior a 18 anos no período compreendido entre 2002 e 2012 foi alterado consideravelmente: os índices que se aproximavam de 6 anos em 2002 atingiram os 7 anos e meio em 2012. As taxas de analfabetismo também reduziram de um percentual de 11,9% (2002) para 8,9% (2012), com destaque aos índices da população com idade entre 15 e 19 anos, cuja taxa caiu de 2,9% a 1,2%, o que representa que, a longo prazo, a popula-

---

[10] O Instituto Brasileiro de Geografia e Estatística (IBGE) afere o Índice Nacional de Preços ao Consumidor Amplo (IPCA) mensalmente e esta taxa é utilizada pelos economistas e pelo governo brasileiro como índice para verificação da meta inflacionária. Cumpre ressalta que no ano de 2002 a taxa ficou em 12,53%, único ano que a taxa ficou acima da dos 10% a.a. BRASIL. Instituto Brasileiro de Geografia e Estatística. *Índice Nacional de Preços ao Consumidor Amplo* – IPCA e Índice Nacional de Preços ao Consumidor – INPC, 2014. Disponível em: <http://www.ibge.gov.br/home/estatistica/indicadores/precos/inpc_ipca/defaultinpc.shtm>. Acesso em 10 dez. 2014.

[11] No ano de 2010, marco final da pesquisa que busca mapear as ações em saúde de 1990 a 2010, o índice de foi de 5,90% a.a. Maiores informações no Portal do IBGE. BRASIL. Instituto Brasileiro de Geografia e Estatística, *Op Cit,*, 2014.

[12] BRASIL. Instituto Brasileiro de Geografia e Estatística. *Síntese de Indicadores Sociais do IBGE*, 2013. Disponível em: < ftp://ftp.ibge.gov.br/Indicadores_Sociais/Sintese_de_Indicadores_Sociais_2013/pdf/educacao_pdf.pdf >. Acesso em 10 dez. 2014.

ção brasileira tenderá a ter índices mais baixos de analfabetismo.[13] Estes são dados incomparavelmente inferiores aos registrados na década de 90, cujas estimativas do IBGE marcavam números de 19%[14] para a mesma faixa etária. Embora os índices educacionais indiquem este quadrante informacional, os dados que foram apresentados (2014) a partir das provas realizados no âmbito do *Programme for International Student Assessment* (PISA) revelaram que entre os 44 países participantes analisados, o Brasil encontra-se na 38ª posição. Sem dúvida, este dado é tratado como alarmante pelos especialistas e, fundamentalmente, pressionam os gestores por novas políticas educacionais, cujo sucesso nem sempre depende somente da atuação do administrador público, mas do empenho do aluno e das condições ecológicas (ambiente) em que ele se insere: dos determinantes sociais que envolvem a efetivação dos direitos.

A educação no Estado do Rio Grande do Sul se insere em um ambiente paradoxal. O Programa das Nações Unidas para o Desenvolvimento (PNUD)[15] divulgou em 2013 um panorama do Índice de Desenvolvimento Humano (IDHM) registrado em cada Estado brasileiro com base nos dados coletados nos censos realizados pelo IBGE em 1990, 2001 e 2010, sendo que um dos fatores relevantes é o desenvolvimento educacional. A paradoxalidade reside no fato de que embora o índice tenha se elevado em cada um dos itens levados em conta para aferir o IDHM, o Estado gaúcho vem caindo nas posições de melhores índices educacionais.[16] O índice de reprovação apontado pelo último Censo Escolar (em 2013) indicou que são gaúchos os maiores índices de reprovação em sala de aula (cerca de 20%)[17] resultado de uma maior precisão estatística e das condições estruturais de cada Estado. O que ocorre na educação também pode ser verificado no Sistema da Saúde, como veremos a seguir.

---

[13] Cumpre mencionar que estão excluídos desta apresentação uma análise mais aprofundada da qualidade de ensino, tanto no âmbito do ensino médio e fundamental quanto no âmbito universitário, no sentido de dizer que um maior acesso à educação e a melhora nos índices educacionais não representa uma transformação social autoevidente: esta, somente o tempo dirá. Entretanto, a alteração nos informes oficiais dão indícios do cambio na formação de pessoal doravante está alterada e o perfil do cidadão será (e já é) diferente daquele que estavam entre 15 e 19 anos de idade em 1990. BRASIL. Instituto Brasileiro de Geografia e Estatística, *Op Cit.*, 2013.

[14] BRASIL. Instituto Brasileiro de Geografia e Estatística, *Op Cit.*, 2013.

[15] Para maiores informações sobre o ranqueamento, ano a ano, inclusive com os dados de cada município consultar: Programa das Nações Unidas para o Desenvolvimento. Disponível em: <http://www.pnud.org.br/atlas/ranking/Ranking-IDHM-UF-1991.aspx>. Acesso em: 31 dez. 2014. BRASIL. *Atlas do Desenvolvimento Humano.* Brasil, 2013.

[16] O índice de desenvolvimento humano educacional vem crescendo de média de 0,328 (em 1991), passando por 0,505 (em 2000) até atingir 0,642 (em 2010). BRASIL. Atlas do Desenvolvimento Humano. Brasil, 2013.

[17] O método mais simples de pesquisar estes dados, com a devida clareza é disponibilizada pelo IBGE. Disponível em: <http://seriesestatisticas.ibge.gov.br/series.aspx?vcodigo=M12>. Acesso em 01 jan. 2015.

A Saúde Pública no Brasil analisada e pensada na atualidade deve ser compreendida para além da intensa luta pela universalização da prestação do serviço de saúde antes do marco Constitucional e da consolidação do Sistema Único de Saúde desencadeado pela hiperinflação normativa após a Lei nº 8.080/90, que registra cerca de 70 mil atos normativos. A saúde não pode mais ser reduzida a locução "direito de todos e dever do Estado", como ainda se reitera e se escreve, como se nada de novo tivesse sido produzido ou como se as maneiras de abordagem não pudessem ser alteradas e falseadas. De certo modo, a inegável mudança de paradigma na saúde pública exige novas abordagens e novas interpretações, especialmente se compararmos os informativos.

O primeiro ponto de análise é simples: a redução nas taxas de mortalidade infantil, que entre 1990 a 2010 caíram mais da metade[18] (cerca de 62%). No Rio Grande do Sul, a média caiu cerca 3% entre 2000 e 2011.[19] Tal avanço é resultado de uma pluralidade de fatores que transitam do político ao jurídico, passando pela educação e pela busca por uma maior proximidade entre administrador/administrado. De certo modo, reflete uma característica do Estado: uma espécie de vanguarda no desenvolvimento de políticas públicas. Além disso, confirmam a tese de que a saúde é constantemente determinada por outros fatores, que inicialmente são exógenos ao sujeito e passam a ser endógenos de acordo com o meio social e as estruturas que ele possui a seu dispor. Neste caso, por exemplo, o dado da mortalidade vem acompanhado de uma série de outros que, no caso brasileiro, são importantes determinantes. Exemplos como a ampliação da cobertura das políticas educacionais relacionadas ao pré-natal e do acompanhamento durante a gravidez, e especialmente um programa criado durante o período da pesquisa, o Primeira Infância Melhor (PIM),[20] cujos resultados foram comprovados por pesquisas que avaliaram o programa, demonstrando a repercussão nacional e internacional das políticas pioneiras desenvolvidas no Estado. Mais que isso, outro exemplo da interdependência da efetividade dos Programas de Saúde com outros fatores sociais (determinantes) é a ampliação da rede de fornecimento de água potável e de esgotamento sanitário no Brasil, cuja cobertura em relação à necessidade se aproximam de 90% e 80%, respectivamente. Em

---

[18] De um índice 120,7 óbitos a cada mil nascimentos para uma 19,88/mil. O índice é alto se comparado com países europeus. Para ter acesso a reportagem informativa do assunto, consultar: BBC. *Mortalidade infantil no Brasil cai 61% em 20 anos, diz estudo*. Disponível em: <http://www.bbc.co.uk/portuguese/noticias/2010/05/100524_mortalidadeinfantil_ba.shtml> Acesso em: 27 dez. 2014.

[19] De um índice de 15 mortes por mil nascimentos entre 1998/2000, passamos para índices situados na faixa entre 11,6 e 12 a cada mil nascimentos. RIO GRANDE DO SUL. Secretaria de Planejamento, Gestão e Participação Cidadã (SEPLAG). *Atlas Socioeconômica do Rio Grande do Sul, 2014*. Disponível em: <http://www.scp.rs.gov.br/atlas/conteudo.asp?cod_menu_filho=814&cod_menu=811&tipo_menu=INDICADORES&cod_conteudo=1426. > Acesso em: 01 jan. 2014.

[20] RIO GRANDE DO SUL. *Primeira Infância melhor*. Disponível em: <http://www.pim.saude.rs.gov.br/v2/>. Acesso: 01 jan. 2014.

comparação com os dados de 1990, nesses mesmos itens, a cobertura chegava a apenas 67%.[21] Especificamente no Rio Grande do Sul, a tendência dessa ampliação do fornecimento de água potável (apenas 1% da população não tem água tratada em casa) facilita a identificação das principais demandas em saúde, e a preocupação governamental passa a ser outra, em um nível de atuação mais elevado, cuja prestação estatal está voltada à provisão de uma alta variedade de medicamentos, próteses e cirurgias, que certamente complexificam a atuação do Sistema de Saúde. As inadequações e as carências do Sistema acabam por levar certos deveres estatais à apreciação e resolução por meio de instituições jurídicas.

No âmbito do Sistema do Direito, a partir de 1990, o quadro das demandas judiciais hipnotiza os operadores do Direito por sua monstruosidade numérica. Desde 1995, a intensificação do processo de acionar as instituições jurídicas com o fito de obter uma prestação jurídica compatível com os anseios individuais em relação à saúde do demandante provocou um amontoamento de expedientes judiciais e extrajudiciais nas instituições estatais responsáveis pelo tratamento jurídico de demandas sociais relacionadas à saúde. Poderíamos referir aqui diversas matérias jornalísticas que expuseram o tema e desvelaram de vez as chagas da saúde pública do Estado do Rio Grande do Sul, por exemplo. E, para isso, não precisaríamos ir muito longe. Em 1993, o Rio Grande do Sul possuía cerca de 30 mil leitos hospitalares, quantitativo que, em 2012, reduziu para 12 mil leitos.[22] Mais além, a informação de que, em 2010, cerca de 47% dos remédios utilizados e fornecidos no Estado estavam fora da Relação Nacional de Medicamentos (RENAME),[23] permitiu, à época, avaliarmos que a judicialização da saúde estava em um processo de inflação que tornava uma importante parte do orçamento do Estado comprometido em saldar tratamentos em saúde, o que depois foi confirmado pela pesquisa do Conselho Nacional de Justiça[24] (em 2011), apontando que existiam cerca de 240 mil ações judiciais em matéria de saúde e que o Estado do Rio Grande do Sul era aquele em que mais demandas existiam. As ações judiciais, mesmo que o número total de ações tenha reduzido, permanecem sendo um importante personagem no cenário da Secretaria de Saúde do

---

[21] BRASIL. Instituto Brasileiro de Geografia e Estatística, *Op. cit.*, 2013.

[22] G1 – RIO GRANDE DO SUL. *Número de vagas no SUS cai 33% no RS para população 15% maior*. Disponível em: <http://g1.globo.com/rs/rio-grande-do-sul/noticia/2013/07/vagas-no-sus-cairam-33-em-20-anos-no-rs-para-populacao-15-maior.html>. Acesso em: 01 jan. 2015.

[23] CORREIO DO POVO. *Medicamentos fornecidos pelo Estado estão fora do Rename*. Disponível em: <http://www.correiodopovo.com.br/Impresso/?Ano=115&Numero=216&Caderno=0&Noticia=134238>. Acesso em: 20 dez. 2014.

[24] BRASIL. Conselho Nacional de Justiça. *Brasil tem mais de 240 mil processos na área de Saúde*. Disponível em: <http://www.cnj.jus.br/noticias/cnj/14096-brasil-tem-mais-de-240-mil-processos-na-area-de-saude>. Acesso em: 01 jan. 2015.

Estado: somente em 2013, cerca de 200 milhões de reais foram gastos em medicamentos por ordem judicial.[25]

O fato de tornar um assunto de saúde pública em objeto da atuação jurisdicional, por exemplo, repercutiu na temática do acesso à justiça. Nesse sentido, a possibilidade de assistência jurídica gratuita permitiu uma maior inclusão daqueles que antes não conseguiam acessar o Sistema Judicial,[26] bastando rememorar que na década de 1990 as demandas judiciais em saúde buscavam uma prestação estatal não coberta pelo Sistema Único de Saúde e pelos planos de saúde privados. Em realidade, as demandas buscavam tratamentos caros relativos à compra de medicamentos importados e inclusive a realização de cirurgias no exterior. A partir de 2000, ocorreu uma mutação no perfil de demandas e uma ampliação da cobertura que o Sistema Único disponibilizava, dentro das possibilidades regionais. A atuação jurisdicional passou a ser opção aos vácuos de efetividade do Sistema de Saúde no ambiente de ampliação da demanda e da aparente redução da estrutura de cobertura, sendo que a estrutura e os investimentos em saúde pública aumentam a cada ano. Por parte dos municípios do Estado do Rio Grande do Sul, por exemplo, os investimentos em saúde, desde 2006, ficaram dentro do mínimo de investimentos em saúde exigidos pela Emenda Constitucional n° 29 (15% do orçamento).[27]

3. Os casos emblemáticos selecionados

3.1. O Rio Grande do Sul como pioneiro na área da saúde mental

O tema da saúde mental recebe destaque na nossa pesquisa, não apenas porque foi no Estado que tivemos a primeira lei de reforma psiquiátrica, mas pelo impulso crítico dado pelo direito. Os movimentos sociais na área jurídica têm algumas fortes raízes no Rio Grande do Sul, mais especificamente dois movimentos: *Movimento do Direito Alternativo* e *Direito e Psicanálise*. Papel relevante nestes movimentos foi o do Prof. Luiz Alberto Warat, que além de conferências, lançou um "polêmico" texto: "A ciência jurídica e seus dois maridos".[28] Em outros Estados também tivemos refle-

---

[25] FEDERAÇÃO DOS MUNICÍPIOS DO ESTADO DO RIO GRANDE DO SUL. *Workshop sobre assistência farmacêutica debate judicialização no RS*. Disponível em: < (http://www.famurs.com.br/comunicacao/noticias/workshopsobreassistenciafarmaceuticadebatejudicializacaonors#.VIWG4DHF_T8> Acesso em: 27 dez. 2014.

[26] VENTURA, Miriam; SIMAS, Luciana; PEPE, Vera Lúcia Edais; SCHARAMM, Fermin Roland . Judicialização da saúde, acesso à justiça e a efetividade do direito à saúde. *Physis Revista de Saúde Coletiva*, Rio de Janeiro, 20 [1]: 77-100, 2010.

[27] Para maiores informações, consultar: RIO GRANDE DO SUL. Tribunal de Contas do Estado do Rio Grande do Sul. *Consulta a indicadores – Despesas em saúde*. Disponível em: <https://portal.tce.rs.gov.br/portal/page/portal/tcers/consultas/indicadores/saude>. Acesso em: 02 jan. 2015.

[28] WARAT, Luiz Alberto. *A ciência jurídica e seus dois maridos*. Santa Cruz do Sul: Faculdades Integradas de Santa Cruz do Sul, 1985.

xões importantes a esse respeito, vários juristas se dedicaram a essa área. Oportunas as reflexões de Jeanine Philippi:

> Sustentado na própria funcionalidade de seus mitos, o saber jurídico resguarda o exercício do poder político através dos ritos silenciosos de manipulação do segredo. Discurso altamente codificado, expresso em símbolos pouco acessíveis aos homens de boa vontade , o direito de requerer, portanto, uma leitura diferenciada capaz de redecifrar seus códigos particulares. Esta releitura, enfim, viabiliza um interdisciplinariedade fecunda entre direito e psicanálise.[29]

Era este o "novo clima" dos anos 90: várias áreas do conhecimento se aproximavam para o debate da consolidação de formas de vida mais democráticas, certos de que a democracia é algo que precisa ser consolidado no dia a dia. Este foi o grande debate que envolveu o direito dos pacientes com sofrimento psíquico no Estado do Rio Grande do Sul. Assim, no que tange à saúde mental, o Estado teve um papel relevante na consolidação de um novo paradigma para saúde pública brasileira, podendo-se destacar alguns pontos nos quais o Rio Grande do Sul se mostrou inovador, quais sejam: em 1991, foi criado o Fórum de Saúde Mental; em 1992, realizou-se a 1ª Conferência Estadual de Saúde Mental; em 1993, foi editada a Carta Instituinte São Pedro Cidadão. Essa carta foi relevante para a mudança de paradigma no enfrentamento do tratamento do doente mental. Em 07 de agosto de 1992, foi publicada a Lei de Reforma Psiquiátrica do Rio Grande do Sul e que serviu de base para o processo da reforma em âmbito nacional. Em 1997, realizou-se em Porto Alegre o III Encontro Nacional de Luta Antimanicomial. Os referidos eventos tinham o escopo de apresentar uma crítica ao tradicional modelo hospitalocêntrico e manicomial adotado no âmbito do Sistema Único de Saúde. O ponto central da discussão residiu na redistribuição do poder, no resgate da cidadania da pessoa com sofrimento psíquico e com transtorno mental, bem como socialização dos saberes para tentar fazer com que os indivíduos portadores dessas patologias pudessem conviver em sociedade, com tratamento e acompanhamento. Ou seja, o reconhecimento do doente mental como um doente e como um cidadão dotado de dignidade, de direitos como qualquer outro.

É oportuno observarmos o que Foucault[30] salienta "[...] a doença só tem realidade e valor de doença no interior de uma cultura que a reconhece como tal". Ou seja, a doença não pode ser tratada de modo isolado e apartado do coletivo. A relação do "são/doente" ou do "normal/anormal" existe na sociedade. Essa ideia reforça o paradigma de que o melhor tratamento é o realizado por serviços extra-hospitalares com base comunitária, experiência que não foi apenas teórica, pois na Primeira Conferência

---

[29] PHILIPPI, Janine Nicolazzi. Direito e Psicanálise: na trilha da interdisciplinaridade. In: *Direito e Democracia*. Katie Argüelo (org.) Florianópolis: Letras Contemporâneas, 1996. p. 126.

[30] FOUCAULT, Michel. A constituição histórica da doença mental. In: FOUCAULT, Michel. *Doença mental e psicologia*. Rio de Janeiro: Sexta. v.11, 2000 [1972]. p. 75-86 e p. 85.

Estadual de Saúde Mental, mais de 30 municípios já tinham instalado "serviços alternativos" à hospitalização. O debate da saúde mental repercutiu em várias áreas, exigindo inclusive dos operadores do direito um novo olhar para a saúde, mas também para o próprio direito, como observou Jeanine N. Philippi. Ou como podemos observar nas decisões do Tribunal Justiça gaúcho que até hoje utiliza essa Lei nas suas decisões.

3.2. O caso do Município de Giruá: a tentativa de privatizar o sistema público?

O caso de Giruá teve início na Apelação Cível nº 2003.71.05.005440-0, que tramitou no Tribunal Regional Federal da 4ª Região, cujo objeto de discussão era o "pagamento da diferença", entre o Conselho Regional de Medicina do Estado do Rio Grande do Sul e o Município de Giruá. O referido processo apresenta, inicialmente, uma das decisões mais complexas no sentido do retrocesso do SUS. Na conjuntura do processo, durante sua tramitação, o Juiz Federal Substituto Lademiro Dors Filho intimou, face ao resultado da apelação, o município de Giruá:

> [...] permita o acesso do paciente à internação pelo SUS e o pagamento da chamada diferença de classe, para obter melhores acomodações, pagando a quantia respectiva, quer ao hospital, quer ao médico; abstenha-se de exigir que a internação só se dê após exame do paciente em posto de saúde (outro médico que não o atendeu), e de impedir a assistência pelo médico do paciente, impondo-lhe outro profissional.[31]

Tal decisão refere-se a "pagar a diferença", mas não é uma demanda isolada, é apenas uma decisão dentro do sistema do direito. O trecho da decisão supracitada refere-se à Apelação Cível nº 2003.71.05.005440-0, que tramitou no Tribunal Regional Federal da 4ª Região, em que o Cremers (Conselho Regional de Medicina do Rio Grande do Sul) pleiteou o pagamento da diferença de classe dentro do Sistema Único de Saúde, no qual o apelado foi o Município de Giruá.

É interessante observar que num dos votos do acórdão do recurso de apelação, o desembargador citou na fundamentação do seu voto um trecho do parecer do Ministério Público Federal acerca do tema. Vejamos:

> Em seu parecer, a fls. 237/240, anotou o douto MPF, verbis: [...] A pretensão (i) supostamente atende aos interesses dos usuários do SUS, dos prestadores de serviços de saúde e dos profissionais médicos. *Os pacientes podem ter interesse* em obter internação em acomodações privativas ou semi-privativas, mesmo que tenham que pagar por isso [...].[32]

Nota-se o quão interessante é a fundamentação, atente-se para o grifado na decisão: "Os pacientes podem ter interesse". Observa-se que interesse, nessa perspectiva, recebe o *status* de direito. Não há a necessidade de ser operador do sistema jurídico para saber que interesse é algo

---

[31] BRASIL, Tribunal Regional Federal da 4ª Região, Apelação Cível nº 2003.71.05.005440-0.
[32] Idem

distinto de direito. Ora, interesse pode ser quase tudo, menos direito! A constituição alude o direito à saúde, e não o interesse pessoal de cada um. Se a lógica do interesse vai permear o sistema, então o fim está próximo, pois essa lógica liberal do interesse aniquila o caráter universalista do Sistema Único se Saúde, visto que só quem poderá pagar, é que terá um serviço mais digno. Acaba, também, com o aspecto igualitário do sistema de saúde, pois será uma luta de classes: quem pode pagar x quem não pode pagar.

Há que se destacar que esse tipo de decisão corrobora a ideia de que se o serviço público é deficitário ou pouco digno: o cidadão deve pagar para receber um atendimento adequado, mas o serviço prestado não deveria ser no mínimo digno? Então se o Estado não pode prestar tal serviço de modo digno está tudo bem, pois quem pode pagar, paga e está tudo resolvido? Admitir a prestação sanitária ineficiente ou falha por parte do Estado é, também, aceitar a inefetividade do direito à saúde e corroborar a ideia do senso comum de que aquilo que é público não é bom como o privado. E é esse tipo de decisão que poderá modificar as bases normativas do Sistema Único de Saúde.

O caso de Giruá já fez coisa julgada no ano de 2010, e o precedente desse caso aceitou a possibilidade de pagar a diferença. No entanto, o que causa maior preocupação ainda é que essa decisão não é única! O Supremo Tribunal Federal tem decidido (ou ainda está) outros recursos extraordinários com esse tema. Temos, na Corte, julgados (Recursos Extraordinários) que chegaram ao Supremo nos anos de 1998 e 1999 (RE 226.835/RS e RE 261.268/RS). Em meio a essas "novas" demandas, é oportuno destacarmos o RE 5811488, cujo Relator é o Ministro Dias Toffoli, que discute o mesmo tema, mas em relação à municipalidade de Canela. O STF ainda não julgou o caso e, inclusive, realizou uma audiência pública em 26 de maio de 2014 para debater o pagamento da diferença. Esse RE teve origem na ação civil pública movida pelo Cremers contra o Município de Canela, na qual pedia que o município, na condição de gestor municipal do SUS, fosse compelido a permitir a "diferença de classe".

Em que pese o uso do instrumento da audiência pública seja bastante progressista e inovador para o Judiciário, caso haja manutenção da jurisprudência da corte, a tendência é o esfacelamento do sistema de saúde, é a privatização do público.

Efetivar o direito à saúde é, também, concretizar a cidadania. Se o direito à saúde foi progressivamente estendido a toda sociedade, então seria um retrocesso segregar aqueles que podem pagar daqueles que não podem, no que tange ao acesso do Sistema Único de Saúde, na perspectiva de um serviço eficiente e digno para todos e não só para aqueles que tenham condição de pagar (a diferença).

3.3. A questão do tabagismo: uma sentença que proibiu o fumo em aviões

A questão que envolve o tabagismo não fica isenta de uma análise em que é possível visualizar a complexidade das decisões que transcendem uma dimensão político-sanitária. A decisão de regulamentar a publicidade de produtos nocivos à saúde,[33] como bebidas alcoólicas e fumo, no âmbito da autorização constitucional para fazê-lo (art. 220, § 4º), trouxe uma série de desafios que subjazem à redução dos custos previdenciários e de tratamento, pelo Sistema de Saúde. O primeiro deles é superar a pressão da indústria e dos representantes dos agricultores, pertencentes a uma cadeia produtiva que movimenta a economia (em especial, as das zonas produtivas que se distanciam dos grandes centros urbanos), favorecendo a circulação de capital desde a produção propriamente dita até a comercialização. A segunda dificuldade é a superação dos argumentos jurídicos que tratam de que a regulação excessiva corresponderia a uma intervenção indevida na autonomia do sujeito, em sua liberdade de decidir o que consumir. Sobre este último, em particular, cumpre dizer que as medidas regulatórias se justificam por buscar reduzir o número de dependentes da nicotina, mas sem interferir diretamente nas escolhas individuais, sendo utilizada como alerta aos não usuários, embora a indústria tabagista sustente uma discriminação e que teria o direito de divulgar seus produtos como qualquer outra indústria. A informação é a principal arma de contenção do uso de fumígenos, responsável por cerca de 350 mortes/dia no Brasil e pelo dispêndio de cerca de 21 bilhões todos os anos no tratamento de diferentes tipos de câncer.[34]

Essa situação poderia ter maiores desenvolvimentos, contudo nos distanciaríamos do objeto deste artigo. Cumpre mencionar que dependência da nicotina está inserida na Classificação Internacional de Doenças (CID), sendo potencialmente agravada no transcorrer da vida do fumante, uma vez que a zona cerebral responsável pelo prazer cria tolerância às substâncias inaladas. Se para o indivíduo fumante os riscos são intoxicação e possibilidades de desenvolvimento de cânceres são elevados, para aqueles que não fumam, os riscos também são expressivos: nos últimos tempos tem-se comentado sobre os percentuais de intoxicação nos chamados "fumantes passivos". Ao contrário do que muitos possam pensar, as substâncias nocivas à saúde presentes na fumaça estão presentes em maiores quantidades do que aquelas que são consumidas pelos fumantes:

---

[33] Para maiores informações, consultar a Lei 9.294/96. BRASIL. *Lei 9.294/96*, de 15 de julho de 1996. Dispõe sobre as restrições ao uso e à propaganda de produtos fumígeros, bebidas alcoólicas, medicamentos, terapias e defensivos agrícolas, nos termos do § 4º do art. 220 da Constituição Federal. Disponível em: <http://www.planalto.gov.br/ccivil_03/leis/l9294.htm>. Acesso em: 01 jan. 2015.

[34] BRASIL. Instituto Nacional do Câncer (INCA). Disponível em: <http://www1.inca.gov.br/tabagismo/index.asp>. Acesso em: 01 jan. 2015.

isso significa mais monóxido de carbono, mais nicotina, mais substâncias cancerígenas e... mais mortes. Se o ambiente em que se fuma é fechado, as probabilidades de intoxicação aumentam ainda mais.

Muito embora as políticas públicas tenham sido contestadas judicialmente, inclusive com decisões do Tribunal Regional Federal da 4ª Região no sentido de negar as investidas de entidades vinculadas à indústria do fumo no Estado do Rio Grande do Sul[35] e outras no sentido de assentar a jurisprudência favorável às empresas no que tange à responsabilidade civil das empresas (no sentido de negar o dever de indenizar), o caso emblemático selecionado para tratarmos dos efeitos do fumo e de suas consequências individuais e ao próprio Sistema da Saúde foi a Ação Civil Pública 98.00.25524-9[36] contra a União, visando que fosse determinada a proibição de fumar a bordo de aeronaves até a regularização das maneiras de se transpor a fumaça. O caso é relevante por envolver uma série de aspectos. O primeiro deles é a normatização pela Lei Federal nº 9.294, de 1996, no sentido de que se poderia fumar em ambientes fechados, desde que existisse um ambiente exclusivo para fumantes. Ocorre que as companhias aéreas separaram apenas fisicamente fumantes e não fumantes, sem o isolamento adequado que impedisse que a fumaça se espalhasse por toda a aeronave.[37] Trate-se de um problema de aplicabilidade da legislação. O segundo aspecto é a dificuldade de adaptar a própria legislação. O texto inicial dispunha que não se poderia fumar em aviões, "salvo quando transcorrida uma hora de viagem e houver nos referidos meios de transporte parte especialmente reservada aos fumantes". O referido trecho somente foi modificado em 2000 e alterado em 2001, embora a eficácia jurídica do texto inicial tenha sido suspensa pela sentença judicial do caso selecionado e confirmada pelo Tribunal Regional Federal em 1999.

---

[35] BRASIL. Tribunal Regional Federal (4ª Região; 4ª Vara Cível de Porto Alegre).*Apelação Cível nº 0026898-63.2008.404.7100/RS.*Apelante: Sindicato da Ind. do Fumo do Estado do Rio Grande do Sul. Apelado: Agência Nacional de Vigilância Sanitária. Relator: Desa. Federal Maria Lucia Luz Leiria. Porto Alegre, 28 de abril de 2010. Disponível em: <http://www.actbr.org.br/uploads/conteudo/781_TRF4_advertencias_sanitarias_sindifumoRS.pdf>. Acesso em: 01 jan. 2015. RIO GRANDE DO SUL. Tribunal de Justiça. *Apelação Cível nº 70024030868/2008/RS.* Apelante: Rui de Freitas Vieira. Apelado: Souza Cruz S/A e Philip Morris Brasil Indústria e Comercio Ltda. Relator: Jorge Luis Borges do Canto. Porto Alegre, 12 de novembro de 2008. Disponível em:<http://actbr.org.br/uploads/conteudo/573_3_TJRS_70024030868_prescricao.pdf>. Acesso em: 01 jan. 2015.

[36] BRASIL. Tribunal Regional Federal (4ª Região; 4ª Vara Cível de Porto Alegre). Sentença. Processo nº 98.00.25524-9. Demandante: Ministério Público Federal. Demandada: União Federal. Porto Alegre, 22 de outubro de 1998. O processo recebeu o seguinte número no Tribunal Regional Federal da 4ª Região: 2000.04.01.017495-3. Ambas as decisões não estão disponíveis *online*.

[37] Nas palavras do Juiz Federal Substituto da 4ª Vara Cível de Porto Alegre, Guilherme Pinho Machado, em liminar proferiu a decisão com: "efeito de proibir o uso de produtos fumígenos, até o julgamento final, a bordo de todas as aeronaves civis brasileiras de transporte aéreo público e privado, doméstico e internacional, independentemente do tempo de duração do voo ou local de decolagem e pouso da aeronave, que não tenham ambientes reservados aos fumantes, devidamente isolados e com arejamento independente, para impedir, de modo efetivo, a propagação de fumaça originada pelo consumo de produtos fumígenos, por todo o ambiente, sempre com aparelhos de ar condicionados separados, em respeito à saúde de todos".

O terceiro ponto seria uma espécie de movimentação internacional no sentido de restringir a liberdade de fumar,[38] nitidamente com efeitos no Brasil, tendo em vista que os Estados e municípios brasileiros proibiram a possibilidade de fumar em locais coletivos, medidas legislativas contestadas judicialmente. Um último ponto: a modificação da Lei 9.294/96. Em 2011, o Congresso extinguiu de vez a possibilidade de se fumar em locais fechados, medida regulamentada pelo Decreto nº 8.262, de 2014, e cuja eficácia jurídica começou a transcorrer a partir de dezembro de 2014. O desdobramento fundamental da nova legislação: ampliar o âmbito protetivo àqueles que não desejam ser afetados pela fumaça do cigarro.

O caso em questão revela o quanto saúde e Direito acabam se vinculando. E mais: que tais medidas repercutem no campo da educação. O Direito torna-se o instrumento mais eficaz no sentido de tornar um ideal de saúde uma medida concreta, mesmo que este intervencionismo acarrete uma série de atritos e de críticas sobre sua constitucionalidade. O fato é que a saúde, como bem de todos, não pode continuar a ser afetada pela sede do lucro. E que o Sistema de Saúde, que sabemos que tem carências, deve ter sua carga de atuação paulatinamente reduzida quanto falamos de doenças evitáveis, como as que decorrem do fumo: tudo depende da ampliação da prevenção.

3.4. A questão transexual: uma Ação Civil Pública que assegurou a cirurgia transgenitalização pelo SUS

No Estado do Rio Grande do Sul, um dos casos de maior destaque que envolve os direitos dos transexuais foi a Ação Civil Pública (2001.71.00.026279-9/RS) ajuizada pelo Ministério Público Federal com o fito de incluir na lista dos procedimentos do SUS as cirurgias de transgenitalização, tendo em vista os argumentos de que a exclusão perfazia uma ofensa aos direitos fundamentais da pessoa, de sua liberdade e de que não haveria sustentação na ordem constitucional para tal atitude. O ajuizamento da ação data do ano de 2001, e o julgamento do Acórdão no Tribunal Regional Federal da 4ª Região data do ano de 2007.

De início, o que se pode observar, a partir das alegações da União, é a tendência de considerar a transexualidade como doença e de se sustentar que o Sistema Único de Saúde não pode promover a tutela e proteção desse grupo minoritário pelo caráter experimental desse tipo de cirurgia e pela natureza programática do direito à saúde. Em primeira instância, a sentença extinguiu o feito sem julgamento de mérito pela *impossibilidade jurídica* do pedido elaborado pelo Ministério Público e da inadequação da

---

[38] Podemos fazer referência às medidas restritivas ocorridas na França em 2007, mas que em âmbito europeu não eram novidade. Países como Itália, Espanha e Suécia já haviam cominado sanções civis para quem descumprisse as determinações.

via escolhida para a tutela desse tipo de demanda à época, tendo em vista que o Poder Judiciário não poderia resolver questões de natureza global, ainda mais existindo uma disposição administrativa para regulamentar a cirurgia. O processo foi reiteradamente suspenso a pedido do órgão ministerial. Subiram os autos ao Tribunal, que reconheceu que a exclusão da lista de procedimentos configura uma considerável discriminação, e que a saúde não pode ser compreendida como de mera natureza programática, pois é um direito fundamental da pessoa e possui aplicabilidade imediata, sob pena de esvaziamento da força normativa constitucional. Ainda, afastou a tese da reserva do possível e o caráter experimental da cirurgia, assegurando que a cirurgia em transexual não configura ilícito penal. Por fim, vinculou sua decisão a todo território nacional e condicionou a aplicação de multa diária à Administração caso não cumpra a ordem judicial de inclusão dos procedimentos na lista.

A demanda mencionada está implicada com uma série de questões de direito processual e material. Como foi dito, a primeira questão que a União levantou é relativa à legitimidade do Ministério Público em promover tais demandas, cujo caráter é difuso e transindividual. Tendo em vista que o direito à transgenitalização consiste em um direito coletivo, pertencente a um grupo específico, não restou dúvida em relação à legitimidade do Ministério Público em promover tal demanda. Sustenta-se a noção de que nenhum transexual poderia exigir judicialmente a inclusão na lista dos procedimentos, mas tão só pleitear individualmente que o Sistema Único de Saúde tome uma providência que obrigue a prestação individual. A ação do Ministério Público permite a ampliação do âmbito da decisão, permitindo que os efeitos da sentença se estendam a todos os possíveis interessados. Passemos a um pequeno comentário.

A compreensão da transexualidade não se esgota em uma leitura biomédica; todavia, é por ela que se inicia a discussão. Afirma-se que a transexualidade é um distúrbio de identidade marcado pela incompatibilidade entre a designação sexual do sujeito e sua percepção em relação à sua identidade sexual. Não raro, é atribuída a esta condição humana a explicação de "erro natural" que somente poderia ser resolvido pela medicina. Nesse ponto, o indivíduo é analisado sob uma perspectiva social, que surge como um forte determinante do futuro da cirurgia de transgenitalização, porquanto é a percepção médica que define aquele que se adapta ou não ao padrão social de "agir" de uma mulher ou de um homem. No caso selecionado em questão, o enquadramento classificatório formulado por um terceiro é criticada por contornar as garantias individuais rumo a uma rigidez binária de gênero, visivelmente incompatível com a tutela da autonomia que o Constitucionalismo contemporâneo buscou resguardar. Mais do que isso, é fruto dessa binarização a violência contra pessoas que buscam construir seu próprio eu, ser este diferente do socialmente comum e motivo pelo qual a intolerância expande-se. Talvez seja este um ponto paradoxal do Sistema Social da Saúde: à medida em que o Sistema do Direito e da Política garantem novas possibilidades àqueles que antes estavam desprotegidos, o próprio Sistema Social acaba irritando a si mesmo por suas próprias decisões. Quer dizer: no momento em que se garante novas possibilidades ao transexual (como, por exemplo, realizar uma cirurgia), e esta possibilidade é veiculada pelos canais de comunicação, registramos uma forte onda de violência social e moral sobre estes sujeitos. Nem precisaremos aqui relembrar dos índices de violência contra transexuais e que muitos deles acabam se suicidando pela incapacidade de construir alternativas de fortalecimento da sua identidade. Aqueles que conseguem materializar o direito à saúde, o fazem individualmente. Resulta de um conjunto de fatores complicadores o reconhecimento da importância da ação movida pelo órgão ministerial federal.

Até 2007, quando foi julgada a Ação Civil Pública, a transexualidade era tida como doença mental pela Organização Mundial da Saúde. A tendência é que ocorra a retirada do Catálogo Internacional de Doenças (CID-11) ainda em 2015, seguindo o que o Ministério da Saúde da França decretou, em 2010. Resta saber o impacto desse tipo de proposição nos Sistemas de Saúde de diferentes países. No Brasil, o projeto de Lei 5002/2013, de autoria de representantes de grupos gênero minoritários, propõe a desburocratização e simplificação do processo de transgenitalização, prevendo aos maiores de 18 anos a possibilidade de realizarem a cirurgia sem a exigência de tratamento ou decisão judicial.[39] Além disso, o Superior Tribunal de Justiça vem garantindo o direito do transexual a modificar o registro civil, muito embora, pela polêmica do tema, alguns juízes adotem posições divergentes.

Casos como estes revelam que o Sistema Social da Saúde e o Sistema do Direito acabam exercendo uma dupla função. Em um primeiro momento, nos referimos à disponibilização da prestação dos procedimentos de saúde, resumindo-se na criação de novas possibilidades. Em uma análise indireta, está vinculada à criação de uma estrutura protetiva de direitos, um arcabouço cujo fito maior é impedir a discriminação de sexo. Nesse ponto, enganam-se aqueles que pensam que esta estrutura restringe-se aos pacientes transexuais. A transformação da realidade se amplia a todos aqueles que sofrem alguma restrição em seu direito de exercer a autonomia, no sentido de afirmar que o acesso à tutela jurisdicional reafirma a própria sensação de segurança nas instituições. Processos como esse, que procuram superar barreiras culturais, permitem que mulheres, homossexuais e transexuais antes oprimidos comecem a sentirem-se como

---

[39] BRASIL. Projeto de Lei 5.002/2013. Dispõe sobre o direito à identidade de gênero e altera o artigo 58 da Lei 6.015 de 1973. Disponível em: <http://www.camara.gov.br/proposicoesWeb/fichadetramitacao?idProposicao=565315>. Acesso em: 01 jan. 2015.

sujeitos de uma proteção eficaz: à medida que esta proteção se consolida, a própria democracia se afirma. O mais interessante disso é que o catalizador desse processo é uma demanda iniciada pelas carências estruturais do Sistema da Saúde que, quando resolvida, permite-nos avaliar e refletir que a saúde tornou-se uma espécie de "ponte" capaz de unir a insuficiência à plenitude, a intolerância à democracia, num processo que assegura a todos o direito de serem o que pretendem ser.

Conclusões

O processo de transformação social é lento e gradual, e a concretização da democracia em nosso país passa pela efetivação dos mais diversos direitos. Neste artigo destacamos aspectos e eventos da efetivação do direito à saúde no Rio Grande do Sul, que contribuíram (e continuam contribuindo) para a consolidação da democracia. Estas observações fazem parte do resultado de uma pesquisa que envolveu tanto operadores do sistema da saúde, da educação, do direito e do sistema da política, sempre tendo como foco central a saúde como ponte para a efetivação de outros direitos sociais. Cada vez mais, estamos convencidos de que é através da efetivação desse direito que teremos outros direitos fundamentais efetivados. Observamos também que o estudo do direito à saúde passa por várias áreas do conhecimento e as demandas estão sempre em evolução. Por exemplo, se no início dos anos 90 as principais demandas eram medicamentos e leitos hospitalares, hoje temos demandas mais complexas. Até porque houve uma normatização tanto na questão dos fármacos como na hospitalização. No caso específico dos medicamentos, vemos que hoje o acesso é mais amplo, o que não ocorria antes da década de 90, em que a possibilidade de ter acesso a determinados medicamentos dependia da condição econômica e, outras vezes do tipo de relação social que os cidadãos mantinham, como, por exemplo, quando ouvimos relatos de que os trabalhadores de empresas aereas tinham um papel importante em trazer medicamentos do exterior – em especial os operadores da VARIG. A questão é: quem conhecia a tripulação? Hoje temos uma normatização para a importação de medicamentos, fruto das reinvindicações dos movimentos sanitaristas. Mesmo assim, ainda temos (certamente sempre teremos) problemas no acesso.

Destaca-se, ainda, que no que concerne à epistemologia jurídica o direito à saúde tem sido discutido fortemente no Programa de Pós-Graduação em Direito da Unisinos: a maioria dos pesquisadores do PPGD orientaram e ainda orientam teses e dissertações que versaram sobre o tema da saúde nos seus mais variados aspectos (vida, meio ambiente, transexulismo, planos de saúde, políticas públicas de saúde, efetividade de direitos fundamentais, dentre outros). As análises foram realizadas com diferentes referenciais teóricos, tanto na linha de pesquisa "Hermenêutica, Constituição e Concretização de Direitos" quanto na "Sociedade, Novos Direitos e Transnacionalização", desde o ano em que o programa foi criado, 1996.[40]

---

[40] "Não é despiciendo lembrar da célebre decisão interlocutória em que um magistrado negou a antecipação de tutela a portadores do vírus HIV que desejavam obter medicamentos, alegando que não haveria risco de dano irreparável ou de difícil reparação, pois "todos somos mortais", negando, por conseguinte, qualquer reconhecimento ao direito à saúde insculpido nos arts. 6º e 196, da Constituição Federal: "Indefiro a antecipação da tutela. Embora os autores aleguem ser portadores de AIDS e objetivem medicação nova que minore as seqüelas da moléstia, o pedido deve ser indeferido pois não há fundamento legal que ampare a pretensão de realizar às expensas do Estado o exame de genotipagem e aquisição de medicamentos que, segundo os autores, não estão sendo fornecidos pelo SUS. A Lei nº 9.313/96 assegura aos portadores de HIV e doentes de AIDS toda a medicação necessária a seu tratamento.Mas estabelece que os gestores do SUS deverão adquirir apenas os medicamentos indicados que o Ministério da Saúde indicar para cada estágio evolutivo da infecção ou de doença. Não há possibilidade de fornecimento de medicamentos que não tenham sido indicados pela autoridade federal. Por outro lado não há fundado receio de dano irreparável ou de difícil reparação. Todos somos mortais. Mais dia menos dia, não sabemos quando, estaremos partindo, alguns, por seu mérito, para ver a face de Deus. Isto não pode ser tido por dano. Daí o indeferimento da antecipação da tutela. Cite-se a Fazenda do Estado. Defiro gratuidade judiciária em favor dos autores. Intimem-se. São Paulo, quinta-feira, 26 de julho de 2001. Antônio Carlos Ferraz Miller, Juiz de Direito". STRECK, Lenio Luiz. Jurisdição Constitucional e Hermenêutica: Uma Nova Crítica do Direito. 2. ed. Rio de Janeiro: Forense, 2004, p. 79-80, nota 49. Como ressalta Lenio Streck, casos como esse "desnudam, dramaticamente, a alienação constitucional imperante no imaginário de determinados operadores do Direito".

— XIII —

Direitos sexuais e reprodutivos: entre a gestão biopolítica e a perspectiva emancipatória

TAYSA SCHIOCCHET[1]

Sumário: Introdução; 1. A história da sexualidade no ocidente a partir das relações de poder: perspectiva biopolítica; 1.1. Aportes foucaultianos; 1.2. Construindo elos com o presente; 2. Sexualidade e reprodução enquanto objetos normativos: perspectiva emancipatória; 2.1. Reconhecimento no plano internacional; 2.2. Regulação no plano nacional; Conclusão; Referências bibliográficas.

Introdução

Nos últimos anos, os textos que publiquei no Anuário do PPGD da UNISINOS trataram da regulamentação dos bancos de perfis genéticos para fins de persecução criminal, a partir de diferentes enfoques, pois estava coordenando a execução de alguns projetos de pesquisa sobre a temática.[2] Neste ano, decidi privilegiar outro campo de pesquisas com o qual trabalho há mais de uma década.[3] Ele incorpora os estudos de gênero e trata dos direitos sexuais e reprodutivos.

Atualmente, são realizadas pesquisas sobre ambos os temas junto ao |BioTecJus|,[4] Grupo de Pesquisa que lidero desde 2011. O que as diferentes pesquisas têm em comum é o fato de que são orientadas pela análise

---

[1] Doutora em Direito pela UFPR, com período de pesquisas doutorais na *Université Paris I – Panthéon Sorbonne* e *FLACSO, Buenos Aires*. Pós-Doutorado em Madrid, Espanha (UAM). Professora Permanente do Programa de Pós-Graduação em Direito (Mestrado e Doutorado) da UNISINOS. Professora convidada na *Université Paris X – Nanterre La Défense*. Líder do Grupo de Pesquisa |BioTecJus| Estudos Avançados em Direito, tecnociência e biopolítica. E-mail: taysa_sc@hotmail.com. Currículo Lattes: <http://lattes.cnpq.br/4551065746013148>.

[2] Ver as edições anteriores em: Schiocchet (2011, 2012 e 2013).

[3] Ver: Schiocchet, Simioni e Carlos (2003).

[4] O |BioTecJus| é um grupo de pesquisa vinculado ao PPG-Direito da UNISINOS e possui projetos em andamento relacionados a temáticas que envolvem tecnociência, biotecnologia e biopolítica. O |BioTecJus| tem atuado na formação de recursos humanos na graduação e pós-graduação, assim como na difusão do conhecimento produzido, por meio não apenas de produção científica tradicional (artigos e livros) como também audiovisual (documentário, vídeos de curta duração e cartilhas de

biopolítica foucaultiana. O que as une, de fato, é tentativa de compreender a vida entre as fronteiras do corpo, tendo o Direito como ponto central de gravitação. O |BioTecJus| recebe financiamentos diversos e, desde 2013, conta com o auxílio financeiro do Edital 32/2012, do CNPq. Além disso, em 2014, mais três editais forneceram aporte financeiro para a pesquisa, cada um deles com um enfoque especializado na temática dos direitos sexuais e reprodutivos. São eles: CNPq 32/2012, da Secretaria Política para Mulheres Nacional, FAPERGS 02/2013, integrante do projeto PPSUS, do Ministério da Saúde, e CNPq 90/2013, voltado à difusão social do saber.

Durante uma década de contato com a temática dos direitos sexuais e reprodutivos, foi possível identificar avanços teóricos e legais. Tais avanços têm sido objeto de publicações, decisões judiciais e alterações normativas.[5] Isso alterou o cenário em torno do tema, o qual poderia ser descrito, no início do século, como bastante incipiente, notadamente na academia jurídica, que além de escassas publicações, praticamente desconhecia a expressão "direitos sexuais e reprodutivos". Havia, de fato, um distanciamento em relação à temática. Hoje, diferentemente, diversos temas atinentes ao campo dos direitos sexuais e reprodutivos são tratados jurídica e judicialmente, mesmo que na maioria das vezes ainda não se utilize a expressão "direitos sexuais e reprodutivos". Por outro lado, ela foi, surpreendentemente, empregada diversas vezes pelos ministros do STF em julgado de repercussão nacional sobre o direito à interrupção de fetos anencéfalos (ADPF 54). O Ministro Marco Aurélio, por exemplo, citou diversas vezes "os direitos sexuais e reprodutivos" de mulheres em seu voto (p. 33, 65, 68 e 78).

Mas, então, por que retomar a reflexão sobre esse tema?[6] Porque ainda existe um *gap* imenso entre o campo discursivo e o das práticas sociais, entre o reconhecimento e a efetividade desses direitos. Disputas políticas estão constantemente em jogo, anunciando a fragilidade e instabilidade em termos de avanços e retrocessos, notadamente em temas como aborto, violência de gênero e contra a mulher, mudança do nome e gênero no registro civil, etc. Além disso, há disputas situadas no Congresso Nacional, que conta com uma bancada evangélica expressiva e transversal em relação aos partidos de direita e de esquerda.[7]

---

direitos, notadamente em relação aos direitos sexuais e reprodutivos). Para saber mais sobre o |BioTecJus|, nossa equipe de pesquisa e nossos projetos, ver: www.biotecjus.com.br.

[5] Em uma busca rápida no *site* do Banco de Teses da Capes, com os termos "direitos sexuais e reprodutivos", foram identificadas 59 dissertações e teses, todas elas defendidas a partir de 2010. E desses 59 trabalhos, apenas 2 são do Direito. Tais dados demonstram que a produção acadêmica em torno dessa temática é bastante recente, ao menos, no âmbito da pós-graduação brasileira e, ainda, incipiente no Direito.

[6] Sobre o conteúdo histórico, conceitual e jurídico dos direitos sexuais, diferenciando-os dos direitos reprodutivos, ver: Schiocchet (2007).

[7] Ver: Prisco (2010, p. 53).

Há, ainda, casos representativos desse *gap* que fragilizam as previsões legais em torno dos chamados direitos sexuais e reprodutivos. Um exemplo recente (2014), ocorrido no estado do Rio Grande do Sul, envolveu uma mulher que foi forçada a realizar um parto cesáreo por decisão judicial, sendo levada ao hospital por policiais para realizar o procedimento. Essa conduta do Estado, em total contrariedade à vontade da mulher gestante, dá sinais não apenas da vulgarização da violência obstétrica no país, como também da ignorância em relação aos seus direitos sexuais e reprodutivos, incluindo os direitos da personalidade.[8] Violência que não se restringe ao ambiente doméstico ou hospitalar e toma conta dos espaços públicos, colocando o Brasil na liderança do *ranking* mundial de crimes trans-homofóbicos, ao concentrar cerca de 40% dos assassinatos de transexuais e travestis.[9]

Do mesmo modo, o âmbito jurídico-acadêmico também não está distante desse viés de invisibilidade e marginalização da temática, como apontado anteriormente. Some-se a isso, o fato de padrões machistas, sexistas e patriarcais de comportamento habitarem cronicamente o ambiente universitário, inclusive no Brasil.[10] Desde casos de estupros, passando por assédios, por práticas de desvalorização dos resultados científicos alcançados por mulheres e pela objetificação do corpo feminino – a dita "elite intelectual" da academia ainda não rompeu com a reprodução das desigualdades de gênero forjadas na sociedade.

Diante desse contexto caracterizado por múltiplas violências (físicas, simbólicas, institucionais), em que um fator biológico (sexualidade corporal) adquire repercussões jurídicas e sociais determinantes no que se refere ao reconhecimento ou denegação de direitos, a proposta deste artigo é fornecer elementos teóricos e jurídicos a fim de demonstrar duas perspectivas distintas em torno da sexualidade e da reprodução humanas. Do ponto de vista genealógico (da origem não jurídica do poder), há uma perspectiva de gestão biopolítica da sexualidade no Ocidente, como evidenciado por Foucault. Do ponto de vista jurídico, há uma perspectiva emancipatória[11] por meio dos chamados direitos sexuais e reprodutivos, enquanto objetos de normatização e instrumentos de resistência ao poder sobre os corpos e populações. O desafio crítico desse texto consiste em lançar pistas teóricas para compreender em que medida tais perspectivas

---

[8] Art. 15 do Código Civil: "Ninguém pode ser constrangido a submeter-se, com risco de vida, a tratamento médico ou a intervenção cirúrgica".

[9] Relatório disponível em: http://homofobiamata.files.wordpress.com/2014/03/relatc3b3rio-homocidios-2013.pdf. Acesso em: 12.01.2015.

[10] Ver nesse sentido: Chassot (2003).

[11] O potencial emancipatório do Direito é tema que será aprofundado pela autora em texto subsequente a esse, o qual demonstrará as tensões entre regulação e emancipação. Regulação, esta, orientada basicamente por diretrizes do racionalismo capitalista em oposição aos discursos multiculturais (SANTOS, 2003), plurais (WOLKMER, 2003) e carnavalizados (WARAT, 2004) do Direito.

– biopolítica e emancipatória – são compatíveis ou não entre si. Dito de outro modo, cumpre compreender em que medida a transposição do universo discursivo a respeito da sexualidade e reprodução para o sistema jurídico, em termos de direitos sexuais e reprodutivos, consegue escapar às estratégias biopolíticas de gestão da vida humana, conformando-se em verdadeiros instrumentos de emancipação e resistência.

Para tanto, serão utilizados como instrumentos metodológicos a abordagem dialética e a técnica de pesquisa bibliográfico-descritiva, com a análise de fontes nacionais e estrangeiras de diversas áreas do conhecimento, tais como a Antropologia, História, Filosofia, Sociologia, Direito, confirmando o caráter interdisciplinar da pesquisa, além de análise documental, de instrumentos jurídicos nacionais e internacionais de proteção dos direitos humanos.

1. A história da sexualidade no ocidente a partir das relações de poder: perspectiva biopolítica

No âmbito teórico, o desenvolvimento de argumentos em favor da construção social da sexualidade, substituindo o enfoque essencialmente biológico, não surgiu da Antropologia, mas da História e, sobretudo, do pensamento teórico de grupos marginais. Apenas num segundo momento a Antropologia passa a elaborar suas contribuições mais significativamente (VANCE, 1995, p. 8). A análise histórica e cultural da sexualidade visa a relativizar os padrões sociais de regulação da sexualidade, compreender sua precariedade e seus interesses contingentes, bem como evidenciar os mecanismos de disciplina e de constituição da *normalidade* sexual. O enfrentamento da questão a partir de uma perspectiva dialética, isso é, entendendo a realidade como permanente transformação a partir de oposições e da conciliação de oposições, permitirá perceber a atual demarcação da sexualidade a partir das diferentes transformações ocorridas.

Obviamente, para aqueles que consideram a sexualidade como algo que todos possuem *naturalmente*, fica sem sentido argumentar a respeito de sua dimensão histórica, social e política ou, ainda, a respeito de seu caráter construído. A sexualidade nessa ótica, comenta Louro (2001, p.11), seria algo *dado* pela natureza, inerente ao ser humano, vista a partir de uma concepção que usualmente se ancora no corpo e da suposição de que todos vivem seus corpos, universalmente, da mesma forma. Entretanto, os corpos ganham um sentido apenas socialmente. Por isso, é importante refletir a partir das noções de sexo, corpo e sexualidade, sobre a maneira com a qual o mundo social constrói o corpo como uma realidade sexuada e como a transformação da história em natureza ou do arbítrio cultural em natural faz com que a diferença biológica entre os sexos ou entre as gerações possa ser vista como justificativa *natural* da diferença *socialmente construída* sobre as questões sexuais.

1.1. Aportes foucaultianos

Historicamente, é a partir do século XVII que se identificou a formação de toda uma aparelhagem para a produção de discursos sobre o sexo, a qual, baseada na técnica da confissão,[12] possibilitou a constituição do sexo como objeto de verdade. A análise dessa busca da verdade e da formação de um certo tipo de saber sobre o sexo deve ser feita, de acordo com Foucault (1988a, p.89), sob um viés do poder que não postule a soberania do Estado, a lei ou a unidade global da dominação, pois estas são apenas suas formas terminais. É preciso pensar um poder que não funcione exclusivamente "pelo direito, mas pela técnica, não pela lei, mas pela normalização, não pelo castigo, mas pelo controle". O poder é onipresente não porque engloba tudo, mas porque provém de todos os lugares e se produz a cada instante, em todos os pontos e em toda a relação.[13]

O direito de vida e morte, característico do poder soberano, derivava da *patria potestas*. Entretanto, para Foucault (1988a, p.127-138), esse poder de morte do *pater* e do soberano transformou-se num mero complemento de um poder que se passou a exercer sobre a vida. Poder cuja função mais elevada já não era mais matar, mas investir, gerir e garantir a vida. Nesse contexto, as disciplinas do corpo e as regulações da população constituíram os dois polos em torno dos quais se desenvolveu a organização de um poder em torno da gestão da vida, mais que da ameaça da morte:

> Um poder que tem a tarefa de se encarregar da vida terá necessidade de mecanismos contínuos, reguladores e corretivos. Já não se trata de por a morte em ação no campo da soberania, mas de distribuir os vivos em um domínio de valor e utilidade. Um poder dessa natureza tem de qualificar, medir, avaliar, hierarquizar [...] uma sociedade normalizadora é o efeito histórico de uma tecnologia de poder centrada na vida" (FOUCAULT, 1988a, p. 135).

Esse poder sobre a vida ou biopoder será articulado por meio de agenciamentos concretos, sendo o "dispositivo da sexualidade"[14] um dos mais

---

[12] Essa confissão deixa de estar ligada exclusivamente à confissão da Igreja, motivo pelo qual Foucault (1988a, p.110) a define como uma tecnologia do sexo inteiramente nova. O Ocidente moderno elaborou os *rituais* da confissão que se difundiram na pedagogia, na medicina, na economia, a partir de esquemas da regularidade científica. Primeiro, por meio de uma codificação clínica de *fazer falar* e, segundo, pela medicalização dos efeitos da confissão.

[13] Foucault buscou escrever sobre a relação entre o que fazemos, o que estamos obrigados a fazer, o que nos está permitido fazer, o que nos está proibido fazer no campo da sexualidade; e o que está proibido, permitido, ou é obrigatório dizermos sobre nosso comportamento sexual. "A questão que gostaria de colocar não é porque somos reprimidos, mas porque dizemos com tanta paixão, tanto rancor contra nosso passado mais próximo, contra nosso presente e contra nós mesmos, que somos reprimidos?" (FOUCAULT, 1988a, p.14). A proposta é a de uma história da sexualidade enquanto experiência, entendida como a correlação, numa cultura, entre campos de saber, tipos de normatividade e formas de subjetividade (FOUCAULT, 1988b, p.10).

[14] O autor rejeita a chamada "hipótese repressiva" ou a crença de que a sociedade está todo o tempo tentando controlar a energia natural incontrolável e instintiva. Ele entende que a sexualidade não

importantes. A sexualidade não seria uma espécie de dado da natureza que o poder é tentado a pôr em xeque nem um "domínio obscuro" que o saber tentaria, pouco a pouco, desvelar. A sexualidade é um "dispositivo histórico", ou seja, é uma invenção social que se constitui, historicamente, a partir de múltiplos discursos sobre o sexo: discursos que regulam, que normatizam, que instauram saberes, que produzem verdade e que se encadeiam uns aos outros, segundo grandes estratégias de saber e de poder. A sexualidade aparece, na verdade, como um ponto de passagem pelas relações de poder que se estabelecem entre homens e mulheres, jovens e velhos, pais e filhos, educadores e alunos, padres e leigos, administração e população. Ela é um elemento dotado de notável instrumentalidade às mais variadas estratégias (FOUCAULT, 1988a, p.98-100).

A incitação ao discurso sobre a sexualidade, na compreensão de Foucault (1988a, p.26), é uma das formas proeminentes da "nova moral sexual" moderna, encontrando suas raízes na ruptura provocada pela erupção da moral vitoriana e seus impactos sobre a sociedade contemporânea, desde o século XVIII até o século XX. O homem ocidental permaneceu atado a essa tarefa que consiste em dizer tudo sobre o seu sexo. No entanto, essa forma discursiva não se traduz simplesmente em uma suposta liberação e afirmação positiva da sexualidade, que sempre foi reprimida. Ocorreu, na verdade, um crescente processo de "estímulo controlado" (NUNES, 1997, p.24). A liberação individual no plano sexual não gerou, como se poderia pensar, o caos social ou a perda dos referenciais tradicionais. Ela permitiu, isso sim, que a sexualidade transitasse no ambiente público, ainda que isso se desse de forma institucionalmente controlada. "O problema está em apreender quais são os mecanismos positivos que, produzindo a sexualidade desta ou daquela maneira, acarretam efeitos de miséria" (FOUCAULT, 1979, p. 232).

Para Foucault, a própria incitação ao discurso sobre a sexualidade é uma medida controladora, delineada pela lógica da dominação, pela racionalidade e pela descompressão verbal para legitimar e institucionalizar o poder sobre as práticas. Justamente por isso, ele questiona a ideia de que a proliferação dos discursos sobre sexualidade na modernidade seria uma mudança positiva e afirma, a partir da noção de "dispositivo da sexualidade" e da rejeição da "hipótese repressiva", que isso seria uma forma de dominação.[15]

---

pode agir como uma resistência ao poder, uma vez que ela está demasiadamente envolvida nos modos pelos quais o poder atua na sociedade moderna. O "dispositivo da sexualidade" libera a ideia de poder de uma representação jurídico-discursiva, que se centra fundamentalmente na interdição binária lícito/ilícito. O "dispositivo da sexualidade" busca a partir das sensações proliferar e inovar, diferentemente do dispositivo de aliança que se baseia num vínculo entre parceiros com *status* definido (FOUCAULT, 1988a, p.100).

[15] Como exemplo disso, foram montadas campanhas por médicos e educadores para conter o fenômeno da masturbação e de outras inúmeras perversões catalogadas. As chamadas perversões foram

1.2. Construindo elos com o presente

A disciplina, para Foucault, é um conjunto de regras e técnicas que produzem condutas padronizadas para otimizar as faculdades produtivas dos indivíduos. Atualmente, os mecanismos de controle não sumiram, mas adaptaram-se, abandonando a imposição em favor da comunicação. No contexto sanitário, essa questão é latente. O efêmero do presente cede espaço à prevenção e à medicalização da existência, integrando cada vez mais o futuro. O presente é menos normativo, ainda que tenha aumentado o número de normas, e mais diversificado. Ao mesmo tempo, a tradição desinstitucionalizada do passado é revisitada e adaptada aos desejos e perfis individuais, perdendo seu caráter natural. Nesse sentido, não é mais a disciplina que produz um sujeito, mas a personalização do corpo, antes ocultado, sob a égide do sexo (LIPOVETSKY, 2004, p.65-91; 2005, p.13).

Assim, essa nova tecnologia do sexo, que se consolida no século XIX, escapa à exclusividade da instituição eclesiástica e se desenvolve ao longo de três eixos principais: o da pedagogia, o da medicina e o da demografia.[16] Na medida em que a sexualidade coincide com os dois últimos eixos em torno dos quais se desenvolveu o biopoder, ela passa a ser negócio de Estado. O corpo passa a ser enfocado pelas tecnologias individualizantes do poder, por uma anatomia política que atua sobre os indivíduos até anatomizá-los e centrá-los em seus corpos, com base nas preocupações terapêuticas e morais que vão sendo internalizadas. Ao mesmo tempo em que ela é atravessada pela medicina, que disciplina os corpos mediante o exercício de um micropoder, a demografia exerce nesse domínio uma regulação em termos populacionais. A sexualidade é, assim, esmiuçada a ponto de transformar-se na chave da individualidade e no acesso à vida corporal, permitindo, com isso, o exercício de um biopoder sobre a população, mediante a instauração de normas, apoiadas em instituições judiciárias, médicas, pedagógicas e religiosas (FOUCAULT, 1988a, p.110).

Para Foucault, a biopolítica surge nesse contexto como uma forma de racionalização dos problemas sanitários e higiênicos colocados à prática governamental. A biopolítica se utiliza de técnicas/dispositivos norma-

---

abertas à exibição pública e transformadas em princípios de classificação de conduta e da personalidade. O propósito, segundo Giddens (1993, p.28-30), não era terminar com elas, mas atribuir-lhes "uma realidade analítica, visível e permanente". Para isso, utilizou-se o método da confissão que, de *confissão como penitência*, transformou-se em *confissão como interrogatório*, envolvendo, em seu sentido moderno, todos aqueles procedimentos por meio dos quais o sujeito é estimulado a produzir um discurso da verdade a respeito da sua sexualidade (e não apenas para a Igreja), capaz de produzir efeitos sobre si próprio.

[16] Foucault refere que na Idade Média o discurso sobre a sexualidade era unitário, com a confissão. No entanto, nos últimos séculos, essa relativa unidade foi decomposta pouco a pouco, a partir da Contra-Reforma, do Protestantismo, da pedagogia do século XVIII, da medicina do século XIX e tomou uma forma discursiva fragmentada na demografia, na biologia, na medicina, na psiquiatria, na psicologia, na moral e na crítica política (FOUCAULT, 1988a, p. 35, 62-63).

tivos e prescritivos destinados a dirigir a conduta de homens, mulheres, jovens, idosos etc. Entretanto, tendo em vista a compatibilização dessas técnicas com o respeito aos direitos individuais e ao sujeito titular desses direitos, entram em cena as, denominadas pelo autor, "técnicas de si", as quais consistem em procedimentos prescritos aos indivíduos para moldar a sua própria identidade em função de determinados fins, mediante as relações de domínio de si sobre si, como fazem a psicologia e a pedagogia, por exemplo (TONELI, 2004, p.151-160).

A classificação social e institucional feita em torno da sexualidade demonstra a lógica dos processos de reconhecimento de identidades. Neles se inscreve, por meio das redes de poder que circulam na sociedade, a atribuição de diferenças e, ao mesmo tempo, a instituição de desigualdades, de ordenamentos, de hierarquias, do proibido e do permitido. Na realidade, o reconhecimento do outro é feito a partir do lugar social que se ocupa. As sociedades realizam esses processos e, então, constroem os contornos demarcadores das fronteiras entre aqueles que representam a norma e aqueles que ficam fora dela. Os grupos sociais que ocupam as posições centrais ou *normais* (de gênero, geração, sexualidade, raça, classe e religião) têm a possibilidade não apenas de representarem a si mesmos, mas também de representarem os *outros* (e sobre os outros). Eles "apresentam como padrão sua própria estética, sua ética ou sua ciência e arrogam-se o direito de representar (pela negação ou pela subordinação) as manifestações dos demais grupos" (LOURO, 2001, p.15-16). Em nossa sociedade, a referência que se estabelece historicamente remete ao homem, branco, adulto, heterossexual, cristão e de classe média urbana.

Importante notar que a fragmentação desses discursos e sua consequente adoção pelas escolas, pelos consultórios, pela instituição eclesiástica, pela medicina e pela mídia obedecem ao processo de administração e gestão do poder das sociedades capitalistas complexas (NUNES, 1997, p.42). "Cumpre falar do sexo como de uma coisa que não se deve simplesmente condenar ou tolerar, mas gerir em sistemas de utilidade, regular para o bem de todos, fazer funcionar segundo um padrão ótimo. O sexo não se julga apenas, administra-se" (FOUCAULT, 1988a, p.27). Daí a advertência para que os limites do discurso sexual não se circunscrevam aos binômios normal/anormal ou lícito/ilícito, mas que abarquem a ideia de saúde pública e qualidade de vida, a partir de uma perspectiva emancipatória, e não apenas controladora.

Foucault (1988a, p.36) parece denunciar as formas negativistas de apresentar o poder como estigmatizado em instituições exclusivamente repressivas[17] e coercitivas. Para ele, o poder dos saberes é produtivo, in-

---

[17] Foucault afirma que existe uma razão que justifica formular as relações do sexo e do poder em termos de repressão. A essa razão ele denomina "benefício do locutor". Tal benefício consiste, basicamente, no fato de que se o sexo é reprimido, negado e fadado à inexistência, o simples fato de falar

citante e positivo. O que é próprio das sociedades modernas não é terem condenado o sexo a permanecer na obscuridade, mas sim terem-se dedicado a falar dele sempre, valorizando-o como segredo. A forma das novas dominações não era simplesmente a negação do sexo, mas uma força positiva preocupada com a gestão da vida. Ela consistia numa incitação a fazer falar, mesmo nos contextos onde predominava o silêncio e a discrição, como por exemplo, na área da sexualidade infanto-juvenil.[18]

O disciplinamento dos corpos e da vida sexual difundiu-se amplamente no âmbito das práticas políticas e das observações econômicas, em termos de natalidade e saúde pública. Junto dessa disciplina corporal e sexual, a sociedade burguesa capitalista da época viu proliferar discursos de normalização e métodos de gerenciamento oriundos de diversos setores (médico, econômico, sanitário, jurídico, religioso e pedagógico). Para Nunes (1997, p.45), não há variação significativa entre a repressão medieval e a suposta liberdade advinda com a modernidade burguesa. Surgem novas formas e discursos de poder, mas para um mesmo objetivo: o controle social das práticas sexuais. Segundo Foucault (1988a, p.130-136), o efeito histórico de uma tecnologia de poder centrada na vida é uma sociedade *normalizadora*. E contra esse poder normalizador, que tinha nas legislações um instrumento que o tornava aceitável, voltou-se uma luta política, que se apoiava mais na reivindicação pela vida que na busca por direitos propriamente:

> Foi a vida, muito mais do que o direito, que se tornou o objeto das lutas políticas, ainda que estas últimas se formulem através de afirmações de direito. O "direito" à vida, ao corpo, à saúde, à felicidade, à satisfação das necessidades, o "direito", acima de todas as opressões ou "alienações", de encontrar o que se é e tudo o que se pode ser, esse direito tão incompreensível para o sistema jurídico clássico (FOUCAULT, 1988a, p.136).

A história da sexualidade denuncia inúmeras impropriedades com as quais a sexualidade é relacionada. Ela denuncia as redes de poder que a sujeitam e denuncia também a forma com que a sexualidade vem sendo manipulada, estudada e explorada em diferentes momentos e em virtude de diferentes interesses. Seguindo a advertência foucaultiana, deve-se refletir sobre o fato de que ao dizer sim ao sexo, o dispositivo da sexualidade entra em ação, portanto não se está dizendo não ao poder.

O Direito também está sujeito a essa lógica, por meio de suas normatizações reprodutoras das mesmas impropriedades no controle das

---

dele e de sua repressão representaria uma transgressão deliberada e, até certo ponto, fora do alcance do poder. O que não é verdadeiro para o autor (FOUCAULT, 1988a, p.12).

[18] "Falar do sexo das crianças, fazer com que falem dele os educadores, os médicos, os administradores e os pais. Ou então, falar de sexo com as crianças, fazer falarem elas mesmas, encerrá-las numa teia de discursos que ora se dirigem a elas, ora falam delas, impondo-lhes conhecimentos canônicos ou formando, a partir delas, um saber que lhes escapa – tudo isso permite vincular a intensificação dos poderes à multiplicação do discurso. A partir do século XVIII, o sexo das crianças e dos adolescentes passou a ser um importante foco em torno do qual se dispuseram inúmeros dispositivos institucionais e estratégias discursivas" (FOUCAULT, 1988a, p.32).

práticas sexuais. Embora se possa afirmar que mudanças venham ocorrendo nesse cenário, a gestão política da vida persiste, por meio do discurso prescritivo e normalizador, em que agentes sociais diversos, como o Estado, as Igrejas, o campo médico-científico e o Direito, disputam a tutela da sexualidade e engendram processos de subjetivação.

2. Sexualidade e reprodução enquanto objetos normativos: perspectiva emancipatória

É cada vez maior a preocupação em relação a grupos socialmente vulneráveis, o que representa a necessidade de se individualizar os sujeitos sociais com os quais as ciências e, sobretudo, o Direito, tendem a tratar de forma universal e abstrata. Eis, então, o paradoxo: se por um lado busca-se a inclusão de todos os indivíduos, a partir de um discurso jurídico universalizante, por outro, esvazia-se o conteúdo dessa inserção, na medida em que não é possível identificar as especificidades (biológicas, psicológicas, sociais, políticas, religiosas, culturais, etc.) e as reais necessidades desses sujeitos. Nesse contexto, pode-se inserir a questão indígena, dos negros, dos idosos, das mulheres e também o tema da reprodução e sexualidade.

Com o intuito de diminuir as desigualdades sociais e garantir, ao menos, os direitos fundamentais aos indivíduos, emergiu o processo internacional de consolidação das dimensões dos direitos humanos. Os direitos sexuais e reprodutivos foram incorporados pelo sistema internacional de proteção dos direitos humanos e estão intimamente relacionados com os estudos de gênero.[19] Nesse contexto, eles configuram um desdobramento

---

[19] O termo "gênero" possui diferentes significados. Para Scott (1998, p. 115): "Quando falo em gênero quero referir-me ao discurso da diferença dos sexos. Ele não se refere apenas às idéias, mas também às instituições, às estruturas, às práticas quotidianas, como também aos rituais e à tudo que constitui as relações sociais. O gênero é a organização social da diferença sexual. Ele não reflete a realidade biológica primeira, mas ele constrói o sentido dessa realidade. A diferença sexual não é a causa originária da qual a organização social poderia derivar. Ela é antes uma estrutura social movente, que deve ser analisada nos seus diferentes contextos históricos". Segundo Warat (1997, p. 59), quando se fala em gênero está se colocando em discussão as implicações que o exercício de poder tem sobre a configuração masculina e feminina, enfatizando as consequências e significados que tem para uma dada sociedade pertencer a cada um dos sexos, devido ao fato de que os efeitos sociais dessa pertinência, longe de serem naturais, são fruto do imaginário social instituído. Já Nicholson (2000, p. 9) diz que o termo "gênero" é utilizado de duas maneiras diferentes. A primeira utiliza-o em oposição ao "sexo", para descrever o que é socialmente construído, em contraposição ao que é biologicamente dado. Já a segunda, faz referência a qualquer construção social que tenha a ver com a distinção masculino/feminino, pois viu-se que a sociedade forma não só a personalidade e o comportamento, mas também as maneiras como o corpo aparece. E, ainda, como esclarece Citelli (2001, p. 133): "Desde de 1970 muitos estudos lidaram com o binômio sexo/gênero, entendendo que sexo representaria a anatomia e a fisiologia (natureza), enquanto gênero representaria as forças sociais, políticas e institucionais que moldam os comportamentos e as constelações simbólicas sobre o feminino e o masculino. Assim, questionavam os significados psicológicos e culturais das diferenças, não o domínio do sexo físico. No entanto, novas abordagens passaram cada vez mais a desconfiar de oposições binárias (...) assinalando que as afirmações das ciências biológicas sobre corpos femininos e masculinos não podem ser tomadas como espelho da natureza porque as ciências, como qualquer outro empreendimento huma-

dos direitos fundamentais – sob o ponto de vista daqueles direitos estabelecidos na Declaração Universal dos Direitos Humanos, de 1948 – a fim de garantir-lhes maior eficácia, na medida em que passam a considerar grupos de indivíduos, identificados entre si, e que possuem anseios específicos no que tange à sexualidade.

2.1. Reconhecimento no plano internacional

As sociedades democráticas contemporâneas deram início a um grande movimento político de reivindicação por "direitos sexuais e reprodutivos", na tentativa de reconhecer e efetivar o exercício da sexualidade e da reprodução a partir de uma concepção pluralista, positiva e emancipatória. A construção da noção dos "direitos sexuais e reprodutivos" está vinculada aos movimentos sociais, principalmente ao de mulheres, que, inicialmente, voltou-se contra as políticas verticais de controle de natalidade e, posteriormente, ampliou seu debate para questões relacionadas ao exercício pleno da sexualidade e da reprodução, as quais passaram a ser introduzidas no discurso político não mais como necessidade biológica e sim como um direito.

Apesar de terem conquistado espaço e relevância nos debates internacionais, sobretudo como parte indivisível dos direitos humanos, os direitos sexuais são um tema ainda muito incipiente no âmbito jurídico e, sobretudo, teórico. O sistema jurídico formulou algumas normas na área da sexualidade e reprodução, denominadas "direitos sexuais e reprodutivos". Obviamente, isso não foi um dado, mas sim resultado dos movimentos sociais, principalmente o feminista, que esteve presente nas principais reuniões e encontros internacionais, onde os temas relacionados aos direitos sexuais e reprodutivos estavam em pauta. Inicialmente essas normas foram formuladas no âmbito internacional e paulatinamente elas vêm sendo inseridas no sistema jurídico interno de cada Estado.

Contudo, somente na década de 90 foi que as reivindicações tiveram o alcance institucional necessário à intervenção na área da saúde sexual e reprodutiva. A Conferência Internacional sobre População e Desenvolvimento (CIPD), realizada em Cairo, em 1994, e a IV Conferência Mundial sobre a Mulher, em Pequim, em 1995, são apontadas como os instrumentos fundamentais na consolidação de uma terminologia ligada aos direitos sexuais e reprodutivos. Além das transformações legais no sistema jurídico interno dos Estados que podem resultar desses encontros (recomendações, declarações, diretrizes, planos etc.), é importante sublinhar a construção de caminhos éticos e normativos mais amplos em torno de determinados temas, também denominado de *soft law*.

---

no, estão impregnados pelos valores de seu tempo". Além disso, autoras como Judith Butller impactaram profundamente o campo dos estudos de gênero com seus escritos mais contemporâneos.

No Cairo, após o estreitamento das discussões que vinham sendo realizadas no âmbito acadêmico e no movimento feminista, finalmente chegou-se a um consenso sobre as definições de *saúde reprodutiva* e de *direitos reprodutivos*, inserindo nelas a definição de *saúde sexual*. Entre a versão original do conceito de *saúde reprodutiva*, apoiada na definição de *saúde*, estabelecida pela Organização Mundial da Saúde (1980), e a versão estabelecida na Conferência do Cairo,[20] observa-se a inclusão da dimensão sexual na concepção de saúde reprodutiva (GALVÃO, 1999, p.171).

Essa Conferência marcou um novo enfoque dado às discussões. O termo "sexual" deixa de ser mencionado apenas no plano da violência e passa a ser algo positivo que compõe explicitamente o bem-estar dos indivíduos, inclusive dos adolescentes, ainda que a terminologia centrada na reprodução tenha prevalecido em relação à sexualidade. Houve uma miscelânea conceitual entre sexualidade e reprodução, o que acabou maximizando a importância da reprodução em detrimento da sexualidade. A título de saúde reprodutiva estabeleceu-se um conceito no qual se insere a noção de saúde sexual, mas sem nomeá-la (VIANNA e LACERDA, 2004, p.27). A ausência de uma espécie de consenso conceitual no plano internacional acerca dos direitos sexuais trazia dificuldades enormes quando se tentava negociar a implementação desses direitos. A partir da CIPD a sexualidade começou a aparecer nos "documentos internacionais como algo positivo, em lugar de algo sempre violento, insultante, ou santificado e escondido pelo casamento heterossexual e pela gravidez" (PETCHESKY, 1999, p.19). Além disso, abandonaram-se as premissas meramente demográficas em prol da inserção de noções como prazer, erotismo e intimidade.

A questão da adolescência foi tratada de maneira bastante pontual, porém significativa. Os adolescentes tiveram alguns direitos expressamente reconhecidos, devendo ser assistidos em suas escolhas, mas não controlados arbitrariamente. Entretanto, o próprio documento demonstra a fragilidade do reconhecimento dos adolescentes enquanto sujeitos titulares de direitos, ao definir que os serviços de saúde oferecidos aos adolescentes devem assegurar os seus direitos à intimidade e à privacidade, bem como o respeito aos seus valores culturais e às suas crenças religiosas, assim como os direitos, os deveres e as responsabilidades dos pais (VIANNA e LACERDA, 2004, p.33).

Em 1995, a IV Conferência Mundial da Mulher, realizada em Beijing, enfatizou a igualdade de gênero e, finalmente, formulou um conceito refe-

---

[20] "A saúde reprodutiva é um estado de completo bem-estar físico, mental e social, e não mera ausência de enfermidade ou doença, em todos os aspectos relacionados ao sistema reprodutivo e a suas funções e processos. Consequentemente, a saúde reprodutiva implica a capacidade de desfrutar de uma vida sexual satisfatória (...). Inclui também a saúde sexual, cujo objetivo é a melhoria da vida e das relações pessoais, e não somente o aconselhamento e a atenção referentes à reprodução e as doenças sexualmente transmissíveis".

rente aos direitos sexuais, enquanto direitos humanos, numa perspectiva de afirmação positiva da sexualidade. Além disso, reconheceu a necessidade de criar propostas para a solução dos impasses, como a pobreza, que, no caso do Brasil, acaba inviabilizando as políticas públicas para a promoção dos direitos sexuais e reprodutivo, notadamente no contexto sanitário. A Plataforma de Ação, elaborada na mesma ocasião, representou um avanço, sobretudo por enfatizar a esfera da sexualidade não mais limitada à da reprodução, nos termos dos documentos internacionais anteriores. No § 96, da referida Plataforma, ficou estabelecido que os direitos humanos incluem o direito das mulheres a "ter controle e decidir livre e responsavelmente sobre questões relacionadas à sua sexualidade, incluindo a saúde sexual e reprodutiva, livre de coação, discriminação e violência". Já o § 97, no que se refere ao aborto, ressalta a necessidade de atenção especial às mulheres jovens e mais pobres, pois são elas as que correm os maiores riscos de infecção e óbito, sobretudo nos países em desenvolvimento (GALVÃO, 1999, p.172).

As Conferências de Cairo e Beijing alcançaram relevância e resultados incomparáveis, pois em nenhum documento anterior conseguiu-se uma definição tão representativa no que se refere aos "direitos sexuais e reprodutivos". Esses direitos podem ser percebidos dentro de um contexto mais amplo de particularização dos direitos humanos, em que há o reconhecimento jurídico de novas subjetividades ou atores sociais, como as mulheres, as crianças e adolescentes, os idosos, etc. O abstrato sujeito de direito é qualificado e contextualizado, diante da permanente redefinição e criação de suas necessidades. O "novo" dos "direitos sexuais e reprodutivos" não é um adjetivo que possa ser atribuído apenas em virtude de a sexualidade e a reprodução humanas terem sido formuladas e reconhecidas juridicamente, mas, sobretudo, pelo fato de que isso não se deu pelas vias tradicionais do Poder Legislativo ou do Judiciário, mas em decorrência de "lutas específicas e conquistas das identidades coletivas plurais para serem reconhecidos pelo Estado ou pela ordem pública constituída" (WOLKMER, 2003, p.20). Entretanto, há um caminho longo a percorrer, haja vista a distância entre os acordos assumidos pelos países nesses debates e o respectivo comprometimento para o reconhecimento jurídico no âmbito interno, inclusive com a alteração da legislação, se conflitante for, bem como para a efetivação desses direitos mediante políticas públicas.

A noção de saúde sexual está inserida muitas vezes no conceito de saúde reprodutiva. Entretanto, esses conceitos devem ser diferenciados, uma vez que a reprodução e a sexualidade dizem respeito a representações distintas, e elas não são mais indissociáveis como prescrevia o modelo de sexualidade baseado no binômio sexo-procriação (ÁVILA, 2003, p.467). Ao utilizar a mesma terminologia para ambos as concepções, há uma maximização da esfera reprodutiva em detrimento da esfera sexual.

Por outro lado, as discussões na órbita internacional possibilitaram a elaboração de um conceito mais amplo de saúde sexual,[21] o qual parece traduzir melhor a ideia de que os sujeitos devem ser tratados como atores principais na autodeterminação de seus corpos.

Os direitos sexuais e reprodutivos não envolvem apenas as questões ligadas ao "funcionamento do aparelho genital e do processo reprodutivo, mas abarcam a ideia ligada à busca do prazer, reconhecendo a vida sexual gratificante como um direito de cada cidadão [...] não mais se concebendo a sexualidade como mera necessidade biológica" (BRAUNER, 2001, p.204). Além disso, exige-se o reconhecimento de obrigações positivas e negativas por parte do Estado e de terceiros, no sentido de promover o exercício da sexualidade e de coibir ações discriminatórias que o restrinjam, bem como de abster-se de gerenciar as práticas sexuais (CORRÊA e PETCHESKY, 1996, p.154 *et seq.*). Isso impõe aos Estados a promoção desses direitos. A ênfase dada às atrocidades "apesar de horripilantes e importantes para chamar a atenção dos meios de comunicação para a legitimidade dos direitos sexuais como parte dos direitos humanos, na melhor das hipóteses, nos leva a um nível de tolerância liberal" (PETCHESKY, 1999, p.27). Em vez de apenas remediar violações e abusos contra a autodeterminação sexual, é imprescindível valorizar a perspectiva afirmativa e emancipatória dos direitos sexuais. Nesse sentido, os referidos direitos passam a ser entendidos como um poder afirmativo de ação que, fundado na autonomia pessoal, busca desenvolver a autodeterminação sexual de cada indivíduo. De qualquer forma, é preciso lembrar que o corpo deve estar protegido contra qualquer instrumentalização.

Apesar da vinculação dos direitos sexuais e reprodutivos à saúde sexual e reprodutiva, é preciso ressaltar que os direitos sexuais não abarcam apenas a proteção à saúde sexual. Esses direitos abrangem o direito fundamental à saúde, mas englobam também outros direitos sendo, por isso, multifacetados. Os direitos sexuais são constituídos pelo direito à liberdade sexual, que diz respeito à possibilidade de os indivíduos expressarem seu potencial sexual, livre de quaisquer formas de coerção, exploração e abuso, em quaisquer épocas ou situações da vida; direito à expressão sexual, que compreende a possibilidade de cada indivíduo expressar a sua sexualidade por qualquer tipo de comunicação; direito à autonomia e à integridade sexuais, bem como à segurança do corpo e, por fim, direito à educação sexual compreensiva, entendida como um processo que dura

---

[21] "A Saúde Sexual é a habilidade de mulheres e homens para desfrutar e expressar sua sexualidade, sem riscos de doenças sexualmente transmissíveis, gestações não desejadas, coerção, violência e discriminação. A Saúde Sexual possibilita experimentar uma vida sexual informada, agradável e segura, baseada na autoestima, que implica uma abordagem positiva da sexualidade humana e no respeito mútuo nas relações sexuais. A Saúde Sexual valoriza a vida, as relações pessoais e a expressão da identidade própria da pessoa. Ela é enriquecedora, inclui o prazer e estimula a determinação pessoal, a comunicação e as relações" (GALVÃO, 1999, p.171).

a vida inteira, desde o nascimento, e que envolve os sujeitos individuais, bem como as instituições sociais.

Na perspectiva geracional de direitos humanos (MARSHALL, 1967, p.75), os direitos sexuais e reprodutivos abarcam direitos de primeira, segunda, terceira ou, ainda, quarta gerações. Eles incorporam a reivindicação por liberdades e garantias individuais, mas também por direitos sociais (saúde, educação etc.) e políticas públicas destinados a determinadas coletividades (com recorte geracional, social, étnico, de gênero, etc.). Os direitos sexuais e reprodutivos obrigam o Estado e terceiros a prestações (obrigações positivas) e, ao mesmo tempo, a abstenções (direitos negativos ou garantia contra a violação de direitos). Ainda, eles abarcam os direitos relacionados ao desenvolvimento de biotecnologias (como aquelas ligadas à reprodução humana medicamente assistida).

Os direitos sexuais e reprodutivos estão amplamente previstos em documentos internacionais, sendo que o Brasil é signatário de inúmeros deles.[22] Ainda que alguns documentos elaborados no plano internacional não tenham o condão de obrigar juridicamente os Estados, isso é, não apresentem caráter obrigatório e vinculante, eles constituem importantes fontes de recomendação para os Estados, na condução das políticas públicas, restando estabelecido um comprometimento. *A priori*, isso traduz a possibilidade de mudanças políticas, econômicas e sociais com as quais os países signatários propõem empenhar-se.

Considerando que os direitos sexuais e reprodutivos estão previstos na esfera internacional, no momento de sua aplicação deve-se recorrer aos tratados internacionais, como fontes formais, autorizadas pela Constituição Federal, e aos documentos produzidos pelas conferências internacionais, como fonte material. Dessa maneira, a legislação interna poderá ser interpretada adequadamente, possibilitando uma jurisprudência em consonância com a gramática dos direitos humanos (VENTURA, 2002, p.24). De todo modo, além da inserção dos direitos sexuais e reprodutivos na órbita internacional, pode-se discorrer sobre a inserção dos mesmos no sistema jurídico interno do Estado brasileiro, analisando seus fundamentos éticos e jurídicos.

2.2. Regulação no plano nacional

O sistema jurídico brasileiro não possui legislação sistematizada nem farta no campo da sexualidade e da reprodução. Entretanto, há diversos

---

[22] Dos documentos internacionais de direitos humanos que versam sobre direitos sexuais e reprodutivos e que são ratificados pelo Brasil, com força de lei e aplicação imediata (art. 5º, §§ 1º, 2º e 3º da Constituição Federal) tem-se: Convenção para a Eliminação de Todas as Formas de Discriminação contra as Mulheres (01.02.1984), Convenção dos Direitos da Criança (24.09.1990), Pacto Internacional dos Direitos Civis e Políticos (24.01.1992), Pacto Internacional dos Direitos Econômicos, Sociais e Culturais (24.01.1992), Convenção Americana de Direitos Humanos (25.09.1992), entre outros.

dispositivos constitucionais e infraconstitucionais que se referem direta ou indiretamente aos denominados "direitos sexuais e reprodutivos".

A Constituição estabelece que a dignidade humana é fundamento do Estado brasileiro, além de direitos como liberdade, igualdade, saúde, vida privada e intimidade (artigo 5°, X), além da informação e confidencialidade (artigo 5°, XIV e XXXIII). Eles são direitos interdependentes, tendo a dignidade humana como elo unificador referente à proteção da autonomia privada, bem como à integridade física, psíquica e intelectual, as quais se concretizam na proteção da intimidade, da honra, da esfera privada e de tudo que esteja associado ao livre desenvolvimento de sua personalidade.

O direito à integridade corporal refere-se à segurança e ao controle sobre o próprio corpo. O respeito ao corpo é premissa fundamental da dignidade e liberdade humanas. Não diz respeito a um princípio exclusivamente individual, por recair sobre o corpo de determinado sujeito. Ultrapassa essa noção, na medida em que é tido como uma condição para que as pessoas possam agir como sujeitos responsáveis no contexto social. A integridade corporal é, na realidade, uma premissa da noção de liberdade sexual e inclui o direito de não ser alienado de sua capacidade sexual (mediante mutilação genital, por exemplo), o direito à inviolabilidade do seu corpo e a promoção de direitos afirmativos para usufruir todo o seu potencial físico, incluindo o prazer.

A liberdade sexual, portanto, implica o poder de autodeterminação dos sujeitos em relação às escolhas individuais de seus comportamentos, cujo objetivo é ter uma vida sexual satisfatória, segura, em harmonia com seus valores e livres de qualquer forma de coerção, exploração ou abuso (CORRÊA e PETCHESKY, 1996, p.161 *et seq.*).

Para Ávila (2003b, p.467-468), ao não propor esses direitos como "prescrições de modelos sobre sexualidade e reprodução", é possível pensá-los como campos éticos, em que os agentes éticos, neste caso os adolescentes, compreendem o processo de construção de seus direitos sexuais e reprodutivos, rompendo com a heteronomia e com a lógica da prescrição/controle a que sempre estiveram submetidos em relação ao uso de seus próprios corpos e, em última análise, de sua própria liberdade.

Os direitos fundamentais sociais (artigos, 6°, 7° e 193 *et seq.* da Constituição) ou de segunda dimensão são igualmente indispensáveis à proteção da dignidade humana, mediante o oferecimento das condições materiais, intelectuais e psicológicas necessárias à concretização dos direitos à liberdade e à igualdade ou de primeira geração. Como a problemática da restrição dos direitos sexuais e reprodutivos apresenta-se, sobretudo no contexto sanitário, parece conveniente enfrentar a questão privilegiando a análise do direito sanitário.

A Constituição Federal, ao consagrar direitos e garantias fundamentais, estatuiu os princípios norteadores da atuação executiva, legislativa e judiciária. No que se refere ao campo da sexualidade e da reprodução, foi de extrema importância o destaque dado pela Constituição ao direito à saúde e, especificamente ao planejamento familiar, cabendo à legislação ordinária regulamentar os referidos dispositivos constitucionais. Dentre as leis mais importantes sobre o tema, destaca-se a Lei n° 8.080/90, que regulamentou o art. 196 da Constituição e criou o SUS; a Lei n° 9.263/96, sobre o planejamento familiar, que regulamentou o art. 226, § 7°, da Constituição; bem como a Lei 12.845/13, que dispõe sobre o atendimento obrigatório e integral de pessoas em situação de violência sexual, além de normas técnicas do Ministério da Saúde.

Conclusão[23]

Nesta tentativa de aproximação do complexo tema dos direitos sexuais e reprodutivos, pode-se perceber o amplo reconhecimento dos direitos sexuais no âmbito internacional. E que, inegavelmente, a sexualidade tem sua proteção no plano nacional, sobretudo, no que se refere a normas constitucionais. No entanto, os conceitos e normas jurídicas mostram-se insuficientes ante a multiplicidade de implicações sociais e pessoais, e ante a necessidade da construção das significações de sexualidade, que não ocorre mediante a simples elaboração legislativa.

É preciso ressaltar a inviabilidade de se tratar a sexualidade como algo meramente técnico, médico ou econômico, reduzindo a esses contextos seu campo de discussão. Os direitos sexuais devem ser tratados como um *bem social* e, consequentemente, jurídico, fundamental à dignidade e bem-estar dos sujeitos. Há que se desenvolver o caráter social da saúde e dos direitos sexuais, no sentido de democratizá-los afirmativamente, mediante a adoção de programas de orientação sexual nas escolas, políticas sanitárias voltadas a determinados grupos (adolescentes, por exemplo) e inúmeras outras formas de ações afirmativas, ao invés de potencializar apenas os aspectos negativos, sejam eles morais ou religiosos. Analisar o reconhecimento e a implementação dos direitos sexuais sem abordar a significação da sexualidade a partir de uma perspectiva de gênero e, pois, cultural, confere superficialidade a um discurso meramente tecnicista que não terá eficácia jurídica, nem relevância social.

A reprodução e a sexualidade têm significações distintas e devem, pois, ser tratadas com certa autonomia uma da outra. A busca pela efetivação dos direitos sexuais (identidade, comportamento, comunidade), mediante um discurso que enfatiza somente a reprodução humana, é

---

[23] Retomar a possível compatibilidade ou não entre as perspectivas biopolítica e emancipatória acerca da sexualidade.

parcial e insuficiente, vez que a sexualidade se refere a um contexto mais amplo.

Não há apenas um sujeito responsável pela transmutação de uma concepção mais positiva e emancipatória da sexualidade e pela consequente implementação dos direitos sexuais. Esse processo está atrelado à atuação de diversos atores sociais, dentre eles: o Estado, mediante intervenções jurídicas, políticas e, principalmente, sociais; a sociedade civil, mediante o respeito à pluralidade; as escolas públicas e privadas, mediante a adoção de programas de orientação sexual; as organizações não governamentais; a Igreja; a mídia; bem como os que atuam no contexto biomédico, mediante a releitura, a partir dos princípios informadores dos direitos sexuais, da relação médico/paciente. A atuação e o debate devem sempre se pautar nos princípios que compõem a concepção de sexualidade e direitos sexuais, não podendo o Direito legitimar preconceitos e desigualdades.

Referências bibliográficas

ÁVILA, Maria Betânia. Direitos sexuais e reprodutivos: desafios para as políticas de saúde. *Cadernos de Saúde Pública*, Rio de Janeiro, 19, suplemento 2, p. 465-469, 2003.

BRAUNER, Maria Cláudia. Direitos sexuais e reprodutivos: uma abordagem a partir dos Direitos Humanos. In: STRECK, Lenio Luiz; ROCHA, Leonel Severo (org.). *Anuário do Programa de Pós-Graduação em Direito:* Mestrado e Doutorado. São Leopoldo: Unisinos, 2001.

CHASSOT, Atico. *A Ciência é masculina?* É sim, senhora. São Leopoldo: Unisinos, 2003

CITELLI, Maria Tereza. Fazendo diferenças: teorias sobre corpo, gênero e comportamento. In: *Revista de Estudos Feministas*. Florianópolis: UFSC, 2001/1. Ano 9.

CORRÊA, Sonia; PETCHESKY, Rosalind Pollack. Direitos sexuais e reprodutivos: uma perspectiva feminista, *PHYSIS: Revista de Saúde Coletiva*, Rio de Janeiro, 6 (1/2), 1996.

ENTREVISTA com Joan Wallach Scott. In: *Revista de Estudos Feministas*. Florianópolis: UFSC, 1998/1. Ano 6.

FOUCAULT, Michel. *A história da sexualidade I:* a vontade de saber. Trad. Maria Thereza da Costa Albuquerque e J. A. Albuquerque. Rio de Janeiro: Edições Graal, 1988a.

——. *A história da sexualidade II:* o uso dos prazeres. Trad. Maria Thereza da Costa Albuquerque e J. A. Albuquerque. Rio de Janeiro: Edições Graal, 1988b.

——. *A história da sexualidade III:* o cuidado de si. Trad. Maria Thereza da Costa Albuquerque e J. A. Albuquerque. Rio de Janeiro: Edições Graal, 1988c.

——. *Microfísica do poder*. Trad.: Roberto Machado. Rio de Janeiro: Graal, 1979.

GALVÃO, Loren. Saúde sexual e reprodutiva, saúde da mulher e saúde materna: a evolução dos conceitos no mundo e no Brasil. In: GALVÃO, Loren; DÍAZ, Juan (orgs.). *Saúde Sexual e reprodutiva no Brasil: Dilemas e Desafios*. São Paulo: Hucitec; Population Council, 1999.

GIDDENS, Anthony. *A transformação da intimidade:* sexualidade, amor e erotismo nas sociedades modernas. Trad. Magda Lopes. São Paulo: Editora Universidade Estadual Paulista, 1993.

LIPOVETSKY, Gilles. *A era do vazio*. Trad.; Therezinha Monteiro Deutsch. Barueri: Manole, 2005.

——. Tempo contra tempo ou a sociedade hipermoderna. In: ——. *Os tempos hipermodernos*. Trad.: Mário Vilela. São Paulo: Barcarolla, 2004.

LOURO, Guacira Lopes. Pedagogias da sexualidade. In: LOURO, Guacira Lopes (org). *O corpo educado*: pedagogias da sexualidade. Belo Horizonte: Autêntica, 2001.

MARSHALL, T.H. *Cidadania, classe social e status*. Trad.; Meton Porto Gadelha. Rio de Janeiro: Zahar, 1967.

NICHOLSON, Linda. Interpretando o gênero. In: *Revista de Estudos Feministas*. Florianópolis: UFSC, 2000/2. Ano 8.

NUNES, César Aparecido. *Desvendando a sexualidade*. 2. ed. Campinas, São Paulo: Papirus, 1997.

PETCHESKY, Rosalind Pollack. Direitos sexuais: um novo conceito na prática internacional. In: BARBOSA, Regina M., PARKER, Richard (orgs.). *Sexualidades pelo avesso:* direitos, identidades e poder. Rio de Janeiro: IMS/UERJ; São Paulo: Ed. 34, 1999.

PRISCO, Luiz. Os evangélicos na Câmara dos Deputados: um olhar sobre os projetos de Lei da bancada evangélica da 53° legislatura. SciencesPo: Rennes, 2010. Disponível em: https://www.google.com.br/url?sa=t&rct=j&q=&esrc=s&source =web&cd=6&cad=rja&uact=8&ved=0CEAQFjAF&url=https%3A%2F%2Fiepweb.sciencespo-rennes.fr%2Fbibli_doc% 2Fdownload%2F80%2F&ei=z5C2VJWNBeXLsATC1YGoDQ&usg=AFQjCNGR0DzeXlmTj_kRWSiOD0h0vLsX8A&bv m=bv.83640239,d.cWc. Acesso em: 14.01.2015.

SANTOS, Boaventura de Sousa. Poderá o direito ser emancipatório?, Revista Crítica de Ciências Sociais [Online], 65 | 2003, colocado online no dia 01 Agosto 2012. Disponível em: http://rccs.revues.org/1180. Acesso em: 14.01.2015.

SCHIOCCHET, Taysa; SIMIONI, Fabiane; CARLOS, Paula Pinhal de. Saúde, sexualidade e adolescentes no contexto jurídico brasileiro. In: CLADEM. (Org.). *Serias para el debate* – Campaña por la Convención de los Derechos Sexuales y Reproductivos. 1ed.Lima: CLADEM, 2003, p. 09-28.

——. O Direito na encruzilhada da tecnociência, do mercado e da genética: dimensões transdisciplinares para o enfrentamento dos desafios jurídicos. In: Lenio Luiz Streck; Leonel Severo Rocha; Wilson Engelmann. (Org.). *Constituição, sistemas sociais e hermenêutica*: anuário do programa de Pós-Graduação em Direito da UNISINOS: mestrado e doutorado. 1ed. Porto Alegre: Livraria do Advogado, 2013, v. 10, p. 243-258.

——. A regulamentação dos bancos de perfis genéticos para fins de persecução criminal no Brasil: reflexões acerca do uso forense do DNA. In: Lênio Luiz Streck; Leonel Severo Rocha; Wilson Engelmann. (Org.). *Constituição, sistemas sociais e hermenêutica*: anuário do Programa de Pós-Graduação em Direito da UNISINOS. Porto Alegre: Livraria do Advogado, 2012, v. 9, p. 263-276.

——. O humano entre o direito e a genética: pressupostos para o debate legislativo acerca das implicações jurídicas concernentes à criação de bancos de perfis genéticos para fins de persecução criminal. In: CALLEGARI, André Luís; STRECK, Lenio Luiz; ROCHA, Leonel Severo. (Org.). *Constituição, sistemas sociais e hermenêutica*: anuário do Programa de Pós-Graduação em Direito da Unisinos: mestrado e doutorado. Porto Alegre: Livraria do Advogado, 2011, v. 8, p. 285-302.

——. Marcos normativos dos direitos sexuais: uma perspectiva emancipatória. In: Maria Claudia Crespo Brauner. (Org.). Biodireito e gênero. Ijui: Unijui, 2007, p. 61-106.

TONELI, Maria Juracy Filgueiras. Direitos sexuais e reprodutivos: algumas considerações para auxiliar a pensar o lugar da psicologia e sua produção teórica sobre a adolescência. *Psicologia & Sociedade*, Porto Alegre, número especial, v. 16, p. 151-160, 2004.

VANCE, Carole S. A antropologia redescobre a sexualidade: um comentário teórico. *PHYSIS – Revista de Saúde Coletiva*, Rio de Janeiro, v. 5, n.º 1, p.7-31. 1995.

VIANNA, Adriana; LACERDA, Paula. *Direitos e políticas sexuais no Brasil*: o panorama atual. Rio de Janeiro: CEPESC, 2004.

VENTURA, Miriam. *Direitos reprodutivos no Brasil*. São Paulo: M. Ventura, 2002.

WARAT, Luis Alberto. *Territórios desconhecidos*: a procura surrealista pelos lugares do abandono do sentido e da reconstrução da subjetividade. Florianopólis: Fundação Boiteux, 2004.

——. A questão do Gênero no Direito. In: DORA, Denise Dorado (org). *Feminino masculino: Igualdade e Diferença na Justiça*. Porto Alegre: Sulina, 1997.

WOLKMER, Antonio Carlos. Introdução aos fundamentos de uma teoria geral dos novos direitos. In: WOLKMER, Antonio Carlos; LEITE, José Rubens Morato (orgs.). *Os "novos" direitos no Brasil*: natureza e perspectivas. São Paulo: Saraiva, 2003.

— XIV —

Cibertransparência: uma análise regional de municípios do Rio Grande do Sul com relação à efetividade da Lei de Acesso à Informação Pública e a concretização dos direitos sociais[1]

TÊMIS LIMBERGER[2]

Sumário: 1. Introdução; 2. Direito à informação e administração pública transparente; 3. O conceito de cidadania no Estado contemporâneo; 4. A Informação pública em rede e a administração digital; 5. Do desenvolvimento da pesquisa; 6. Conclusões parciais; Referências bibliográficas.

Res publica, salus publica.

1. Introdução

"A transparência administrativa é um elemento essencial na estratégia de restabelecer a confiança no sistema democrático e de salvaguardar o Estado de Direito em uma realidade sempre mais complexa", no entendimento de Karl Peter Sommermann.[3] Por isto, é importante resgatar e atualizar o brocardo romano: *"Res publica, salus publica"*.

O direito à informação, o princípio da publicidade e a transparência são requisitos básicos na relação entre Administração Pública e cida-

---

[1] Projeto que conta com o auxílio da FAPERGS – Edital Pesquisador Gaúcho PqG 001/2013, que se encontra em desenvolvimento, por conseguinte os resultados apresentados são parciais. A pesquisa teve até janeiro de 2015, a colaboração dos bolsistas de iniciação científica Cecília Rosa, Guilherme Ostjen Gonçalves e Tales Cristian Horn.

[2] Professora do Programa de Pós-Graduação em Direito da Universidade do Vale do Rio dos Sinos – UNISINOS. Pós-Doutora em Direito pela Universidade de Sevilha. Procuradora de Justiça do Ministério Público do Estado do Rio Grande do Sul. Membro do Instituto Brasileiro de Direito Eletrônico – IBDE, da *Federación Iberoamericana de Asociaciones de Derecho e Informática* – FIADI e da Rede Brasileira de Pesquisadores em Direito Internacional.

[3] SOMMERMANN, Karl-Peter. La exigência de uma administración transparente em la perspectiva de los princípios de democracia y del Estado de Derecho. In *Derecho administrativo de la información y administración transparente*. Ricardo García Macho (ed.). Madrid: Marcial Pons, 2010, p. 25.

dania. Diante destes pressupostos, pergunta-se: como a disponibilidade da informação pública em rede pode servir para tornar a administração municipal mais transparente e permitir a melhor aplicação dos recursos estatais e implementar os direitos sociais (especialmente a educação e a saúde)?

A pesquisa tem como objetivo principal analisar se a Lei de Acesso à Informação Pública[4] é efetiva, total ou parcialmente, tomando-se em consideração o período de abril de 2014 a abril de 2016, em 243 dos municípios gaúchos, de maneira regionalizada. Pretende-se, ainda, verificar se os portais de transparência resultaram em maior prestabilidade dos direitos sociais, especificamente os de educação e de saúde.

Constituem-se em objetivos secundários, analisar a existência de diferenças entre as regiões do Estado, relativamente aos portais de transparência. Em caso positivo, buscar identificar causas para possível disparidade com relação à (in)efetividade dos direitos sociais naquela região. Além disso, importante verificar se a disponibilização da informação por parte dos municípios pesquisados permite uma melhor aplicação dos recursos públicos, resultando no incremento da cidadania e na efetivação dos direitos sociais, especialmente em saúde e educação.

Por conseguinte, ressalta-se a importância de identificar se as experiências de disponibilização da informação colaboram para a prevenção ou para a diminuição da corrupção, fomentando a participação cidadã e o controle social. A ideia é de construir aportes teóricos para compreender a incorporação do fenômeno das novas tecnologias à efetivação dos Direitos Fundamentais por meio da transparência administrativa, bem como realizar a coleta autônoma dos dados obtidos por meio dos próprios integrantes do projeto, em complementação aos dados obtidos junto às outras organizações e órgãos estatais.

A metodologia empregada ocorrerá sob o prisma hermenêutico, investigando a (in)efetividade das promessas constitucionais e os seus reflexos na sociedade. Nesse contexto, com o advento das novas tecnologias e das novas formas de comunicação, o Estado assume um perfil, em que se evidencia o rompimento dos seus elementos tradicionais, constantes desde o Estado-Nação: povo, território e poder (soberano). Valer-se-á, também, de maneira instrumental, da coleta empírica de dados. Para tanto, seguir-se-ão os seguintes passos: a) analisar as informações disponibilizadas nos portais dos municípios de pequeno, médio e grande porte, com população acima de 10.000 habitantes, espalhados pelas 07 (sete) regiões do Estado do Rio Grande do Sul,[5] acerca dos gastos de cada um dos

---

[4] BRASIL. Lei n.º 12.527, de 18 de novembro de 2011.
[5] As regiões serão aglutinadas da seguinte forma: Região Metropolitana de Porto Alegre, Nordeste Rio-Grandense, Noroeste Rio-Grandense, Centro-Oriental Rio-Grandense, Centro-Ocidental Rio-Grandense, Sudoeste Rio-Grandense e Sudeste Rio-Grandense.

entes públicos, referentes aos seguintes itens: vencimentos dos servidores, licitações e investimentos em educação e saúde; b) Avaliar, em cada uma destas regiões: b1) a acessibilidade da informação – clareza do portal; b2) número de "cliques" necessários até obter a informação desejada; b3) se houve resposta no tempo de até 20 dias, previstos em lei;[6] c) acompanhar mensalmente as informações disponibilizadas pelos entes públicos e avaliar, ao final de cada semestre, se os itens de transparência colhidos exemplificativamente ocasionam melhores condições de efetividade dos direitos sociais (saúde e educação), por meio dos seguintes indicadores: c1) recursos disponibilizados nos orçamentos dos municípios para educação e saúde – serão considerados os 5 (cinco) anos anteriores para verificar se houve aumento de percentual investido. Serão utilizados os dados colhidos pelo Tribunal de Contas do Estado do Rio Grande do Sul, pelo Portal de Transparência do Governo Federal e da FAMURS na apreciação da Gestão Administrativa determinada pela Lei de Responsabilidade Social; c2) nota recebida pelo Estado do Rio Grande do Sul e pelos municípios pesquisados, cotejando-se os índices de transparência pelas organizações que disponibilizam tais dados; c3) além dos dados colhidos junto a outras organizações anteriormente citadas, os pesquisadores colherão e identificarão os próprios dados levantados durante o período de realização da pesquisa.

Para identificar, inicialmente, os dados referentes à aplicação dos recursos pelos municípios do Estado do Rio Grande do Sul, que serão apreciados pela pesquisa, utilizar-se-ão as informações disponibilizadas pelo Tribunal de Contas Estadual e pelo Portal de Transparência da FAMURS na área da educação e da saúde. Nessa etapa, será aplicado o método de procedimento comparativo, que se embasará na investigação empírica dos dados disponibilizados pela própria Administração.

Em seguida, proceder-se-á na identificação do posicionamento do Estado do RS em relação a outros Estados da Federação referente ao Índice de Desenvolvimento Humano – IDH. Verificar-se-á, também, a posição dos municípios pesquisados no sentido de verificar se os eventuais investimentos na área da educação e da saúde, a partir das informações acerca dos investimentos efetuados, resultaram na melhora de suas posições, a partir da identificação de eventuais diretrizes ou políticas públicas de modo comparativo, obtidas a partir da análise de fontes diretas e indiretas de pesquisa.

O método crítico-comparativo permitirá, acessoriamente, que os resultados parciais sejam discutidos reflexivamente, mas tendo em vista o objetivo final que se busca alcançar, em condições tanto teóricas quanto práticas, a efetivação de experiências de disponibilização de informação

---

[6] BRASIL. *Lei n.º 12.527*, de 18 de novembro de 2011, artigo 10, § 1º.

pública que visa a prevenir ou a diminuir a corrupção, fomentando a participação cidadã e o controle social por meio da democracia eletrônica.

Cumpre ressaltar o caráter de pesquisa empírica na abordagem metodológica, a qual, combinada com as fontes tradicionais da doutrina e da jurisprudência, permitirá um caráter de reflexão e proposição críticas. Isto certamente conferirá maior robustez aos achados da pesquisa, proporcionando diagnósticos mais confiáveis acerca da realidade investigada.

2. Direito à informação e administração pública transparente

Em uma sociedade em que a corrupção é uma patologia histórica, em que para além das classes sociais, um estamento tradicionalmente dominou (e domina) as principais decisões em um governo de interesses pessoais prevalecendo sobre os interesses públicos, regendo os recursos públicos como se privados fossem,[7] é necessária uma fiscalização plural dessa Administração, mediante a participação de diversos atores: sociedade, Ministério Público, terceiro setor, etc.

A democracia participativa decorre do Estado Democrático de Direito, que a partir do art. 1º da Constituição Federal permite uma participação mais direta dos cidadãos nas estruturas de poder.[8] Os municípios se constituem em entes federativos, a partir da CF/88, mas isto lhes conferiu maior autonomia política e financeira? O cidadão vive no município. Daí a importância de estudar esta instância de poder local próximo à cidadania. Merecem, portanto, ser apontados novos mecanismos de controle, em especial o controle social.

O Estado transformou-se,[9] modificou-se o posicionamento do cidadão em relação ao Ente Público. Muito além da mera escolha dos governantes e do desapossamento da coisa pública, o novo perfil de cidadania tende a ser o de uma cidadania ativa, com efetiva influência dos cidadãos nas escolhas coletivas. Nas redes sociais cibernéticas, hodiernamente, é cada vez mais frequente a formação de movimentos de discussão e proposição acerca de temas políticos relevantes, muitas vezes interferindo nas decisões e fomentando construções mais democráticas.

Neste diapasão, é imprescindível que se concretize o princípio da transparência na Administração Pública, coibindo o desperdício de recursos públicos e, consequentemente, permitindo mais amplos investimentos em prol dos direitos sociais. Por isso, pergunta-se: a experiência munici-

---

[7] FAORO, Raymundo. *Os donos do poder: formação do patronato político brasileiro*. Globo, 2001.

[8] Sobre o tema da participação política vide MOREIRA NETO, Diogo de Figueiredo. *Direito da participação política legislativa, administrativa, judicial* (fundamentos e técnicas constitucionais da legitimidade). Rio de Janeiro: Renovar, 1992.

[9] GARCÍA-PELAYO, Manuel. *As Transformações do Estado Contemporâneo*. Rio de Janeiro: Forense, 2009.

pal de transparência com relação ao acesso à informação pública é efetiva? Existem diferenças dos municípios por região do Estado do Rio Grande do Sul com relação ao cumprimento da Lei Federal nº 12.527/2011?

Embora a transparência não seja expressa dentre os princípios que regem a Administração Pública, a partir dos já enunciados, deles pode-se extrair. Desta forma, a transparência demonstra ser uma integração do princípio da publicidade conjugado com o direito à informação (art. 5º, XXXIII, CF/88) e o princípio democrático. A publicidade visa, por meio da divulgação do fato, a assegurar que o ato foi praticado de acordo com a legalidade, amoralidade e os demais preceitos que regem a Administração.

Contextualizando a problemática, uma das características da sociedade da informação é a tecnologia, que propicia a transmissão do conhecimento para muitos lugares e de uma maneira muito célere. As administrações públicas são detentoras de um grande número de dados,[10] necessário, portanto, que dentro de critérios legais, esta informação seja acessível à população. Por isso, com muita propriedade Pérez Luño[11] afirma que as relações de cidadania e dos entes públicos sofreram uma profunda transformação devido às novas tecnologias da informação e comunicação, por isso o conceito de cidadania reclama uma redefinição.

A recente Lei de Acesso à Informação impõe, neste sentido, publicizar para moralizar, mediante a disponibilização de informações que contemplem, dentre outros, dados pertinentes à administração do patrimônio público, utilização de recursos públicos, licitação, contratos administrativos; implementação, acompanhamento e resultados dos programas, projetos e ações dos órgãos e entidades públicas, bem como metas e indicadores propostos. Dispõe o artigo 8º e seu § 2º que *os órgãos e entidades públicas deverão utilizar todos os meios e instrumentos legítimos de que dispuserem, sendo obrigatória a divulgação em sítios oficiais da rede mundial de computadores (internet)*. Além disso, o artigo 10 assevera que *qualquer interessado poderá apresentar pedido de acesso a informações aos órgãos e entidades referidos no art. 1º da Lei, por qualquer meio legítimo,* tendo sido estabelecido prazo de resposta para o atendimento da solicitação do cidadão. Neste vértice, é fundamental acompanhar, portanto, as formas de sua implementação: a informação, por si, é insuficiente, é necessário que seja compreensível, disponibilizada em tempo real e que reflita a realidade.

Um dos grandes objetivos das democracias atuais é possibilitar uma rede de comunicação direta entre a Administração e os administrados que redunde em um aprofundamento democrático e em uma maior transpa-

---

[10] GUICHOT, Emilio. *Datos personales y Administración Pública*. Navarra: Editorial Aranzadi, 2005.
[11] PÉREZ LUÑO, Antonio-Enrique. *¿Ciberciudanía@ o Ciudanía@.com?* Barcelona: Editorial Gedisa, 2004. p. 11.

rência e eficiência na atividade pública. É o que Pérez Luño[12] denomina de *ciberciudanía@* ou ciudadanía.com, que será utilizado como referencial teórico na presente pesquisa. A sociedade democrática reivindica o pluralismo informativo, o livre acesso e a circulação de informações.

Ainda na temática da transparência na Administração Pública, insta salientar que em recente pesquisa internacionalmente produzida no ano de 2014, por organismo conhecido como Transparency International, que fez uma análise em 175 países do nível de transparência da Administração Pública, com classificação de 0 a 10 (assim, quanto menor a nota, maior o índice de corrupção), na qual exemplificativamente, obtiveram-se os seguintes indicadores: a Dinamarca e a Nova Zelândia figuraram em primeiro e segundo lugar, respectivamente, com uma pontuação de 9,2 e 9,1, o Brasil, com a nota 4,3 (quatro inteiros e três décimos) ocupou apenas o nefasto 69º lugar.[13] Comparando-se o Brasil com outros países da América Latina, o Chile e o Uruguai encontram-se no 21º lugar (7,3) no nível de transparência.

Considerando que o Brasil é um país emergente economicamente – 7ª posição na economia mundial –, o Índice de Desenvolvimento Humano é da 79ª posição,[14] sendo a educação um dos critérios que faz o país baixar de posição. Tal denota que o crescimento econômico maior do que a implementação dos direitos humanos e do nível de transparência, inclusive tendo em conta os países vizinhos.

O Rio Grande do Sul está entre os 5 (cinco) primeiros Estados no *ranking* nacional do Índice de Desenvolvimento Humano – IDH, divulgado em 2008 pelo PNUD, ocasião em que foi realizada a última disponibilização desses dados.[15] Os municípios que se destacam estão localizados nas regiões metropolitana e da serra.

Para se chegar a um nível adequado de transparência, a informação disponibilizada em rede é um importante passo, mas são necessárias muitas outras medidas, em termos de políticas públicas orientadas tanto ao setor público, quanto ao privado.

---

[12] PÉREZ LUÑO, Antonio-Enrique. *¿Ciberciudanía@ o ciudadanía.com?* Barcelona: Gedisa, 2004. p. 99.
[13] TRANSPARENCY INTERNATIONAL. *Corruption Perceptions Index 2014*. Transparency and Accountability are critical to restoring trust and turning back the tide of corruption, 2014. Disponível em: <http://www.transparency.org/cpi2014/results>. Acesso em: 03 jan. 2015.
[14] BORGES, Bruna; CALGARO, Fernanda. *IDH do Brasil melhora e supera média da AL*; país é o 79º em ranking mundial. 2014. Disponível em: <http://noticias.uol.com.br/internacional/ultimas-noticias/2014/07/24/idh-do-brasil-sobe-supera-media-latinoamericana-mas-ainda-e-2-entre-brics.htm>. Acesso em: 04 jan. 2015.
[15] FRANCISCO, Wagner de Cerqueira e. *IDH no Brasil*. BRASIL ESCOLA. 2014. Disponível em: <http://www.brasilescola.com/brasil/o-idh-no-brasil>. Acesso em: 29 mai. 2014.

A transparência é uma via de mão dupla, de um lado a Administração tem o dever de dar publicidade aos seus atos e, por outro, o cidadão tem o direito a ser informado dos assuntos públicos.[16]

Por intermédio da informação disponível por meio eletrônico, desenvolve-se um controle preventivo, estimula-se a participação popular, torna-se o exercício do poder mais transparente e, portanto, mais democrático. Evita-se que o cidadão desinformado dos assuntos públicos constitua-se num *idiótes* (conforme a nomenclatura dos gregos). Com a diminuição dos desvios de dinheiro gerados pela corrupção é possível viabilizar a melhoria das prestações sociais, que podem ser oferecidas à população, ou seja, concretizam-se direitos. Nesse sentido, a cibercultura estimula a transparência, a publicidade, as inteligências coletivas, o aprendizado cooperativo, novas formas de organização social e maior responsabilidade pública. Trata-se de estimular, como refere Pierre Levy,[17] o pluralismo e a diversidade, traços marcantes do Século XXI.

Deste modo, sob o fio da inclusão social e da participação democrática, o presente projeto de pesquisa visa a investigar e a discutir em que medida as novas tecnologias de informação se constituem em instrumentos eficientes de controle social das políticas públicas e do orçamento, assim como verificar quais os elementos mínimos para que esta nova cultura se solidifique na sociedade brasileira, em especial no Rio Grande do Sul. É preciso avançar. É preciso desenvolver pioneiros estudos acadêmicos, o que ora se propõe, inter-relacionando Estado, Administração Pública e Novas Tecnologias. Busca-se, assim, que o Brasil, um país de modernidade tardia e de jovem democracia,[18] no qual se insere o Estado do Rio Grande do Sul, possa, por intermédio destas novas ferramentas, coibir a corrupção e se emancipar de uma postura popular tradicionalmente passiva, comodista, que vê a coisa pública – o patrimônio público, como algo que lhe seja estranho, que seja do outro, passando a um estágio de pertencimento, de corresponsabilidade pelo avanço da cidadania.

Evoca-se o pensamento de Alexis de Tocqueville em sua análise à democracia nos Estados Unidos, em que discorre a respeito da tutela a que estão submetidos os cidadãos, mantendo-os como seres humanos em um estado de infantilidade.[19] Assim, a emancipação da cidadania contribui à construção do Estado Democrático de Direito.

---

[16] VILLAVERDE MENÉNDEZ, Ignacio. *Estado Democrático e información*. Oviedo: Junta General del Principado de Astúrias, 1994.

[17] LÉVY, Pierre. *Cibercultura*. 2ª ed., 5ª reimpressão. São Paulo: Editora 34, 2009.

[18] STRECK, Lenio Luiz. *Jurisdição Constitucional e Hermenêutica* – Uma Nova Crítica do Direito. 2ª. ed. Rio de Janeiro: Forense, 2003, p. 122.

[19] TOCQUEVILLE, Alexis de. *A democracia na América*: de uma profusão de sentimentos e opiniões que o estado social democrático fez nascer entre os americanos. Trad. Eduardo Brandão. São Paulo: Martins Fontes, 2000.

3. O conceito de cidadania no Estado contemporâneo

Estudando a origem etimológica do conceito de cidadania, até chegar nos dias atuais, Pérez Luño[20] assevera que historicamente advém do vocábulo latino *cives*, que designa a posição na *civitas*. A ideia romana de cidadania fazia referência a um núcleo inseparável de direitos e deveres que definiam a posição das pessoas livres na República.

A época em que a cidadania adquire um novo significado é com o Iluminismo, no qual se assiste a uma nova concepção vinculada à noção de liberdade política. A definição moderna de cidadania coincide temporalmente com o conceito de direitos humanos e Estado de Direito. A Revolução Francesa exaltará a qualidade de cidadãos, no contexto dentro do qual exalará liberdades, que serão exercidas em um contexto de Estado de Direito.[21] Assim, os conceitos de cidadania, direitos fundamentais e Estado de Direito estarão imbricados em um determinado momento político, constituindo-se em uma marca da modernidade.

A origem do conceito de cidadania se encontra relacionada à questão de nacionalidade, ser cidadão equivalia, no Estado Liberal a ser nacional de um Estado. Nas sociedades plurais do nosso tempo, os Estados englobam realidades complexas e termos de multiculturalidade e de multinacionalidade, deste modo a relação cidadão e nacional restou perdida. O cidadão com a conexão em rede e o exercício dos direitos humanos, torna-se artífice deste processo democrático.

Uma cidadania multinível é o que propõe David Held.[22] Uma nova concepção de cidadania não estará baseada no pertencimento exclusivo a uma comunidade territorial, senão em normas e princípios gerais que possam consolidar-se e serem utilizados em diversos âmbitos. Esta concepção se apoia na disponibilidade e claridade dos princípios de democracia e direitos humanos.

Hoje, para que as pessoas sejam livres deve haver uma pluralidade de foros, que vão desde o âmbito urbano às associações globais, nas quais se podem pedir contas a quem toma decisões. Para que muitas das formas de poder atuais se façam responsáveis e muitos dos complexos problemas que nos afetam a todos: nos âmbitos local, nacional e regional e global, regulem-se democraticamente, as pessoas devem ter acesso a diversas comunidades políticas e pertencer a elas. Os contornos da esfera estatal e global já se fazem visíveis. São importantes identidades abertas a solidariedades diversas e configuradas pelo respeito a normas e princí-

---

[20] PÉREZ LUÑO, Antonio Enrique. ¿*Ciberciudanía@ o ciudadanía.com?* Barcelona: Gedisa, 2004, p. 24.
[21] Idem, p. 35.
[22] HELD, David. *Un pacto global: la alternativa socialdemocrata al consenso de Washington*. Madrid: Taurus, 2005, p. 152-154.

pios gerais, poderão adaptar-se devidamente aos desafios de uma nova era global.

A "cidadania estatal e a mundial, aproximam-se visivelmente", no dizer de Habermas.[23] "Somente uma cidadania democrática, que não se fecha num sentido particularista, pode preparar o caminho para um *status de cidadão do mundo*, que já começa a assumir contornos em comunicações políticas em nível mundial". O conceito de cidadania que era vinculado ao Estado-Nação modificou-se com o mundo globalizado e precisa ser revisto, para universalizar os direitos humanos. Os acontecimentos transcendem as fronteiras dos países, e os fenômenos não ocorrem mais isoladamente, mas globalmente. As crises políticas e econômicas não atingem somente a um país, mas repercutem mundialmente.

A virtualidade modifica o conceito de cidade física, mas continua necessitando do caráter de educação para que este contato em rede sirva à civilização. O desafio consiste, assim, em que o espaço virtual não seja uma mera reprodução das mazelas existentes na vida real, mas seja possível uma qualificação do debate, e não apenas uma manipulação da opinião pública.

O isolamento dos domicílios não pode se constituir em um óbice para a troca de ideias e desenvolvimento da criatividade. A interação em rede, deve servir para o compartilhamento desta informação e fomento da participação política de forma consistente. Há uma tendência de que no espaço virtual se reproduzam as desigualdades existentes na vida real. Desta forma, a disparidade econômica pode ser reproduzida na falta de acesso a internet, no que se denomina exclusão digital. Deste modo, países que tem uma economia mais sólida possuem mais pontos de internet. Veja-se comparativo dos Estados Unidos da América e de países africanos.[24] Por outro lado, a questão da inclusão digital não se limita ao acesso a internet. Tal requisito, por si só, não supre uma educação precária e deficiente. Este acesso, precisa vir acompanhado de uma educação escolar básica, a fim de que a quantidade de informação seja selecionada e compreendida de uma maneira qualificada, visando à formação de uma cidadania comprometida com os valores que expressam a defesa dos direitos humanos.

O ciberespaço se constitui ou pode constituir-se em um local para o exercício dos direitos humanos, um espaço para democracia participativa e o controle social, a partir da informação disponibilizada em rede e do acesso e compartilhamento que é feito desta, fortalecendo a *ciberciudanía*.

---

[23] HABERMAS, Jürgen. *Direito e democracia: entre facticidade e validade*. v. II, 2. ed., Rio de Janeiro: Tempo Brasileiro, 2003, p. 304.

[24] PÉREZ LUÑO, Antonio Enrique. *¿Ciberciudanía@ o ciudadanía.com?* Barcelona: Gedisa, 2004, p. 91.

4. A informação pública em rede e a administração digital

O termo *cibertransparência* serve para designar as novas relações que se travam em rede, denominadas *ciber*, aglutinadas à ideia de transparência. O fenômeno tecnológico pode servir para potencializar a informação pública.

A palavra *ciber* encontra origem nos trabalhos de Cass Sustein – *República.com* – e de Pérez Luño – *Ciberciudadania o ciudadania.com* –, daí o objetivo de cunhar uma expressão que traduza esta nova forma de a administração disponibilizar a informação em rede para com os administrados, que não é somente a utilização da ferramenta tecnológica, mas uma nova forma de gerenciamento público e das relações democráticas com a sociedade, que daí advenham.

A transparência é a possibilidade de o cidadão ter acesso à informação pública, quando a informação lhe aparece, enquanto a publicidade seria o movimento que a administração dá a conhecer os seus atos. Deste modo, a publicidade e a transparência são dois movimentos distintos, porém na mesma rota. A publicidade parte do conhecimento dos atos da administração para a coletividade, enquanto a transparência permite ao cidadão o acesso à informação pública. A transparência é uma composição decorrente do princípio da publicidade, do direito à informação, relacionada ao princípio democrático. É a administração agindo em conformidade com o seu dever de publicizar seus atos, o cidadão se informando dos atos praticados pela administração, tudo isto fortalece a cultura democrática.

O processo de comunicação é essencial à democracia. O ordenamento jurídico no Estado democrático se assenta no princípio geral da publicidade, devendo o sigilo ser excepcional e justificado. Esse preceito é extraído com base no princípio da publicidade e do direito a ser informado do cidadão.

Norberto Bobbio[25] ao tratar das relações da democracia com o poder invisível, estatui que a publicidade é entendida como uma categoria tipicamente iluminista, na medida em que representa um dos aspectos da batalha de quem se considera chamado a derrotar o reino das trevas. Utiliza-se, por isso, a metáfora da luz, do clareamento para contrastar o poder visível do invisível. A visibilidade vai fornecer a acessibilidade e a possibilidade de controle dos atos públicos. Daí se origina a polêmica do iluminismo contra o Estado Absoluto, a exigência da publicidade com relação aos atos do monarca fundados no poder divino. O triunfo dos iluministas tem como resultado o artigo 15 da Declaração dos Direitos do

---

[25] BOBBIO, Norberto. *O Futuro da Democracia*. 7. ed., São Paulo: Paz e Terra, 2000, p. 103.

Homem e do Cidadão[26] que prevê o direito da sociedade de pedir contas a todo o agente público incumbido da administração. Este direito evolui e vem consolidado mais de dois séculos depois, na Carta dos Direitos Fundamentais da União Europeia, que no artigo 41, prevê o direito a uma boa administração. O Princípio referente à boa administração se constitui em um feixe de direitos, no exame da tomada de decisão administrativa deve ser avaliada mais do que a legalidade, forçoso avaliar a eficiência, a economicidade, a probidade e a eficácia da gestão pública.[27]

A democracia permite que o cidadão e todos os mecanismos de controle ajam de forma sincronizada para permitir o desocultamento. A democracia colabora para tornar o poder visível.

Para Lévy,[28] o ciberespaço é um sistema de caos, pois se constrói em sistema de sistemas. Quanto mais o ciberespaço se amplia, mais ele se torna universal, e menos o mundo informacional se torna totalizável. O universal da cibercultura não possui centro ou linha diretriz. Aceita a todos que queiram se comunicar. Encarnação máxima da transparência acaba por acolher a opacidade. Desenha e redesenha várias vezes a figura de um labirinto móvel, em constante expansão, do qual Dédalo não teria sonhado. Essa universalidade desprovida de significado central, esse sistema da desordem, essa transparência labiríntica, denomina Lévy[29] de "universal sem totalidade", o paradoxo da cibercultura.

Em se tratando de cibertransparência, isto é matizado. Trata-se de informação pública disponível em rede, que é acessada por distintas pessoas. Ainda que uma multiplicidade de atores esteja a acessar a rede, todos partilham o mesmo conteúdo, porém permite leituras e interpretações distintas. Em que pese a cadeia labiríntica há um compartilhamento de objetivo comum. Desde que a informação pública esteja clara, e não ocultada, pode-se designar transparência, e não opacidade.

A cibercultura dá forma a um novo tipo de universal: o universal sem totalidade, segundo Lévy.[30] Trata-se de universalidade conectado ao sentido iluminista de humanidade. É universal, pois atinge ao conjunto de seres humanos. A cibercultura, ensina que existe uma outra forma de instaurar a presença virtual da humanidade em si mesma (o universal) que não seja por meio da identidade do sentido (a totalidade).[31]

---

[26] RIALS, Stéphane. *Que sais-je? Textes constitutionnels français*. 11 édition. Paris: Presses Universitaires de France, 1995, p. 05.

[27] FREITAS, Juarez. *Controle dos atos administrativos e os princípios fundamentais*. 4. ed., São Paulo: Malheiros, 2009, p. 460-461.

[28] LÉVY, Pierre. *Cibercultura*. 2ªed., 5ª reimpressão. São Paulo: Editora 34, 2009, p. 111.

[29] Idem, p. 111.

[30] Idem, p. 119.

[31] Idem, p. 121.

A informação pública disponível em rede parte do Estado, por isso não desfaz a centralidade do poder estatal; desta forma, não se pode dizer, que a totalidade foi abolida. Assim, quando se menciona a cibertransparência, como sendo a disponibilização da informação pública em rede, a fim de potencializar a sua divulgação, não se elidiu o eixo do Estado. A mesma informação disponibilizada encontra multiplicidade de destinatários – universalidade, porém haverá uma unidade e aí se encontra a ideia de totalidade.

Diferentemente, quando a informação é propagada espontaneamente sem o chamamento de partidos políticos, sindicatos ou outras organizações, como ocorreu no movimento dos indignados – ocorrido na Espanha, conhecido como 15-M, em maio de 2011, sob influência das ideias pacifistas de Stéphane Hessel,[32] com repercussão em outros países – não se tem a centralidade estatal. São movimentos que ocorrem sem o chamamento estatal, aí sim inexiste a totalidade mencionada por Lévy.[33]

As novas tecnologias significam muito mais do que a simples utilização da ferramenta eletrônica pela administração, mas podem servir para tornar o relacionamento mais democrático, a aproximação, a participação e a fiscalização do cidadão com relação aos atos praticados pelos gestores públicos.

Deste modo, a revolução tecnológica "visa propiciar uma administração mais eficiente e eficaz, mais próxima ao cidadão, mais moderna, mais rápida, que permita oferecer ao cidadão um serviço muito melhor. Exige-se uma administração mais transparente, democrática, mais controlada, mais acessível, mais respeitosa com a privacidade", ao qual se poderia acrescentar: os direitos humanos, de uma maneira ampla.[34]

Da agilidade da administração na construção de respostas aos administrados, na acessibilidade da informação pública, da fiscalização dos atos administrativos, que propicia o controle social, desta possibilidade de pedir, receber e construir informação, advém uma reaproximação do cidadão com relação aos atos do Estado.

As ferramentas tecnológicas têm servido para auxiliar os mecanismos de gestão fiscal, no Brasil. Assim, o pregão eletrônico – Lei nº 10.520/2002 e Decretos nº 5.450/2005 e 5.504/2005 – tem tornado a administração mais ágil nas licitações, conseguindo diminuir o tempo de procedimento licitatório e alcançado melhores preços nas obras, nos serviços e nas compras buscados pela administração.

---

[32] HESSEL, Stéphane. *!Indignaos! Um alegato contra la indiferencia y a favor de la insurrección pacífica.* Barcelona: Ediciones Destino, 2011.

[33] LÉVY, Pierre. *Cibercultura.* 2ªed., 5ª reimpressão. São Paulo: Editora 34, 2009.

[34] PIÑAR MAÑAS, José Luis. *Administración Electrónica y Ciudadanos.* Pamplona: Thomson Reuters – Civitas, Aranzadi, 2011, p. 30.

Da mesma forma, a Lei Complementar nº 101/2000, que disciplina a Lei de Responsabilidade Fiscal – LRF –, com as alterações da Lei Complementar nº 131/2009 institui a publicação dos gastos da administração em rede, de forma padronizada. Os artigos 48 e 49 foram inspirados na noção de *accountability*, do direito anglo-saxão.[35] Tal aponta para uma melhor transparência, caso os dados sejam disponibilizados de forma uniforme e com as informações relevantes colocadas em rede. A uniformidade combinada com as diferenças do ente administrado, é importante, uma vez que existe grande número de municípios no Brasil.

A Lei nº 12.527/2011, que busca difundir a Informação Pública, também é um espectro importante. Impõe o dever dos entes da administração publicizarem dados, que se forem colocados efetivamente em rede e tiverem uma correta utilização, podem contribuir para o debate democrático e o controle social.

Assim, se estas informações forem disponibilizadas em rede, acessadas e compreendidas, serão uma ferramenta democrática importante. Caso contrário, teremos a mera reprodução dos aspectos consumistas da sociedade, na rede. Estudos de Cass Sustein[36] dão conta que preponderavam os sítios *.gov.* e *.edu.*, quando foi criada a internet. Hoje, os sítios *.com* prosperam, denotando que a internet deslocou seu eixo da informação pública e da formação cultural para as operações de consumo. As comunidades virtuais têm de se articular em torno de um programa e de um objetivo comum, sob pena de se tornarem vazias.[37]

O individualismo exagerado é um dos males da modernidade, segundo Jacques Chevallier.[38] Assiste-se a uma "absolutização do eu", desenvolvendo-se uma cultura de que "estimam nada dever à sociedade, mas tudo exigem dela". Este hiperindividualismo leva a uma nova relação com o coletivo. A pessoa quando está diante deste espaço virtual não considera as relações que pode travar desde o ponto de vista social, mas apenas individual, esconde-se atrás de uma tela, por vezes. E, assim, repete a nota acentuada de individualismo e consumismo presentes na sociedade.

Deste modo, o desafio consiste em utilizar os instrumentos informáticos em prol do aperfeiçoamento democrático e não como a reprodução do modelo de consumo, que favorece o padrão existente na sociedade. Neste aspecto, a educação desempenha um papel fundamental.

---

[35] PEDERIVA, João Henrique. *Accountability, Constituição e Contabilidade*. Brasília: Revista de Informação Legislativa. n. 140, 1998, p. 18.

[36] SUNSTEIN, Cass R. 2003. *República.com. Internet, democracia y libertad*. Barcelona: Ediciones Paidós Ibérica, 2003.

[37] LÉVY, Pierre. *Cibercultura*. 2ª ed., 5ª reimpressão. São Paulo: Editora 34, 2009, p. 133.

[38] CHEVALLIER, Jacques. 2009. *O Estado pós-moderno*. Trad. Marçal Justen Filho, Belo Horizonte: Fórum, 2009, p. 16.

5. Do desenvolvimento da pesquisa

Tomou-se como base as seguintes regiões do Estado do Rio Grande do Sul, que podem ser visualizadas da seguinte forma:

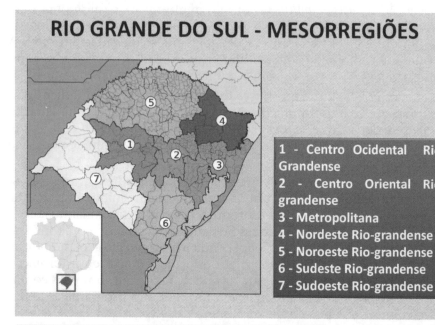

Municípios avaliados

SUDESTE	METROPOLITANA	NORDESTE	SUDOESTE	NOROESTE	CENTRO-ORIENTAL	CENTRO-OCIDENTAL
Pelotas	Cachoeirinha	Bento Gonçalves	Bagé	Cruz Alta	Santa Cruz do Sul	Agudo
Rio Grande	Gramado	Caxias do Sul	São Gabriel	Erechim	Venâncio Aires	Júlio de Castilhos
	Gravataí		Uruguaiana	Passo Fundo		Santa Maria
	Porto Alegre			Santa Rosa		
	São Leopoldo			Santo Angelo		
	Tramandaí			São Luiz Gonzaga		

Foram analisados dois aspectos, tendo-se em conta a atualização e clareza dos portais de informação (art. 8º e § 2º) e do prazo de informações (art. 10º) da Lei nº 12.527/2011. Dos resultados parciais, tendo em conta o artigo 8º da Lei e as coletas mensais procedidas, verificou-se que as cidades que se destacaram na análise mensal com o Portal de Transparência são: Pelotas, Caxias do Sul, Cruz Alta, Júlio de Castilhos e Santa Maria. Por conseguinte, Cachoeirinha, Santo Ângelo, Santa Cruz do Sul e Agudo não apresentaram um nível suficiente em relação ao Portal de Transparência. Com relação às principais dificuldades encontradas na divulgação das informações, verificou-se a falta de padronização dos Portais, dados muitas vezes desatualizados, falta de clareza nas informações apresentadas, bem como a falta de individualização dos dados apresentados. No que pertine ao prazo de resposta, tendo em vista o disposto no artigo 10 da legislação em questão, Pelotas, São Leopoldo, Santa Maria, Caxias do Sul e Agudo foram os Municípios que responderam ou justificaram as solicitações formuladas dentro do prazo estabelecido na Lei. Salienta-se que foram, ainda, cotejados os dados relativos aos Indicadores Sociais,[39] tais como o Índice de Desenvolvimento Humano – IDH e os respectivos investimentos em saúde e educação, cujos quadros seguem:

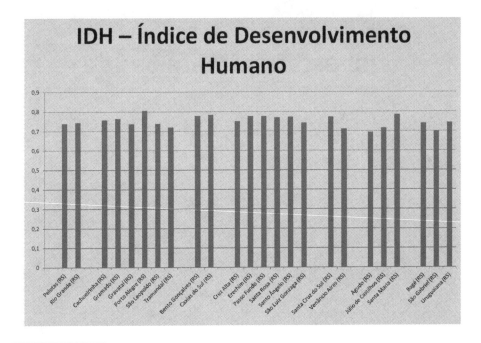

---

[39] BRASIL. *Atlas do Desenvolvimento Humano no Brasil*. 2013. Orgs. Programa das Nações Unidas para o Desenvolvimento; Instituto de Pesquisa Econômica Aplicada; Fundação João Pinheiro. Disponível em <http://www.atlasbrasil.org.br/2013/>, acesso em: 10 jun. 2014. Dados disponíveis até dezembro de 2014.

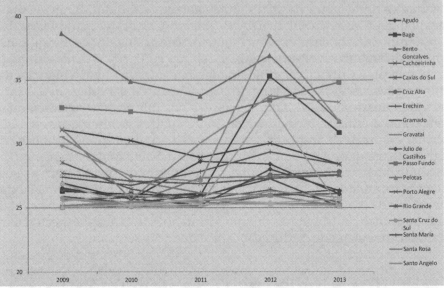

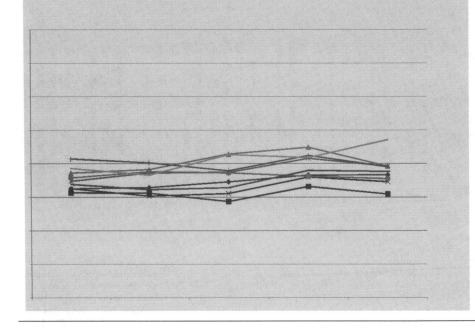

6. Conclusões parciais

Verifica-se que os municípios que mais investiram em saúde (Bagé, Cachoeirinha e Santa Cruz do Sul) não possuem destaque na educação (liderados por Bento Gonçalves e Passo Fundo). Observa-se que os municípios de Bagé e Cachoeirinha tiveram aporte significativo nos dois setores, sendo que a regra majoritária aponta em sentido inverso, pois os municípios não possuem capacidade financeira para custear de forma satisfatória os dois setores. E, ainda, os investimentos em educação e saúde são semelhantes na maioria dos municípios pesquisados, atendo aos percentuais estabelecidos constitucionalmente.

No decorrer do estudo, foram feitos, ao total, 48 pedidos de informação (duas perguntas para cada um dos 24 municípios). Obtiveram-se 20 respostas, o que equivale a 41,6% das perguntas, embora apenas sete cidades responderam às duas solicitações (Caxias do Sul, Santa Maria, Erechim, Venâncio Aires, Pelotas, São Leopoldo e Tramandaí, todas com resposta no prazo, exceto uma das respostas de São Leopoldo).

Outrossim, seis municípios responderam a apenas um pergunta, e os demais (11) simplesmente não se manifestaram. Ressalta-se que a maioria das respostas foi obtida dentro do prazo (15), o que equivale a 75% do total de respostas. Duas foram respondidas dentro do prazo de prorrogação, embora sem cientificar o requerente, e três ficaram fora do prazo. Mais da metade dos municípios possuía campo específico no *site* para encaminhamento de solicitação de informação referente à lei de transparência (13 dos 24). O índice de respostas obtidas foi maior entre esses municípios do que aquele referente aos Municípios para os quais a informação foi solicitada por outros meios, como *e-mail* e ouvidoria.

Com relação às regiões, não há destaque de uma em relação às demais. Observa-se, apenas, que a região Sudoeste foi a única que não respondeu a nenhuma das solicitações, sendo que os municípios sequer possuíam campo específico para o pedido de informação nos seus *sites*. Os estudos, por ora realizados, apontam que os municípios mais atentos ao cumprimento da lei de transparência e acesso à informação preocuparam-se em disponibilizar campo específico em seu site para envio de perguntas dos cidadãos, bem como responder a todas as solicitações dentro do prazo estabelecido pela legislação.

Nesse sentido, vale referir que quando o poder estatal faz uso das novas tecnologias para tornar disponível a informação pública na internet, permite a participação do cidadão nos assuntos públicos, propicia o controle social e, consequentemente, a fiscalização do gasto estatal, a isto se denomina cibertransparência.

As novas tecnologias devem estar a serviço da cidadania. Por isso, é importante que a Administração Digital não seja apenas a incorporação da ferramenta tecnológica, mas a realização concreta e diária de todos os princípios que regem a administração pública, e, especialmente, o respeito à pauta dos direitos humanos na relação entre administração e cidadãos. Para finalizar, evoca-se o pensamento de Habermas:[40] "é preciso promover a refuncionalização do princípio da publicidade!".

Referências bibliográficas

BOBBIO, Norberto. *O Futuro da Democracia*. 7. ed., São Paulo: Paz e Terra, 2000.

BORGES, Bruna; CALGARO, Fernanda. *IDH do Brasil melhora e supera média da AL*; país é o 79º em ranking mundial. 2014. Disponível em: <http://noticias.uol.com.br/internacional/ultimas-noticias/2014/07/24/idh-do-brasil-sobe-supera-media-latinoamericana-mas-ainda-e-2-entre-brics.htm>. Acesso em: 04 jan. 2015.

BRASIL. *Atlas do Desenvolvimento Humano no Brasil*. 2013. Orgs. Programa das Nações Unidas para o Desenvolvimento; Instituto de Pesquisa Econômica Aplicada; Fundação João Pinheiro. Disponível em <http://www.atlasbrasil.org.br/2013/>, Acesso em: 10 jun. 2014.

——. Lei n. 12.527, de 18 de novembro de 2011. Disponível em: <http://www.planalto.gov.br/ccivil_03/_ato2011-2014/2011/lei/l12527.htm>. Acesso em: 11 dez. 2014.

CHEVALLIER, Jacques. 2009. *O Estado pós-moderno*. Trad. Marçal Justen Filho, Belo Horizonte: Fórum, 2009.

FAORO, Raymundo. Os donos do poder: formação do patronato político brasileiro. Globo, 2001.

FRANCISCO, Wagner de Cerqueira e. *IDH no Brasil*. BRASIL ESCOLA. 2014. Disponível em: <http://www.brasilescola.com/brasil/o-idh-no-brasil>. Acesso em: 29 mai. 2014.

FREITAS, Juarez. Controle dos atos administrativos e os princípios fundamentais. 4. ed., São Paulo: Maheiros, 2009.

GARCÍA-PELAYO, Manuel. *As Transformações do Estado Contemporâneo*. Rio de Janeiro: Forense, 2009.

GUICHOT, Emilio. *Datos personales y Administración Pública*. Navarra: Editorial Aranzadi, 2005.

HABERMAS, Jürgen. Mudança estrutural da esfera pública, investigações sobre uma categoria da sociedade burguesa. São Paulo: Unesp, 2014.

——. *Direito e democracia: entre facticidade e validade*. v. II, 2. ed., Rio de Janeiro: Tempo Brasileiro, 2003.

HELD, David. Un pacto global: la alternativa socialdemocrata al consenso de Washington. Madrid: Taurus, 2005.

HESSEL, Stéphane. !Indignaos! Um alegato contra la indiferencia y a favor de la insurrección pacífica. Barcelona: Ediciones Destino, 2011.

LÉVY, Pierre. *Cibercultura*. 2ªed., 5ª reimpressão. São Paulo: Editora 34, 2009.

MOREIRA NETO, Diogo de Figueiredo. *Direito da participação política legislativa, administrativa, judicial* (fundamentos e técnicas constitucionais da legitimidade). Rio de Janeiro: Renovar, 1992.

PEDERIVA, João Henrique. *Accountability, Constituição e Contabilidade*. Brasília: Revista de Informação Legislativa. n. 140, 1998.

PÉREZ LUÑO, Antonio-Enrique. *¿Ciberciudanía@ o ciudadanía.com?* Barcelona: Gedisa, 2004.

PIÑAR MAÑAS, José Luis. *Administración Electrónica y Ciudadanos*. Pamplona: Thomson Reuters – Civitas, Aranzadi Ed, 2011.

RIALS, Stéphane. *Que sais-je? Textes constitutionnels français*. 11e édition. Paris: Presses Universitaires de France, 1995.

SOMMERMANN, Karl-Peter. La exigência de uma administración transparente em la perspectiva de los princípios de democracia y del Estado de Derecho. In *Derecho administrativo de la información y administración transparente*. Ricardo García Macho (ed). Madrid: Marcial Pons, 2010.

STRECK, Lenio Luiz. *Jurisdição Constitucional e Hermenêutica* – Uma Nova Crítica do Direito. 2ª. ed. Rio de Janeiro: Forense, 2003.

SUNSTEIN, Cass R. 2003. *República.com. Internet, democracia y libertad*. Barcelona: Ediciones Paidós Ibérica, 2003.

---

[40] HABERMAS, Jürgen. *Mudança estrutural da esfera pública, investigações sobre uma categoria da sociedade burguesa*. São Paulo: Unesp, 2014, p. 419.

TOCQUEVILLE, Alexis de. *A democracia na América*: sentimentos e opiniões: de uma profusão de sentimentos e opiniões que o estado social democrático fez nascer entre os americanos. Trad. Eduardo Brandão. São Paulo: Martins Fontes, 2000.

TRANSPARENCY INTERNATIONAL. *Corruption Perceptions Index 2014*. Transparency and Accountability are critical to restoring trust and turning back the tide of corruption, 2014. Disponível em: <http://www.transparency.org/cpi2014/results>. Acesso em: 03 jan. 2015.

VILLAVERDE MENÉNDEZ, Ignacio. *Estado Democrático e información*. Oviedo: Junta General del Principado de Astúrias, 1994.

— XV —

Uma breve reflexão sobre o fundamento dos direitos humanos na moral e na antropologia[1]

VICENTE DE PAULO BARRETTO[2]

Sumário: 1. Introdução; 2. O contexto onde as preocupações teóricas se tornam relevantes: a universalidade dos direitos humanos como uma questão jurídica de fundo; 3. A concepção de dignidade da pessoa humana em Kant: a relação entre liberdade, autonomia e igualdade na perspectiva de uma ética metafísica; 4. Da transição da ética metafísica para a antropologia pragmática: o dever no homem e na humanidade; 5. Conclusão; Referências bibliográficas.

1. Introdução

A pergunta central sobre o que é o homem (*Was ist der Mensch*?) é a questão central que irá fundar a antropologia, tornando-se, por tal fundamento de origem, desde sempre filosófica. Sob tal viés, a empreitada que se desenha busca encontrar externalidades que permitam dialogar com o fundamento do agir humano, utilizando-se, no presente estudo, como marco filosófico, a obra *Antropologia do Ponto de Vista Pragmático*, de Immanuel Kant.

Elegendo-se como tema a compreensão da dignidade humana a partir da antropologia filosófica, o trabalho restará delimitado nos escritos sobre Ética e Antropologia de Immanuel Kant, extraindo-se o conceito de homem a partir de um estudo do sujeito e de suas relações, dando-se a partir da experiência uma condição de análise do homem que completa os estudos sobre o campo dos deveres, respondendo-se a intrincada questão de quem é esse homem que vive em comunidade e que se move livremente inscrito numa realidade em parte deontológica. O trabalho intercepta o homem na perspectiva da Antropologia Filosófica, não sendo objeto da análise no presente estudo outros campos da Antropologia

---

[1] Artigo produzido como resultado parcial de estudos realizados em conjunto com o Doutorando Jaci Rene Costa Garcia.

[2] Doutor em Direito, Professor no Programa de Pós-Graduação em Direito da UNISINOS, Decano da Escola de Direito da UNISINOS, Líder do Grupo de Pesquisa Fundamentação Ética dos Direitos Humanos/Linha de Pesquisa Sociedade, Novos Direitos e Transnacionalização do PPG em Direito da UNISINOS, vpbarreto@terra.com.br

(Hermenêutica, Sociológica, etc.), investigando-se como e em que medida a antropologia filosófica poderá contribuir para a compreensão do conceito de dignidade humana.

A hipótese da pesquisa é a de que a construção do conceito de dignidade exige a confrontação do sujeito com a externalidade, sendo essencial à demonstração – ao menos em nível de experimento mental – uma investigação antropológica capaz de compreender o homem no contexto da sociedade e da cultura, considerando o tempo e o espaço onde a subjetividade humana constitui e projeta a si mesmo e se constitui como humanidade.

Nessa perspectiva, o objetivo é o de percorrer o caminho traçado pela antropologia filosófica e verificar se poderá fornecer subsídios para a compreensão do conceito de dignidade da pessoa humana passando, pelos seguintes pontos: [i] análise da proposta de uma teoria ética na modernidade; [ii] caracterização da investigação antropológica bem com a sua possível contribuição ao conceito de dignidade humana; [iii] proposta de uma compreensão internalista-externalista do conceito de dignidade humana a partir da antropologia kantiana, identificando notas de uma ultrapassagem da cisão entre ser e dever ser na ideia de complementariedade do sistema deontológico a partir da investigação antropológica da pessoa humana e da humanidade.

Uma abordagem externalista da dignidade da pessoa humana, a partir da antropologia, demonstra facilmente a possibilidade de extrapolação da barreira jurídica e cultural imposta pelo Estado, em face de a pessoa humana possuir uma significação universal e uma tendência de realização numa comunidade cosmopolita.

O que se percebe é uma desorientação dos juristas no trato da questões que envolvem os direitos humanos, em especial pelo fato que se debatem no plano do direito positivo e dos princípios, esquecendo-se de buscar a coerência que, em tese, pode ser encontrada nos fundamentos dos chamados direitos humanos que, em sendo possíveis, devem deixar pistas no mundo multifacetado da experiência.

O tipo de investigação que se propõe dá azo a que se faça uma reflexão sobre os direitos humanos numa perspectiva fundamentadora da própria pessoa humana e, com isso, propiciar uma nova orientação.

2. O contexto onde as preocupações teóricas se tornam relevantes: a universalidade dos direitos humanos como uma questão jurídica de fundo

Tem sido frequente a busca de um conceito universal dos direitos a fim de evitar o relativismo, mas a questão torna-se um desafio em razão do pluralismo cultural e da existência de sistemas culturais fechados. Ao abordar o tema, considero que a possibilidade de universalização dos direitos humanos é das indagações mais relevantes na teoria do direito, levantando a seguinte questão: "os direitos humanos constituem-se numa categoria ético-jurídica com abrangência universal? Ou para serem considerados como direitos devem responder somente às exigências de eficácia e validade, garantidas por um estado soberano?" (BARRETTO, 2013, p. 240)

Boaventura de Souza Santos aponta os riscos de os direitos humanos universais em abstrato operarem como uma forma de globalização hegemônica. De acordo com o autor, ao conceber os direitos humanos como universais – da forma como tem sido feito – estes tenderão a ser um instrumento de "choque de civilização", ou seja, como "arma do Ocidente contra o resto do mundo [...], como cosmopolitismo do Ocidente imperial prevalecendo contra quaisquer concepções alternativas de dignidade humana". (SANTOS, 2010, p. 13)

Para tratar da questão atinente à universalização dos direitos humanos, faz-se necessário definir o que seriam "direitos humanos". Na obra *A era dos direitos*, Norberto Bobbio (2004) alerta para a dificuldade de construir uma definição de direitos humanos que não seja simplesmente tautológica, que não se restrinja ao estatuto desejado ou proposto para esses direitos sem mencionar o seu conteúdo ou que tratando do conteúdo não introduza termos avaliativos que são interpretados de acordo com a ideologia do intérprete. Para Bobbio, nenhum dos três tipos de definições "permite elaborar uma categoria de direitos do homem que tenha contornos nítidos" (BOBBIO, 2004, p. 13). A vagueza da expressão "direitos do homem" é uma das dificuldades apontadas por Bobbio para a busca por um fundamento absoluto para tais direitos e, na pesquisa, sinaliza para a relevância de uma investigação antropológica da pessoa humana.

Entretanto, a busca pelos fundamentos dos denominados "direitos humanos" é uma preocupação compartilhada por diversos autores que abordam a teoria dos direitos humanos. (BARRETTO, 2013, p. 240):

> Quando falamos de uma teoria dos direitos humanos, podemos estar fazendo referência a dois tipos de análise: em primeiro lugar, à teoria jurídica dessa categoria de direitos, que analisa o conjunto de tratados, convenções e legislações sobre o tema, bem como a regulação dos mecanismos, internacionais e nacionais, garantidores dos direitos fundamentais da pessoa humana; ou então, podemos estar tratando, também, da análise dos chamados fundamentos desses direitos, tema que se destaca na filosofia social e política contemporânea.

O problema dos fundamentos dos direitos humanos é essencial na medida em que a eficácia desses direitos está ligada a sua fundamentação. Barreto afirma que a fundamentação dos direitos humanos foi por muito tempo deixada de lado por ser considerada questão metajurídica, irrelevante para a prática jurídica. A partir da reconstrução dos direitos humanos que passam a ser "considerados como conjunto de direitos que expressam valores da pessoa humana e que se encontram em contínua gestação" (BARRETTO, 2013, p. 250) recupera-se a dimensão fundacional dessa categoria de direitos. Para Barretto (2013, p. 251):

> O desafio da reflexão sobre os fundamentos dos direitos humanos reside, em última análise, na busca de uma fundamentação racional, portanto universal, dos direitos humanos, e que sirva, inclusive, para justificar e legitimar os próprios princípios gerais de direito.

Carlos Santiago Nino (2005) destaca que a análise conceitual dos direitos humanos e a busca por uma fundamentação são tarefas distintas: a primeira deve ser prévia e independente da valoração dos fenômenos referidos pelo conceito em questão. Entretanto, admite o autor que após estabelecer uma caracterização provisória inicia-se um processo de ajustes mútuos entre a elucidação conceitual e a elaboração de uma teoria de fundamentação do conceito.

Importante ainda analisar a positividade dos direitos humanos na medida em que as definições levam em consideração a construção histórica do conceito "direitos humanos". A Declaração dos Direitos do Homem das Nações Unidas de 1948 estabelece um conjunto de direitos mínimos e mecanismos de controle garantidores dos direitos consagrados pelos estados signatários da Declaração. Barretto assevera que não houve um consenso entre os membros responsáveis pela elaboração do projeto da referida declaração quanto aos fundamentos teóricos dos direitos humanos, mas apenas quanto aos critérios mínimos aceitos em diferentes sistemas jurídicos nacionais (BARRETTO, 2013, p. 34). Segue apontando que "a Declaração do Homem das Nações Unidas foi enriquecida por pactos políticos e sociais, que acrescentaram número significativo de direitos políticos e sociais ao documento de 1948" (BARRETTO, 2013, p. 242).

Para Boaventura, é preciso superar o debate sobre universalismo e relativismo cultural, propondo-se para isso um diálogo intercultural sobre preocupações convergentes de universos culturais distintos. Ainda, afirma o autor que todas as culturas possuem concepções de dignidade humana embora nem todas a concebam em termos de direitos humanos. De acordo com Boaventura de Sousa Santos:

> [...] todas as culturas são incompletas e problemáticas nas suas concepções de dignidade humana. A incompletude provém da própria existência de uma pluralidade de culturas, pois se cada cultura fosse tão completa como se julga, existiria apenas uma só cultura. [...] Aumentar a consciência de incompletude cultural é uma das tarefas prévias à construção de uma concepção emancipadora e multicultural de direitos humanos. (SANTOS, 2010, p. 45).

Percebe-se que para o autor uma possível solução para a questão passa por uma concepção intercultural das políticas emancipatórias de direitos humanos. De outro lado, para Barretto (2013, p. 243), é possível a construção de um argumento universalista que não fique "prisioneiro do monismo moral" a partir do reconhecimento de que é possível chegar a algumas características comuns dos seres humanos sem abstrair das realidades sociais. Para encontrar essas características comuns – que servirão de "fundamento para o estabelecimento de uma sociedade sedimentada nos laços de solidariedade" – é preciso realizar um diálogo intercultural.

Ao abordar o conflito entre o universalismo dos direitos fundamentais e a garantia do multiculturalismo, Luigi Ferrajoli apresenta um dos seus critérios axiológicos para a definição de direitos fundamentais como solução: "o papel de tais direitos como *lei dos mais fracos*" (FERRAJOLI, 2011, p. 106). Segundo o autor o critério por ele definido serve para proteger as pessoas contra as suas próprias culturas, defendendo os oprimidos contra as culturas opressivas. Da mesma forma que o universalismo dos direitos fundamentais protege os indivíduos, pois se tratam de direitos pertencentes a ele, é essa universalidade que garante o multiculturalismo, na medida em que a liberdade religiosa e de consciência – primeiro direito de liberdade historicamente afirmado – é essencialmente um direito cultural. (FERRAJOLI, 2011).

Analisando a posição adotada pelos autores, constata-se que não há um consenso sobre a possibilidade de universalização dos direitos humanos numa sociedade multicultural, sendo objeto, como contribuição no presente ensaio, uma investigação dos direitos humanos a partir da dignidade humana no seio da filosofia kantiana.

3. A concepção de dignidade da pessoa humana em Kant: a relação entre liberdade, autonomia e igualdade na perspectiva de uma ética metafísica

Apropriado, então, realizar uma passagem pelo conceito de dignidade humana na filosofia kantiana para, na sequência, tratar da Antropologia. Para Kant[3] a razão possui limites e só uma filosofia crítica (entenda-se: uma filosofia que suspenda provisoriamente juízos e adote a crítica como um procedimento) poderia investigar os limites do conhecimento humano possível (a crítica – que em si mesmo é um procedimento cético – para evitar um ceticismo que negue qualquer uso válido da razão). Assim, nasce a filosofia crítica conformada na obra Crítica da Razão Pura, investigando o conhecimento humano e seus limites, porém, apenas quando trata da razão prática é que se dedica ao campo dos deveres e seus princípios e fundamentos.

---

[3] A filosofia transcendental vai investigar o conhecimento a priori válido, investigando o sujeito (giro Copérnico da filosofia transcendental), abstraindo o objeto e focando a investigação no sujeito (válido para o estudo da teoria dos deveres). Partindo da premissa que todo conhecimento é constituído por juízos e, ainda, os juízos sintéticos acrescentam um predicado ao sujeito que não poderia ser extraído por análise e, ainda, considerando que toda a ciência pretende ser universalmente válida, esse juízo tem de ser *a priori*.

Na *Crítica da Razão Pura*, obra central da epistemologia kantiana, Kant anuncia que a Filosofia como fonte de "legislação da razão humana possui dois objetos, natureza e liberdade, contém, portanto, a lei natural como também a lei moral, inicialmente em dois sistemas separados, mas finalmente num único Sistema Filosófico". (KANT, 1994, p.408).

Já no campo da razão prática, a *Fundamentação da Metafísica dos Costumes* irá trazer uma definição de liberdade como propriedade da vontade e como condição necessária da relação causal das condutas no mundo perpetradas por seres livres e racionais. A causalidade livre implica na ação que segue uma lei fornecida pela própria vontade, em respeito à faculdade humana da autonomia da vontade. Em Kant, uma vontade livre age sob o império da moralidade e, concomitantemente, é uma vontade legisladora universal que mantém a liberdade com unidade sintética a unir racionalidade e moralidade, pois para Kant "[...] uma vontade livre e uma vontade sob leis morais é uma e a mesma coisa." (KANT, 2009, p. 349).

Na Crítica da Razão Prática, Kant trata a liberdade como pedra angular de todo o edifício do Sistema da Razão Pura, a saber: "se a lei moral não fosse antes nitidamente pensada na nossa razão, nunca nos consideraríamos autorizados a admitir algo como a liberdade." (KANT, 1994, p. 2). Segue demonstrando a reciprocidade dos conceitos: "[..] se não houvesse nenhuma liberdade, de modo algum se encontraria em nós a lei moral." (KANT, 1994, p. 2). Assim a liberdade é a *ratio essendi* da lei moral, e esta se constitui na *ratio cognoscendi* da liberdade.

Sabidamente, o sistema filosófico kantiano se ergue a partir da dicotomia da coisa em si (noumeno) e da sua representação no sujeito (fenômeno). De forma semelhante, a ética irá se filiar a essa dicotomia, apresentando uma parte formal e outra pragmática, algo já anunciado desde as primeiras linhas da Fundamentação da Metafísica dos Costumes. Respeitando o esquematismo, Kant constrói o conceito de pessoa humana na Fundamentação da Metafísica dos Costumes (1785) e na Antropologia de um Ponto de Vista Pragmático (1798). A unidade das duas obras também se dá em torno do conceito de liberdade, enquanto na primeira são estabelecidos os princípios morais não assujeitados empiricamente, ou seja, fundados na razão pura e na concepção de um sujeito autônomo; na Antropologia de um Ponto de Vista Pragmático,[4] a experiência é tomada como fio condutor até chegar ao conhecimento interior do homem inserido num contexto – como cidadão do mundo – portanto com deveres na

---

[4] Segundo Loparic, "o objeto da antropologia pragmática é [...] o homem ou a natureza humana compreendida como o conjunto de condições subjetivas – faculdades, predisposições, propensões, tendências, caráter etc. –, favoráveis ou desfavoráveis [à] execução de regras tanto teóricas como práticas, e, dentro desse último grupo, de regras técnico-práticas e moral-práticas" (LOPARIC, 2007, p. 86).

ordem privada e pública. Dessa forma, a Antropologia gira em torna da questão sobre o que o homem faz de si mesmo, ou pode e deve fazer como ser que age livremente[5] (KANT, 1993), remetendo a uma reflexão das responsabilidades do ser humano como cidadão do mundo. Assim, ao ser humano dotado de liberdade, conceituada na Fundamentação como "a faculdade de se determinar a agir como inteligência, por conseguinte, segundo leis da razão independentemente de instintos naturais" (KANT, 1974, p. 253), passa a ser exigível, por força da autonomia do sujeito moral kantiano, um agir livre e responsável com o mundo que o cerca.

Percebe-se, também, que o conceito de direito em Kant também envolve uma implicação moral. Para Kant o conceito de Direito envolve o "conjunto de condições por meio do qual o arbítrio de um pode estar em acordo com o arbítrio do outro segundo uma lei universal da liberdade" (KANT, 1989, p. 479), trazendo como critério de aferição de uma ação justa aquela "ação que pode ou onde a máxima possa coexistir a liberdade de arbítrio de cada um com a liberdade de todo mundo segundo uma lei universal". (KANT, 1989, p. 479). A necessidade da coexistência da ação com os demais sujeitos em comunidade (outras vontades), ao lado da compatibilidade da máxima da vontade com uma lei universal, permite a inferência de uma relação do dever jurídico com o dever moral envolvidos pela necessidade de universalização. Refere Kant que ao "dar-me uma máxima de agir segundo o direito é uma exigência que me coloca no domínio da Ética" (KANT, 1989, p. 479) e, ao lado do estudo da antropologia prática kantiana (diga-se: obra ainda pouco explorada no conjunto do estudo sobre eticidade no filósofo), conformam-se em indicativos de que a relação do sujeito em comunidade é condição *sine qua non* da externalidade das ações morais e jurídicas que irão permitir um exame de fora para dentro.

Ademais, o princípio do direito também se apresenta sob a forma imperativa, qual seja: "Age externamente de tal forma que o livre uso do teu arbítrio possa coexistir com a liberdade de cada um segundo uma lei universal" (KANT, 1989, p. 479), pressupondo a ideia de moralidade, podendo-se concluir que as leis *jurídicas* "[...] resultam de uma especificação das leis morais pois elas são as leis morais que pressupomos válidas para todos [...] leis jurídicas impõe uma obrigação moral, válida enquanto tal para todos como um imperativo categórico [...]" (ALMEIDA, 2006, p. 221). Diz-se, então, que o sistema kantiano que inicia com a investigação do conhecimento humano possível na Crítica da Razão Pura, estabelece originalmente o conceito de liberdade e passa a relacionar com vontade e autonomia, apoiando reciprocamente a compreensão e a unidade da ordem dos deveres, tanto moral quanto jurídico.

---

[5] Tradução com apoio da versão francesa "Anthropologie du Point de Vue Pragmatique".

Como moralidade e dignidade são conceitos que se retroalimentam, avança a pesquisa na direção de demonstrar a centralidade do conceito de dignidade também para a compreensão do direito de modo geral e dos direitos humanos em especial, apropriando-se de uma breve fixação histórica que o recolocam no mundo da vida

> Os direitos humanos surgem como um conjunto de faculdades e instituições que, em cada momento histórico, concretizam as exigências de dignidade, liberdade e igualdade humanas, as quais devem ser reconhecidas positivamente pelos ordenamentos jurídicos, nos planos nacional e internacional. (PEREZ LUÑO, 1991, p. 48)

Segundo o PEREZ LUÑO (1991) os direitos humanos concretizam as exigências de dignidade, liberdade e igualdade humanas, sendo que tais exigências (se exigência, entenda-se como dever), do ponto de vista da reflexão filosófica, implicam na busca de uma resposta que fundamente o porquê de tais deveres, representada na tradição filosófica por apelos à experiência ou à razão.

O campo da razão prática (vontade) e a sua crítica irão exigir um esforço que parte de reflexões primeiras nas "Preleções sobre Ética" quando traz

> Se julgo, pelo entendimento, que a ação é moralmente boa, falta ainda muito para eu realizar esta ação que julguei assim. Mas se esse juízo me leva a realizar a ação, então isso é o sentimento moral. O entendimento pode, decerto, julgar, mas dar a este juízo de entendimento uma força que faz dele um móbil capaz de determinar a vontade a executar a ação, isso é a pedra filosofal. (KANT, 1990, p. 54).

A investigação prima pela unidade entre a subjetividade do móbil (*Triebfeder* – literalmente "mola propulsora") e o motivo (*Bewegungsgrund* – literalmente "razão movente"), que irá, no desenvolvimento da filosofia prática de Kant, encontrar a unidade entre sentimento e razão na forma de um imperativo.

Na transição da filosofia moral comum para a metafísica dos costumes, Kant (2009) vai concluir que o valor moral não está nas ações visíveis, mas nos princípios íntimos que movem as ações, ou seja, numa razão que determina a vontade por motivos a priori.

Poder-se-ia questionar: onde essa razão pode ser encontrada? Em que consiste essa metafísica dos costumes? Na representação pura do dever – um princípio objetivo constitutivo para a vontade – dá-se o nome de mandamento que se apresenta sob a forma de um imperativo[6] onde se estabelece a relação entre a lei objetiva da razão com a vontade e, sendo categórico, apresenta uma ação como objetivamente necessária, sem relação com qualquer fim. (KANT, 2009).

---

[6] Age como a máxima de tua ação se devesse tornar, pela tua vontade, em lei universal (une – a priori – o princípio subjetivo da ação "móbil" com a fórmula objetiva da lei moral "motivo"). O ser racional passa a ser legislador universal e limitado o seu arbítrio pelo conceito de pessoa como "fim em si mesmo" – merecendo igual consideração e igual respeito. (KANT, 2009).

No decorrer da obra, Kant irá constatar que a moralidade é a única condição que pode fazer de um ser racional um fim em si mesmo (legislador no reino dos fins), em outras palavras, a moralidade e a humanidade enquanto capaz de moralidade são as únicas coisas que têm dignidade. Ainda, vale inferir que a moralidade requer autonomia,[7] e esta passa a ser fundamento e exigência da dignidade da natureza humana.

Para sustentar a autonomia da vontade e o imperativo categórico como necessários e dados *a priori*, ou seja, admitir um uso sintético da razão pura prática necessitaria que se entendesse a vontade como uma espécie de causalidade dos seres racionais (gera efeitos), sendo a liberdade uma a propriedade desta causalidade (permitindo a eficiência das relações, independentes de uma determinação natural ou estranha). Permanecendo uma antinomia (como o conceito de causalidade (vontade) pode ser descrita por leis?), passa a ser resolvida no âmbito da autonomia enquanto propriedade da vontade de ser lei para si mesma (a vontade e a representação[8] da vontade se harmonizam, ou seja, tem-se a unidade entre "querer" e "dever"). Assim como há leis universais da natureza, a razão pode encontrar leis que regem a causalidade da vontade, sem afetar a autonomia como condição de moralidade e de dignidade.

Demonstrado minimamente a relação entre dignidade e moralidade no desenvolvimento da Fundamentação, o trabalho avança na direção da antropologia kantiana, buscando verificar como a pessoa humana passa a ser considerada numa perspectiva de análise pragmática.

4. Da transição da ética metafísica para a antropologia pragmática: o dever no homem e na humanidade

Encontra-se assente nos escritos dos comentadores que o sistema filosófico kantiano se constitui a partir da dicotomia entre noumêno (coisa em si) e fenômeno (aparição). Com isso, operam-se de uma única vez duas rupturas: [i] a ideia de conhecimento inato derivado de uma concepção cartesiana de mundo e [ii] a identidade entre o conceito e o correspondente empírico. Dessa forma se institui um conhecimento que se dá por representação, ou seja, há um signo para tratar da representação que tenho do mundo que se me apresenta, nas palavras do filósofo há a repre-

---

[7] Princípio da autonomia: não escolher senão de modo a que as máximas da escolha estejam incluídas no querer mesmo, como lei universal (proposição sintética – reconhecida "a priori"). (KANT, 2009).

[8] Segundo Kant, em todo o conhecimento há uma relação dupla, considerando o objeto e o sujeito, distinção clássica do pensamento da modernidade. Do ponto de vista do objeto o conhecimento se relaciona com a representação, do ponto de vista do sujeito, com a consciência. Ocorre que a consciência é *uma representação de que uma outra representação está em mim* (eine Vorstellung, dass eine Andre Vorstellung in mir ist). Como a consciência é condição universal de todo o conhecimento, válido inferir que o conhecimento se dá num campo representacional. (KANT, 2003, p. 69).

sentação de que outra representação está em mim. De forma semelhante, embora para muitos comentadores não integre o grande sistema kantiano, a antropologia[9] irá se filiar a esse processo dual, dado que Kant elabora seu conceito de pessoa humana, como já referido, na Fundamentação da Metafísica dos Costumes (1785) e na Antropologia de um Ponto de Vista Pragmático (1798).

Enquanto na Fundamentação Kant pretende estabelecer o fundamento da moralidade, afastando-se dos elementos acidentais, na Antropologia de um Ponto de Vista Pragmática, a experiência passa a desempenhar um papel importante, pois o filósofo parte da externalidade para chegar ao conhecimento interno do homem, tendo em ambas às obras a liberdade como condição necessária para as reflexões levadas a termo.

Na Antropologia Pragmática há certo estudo semiológico insipiente, pois enquanto moral aplicada dialoga com a fundamentação e atribui sentido a partir de um homem inserido no mundo, passando a pessoa humana a ser compreendida como fim em si mesma (FMC) e como um ser em evolução em face dos fenômenos e passando a se reconhecer como cidadão do mundo (AP).

Nesse ponto, vale registrar o interesse na Antropologia de Kant em demonstrar a necessidade da moralidade na mundanidade, e não propriamente justificar o imperativo categórico desenvolvido na sua fundamentação, ficando claro na leitura de LOUDEN quando afirma "The second part of ethics [practical anthropology] is not about deriving duties from the categorical imperative, but rather about making morality efficacious in human life". (LOUDEN, 2000, p. 13)

A eficácia de uma moralidade no seio da humanidade irá se dar a partir de princípios regulativos, que são em si mesmo pragmáticos,[10] podendo-se inferir que o comportamento do homem tende a respeitar certos limites em nome do progresso da própria humanidade, estando presente – como tendência ao longo da obra – um otimismo quando, mesmo com

---

[9] Em verbete sobre Antropologia, encontra-se: "Exposição sistemática dos conhecimentos que se têm a respeito do homem. Nesse sentido geral, a Antropologia fez e faz parte da filosofia, mas, como específica e relativamente autônoma, só nasceu em tempos modernos. Kant distinguiu a Antropologia fisiológica, que seria aquilo que a natureza faz do homem, da Antropologia pragmática, que seria aquilo que o homem faz como ser livre, ou então o que pode e deve fazer de si mesmo (*Antr., pref.*). Essa distinção permaneceu, e hoje se fala em Antropologia física que considera o homem do ponto de vista biológico [...] e antropologia cultural, que considera o homem nas características que derivam das suas relações sociais." (ABBAGNANO, 2012, p. 74).

[10] A diferença entre pragmático e prático se aclara na diferença entre princípios constitutivos e princípios regulativos, sendo que os princípios constitutivos "têm a particularidade de não dizerem respeito aos fenômenos e à síntese da sua intuição empírica, mas simplesmente à existência e à relação de uns com os outros, com respeito a esta existência" (CRP, B221, p. 209), e os princípios regulativos "entendem dever submeter a regras a priori a existência dos fenômenos. Como esta não é susceptível de construção, esses princípios só poderão referir-se à relação de existência, e ser princípios simplesmente regulativos". (CRP, B222, p. 210).

os percalços que a humanidade encontra no percurso da história, Kant projeta a responsabilidade das gerações na construção conjunta do edifício em que se constitui a humanidade.

Nessa direção, importante registrar que a antropologia de um ponto de vista pragmático ao trazer a preocupação do que o homem "faz ou pode e deve fazer de si mesmo" (aus sich selber macht, oder machen kann und sol) extrapola o âmbito individual, pensando na espécie humana como um todo, estando claramente ingressando na totalidade que atribuem sentido às ações humanas singulares.

No ponto, vale a citação de Reinhard Brand:

> O homem, cuja destinação se pergunta na *Antropologie* e em outros escritos relacionados a ela, não é o indivíduo singular, mas decididamente a espécie. Os animais alcançam nos exemplares individuais o fim da sua existência; os homens somente na humanidade em sua totalidade. (2012, p. 25)

Num dos textos relacionados à antropologia kantiana (A paz pérpétua), a preocupação de Kant também se evidencia numa perspectiva de totalidade, ou seja, trata o homem como cidadão do mundo e que, enquanto tal, deve se render e pode formular juízos a partir da experiência e das relações, sempre com o cuidado da advertência inerente a uma antropologia pragmática, ou seja, "[...] o que ela ensina está no princípio da universalidade empírica; ela não funda as estruturas e afirmações universais e também apriórica [...]" (BRANDT, 2, p. 8).

Embora não seja possível criar um universal a partir da inserção do humano no mundo, sendo o mundo sensível um atrativo aos desejos e inclinações humanos que, invariavelmente, não se harmonizam com o fundamento moral, de outro lado, é no exercício das humanidades que haverá a aplicação (ou não) dos princípios morais, em face da circulação das virtudes na vida em comunidade.[11]

Nessa linha, a antropologia passa a ter um papel na filosofia moral kantiana, pois é na vida em sociedade que as virtudes se objetivam e passam a gerar uma crença na objetividade do valor moral, não deixando ao abandono tudo o que é fruto da moralidade, nesse sentido, os próprios direitos humanos enquanto corolários da dignidade.

Retomando a questão da relação entre o nível fundacional e o da aplicação, entre a fundamentação metafísica e a antropologia pragmática, o próprio Kant permite a relação quando diz:

---

[11] Colho um exemplo próprio que une fundamento da moral e aplicação e pode ser sintetizado na seguinte passagem: Decido interromper o trabalho de produção do presente texto para realizar uma caminhada no parque (atividade física) e, com esta decisão, resta estabelecida a congruência entre a ação e o dever moral de preservação da vida (saúde). Assim, embora o fundamento da moral se encontre na razão, percebe-se que é na externalidade do mundo (campo da antropologia) que se efetiva a ação moral (campo da aplicação) e, na análise antropológica da ilustração, mesmo sendo uma ação individual, esta se reflete como exemplo e circula enquanto virtude com uma tendência de universalização.

> A lógica não pode ter parte empírica, isto é, uma parte em que as leis universais e necessárias do pensamento se assentariam em razões tomadas à experiência; pois, de outro modo, não seria lógica, isto é, um cânon para o entendimento ou a razão, que vale em todo o pensar e tem de ser demonstrado. Ao contrário, tanto a Filosofia natural, quanto a Filosofia moral podem ter cada qual a sua parte empírica [...] (KANT, 2009, p. 63)

Dessa forma, Kant assume a empiria com parte da ética enquanto campo de aplicação desta em prol do desenvolvimento da humanidade, inobstante a construção de uma teoria fundada a priori, resta certa a necessidade da ligação entre o racional e o empírico quando divide a ética em moral propriamente dita e noutra parte que designa como *pratische Antropologie* (KANT, 2009, p. 65).

Na filosofia kantiana o *logos* passa a ter um papel essencial, estendendo-se à filosofia prática (moral e direito), dado que uma metafísica dos costumes irá se purificar dos dados empíricos na dedução de um postulado racional (imperativo da moral ou princípio do direito), numa relação onde se vislumbra uma mesmidade entre racionalidade e moralidade (dito de outra forma: a ação que não tiver como móbil um dever aceito livremente por um ser racional e autônomo, embora circunscrito num universo sujeito a desejos e inclinações, não é uma ação racional e, portanto, não se constitui numa ação moral).

Embora o objetivo do artigo seja a investigação da dignidade no âmbito da moralidade na filosofia kantiana, importante trazer a crítica que em algum momento a teoria moral irá receber. LIMA VAZ (1995) analisa a situação da ética na cultura contemporânea realizando uma sucinta análise da sociedade ocidental nos últimos cinquenta anos, trazendo a formação das racionalidades éticas modernas e, ao pensar a ética contemporânea e seus problemas propõe uma solução através de um retorno aos princípios da ética clássica.

LIMA VAZ (1995, p. 70) chama a atenção para uma questão central desde os primeiros passos da história da ética: é a ética relativizada pelo *ethos* ou é o *ethos* universalizado pela ética? Na questão estão os pressupostos Sofistas e Socráticos, sendo a segunda parte que possibilitou na metafísica clássica a formulação de uma ciência do *ethos*, sendo Sócrates considerado o fundador de uma ciência moral e, após, no idealismo de Platão, a Ética se universaliza e anda *pari passu* com a metafísica e suas primeiras noções (o ser, o verdadeiro, o bom). O giro da modernidade, segundo o Autor, desloca a Ética do polo metafísico para o polo lógico e o sujeito passa a ser o legislador, identificando de imediato uma dificuldade insuperável na ética moderna: "a passagem do *eu* ao *nós* no exercício da vida ética, uma vez que, no seu existir concreto, o agir ético individual tem lugar necessariamente na realidade objetiva do *ethos*, ou seja, na vida ética de uma comunidade histórica." (LIMA VAZ, 1995, p. 71).

Como o *ethos* é histórico, a ética moderna se torna descontextualizada e a comunidade ética enfraquece, passando-se a experimentar (chegando à contemporaneidade) o predomínio do lógico e do operacional em detrimento do sentido, nas palavras do Autor houve "a ocultação do polo metafísico da Razão" (LIMA VAZ, 1995, p. 78) o que acaba arrastando as racionalidades éticas para um niilismo dos valores. A solução encontrada por LIMA VAZ, citando Robert Spaemann quando este diz "Es gibt keine Ethik ohne Metaphysik" (Não há nenhuma ética sem metafísica), indica que a alternativa para o desconcerto ético do nosso tempo passa pelo reencontro da ética clássica seguindo a trilha platônico-aristotélica.

O que Lima Vaz aponta não é o que o trabalho defende, embora a crítica seja apropriada para inferir o que foi realizado a partir do projeto kantiano. Entende-se que um retorno a Kant não autoriza a dizer que houve "a ocultação do pólo metafísico da Razão", pois ainda que se trate de uma ética deontológica, em Kant há uma valorização do humano a partir dos conceitos de liberdade, dignidade, autonomia, ao lado de uma consideração e respeito à pessoa humana no contexto da cultura e de uma sociedade cosmopolita ainda não experimentado.

Nesse sentido, redimensionando a crítica de Lima Vaz sem diminuir a importância da reflexão, revisitar a filosofia kantiana e os défices contemporâneos parecem uma tarefa inconclusa e que sempre pode trazer uma contribuição prática e pragmática ao filósofo moral e ao jurista interessado nas questões referentes aos direitos humanos enquanto direitos morais.

Em arremate, caberia uma ligeira passagem pela doutrina do Direito kantiana. Para Kant dever moral e dever jurídico não se diferenciam pela substância. Para a ação moral o homem age por dever e para o Direito conforme o dever e para ambos os casos o dever só é cumprido porque derivada da vontade como razão pura prática, sob o imperativo categórico da razão.[12]

Na busca do conceito de Direito, Kant afirma a impossibilidade de encontrá-lo pela via empírica, apenas com a observação do direito positivo. Para ele o grande erro dos juristas de até então foi a procura do conceito na manifestação do Direito, enquanto legislação positiva, quando a procura deveria ser feita nos princípios *a priori* da razão pura prática.

Em Kant, são três os elementos que compõe o conceito de Direito:

<blockquote>Em primeiro lugar, este conceito diz respeito somente à relação externa e, certamente, prática de uma pessoa com outra, na medida em que suas ações, como fatos, possam influenciar-se reciprocamente; em segundo lugar, o conceito do Direito não significa a relação do arbítrio como o desejo de outrem, portanto com a mera necessidade (Bedürfnis), como nas ações benéficas ou cruéis, mas tão só com</blockquote>

---

[12] E esta assertiva que se faz é válida mesmo que o direito possua um princípio fundante universal e a moral um imperativo categórico, porque o direito natural racional de Kant quer a legislação externa em correlação com o princípio do direito.

o arbítrio do outro; em terceiro lugar, nesta relação recíproca do arbítrio, ao fim de que cada qual se propõe com o objeto que quer, mas apenas pergunta-se pela forma na relação do arbítrio de ambas as partes, na medida que se considera unicamente como livre e se, com isso, ação de um poder conciliar-se com a liberdade do outro segundo uma lei universal" (KANT, 1989, p. 232, tradução nossa)

Ora, mesmo que o fundamento *a priori* do direito e da moral se encontrem no âmbito da filosofia prática, ou seja, dependentes de uma postulação metafísica, a toda evidência, o *ethos* necessita de relação, de um viver em comunidade, de um ponto de vista pragmático, sendo importante ao estudo do campo deontológico a contribuição dos estudos de antropologia que interceptam o homem enquanto humanidade, que perguntam pela singularidade humana que sempre, até mesmo numa perspectiva essencialmente lógica, é a unidade de uma totalidade. Na antropologia kantiana há esta preocupação com a humanidade, com a totalidade, sem perder de vista o homem que se abre ao espaço do "encontro" onde respeito, igualdade, moralidade e dignidade, afloram como valores éticos e jurídicos que permitem que se projete um horizonte favorável ao homem enquanto humanidade.

5. Conclusão

A título de notas finais, entende-se que a Antropologia kantiana fecha o traçado a partir da reflexão sobre o lugar da aplicação da moralidade, onde homem e humanidade passam a ter uma correspondência enquanto campo de significação dos juízos morais.

Alguns resultados puderam ser alcançados e passam a ser descritos:

1º A questão da universalidade dos direitos humanos é uma pauta inacabada e, para contextualizar a pretensão de totalidade, no primeiro capítulo foi apresentada uma pequena amostragem sobre o debate contemporâneo a fim de demonstrar a atualidade da discussão que envolve o homem e a humanidade (fundamento da ação e a ação humana no mundo);

2º A coimplicação entre a moralidade, humanidade e dignidade resta evidente quando Kant assume que a moralidade é a única condição que pode fazer de um ser racional um fim em si mesmo (legislador no reino dos fins), em outras palavras, a moralidade e a humanidade enquanto capaz de moralidade são as únicas coisas que têm dignidade;

3º Na Antropologia de Kant, pode-se encontrar a necessidade da moralidade na humanidade, como ocorrência no mundo, e não propriamente para justificar o imperativo categórico desenvolvido na fundamentação;

4º Percebe-se com a investigação Antropológica que a moralidade em Kant não se encontra num plano contrafactual, uma vez que há uma proposta metafísica que também é substancialista e que se desenvolve ao longo da Fundamentação e da Antropologia kantianas, dito de outra forma, embora existente um *a priori* fundante não há um apagamento do contexto em que a moralidade ingressa no mundo da vida.

Com tais considerações, pode-se responder afirmativamente a hipótese de que a construção do conceito de dignidade exige a confrontação do sujeito com a externalidade, levando o estudo da Antropologia a uma compreensão da singularidade humana e do conceito interacional homem-humanidade onde a moralidade efetivamente pode ser aplicada.

Por fim, embora ultrapasse os objetivos do presente trabalho, é possível inferir do estudo kantiano que o direito não se circunscreve a uma legislação externa, do tipo direito positivo, estando sujeito a um juízo de fundamentação racional e moral e, a análise antropológica do homem pode fornecer argumentos da ordem da "cultura" que indiquem a necessidade do dever jurídico dado pela externalidade que, como se disse, em termos de fundamentação, deve dialogar internamente com o dever moral e os conceitos engendrados no interior dessa mesma estrutura (liberdade, igualdade e dignidade)

Referências bibliográficas

ABBAGNANO, Nicola. *Dicionário de Filosofia*. Tradução de Alfredo Bosi. 6. ed. São Paulo: Martins Fontes, 2012.

BARRETTO, Vicente de Paulo. *O Fetiche dos Direitos Humanos e outros temas*. 2ª ed. Porto Alegre: Livraria do Advogado, 2013, p 243.

BRANDT, Reinhard. Kritischer Kommentar zu Kants Anthropologie in Pragmatischer Hinsicht. Hamburg: Felix Meiner, 1999.

——. A ideia norteadora da antropologia kantiana e a destinação (*Bestimmung*) do homem. In: Santos, Robinson dos; Chagas, Flávia Carvalho (Coord.) *Moral e Antropologia em Kant*. Passo Fundo: IFIBE, 2012.

BOBBIO, Norberto. *A era dos direitos*. Rio de Janeiro: Campus, 2004.

FERRAJOLI, Luigi. *Por uma teoria dos direitos e dos bens fundamentais*. Porto Alegre: Livraria do Advogado, 2011, p. 12-13.

KANT, Immanuel. *Crítica da Razão Pura*. 3ª ed., Lisboa – Portugal: Fundação Calouste Gulbenkian, 1994.

——. *La Metafísica de las Costumbres*. Traduzido por Adela Cortina Orts y Jesus Connil Sancho. Espanha. Madrid. Editorial Tecnos S.A., 1989.

——. *Fundamentação da Metafísica dos Costumes*. Tradução por Guido Antônio de Almeida. São Paulo: Barcarolla, 2009.

——. *Manual dos Cursos de Lógica Geral*. Tradução: Fausto Castilho. 2ª ed. Campinas, SP: Editora da Unicamp, 2003.

——. *Eine Vorlesung über Ethik*. G. Gerhardt (ed.). Frankfurt, M.: Fischer Taschembuch Verlag, 1990.

——. Anthropologie du point de vue pragmatique. Paris: Flammarion, 1993.

LIMA VAZ, Henrique C. de. *Ética e Razão Moderna*. IN: Sintese Nova Fase, Belo Horizonte, v. 22, nº 68, p. 53-84, jan.-mar. 1995.

LOUDEN, R. B. Kant's Impure Ethics: From rational beings to human beings. Oxford: Oxford University, 2000.

NINO, Carlos Santiago. *Ética y derechos humanos: Um ensayo de fundamentación*. Editorial Astrea, Buenos Aires, 2005.

SARLET, Ingo Wolfgang. Dignidade da Pessoa Humana e Direitos Fundamentais na Constituição Federal de 1988. 4ª ed. Porto Alegre: Livraria do Advogado Ed., 2006.

SANTOS, Boaventura de Souza. Para uma concepção intercultural dos Direitos Humanos. In: Sarmento, Daniel; Ikawa, Daniela; Piovesan, Flávia (coord.). *Igualdades, diferença e direitos humanos*. Rio de Janeiro: Lumen Juris, 2010, p. 45.

— XVI —

O direito das nanotecnologias e a (necessária) reconstrução dos elementos estruturantes da categoria do "direito subjetivo"[1]

WILSON ENGELMANN[2]

Sumário: 1. Introdução; 2. A imprecisão conceitual sobre a abrangência do material em nanoescala: as dificuldades à regulação jurídica; 3. A (re)estruturação dos delineamentos estruturantes do "direito subjetivo": para além dos contornos positivistas; 4. O diálogo entre as fontes do Direito como o "mecanismo" para gerar respostas jurídicas no cenário do direito subjetivo nanotecnológico.

1. Introdução

No início deste Século XXI, as pesquisas utilizando a nanoescala se encontram em ritmo acelerado. No entanto, cabe perguntar: o que significa pesquisar e produzir objetos nessa escala? O termo *"nano"* representa uma medida e equivale à bilionésima parte de um metro, isto é, ao se

---

[1] Resultado parcial das pesquisas realizadas pelo autor no âmbito dos seguintes projetos: a) As transformações jurídicas das relações privadas: a construção de marcos regulatórios e a revisão de categorias tradicionais do Direito como condição de possibilidade para atender aos desafios das mutações jurídicas contemporâneas geradas pelas novas tecnologias (UNISINOS); b) Os avanços nanotecnológicos e a (necessária) revisão da Teoria do Fato Jurídico de Pontes de Miranda: compatibilizando "riscos" com o "direito à informação" por meio do alargamento da noção de "suporte fático": Bolsa de Produtividade em Pesquisa do CNPq; c) Chamada MCTI/CNPq nº 17/2011 – Apoio à criação de redes cooperativas de pesquisa e desenvolvimento em Nanotoxicologia e Nanoinstrumentação: projeto intitulado: "Nanotoxicologia ocupacional e ambiental: subsídios científicos para estabelecer marcos regulatórios e avaliação de riscos"; d) Nanocosméticos e o Direito à Informação: construindo elementos e condições para aproximar o desenvolvimento tecnocientífico na escala nano da necessidade de informar o público consumidor – Edital Pesquisador Gaúcho – FAPERGS.

[2] Doutor e Mestre em Direito Público pelo Programa de Pós-Graduação em Direito (Mestrado e Doutorado) da Universidade do Vale do Rio dos Sinos – UNISINOS/RS/Brasil; Professor deste Programa das atividades: "Transformações Jurídicas das Relações Privadas" (Mestrado) e "Os Desafios das Transformações Contemporâneas do Direito Privado" (Doutorado); Professor de Metodologia da Pesquisa Jurídica em diversos Cursos de Especialização em Direito da UNISINOS; Professor de Teoria Geral do Direito e Introdução ao Estudo do Direito do Curso de Graduação em Direito da UNISINOS; Líder do Grupo de Pesquisa *JUSNANO* (CNPq); Bolsista de Produtividade em Pesquisa do CNPq. e-mail: wengelmann@unisinos.br

dividir um metro por um bilhão de vezes, chega-se ao nanômetro. Esta medida também poderá ser representada pela notação científica de 10^{-9}.

Já o termo "nanotecnologia", ou "nanotecnologias", que parece ser o mais coerente, representa as diversas técnicas ou setores que se utilizam da escala nanométrica para a produção de bens com características diferentes daquelas existentes em tamanhos maiores. Aí se tem uma característica peculiar, mas, ao mesmo tempo, aquela que requer a maior parcela de atenção. As reações físico-químicas dos materiais nesta escala apresentam diferenças, pois podem ter maior condutividade elétrica e um incremento na interação com o meio ambiente ou o corpo humano. Em suma: quanto menor a superfície, maior a quantidade de átomos nela encontrados. Com isso, se poderão fabricar produtos mais leves e resistentes, com menor quantidade de materiais e maiores potencialidades de uso. O impacto no mercado profissional deverá impulsionar vários setores da economia: eletroeletrônica, energia, veículos e equipamentos de transporte, tecnologia da informação, construção civil, química e petroquímica, agronegócio, biomedicina e terapêutica, ótica, metrologia, metalurgia, produção mineral, proteção e remediação ambiental.[3]

Na natureza a escala nanométrica sempre existiu como, por exemplo, as cinzas do vulcão, na capacidade da lagartixa caminhar em superfícies muito altas sem cair, as cores das asas da borboleta, as gotículas de água e o sal marinho. No entanto, para o ser humano esta medida recentemente ingressou na sua rota de possibilidade de acesso, por meio do desenvolvimento de "microscópios" especiais, que conseguissem visualizar esta ordem de grandeza. Chegar até esta escala significa acessar a própria estrutura da matéria, ou seja, os átomos e as moléculas. Esta "conquista" da ciência representa uma efetiva abertura para novas medidas e possibilidades, as quais até o momento eram inatingíveis. A partir deste ponto, o ser humano poderá fabricar o que ele quiser e como ele pretender, incluindo a própria vida(?). O espírito humano é inquieto e aventureiro, e está sempre em busca de algo novo, desafiador, colocando em risco muitas vezes a própria sobrevivência na face do Planeta Terra. Por outras palavras, o ser humano é impulsionado pelo "fascínio da criatividade". Essa característica representa um impulso ao surgimento de "novos vícios", no dizer de Umberto Galimberti,[4] dentre os quais se pode destacar o "consumismo", que impulsiona o setor produtivo, gerando a necessidade de sempre novos produtos.

---

[3] VILELA NETO, Omar Paranaiba; PACHECO, Marco Aurélio Cavalcanti. *Nanotecnologia Computacional Inteligente*: concebendo a Engenharia em Nanotecnologia. Rio de Janeiro: Interciência: PUC-Rio, 2012, p. XI.

[4] GALIMBERTI, Umberto. *Os vícios capitais e os novos vícios*. Tradução de Sérgio José Schirato. São Paulo: Paulus, 2004.

No caso específico das aplicações das nanotecnologias,[5] existem algumas dúvidas, que ainda não foram percebidas suficientemente pelo Direito, como: o destino dos produtos e efluentes da indústria de nanotecnologia tem sido motivo de crescente preocupação, porque a sua produção e eliminação tem aumentado exponencialmente nos últimos anos.[6] Os dados atuais sobre os riscos reais para o ser humano e o meio ambiente não são conclusivos, e isso se deve principalmente à falta de informações sobre os mecanismos de toxicidade da maioria das nanopartículas, as concentrações reais e o seu comportamento químico no ambiente.[7] Aqui se encontra a questão do limite.[8] Quando é hora de parar? Esse cenário precisará ser juridicizado. O problema é como fazê-lo. Os modelos tradicionais manejados pelo Direito até o momento são inapropriados e insuficientes. Se propõe neste artigo (re)estruturar o delineamento de "direito subjetivo" para além da perspectiva positivista, também aceita por Pontes de Miranda, a partir das contribuições de Wesley Newcomb Hohfeld.

---

[5] Alguns exemplos de produtos incluem: *spray* de vidro líquido que protege qualquer superfície de danos causados por água, radiação ultravioleta, sujeira, calor e bactérias; pinturas com revestimentos de nanopartículas contra arranhões e corrosão; roupas com tecidos sensoriais que se ajustam às condições climáticas; filtros solares com alto poder de absorção de raios UV; e vidros de janelas autolimpantes. VILELA NETO, Omar Paranaiba; PACHECO, Marco Aurélio Cavalcanti. *Nanotecnologia Computacional Inteligente*: concebendo a Engenharia em Nanotecnologia. Rio de Janeiro: Interciência: PUC-Rio, 2012, p. XI.

[6] KAHRU, Anne; DUBOURGUIER, Henri-Charles. From Ecotoxicology to Nanoecotoxicology. *Toxicology*, n. 269, 2010, p. 105-119.

[7] CHRISTIAN, P. et al. Nanoparticles: structure, properties, preparation and behaviour in environment media. *Ecotoxicology*, n. 17, 2008, p. 326-343; ASCHBERGER, K. et al. Analysis of currently available data for characterising the risk of engeneered nanomaterials to the environment and human health – lessons learned from four case studies. *Environment International*, n. 37, 2011, p. 1143-1156; FERREIRA, Jonsecler L. Ribas et al. Co-exposure of the organic nanomaterial fullerene C_{60} with benzo[a]pyrene in Danio rerio (zebrafish) hepatocytes: Evidence of toxicological interactions *Aquatic Toxicology*, v. 147, 2014. p. 76-83. Disponível em: <www.elsevier.com/locate/aquatox>. Acesso em: 29 dez. 2014.

[8] Sobre tema, próximo ao estudado neste artigo, se encontra a seguinte passagem do julgado do Tribunal Regional Federal da 4ª Região, nos autos dos Embargos Infringentes n° 5000629-66.2012.404.7000/PR: "[...]Quando o homem lida com alterações na natureza, ainda que detalhadamente planejadas e bem estudadas, é preciso usar prudência, cautela e humildade. Afinal, ainda que nossa inteligência e nossa ciência se mostrem capazes de feitos meritórios, muitas vezes até mesmo desafiando a natureza e se apropriando dos recursos naturais do planeta, continuamos sempre sendo homens. Como homens, temos limites, ainda que muitas vezes nossa ciência e nossa técnica nos façam acreditar que possamos sempre superá-los. A verdade é que algumas vezes vamos errar e esses nossos erros podem custar muito caro ao ambiente, às espécies vivas, ao planeta, ao nosso presente e ao futuro da nossa descendência. Não podemos ter confiança cega na técnica e na ciência, aceitando sem questionamentos os critérios técnicos aprovados por uma maioria científica. Mas também não podemos ter medo excessivo, desproporcional e paralisante. Ainda que informação e participação em matéria de meio ambiente sejam importantes como instrumentos para decisões sábias sobre nosso presente e sobre o futuro dos nossos descendentes, elas não são suficientes se não houver espaço democrático para mediar o diálogo, permitir aflorarem as controvérsias e buscar a melhor solução. [...]". Disponível em: file:///D:/Documents/Downloads/Embargos%20Infringentes%20N%C2%BA%205000629-66.2012.404.7000-PR%20-%20Evento%20111%20-%20ACOR2.pdf. Acesso em 28 dez. 2014.

A construção das ideias trazidas para o artigo será perspectivada pelo ângulo do método fenomenológico-hermenêutico, com incursões analítico-descritivas. Gadamer reconhece que a base metodológica defendida por Dilthey para as ciências do espírito foi buscada como fundamentação para o reconhecimento da cientificidade das ciências humanas, que tinham sua validade questionada à época. Nesse sentido, Stein sintetiza esse pensamento:

> [...] os gênios não necessitam dessas regras porque têm capacidade de produzir "necessidade", "universalidade" e "verdade" através da aplicação da sua própria genialidade. Os outros (médios, medíocres) é que precisam de método, lógica e epistemologia, ou seja, a ciência é feita para os medíocres, menos dotados, na concepção de Dilthey, e a maioria é menos dotada, então temos que dar a humanidade recursos, esse é o ideal da escola histórica.[9]

Por conta desse entendimento, Gadamer questionou a visão de que o método poderia, de forma exclusiva, garantir a validade universal e a verdade, e, também questionou, se, realmente, o método teria lugar nas ciências do espírito.[10] As ciências de espírito não podem ser pensadas do mesmo modo das ciências da natureza. Há algo que "não pode ser medido pela verificabilidade de um enunciado",[11] pois "todo enunciado tem pressupostos que ele não enuncia", uma motivação, um horizonte de sentido que nasce na situação da pergunta.[12] Assim, métodos seguros não têm força para afastar preconceitos em busca da objetividade nas ciências do espírito, essa é uma ilusão. No movimento do círculo hermenêutico, onde a pré-compreensão antecede a compreensão/interpretação/aplicação que se dará sentido aos resultados da pesquisa, onde o investigador estará diretamente implicado. Portanto, isto somente será possível a partir da experiência do pesquisador, mediante sua pré-compreensão de mundo, da vida e dos resultados que a pesquisa poderá produzir na sociedade. A juridicização do fato nanotecnológico – que significa o reconhecimento da relevância jurídica desse fato, em decorrência da necessidade de cuidado e prudência nas ações relacionadas às nanotecnologias – depende, assim, do compromisso que o *Dasein* tem como "ser-no-mundo", de não se esquecer de sua origem de ser humano e dever de cuidado com a espécie humana.[13] Em outras palavras, a tradição referente ao fato nanotecnológico clama pelo cuidado, por um agir prudencial – pela precaução na

---

[9] STEIN, Ernildo. *Racionalidade e Existência*: uma introdução à filosofia. São Paulo: L&PM Editores, 1988. p. 41.

[10] GADAMER, Hans-Georg. *Verdade e Método*. Traduzido por Enio Paulo Giachini. Petrópolis, Rio de Janeiro: Vozes, 2002. v. II. p. 64.

[11] Ibidem, mesma página.

[12] Ibidem, p. 67.

[13] ENGELMANN, Wilson. Direitos bio-humano-éticos: os humanos buscando 'direitos' para proteger-se dos avanços e riscos (desconhecidos) das nanotecnologias. *In:* CONPEDI, 2010, Fortaleza, CE. *Anais eletrônicos...* Fortaleza, 2010. Disponível em: <http://www.conpedi.org.br/manaus/arquivos/anais/fortaleza/3400.pdf>. Acesso em: 26 dez. 2014.

tomada de decisões sobre as questões nanotecnológicas, permeada pela informação, seja na sua feição de direito ou de dever.

A tradição se apropria espontânea e produtivamente de conteúdos transmitidos pela vivência.[14] A vivência é algo que no "seu ser-vivenciado teve uma ênfase especial", que deixou um "significado duradouro".[15] "Algo se obtém a cada vivência", e esse algo se relaciona com "o todo da própria vida".[16]

Esse é o caso do fato nanotecnológico, fenômeno que está sendo vivenciado pela sociedade neste momento histórico. Entretanto, os seus efeitos são invisíveis e, em grande parte, ainda indeterminados – quando considerado o conjunto de técnicas, materiais e formas de utilização das nanotecnologias. No que tange aos métodos de procedimento trabalhar-se-á com os métodos funcionalista, histórico e comparativo. Quanto às técnicas de pesquisa será utilizada a documentação indireta, especialmente a pesquisa bibliográfica, além da documentação direta de textos jurídicos e textos (*papers* e artigos) produzidos por outras áreas do conhecimento, incluindo as publicações constantes em blogs e sites de grupos de pesquisa. Permeando este conjunto de técnicas de pesquisa, utilizar-se-á a "análise de conteúdo", tal como projetada por Laurence Bardin.[17]

2. A imprecisão conceitual sobre a abrangência do material em nano escala: as dificuldades à regulação jurídica

A partir dos elementos lançados preliminarmente fica evidenciada a dificuldade de se circunscrever um conceito ou um conjunto de características compartilháveis sobre as nanotecnologias. Como decorrência, a definição regulatória, estabelecendo direitos e deveres também se mostra bastante complexa. A tabela a seguir apresentada mostra a caracterização das nanopartículas, a partir da definição adotada por um variado grupo de agências regulatórias internacionais, além do delineamento já estabelecido por alguns países, onde o tema se encontra em estágio regulatório mais avançado:

---

[14] GADAMER, Hans-Georg. *O Problema da Consciência Histórica*. 2. ed. Traduzido por Paulo Cesar Duque Estrada. Rio de Janeiro: Editora FGV, 2003. p. 45.
[15] GADAMER, Hans-Georg. *Verdade e Método*. Traduzido por Flávio Paulo Meurer. 3. ed. Rio de Janeiro: Vozes, 1999. v. I. p. 119.
[16] Ibidem, p. 130.
[17] BARDIN, Laurence. *Análise de Conteúdo*. Tradução de Luís Antero Reto; Augusto Pinheiro. São Paulo: Edições 70, 2011.

Organization	Size range	Solubility	Aggregates and Agglomerates*	Distribution Threshold	Intentionally manufactured/ Engineered**	Novel properties
European Commission recommendation for a definition	1-100	No	Yes	50% by number	No	No
International Organization for Standardisation (ISO)	1-100	No	No	No	No	No
Scientific Committee on Emerging and Newly Identified Health Risks (SCENIHR)	1-100	No	No	0.15% by number	No	No
American Chemistry Council (ACC)	1-100	Yes	Yes	10% by weight	Yes	Yes
International Cooperation on Cosmetics Regulation (ICCR)	1-100	Yes	No	No	Yes	No
International Council of Chemical Associations (ICCA)	1-100	No	Yes	10% wt or more of nano-objects or 50 wt or more aggregates/ agglomerates consisting of nano-objects	Yes	No
German Chemical Industry Association (VCI)	1-100	No	Yes	10% weight of nano-objects	Yes	No
European Union Cosmetic Product Regulation (new proposed definition, 2013)	1-100	Yes	Yes	50% by number	Yes	No
Food information to Consumer Regulation (new proposed definition, 2013)	1-100	No	Yes	50% by number	Yes	No
Biocides regulation No 528/2012	1-100	No	Yes	50% by number	No	No
Medical Devices Regulation	1-100	No	Yes	50% by number	No	No
Switzerland	1-100	No	Yes	1% by number	No (but to be applied to synthetic nanomaterials)	No
France	1-100	No	Yes	50% by number	Yes	No
USA (FDA)***	1-100	No	No	No	Yes	Yes
Taiwan	1-100	No	No	No	Yes	Yes
Korea	1-100	No	Yes (condensed nanoparticle)	No	No	No

China	1-100	No	No	No	No	Yes
Australia	1-100	No	Yes	10% by number	Yes	Yes
Canada	1-100	No	No	No	Yes	Yes

* "Yes" indicates agglomerates and aggregates explicitly addressed in the definition and 'no' not explicitly addressed.
** "Yes" indicates that the definition refers or applies to intentionally manufactured/engineered nanomaterials only, "No'" indicates that the definition does not specifically refers to the manufactured/engineered nanomaterials.
*** (FDA) released in 2011 a draft guidance to industry entitled "Considering Whether an FDA-Regulated Product Involves the Application of nanotechnology – A clear and final definition has not been established yet.
Fonte: Hubert Rauscher e Gert Roebben[18]

A falta de consenso acerca da definição dos nanomateriais, bem como as características a serem consideradas relevantes, representa apenas mais uma prova da incerteza, da insegurança e do desconhecimento que cercam as nanotecnologias. Neste sentido, o estudo demonstrado pela tabela serve de ponto de partida ao fomento de mais pesquisas e aponta a necessidade de prospecção regulatória focada na saúde e segurança do ser humano e nos efeitos que as partículas em escala nanométrica poderão gerar no meio ambiente.[19]

Observa-se na tabela que a gama de tamanho se encontra entre 1 a 100 nanômetros (lembrando que 1 nanômetro – 1nm – equivale à bilionésima parte de um metro) em todas as fontes examinadas. Embora não haja uma precisão entre esses dois padrões numéricos, mas apenas sinalizando que quanto menor for a partícula, mais cuidado ela deverá despertar. A solubilidade é uma outra característica importante: caso a partícula não seja solúvel, a possibilidade de bioacumulação é muito maior; já as partículas solúveis, tendem a se dissolver, oferecendo menor perigo, estando ligado à noção de biodegradabilidade. No entanto, esse critério também não se aplica em todas as gamas de tamanho, podendo ser solúvel num determinado tamanho, mas deixando de sê-lo num outro tamanho, apesar de ser a mesma nanopartícula.

A possibilidade de agregação ou aglomeração das partículas também varia de definição para definição, mas também significa um modo da partícula se transmutar em outra, juntando-se, aumentando o tamanho. O limiar de distribuição das partículas em determinada superfície também é

---

[18] RAUSCHER, Hubert; ROEBBEN, Gert. Towards a review of the EC Recommendation for a definition of the term "nanomaterial": part 1: compilation of information concerning the experience with the definition. *Joint Research Centre Institute for Health and Consumer Protection*, p. 171-172, Mar. 2014. Disponível em: <http://publications.jrc.ec.europa.eu/repository/bitstream/ 111111/ 31515/1/lbna26567enn.pdf>. Acesso em: 31 dez. 2014.
[19] VICKI, Stone et al. ITS-NANO: prioritising nanosafety research to develop a stakeholder driven intelligent testing strategy. *Particle and Fibre Toxicology*, vol. 11. Edinburgh: Heriot Watt University, 2014. Disponível em: <http://www.particleandfibretoxicology.com/content/11/1/9>. Acesso em: 31 dez. 2014.

variável. A grande maioria das definições considera como nanopartículas aquelas produzidas pela ação humana – as fabricadas intencionalmente. No entanto, na natureza também existem partículas na escala nano, com as quais o ser humano sempre conviveu, como o sal marinho, as gotículas de água e as cinzas do vulcão. Na nanoescala as características físico-químicas tendem a sofrer modificações: efeitos tóxicos, condutividade elétrica, mudança de cor, entre outras.

Todos esses elementos e variáveis deverão ser levados em consideração no momento de se criar o marco regulatório. Via de regra, até o momento, a regulação dependia da atuação do Poder Legislativo. Considerando essa pequena amostragem de características que poderão estar presentes nas partículas, percebe-se que talvez um texto legal não seja o meio jurídico mais adequado para se promover a regulação desta matéria. Muitas pesquisas estão em andamento e novos detalhes são verificados a cada momento, merecendo destaque dois aspectos que dificultam qualquer iniciativa formal de regulação: a ausência de uma metodologia científica consensual para a aferição dos riscos das nanopartículas e o desconhecimento sobre o número de partículas já criadas pela intervenção humana (as nanopartículas engenheiradas).

Apesar desse conjunto de fatores, o número de produtos gerados a partir da escala nano cresce no mercado consumidor. Quer dizer: o trabalhador está exposto na linha de produção a interações novas; os produtos que chegam ao mercado consumidor são levados e consumidos, gerando descartes no meio ambiente, sem que se tenha ainda uma vaga definição regulatória, vinculada à ausência de respostas por parte das Ciências de Produção.[20] Existem diversas fontes de pesquisa onde são realizados inventários sobre os produtos à base da escala nano já dispo-

---

[20] Há várias maneiras de se classificar as ciências. Ciências da natureza, da sociedade, humanas, exatas, duras e brandas, etc. E, uma das diferenciações cabíveis, é a realizada em função da capacidade da ciência moderna em produzir capital e entender os impactos causados pelas externalidades correlatas à produção de capital. Assim, Allan Schnaiberg oferece uma distinção útil entre a ciência da produção e ciência de impacto e, como um ex-engenheiro químico na indústria aeroespacial canadense, ele estava bem posicionado para avaliar o papel das agendas institucionais na formação de investigação científica. A Ciência de Produção é a que leva a um aumento na produção, distribuição e consumo de bens e serviços (inclusive militares). Independentemente dos níveis em que é aplicada, a ciência da produção visa gerar resultados, que podem vir na forma de novos bens de consumo, novos sistemas de armas, novos processos de produção, ou novos materiais. Verifica-se uma perfeita sintonia com esta categorização das Ciências de Produção com a Revolução Nanotecnocientífica. Vale dizer, a Ciência moderna, diferente da noção clássica de Ciência, não se contenta em observar e descrever a natureza, mas precisa interagir, produzindo alguma coisa, ou seja, o conhecimento tecnocientífico deverá gerar um produto de inovação. Já a Ciência do Impacto procura entender os impactos gerados pelas linhas de produção, estando ligada as inter-relações que se estabelecem entre o sistema natural e o social, ampliando a nossa compreensão dos impactos dos processos produtivos e suas externalidades sobre o meio ambiente e a saúde humana. GOULD, Kenneth. *Unsustainable Science in the Treadmill of Production: The declining Salience of Impact Science in environmental conflicts*. Denver: American Sociological Association, Ago. 2012. Disponível em: <http://www.allacademic.com/meta/p.564435_index.html>. Acesso em: 01 jan. 2015.

níveis no mercado consumidor. Uma delas é denominada *The Project on Emerging Nanotechnologies* (PEN), onde se pode constar a identificação de mais de 1.600 produtos desenvolvidos a partir de nanotecnologias no mercado.[21] Outra importante fonte de pesquisa sobre nanomateriais pode ser encontrado no site do *The DaNa$^{2.0}$ Project*, uma base de dados onde são divulgados os resultados de diversos projetos de pesquisa suportados pelo Governo Federal alemão. Numa parte dessa base de dados, se encontra uma lista de 56 aplicações diferentes da escala nano, desdobrados em um grande número de materiais e informações relativas a cada um deles.[22] Apenas por estes dois canais de pesquisa se verifica uma amostra da quantidade de produtos à base de nanotecnologia que já estão sendo produzidos e comercializados.

Como se pode vislumbrar, a utilização da escala nanométrica já é uma realidade que não se encontra mais apenas nos laboratórios. O ingresso do Direito, com o seu alinhamento normativo-estrutural, neste cenário é urgente. E não é somente isso. Para uma efetiva contribuição do Direito se farão necessárias revisões e remodelamento de diversos institutos, além da estrutura dos elementos da sua Teoria Geral. Como já se vem escrevendo, a Teoria do Fato Jurídico desenhada por Pontes de Miranda, ainda a única forma de sustentar a produção do jurídico não apenas na área privada, deverá ser revisada. Para dar conta dos desafios desenhados até o momento, a partir do próximo item, se fará uma proposta de readequar a noção de "direito subjetivo".

3. A (re)estruturação dos delineamentos estruturantes do "direito subjetivo": para além dos contornos positivistas

Um direito subjetivo que deverá receber atenção especial no panorama descortinado pelas nanotecnologias é o direito à informação, de que é titular o consumidor, e a execução do dever de informação, dirigido

---

[21] Disponível em: <http://www.nanotechproject.org/cpi/> Acesso em 01 jan. 2015. Nesta página se pode ler: "Depois de mais de vinte anos de pesquisa básica e aplicada, as nanotecnologias estão ganhando uso comercial. Mas tem sido difícil descobrir quantos "nano" produtos de consumo estão no mercado e qual mercadoria pode ser chamada de "nano". Apesar de não ser exaustiva, o inventário do PEN dá ao público o melhor visual disponível de produtos no mercado, ou seja, mais de 1.600 produtos de consumo baseados em nanotecnologia, identificados pelo fabricante. Este inventário "vivo" é um recurso para os consumidores, cidadãos, políticos e outros que estão interessados em aprender sobre como a nanotecnologia está entrando no mercado".

[22] O Ministério Federal Alemão de Educação e Pesquisa financia projetos de investigação e desenvolvimento sobre o tema da "manipulação segura de nanopartículas sintéticas". São estudados os efeitos sobre os seres humanos e o meio ambiente, no âmbito do programa-quadro "Materiais e Inovações para a Indústria e Sociedade – ASA". A parte que interessa para este artigo é desenvolvida sob o título: *The DaNa$^{2.0}$ Project*. É uma equipe interdisciplinar de especialistas de pesquisa de diferentes áreas que abrangem todos os aspectos da investigação de segurança nano (toxicologia humana e ambiental, biologia, física, química e farmácia) e está trabalhando em conjunto para proporcionar uma base não-tendenciosa e atualizada, com qualidade e conhecimento de mais transparência. Disponível em: <www.nanoobjects.info.> Acesso em 01 jan. 2015.

ao fabricante, que, no seu conjunto, integram o denominado "direito de saber", que transcende o consumidor, mas atinge todo o ser humano que está na sociedade, incluindo o meio ambiente. Não se trata de uma abordagem apenas jurídica, embora com a reunião de diversos dos ramos do Direito. Será necessária a abertura hermenêutica do Direito, a fim de iniciar um diálogo – que ainda se mostra muito difícil – com as demais áreas do conhecimento que se encontram vinculados com as nanotecnologias, sejam das Ciências do Impacto, sejam as das Ciências de Produção.

A (necessária) abertura da produção jurídica se deve ao fato de se produzir, a partir das nanotecnologias, o risco, que projeta a necessidade de decisões no presente, sem exemplos correlatos diretos do passado, mas com impactos irreversíveis e sérios no futuro. A combinação desses estágios temporais desafio o Direito, que sempre olhava para o passado, regulava no presente, tendo em vista uma certa previsibilidade comportamental no futuro. Isso mudou, e muito. Como observa Ulrich Beck, existe uma "obsessão imunológica na sociedade de risco". A busca pela segurança surge como um objetivo a ser perseguido pela sociedade. Qual o motivo? "Em face da produção da sociedade, que fabrica incertezas e, por isso, mais do que nunca confia e insiste em segurança e controle". Nesse contexto, "flexibilidade significa uma redistribuição de riscos, longe do Estado e da economia, para o indivíduo".[23]

A sociedade deste início do Século XXI gera riscos com novos formatos e impactos, ao mesmo tempo que busca a segurança, frente a uma projetada e previsível insegurança por ela mesma produzida. O "palco" onde essas cenas são apresentadas e vinculadas chamam-se "sistemas de inovação", considerados "[...] necessários para que o novo conhecimento e a inovação possam se difundir por toda a economia". Esses "sistemas de inovação (setorial, regional, nacional) demandam a presença de elos dinâmicos entre os diferentes atores (empresas, instituições financeiras, pesquisa/educação, recursos do setor público, instituições intermediárias), assim como elos horizontais dentro das organizações e instituições".[24] A inovação, como um sistema ou um conjunto de sistemas, exigirá a interação entre diversos atores que também não estavam acostumados historicamente a interatuar. Aqui também surge um desafio bem intenso, especialmente na percepção da responsabilidade de cada ator no tocante aos riscos gerados pela atividade inovadora. "Na biotecnologia, nanotecnologia e internet, o capital de risco chegou quinze ou vinte anos depois que os investimentos mais importantes foram feitos com recursos do

---

[23] BECK, Ulrich. L'ossessione imunitária nella società del rischio. IN: BAUMAN, Zygmunt. *Il demone della paura*. Roma: Editori Laterza la Repubblica, 2014, p. 56-64.

[24] MAZZUCATO, Mariana. *O Estado Empreendedor*: desmascarando o mito do setor público *vs.* setor privado. Tradução Elvira Serapicos. São Paulo: Portfolio-Penguin, 2014, p. 50-1.

setor público".²⁵ É por isso que Ulrich Beck fala numa flexibilidade na redistribuição dos riscos, envolvendo os indivíduos. Aí compreendidas as sociedades empresárias privadas, pois "[...] corremos o risco de permitir que um sistema de inovação simbiótico, em que o Estado e o setor privado se beneficiam mutuamente, se transforme em um sistema parasitário, no qual o setor privado consegue sugar benefícios de um Estado que ao mesmo tempo se recursa a financiar".²⁶ Veja-se que aqui se tem mais uma face do risco, que se associa ao risco gerado pela própria revolução nanotecnológica. De certa forma, no caso do Brasil, especialmente pela Lei da Inovação e a Lei do Bem, essa responsabilização financeira dos atores envolvidas no processo de inovação tem sido mensurada. Se é adequada e suficiente, somente o "futuro" poderá dizer.

A complexa plêiade de atores e ideias deverá ser regrada pelo Direito, notadamente por meio da gestão dos riscos. Como fazê-lo? Por onde começar? A gestão dos riscos gerados a partir da nano escala exigirá uma nova e atualizada configuração da estrutura do "direito subjetivo", considerado o irmão inseparável do "direito objetivo", que se mostram como uma "invenção" milenar do Direito.

Tradicionalmente, vinculado à existência do direito objetivo, o direito subjetivo para a era nanotecnológica deverá se soltar dessa amarra umbilical e ganhar novas perspectivas de explicitação. Isso se faz imprescindível como um requisito de sobrevivência.

Para tanto, no dizer de Richard Posner, o próprio Direito deverá aceitar "o declínio do Direito como disciplina autônoma", que ainda se encontra sustentada em muitos espaços de desenvolvimento da educação jurídica a necessidade de se conhecer "[...] os textos jurídicos dotados de autoridade", ou seja, a produção legislativa, os comentários elaborados pela "doutrina". Uma análise dessa realidade, que vem perdendo força, evidencia a fragilidade do conhecimento jurídico gerado nesse cenário, não dando ao estudante as ferramentas adequadas para "[...] lidar eficazmente com os problemas que estavam por vir".²⁷ O estudo da lei, dos comentários elaborados sem a vinculação com o caso concreto, mas com uma pretensa autoridade decorrente de sua autoria, e a produção doutrinária voltada a trazer rápidas e resumidas lições jurídicas, certamente não preparam ninguém para construir respostas jurídicas para os desafios acima desenhados. A doutrina aqui mencionada não é aquela que reproduz o texto de lei e o entendimento jurisprudencial, mas aquela fundada

---

[25] IMAZZUCATO, Mariana. *O Estado Empreendedor*: desmascarando o mito do setor público *vs.* setor privado. Tradução Elvira Serapicos. São Paulo: Portfolio-Penguin, 2014, p. 51.
[26] Ibidem.
[27] POSNER, Richard A. *Problemas de filosofia do Direito*. Tradução Jefferson Luiz Camargo. São Paulo: Martins Fontes, 2007, p. 566-75.

historicamente a partir do Direito Romano, como uma fonte do Direito, que carrega o conhecimento jurídico efetivo.

Caberá a essa doutrina a revisão dos contornos do direito subjetivo, que tenha condições de abrigar os desafios e as possibilidades trazidas pelas nanotecnologias. Reafirmando a situação trazida a partir de Richard Posner, muitos autores de obras de Introdução ao Estudo do Direito ainda vinculam a percepção do direito subjetivo na pré-existência do direito objetivo correspondente. Goffredo Telles Júnior, por exemplo, refere: "[...] a qualificação de *objetivo*, atribuída ao direito-norma, se impõe necessariamente, porque um *outro* direito existe, que não é *objetivo*, mas *subjetivo*". O autor diz mais: "[...] os direitos subjetivos se definem: permissões dadas por meio de normas jurídicas. São autorizações, fundadas no Direito Objetivo, para o uso das faculdades humanas".[28] O que se verifica nessa forma de entender a dimensão do direito subjetivo é a sua dependência de uma norma de direito objetivo que autorize ou permita a ação ou a omissão. Aqui se tem um problema: os fatos nanotecnológicos não estão consagrados em nenhuma norma explícita de direito objetivo. Nesse caso, não haveria possibilidade de se exigir algo – um direito ou um dever – gerado a partir da produção de um objeto na nano escala?

Na esteira de Miguel Reale, não. Embora ele faça um interessante desenvolvimento sobre a extensão do direito subjetivo, acaba se rendendo à "facilidade" da apreensão temporal num conceito, quando diz: "[...] a possibilidade de ser pretendido algo, tal como se acha expresso na norma, não difere, senão como momento, da possibilidade de alguém pretender e exigir garantidamente aquilo que a norma lhe atribui".[29] Por essa linha de raciocínio, qualquer pretensão catalogada como direito subjetivo precisa da previsão em uma norma de direito objetivo, ou como explicita Carlos Santiago Nino: "[...] em todos esses casos de direitos subjetivos, descreve-se o fato de a vontade dos particulares ser considerada por determinadas normas como condição de certos efeitos jurídicos".[30]

Pontes de Miranda não foge desse entendimento: "[...] o sistema jurídico contém regras jurídicas; e essas se formulam com os conceitos jurídicos. Tem-se de estudar o fático, isto é, as relações humanas e os fatos, a que elas se referem, para se saber qual o suporte fático, isto é, aquilo sobre que elas incidem, apontado por elas".[31] Aqui se visualiza o detalhe

---

[28] TELLES JUNIOR, Goffredo. *Iniciação na Ciência do Direito*. São Paulo: Saraiva, 2001, p. 106 e 255. Os grifos se encontram no original.

[29] REALE, Miguel. *Lições Preliminares de Direito*. 27. ed. ajustada ao novo Código Civil. 4ª tiragem. São Paulo: Saraiva, 2004, p. 260.

[30] NINO, Carlos Santiago. *Introdução à Análise do Direito*. Tradução Elza Maria Gasparotto. São Paulo: Martins Fontes, 2010, p. 244.

[31] PONTES DE MIRANDA. *Tratado de Direito Privado*. 4. ed. 2ª tiragem. São Paulo: Revista dos Tribunais, 1983, tomo I, p. X-XI.

do entendimento pontesiano: o suporte fático, que representa o elo de comunicação entre o "mundo jurídico" e o "mundo dos fatos", preverá em caráter preliminar o fato da vida e os seus contornos que poderá receber os efeitos jurídicos. Reforça-se, aqui, a necessidade da regra jurídica "adivinhar" como os fatos da vida ocorrerão. Os contornos não "adivinhados" ficam fora de regulação.

O "retrato" apresentado a partir de Pontes de Miranda revela o modo como o Direito é apresentado ao aluno da graduação e o modo de ser que acaba sendo reproduzido pelo futuro profissional, nas mais variadas carreiras jurídicas. Não se critica esse modo de conceber o jurídico, pois ele tem uma origem histórica e um momento em que foi gerado, a partir de meados do Século XX, no bojo do positivismo jurídico, especialmente aquele de vertente legalista.[32] Outra passagem de Pontes de Miranda evidencia a incapacidade desta forma de conceber o jurídico a partir dos contornos inusitados trazidos pelos fatos nanotecnológicos: "[...] é fácil compreender-se qual a importância que tem a *exatidão* e a *precisão* dos conceitos, a boa escolha e a nitidez deles, bem como o rigor na concepção e formulação das regras jurídicas e no raciocinar-se com elas".[33] Justamente, conforme destacado, a exatidão e a precisão, são duas características perseguidas pelo positivismo jurídico de viés legalista. Embora sejam importantes, essas propriedades dificilmente serão conseguidas no mundo em que as descobertas na escala nano são promovidas com uma velocidade inatingível legislativamente. Não se pensa num relativismo ou em um "vale tudo", mas num arcabouço normativo flexível e que permita rápidas atualizações, a fim de acompanhar a velocidade com que as novidades irão surgindo. Caso não seja assim, tem-se perpetrado o atual cenário: os produtos nanotecnologicamente produzidos chegam ao mercado consumidor sem se ter parâmetros mínimos de segurança, aumentando os efeitos dos riscos que poderão ser gerados.

O papel do Direito, neste panorama, também preciso ser revisado e atualizado. Aí ingressa a proposta deste artigo, no sentido de remodelar a estruturação da noção e composição do "direito subjetivo", por meio da concepção de Wesley Newcomb Hohfeld,[34] por meio do diálogo entre as

---

[32] Para aprofundar, consulte: ENGELMANN, Wilson. *Crítica ao Positivismo Jurídico*: princípios, regras e o conceito de Direito. Porto Alegre: Sergio Antonio Fabris Editor, 2001.

[33] PONTES DE MIRANDA. Op. cit., tomo I, p. XI. Os grifos estão no original.

[34] Nasceu em Oakland, Califórnia (1879-1918). Uma de suas principais obras é: *Fundamental legal conceptions as applied in judicial reasoning and other legal essays*. New Haven: Yale University Press, 1920. Livro virtual disponível em: <https://archive.org/stream/fundamentallegal00hohfuoft#page/n5/mode/1up> Acesso em: 02 jan. 2015. Sobre as ideias desenvolvidas por Hohfeld, se verifica uma análise aprofundada em: FINNIS, John. *Natural Law & Natural Rights*. Second Edition. Oxford: Oxford University Press, 2011.

fontes do Direito.[35] Vale dizer, "[...] o Direito é uma realidade que se move dentro do tempo e que é condicionado pelo próprio tempo. O Direito é também tempo, mas, sobretudo, temporalidade".[36] É essa a característica que precisa ser identificada e reconhecida em relação às estruturas jurídicas tradicionais. O tempo está mostrando que o Direito já tem certa idade. Aqui não se trata de certa norma jurídica, mas de um elemento de estrutura, de concepção do jurídico, especialmente duas características que ainda são exigidas como preponderantes, quais sejam, a segurança e a previsibilidade. No lugar delas, se deverá colocar a capacidade do jurídico em responder adequadamente e dentro de um espaço temporal razoável às demandas e direitos/deveres projetados na sociedade, gerados pelos avanços das novas tecnologias, notadamente as nanotecnologias.

Nessas condições, e desde que percebida a destacada característica, a percepção da temporalidade significará "[...] aperfeiçoamento, enriquecimento, transformação, alteração desse magma complexo e único que é o Direito na sua concreta aplicação [...]".[37] Esse é um detalhe significativo: o arcabouço normativo, denominado de Direito, se materializa a partir do momento em que é confrontado com a realidade da vida, em relação à qual deve servir. Mais do que isto, revela que o Direito "[...] é um dado cultural, um valor inerente à condição humana e que está aí para ajudar os homens e mulheres deste tempo a serem melhores".[38] Não se trata de uma visão romântica, mas de um foco no bem-estar do ser humano e na preservação do meio ambiente. Aí se verifica a renovação a ser operada no jurídico: ao invés de comandar e punir, se deverá construir as bases para um conjunto normativo de acompanhamento, assessoramento e recompensas pela implementação das condutas mais aceitáveis em relação à gestão do risco nanotecnológico.

A valorização do viés onto-antropológico-ambiental será o fio condutor para a construção do "direito subjetivo" mais alargado e flexível. Ao jurista se mostra uma inédita oportunidade de imprimir um caráter prospectivo às normas jurídicas, não mais centralizadas na produção "reta" do Estado, mas na construção de "linhas jurídicas curvas" e perfeitamente adaptáveis a cada caso e suas peculiaridades.

Considerando tais aspectos, a partir da proposta de Hohfeld, o ponto de partida não é uma norma de direito objetivo e um suporte fático

---

[35] Vale registrar que a obra de NINO, Carlos Santiago. *Introdução à Análise do Direito*. Tradução Elza Maria Gasparotto. São Paulo: Martins Fontes, 2010, é a única na área de Introdução ao Estudo do Direito e Teoria Geral do Direito que avança no estudo e projeção do alcance da noção de "direito subjetivo", justamente trazendo as contribuições de Hohfeld.

[36] FARIA COSTA, José de. As linhas rectas do Direito. IN: *Os Espaços Curvos do Direito*. Porto: Conselho Distrital do Porto da Ordem dos Advogados, 2009, vol. 8. p. 27.

[37] Ibidem.

[38] Ibidem.

previamente determinados. O detalhe da formulação hohfeldiana é a posição fática do sujeito e o direito envolvido, a fim de se delimitar e definir o que aquela norma jurídica significa no contexto real apresentado. Hohfeld considera o seu ponto de vista de análise a partir de concepções jurídicas fundamentais não em abstrato, mas aquelas usadas na solução de problemas práticos que se encontram na atividade cotidiana do trabalho dos integrantes das mais diversas carreiras jurídicas.[39] A formulação da denominada "relação jurídica" se estabelece, em Hohfeld, a partir de três termos: uma pessoa; certo tipo de ato praticado ou a ser praticados (ou uma descrição de ato, conforme entende John Finnis[40]) e uma outra pessoa. Aqui está a raiz da proposta e o ponto de conexão com a possibilidade regulatória dos fatos nanotecnológicos, pois a regulação não precisará ser rigorosamente preliminar.

Tentando dar conta da ambiguidade da palavra "direito", caráter que geralmente atrapalha a efetiva visualização da posição que os sujeitos envolvidos ocupam, Hohfeld considera quatro tipos diferentes de direitos, que representam as posições jurídicas, ou o direito subjetivo em cada situação fática a ser considerada: a) direito-pretensão ou direito stricto sensu; b) privilégio ou liberdade; c) poder ou competência; d) imunidade.[41] A partir dessas categorias, Hohfeld[42] formula o seguinte quadro com os opostos e os correlativos jurídicos:[43]

Opostos Jurídicos:

Direito (pretensão)	Privilégio (liberdade)	Poder	Imunidade
Não direito	Dever	Incompetência (ou incapacidade – *disability*)	Sujeição (ou responsabilidade: *liability*)

Correlativos Jurídicos:

Direito	Privilégio (liberdade)	Poder	Imunidade
Dever	Não-direito	Sujeição	Incompetência

---

[39] HOHFELD, Wesley Newcomb. *Fundamental legal conceptions as applied in judicial reasoning and other legal essays*. New Haven: Yale University Press, 1920. p. 5. Livro virtual disponível em: <https://archive.org/stream/fundamentallegal00hohfuoft#page/n5/mode/1up> Acesso em: 02 jan. 2015.

[40] FINNIS, John. *Natural Law & Natural Rights*. Second Edition. Oxford: Oxford University Press, 2011, p. 199.

[41] HOHFELD, Wesley Newcomb. *Fundamental legal conceptions as applied in judicial reasoning and other legal essays*. New Haven: Yale University Press, 1920. p. 36. Livro virtual disponível em: <https://archive.org/stream/fundamentallegal00hohfuoft#page/n5/mode/1up> Acesso em: 02 jan. 2015.

[42] Ibidem.

[43] Os *opostos jurídicos* correspondem aos "conceitos que se referem à situação jurídica em que se encontra uma pessoa quando não está na situação que o conceito em questão denota"; já os *correlativos jurídicos* representam "os conceitos que se referem à situação jurídica em que se encontra aquela outra pessoa sobre a qual alguém tem um direito, nos diferentes sentidos expostos". NINO, Carlos Santiago. *Introdução à Análise do Direito*. Tradução Elza Maria Gasparotto. São Paulo: Martins Fontes, 2010, p. 245.

Hohfeld[44] trabalha com essas categorias, partindo da clássica relação entre "ter um direito a" e "ter um dever em relação a". Liberdade, para Hohfeld, é o oposto de dever. Quem tem uma liberdade não tem um dever de fazer ou de abster-se de fazer algo. A liberdade projeta-se como correlata a ausência de uma pretensão de um terceiro, que não poderá exigir que se faça ou se deixe de fazer algo.[45] A pretensão configura o oposto da ausência de pretensão, ou do não direito. Esta concepção é mais clara quando se enuncia o seu correlato: pretensão é correlata a um dever, no sentido de que à pretensão de alguém corresponde o dever de outrem.[46] A contribuição mais significativa dada pela proposta de Hohfeld, segundo John Finnis, "[...] é a distinção entre o *direito de A de reivindicar* (que tem seu correlato no dever de B) e a *liberdade de A* (que é a libertação de A de todo dever e que, portanto, tem como seu correlato a ausência ou a negação do direito de reivindicar que B em outras circunstâncias teria). [...]".[47]

A competência ou poder apresenta-se como um conceito oposto à incompetência, e correlato à sujeição. A posição de competência envolve a capacidade de modificar uma situação jurídica de modo a afetar posições de outras pessoas, em situação de sujeição. Aqui ingressam outras pessoas que poderão estar conectados com o fato da vida, multiplicando as possibilidades jurídicas.[48]

Já o direito-"imunidade" é uma categoria oposta à sujeição e correlata à incompetência. Dizer que uma pessoa tenha imunidade, equivale dizer que outra pessoa é incompetente ou que não tem poder de afetar sua situação jurídica. Por outro lado, equivale dizer que esta pessoa não está sujeita à vontade de outra.[49] O conjunto dessas categorias jurídicas – sejam de opostos ou de correlativos – permitem construir uma flexibilidade de ação, em atenção aos contornos dos fatos da vida, dentre os quais, para os limites deste trabalho, são os fatos gerados a partir da nanoescala.

Essa abertura é relevante, dada a ausência de regulação específica. Permite-se, por essa via, trazer o Direito e a sua produção criativa para o cenário onde as novidades surgem rapidamente, as quais não poderão ser

---

[44] HOHFELD, Wesley Newcomb. *Fundamental legal conceptions as applied in judicial reasoning and other legal essays*. New Haven: Yale University Press, 1920. p. 36 e seguintes. Livro virtual disponível em: <https://archive.org/stream/fundamentallegal00hohfuoft#page/n5/mode/1up> Acesso em: 02 jan. 2015; PENA, Hugo. Direito subjetivo na Era dos Códigos e das Constituições: o problema da indefinição de conteúdo, em perspectiva histórica. IN: *Quaestio Iuris*, vol.07, n°. 02, Rio de Janeiro, 2014. pp. 840-869; SGARBI, Adrian. HOHFELD, Wesley Newcomb. IN: BARRETTO, Vicente de Paulo (Coord.). *Dicionário de Filosofia do Direito*. São Leopoldo; Rio de Janeiro: Unisinos; Renovar, 2006, p. 443-8.

[45] HOHFELD, Wesley Newcomb. Op. cit., p. 36-8.

[46] Ibidem, p. 38-40.

[47] FINNIS, John. *Natural Law & Natural Rights*. Second Edition. Oxford: Oxford University Press, 2011, p. 200. O grifo está no original.

[48] HOHFELD, Wesley Newcomb. Op. cit., p. 50.

[49] Ibidem, p. 60.

descuidadas pela área jurídica. Como se verá a seguir, pensa-se no diálogo entre as fontes do Direito como o arcabouço normativo-jurídico para a inserção das categorias hohfeldianas de "direitos subjetivos". Desta forma, projeta-se a condição de possibilidade para o Direito assumir novos contornos – menos rígidos e dispostos hierarquicamente – preocupados com a sua abertura interna e externa, a fim de habilitar-se a lidar com o futuro e com as questões relativas à gestão dos riscos nanotecnológicos.

4. O diálogo entre as fontes do Direito como o "mecanismo" para gerar respostas jurídicas no cenário do direito subjetivo nanotecnológico

As contribuições de Hohfeld revelam um "detalhe" esquecido pelo positivismo de cunho legalista: o conteúdo (humano e relativo a ele) que deverá ser objeto de proteção jurídica. Esse é o elemento que evidencia a necessidade de se romper com esta forma de conceber o jurídico, fortemente amarrada a elementos formais para aferir a validade ou a invalidade, a constitucionalidade ou a inconstitucionalidade de uma norma jurídica. O ingresso dos princípios no sistema normativo – possibilitando dizer-se que a norma jurídica é um gênero, onde se localizam, pelo menos, duas espécies bem delimitadas: as regras e os princípios – mostrou as insuficiências do modelo positivista.[50] Cruzando-se os conjuntos de direitos subjetivos propostos por Hohfeld, com algumas ideias de John Finnis, se vislumbra o seguinte quadro:

> [...] critérios e premissas para avaliar as proposições jurídicas como válidas ou inválidas, corretas ou incorretas, caracteristicamente também se referem, e precisam se referir, ao *conteúdo*, às considerações relativas ao tipo de conduta que a proposição cuja validade está em questão pretende prescrever ou autorizar, ou relativas aos meios pelos quais outras proposições jurídicas podem prescrever ou de fato prescrevem ou, ainda, podem autorizar ou de fato autorizam tal conduta.[51]

Aqui está o ponto central: o cenário trazido pelas nanotecnologias exigirá uma preocupação com o conteúdo – preocupação com o ser humano e a preservação ambiental – em detrimento da forma. Ela, a forma, deverá ceder espaço para a produção de respostas jurídicas em sintonia com aqueles dois pressupostos básicos e fundamentais de qualquer ordem jurídica contemporânea, onde estarão localizados os tipos de conduta e os meios para a sua proteção efetiva. O ingresso dos princípios no cenário do diálogo entre as fontes do Direito será decisivo para essa mudança, pois "[...] eles moldam a compreensão [...] das declarações ou de outros acon-

---

[50] Neste sentido, consultar a segunda parte da obra: ENGELMANN, Wilson. *Crítica ao positivismo jurídico*: princípios, regras e o conceito de Direito. Porto Alegre: Sergio Antonio Fabris Editor, 2001 e, do mesmo autor: *Direito Natural, Ética e Hermenêutica*. Porto Alegre: Livraria do Advogado, 2007.

[51] FINNIS, John. Revisitando os fundamentos da razão prática. IN: Teixeira, Anderson Vichinkeski e OLIVEIRA, Elton Somensi de. (Orgs.). *Correntes Contemporâneas do Pensamento Jurídico*. São Paulo: Manole, 2010, p. 202. O grifo está no original.

tecimentos originários que supostamente validam proposições jurídicas" em determinada ordem jurídica "[...] e igualmente moldam qualquer determinação jurídica daquela suposta validade".[52] Com a participação dos princípios, que são vagos e imprecisos, surge a anunciada reconstrução dos contornos do "direito subjetivo", que não terá ser ancoradouro seguro num preexistente definido direito objetivo. É preciso ter categorias que forneçam caráter dinâmico e de gênese de direitos a partir de expressões vagas, que assumam e possibilitem diferentes posições, criativamente arranjadas a partir do caso concreto. Por conta disso, a partir da "posição fática" se construirá o que aquela norma significa naquele contexto jurídico.[53] O Professor Lenio Luiz Streck já havia denunciado a necessidade de se deixar a perspectiva das "fontes sociais", aquelas que sempre se formam depois dos fatos, e passar a trabalhar em "fontes prospectivas", aquelas iluminadas pelos princípios constitucionais que procurassem não esperar os fatos da vida se consolidarem para o Direito passar a se preocupar com eles. Essa abertura permite trazer para o contexto das fontes do Direito, como se verá a seguir, talvez muitas vezes não explicitamente, como condição de possibilidade para a construção das respostas "[...] as exigências de um comportamento civilizado, decente, humanamente adequado. [...]".[54] Esses são os indicativos de que o Direito deverá ser vislumbrado além do texto da lei, irradiando as possibilidades de construção do jurídico num cenário plural e flexível, norteado pelos princípios lastreados a partir do ser humano, que se materializam nos direitos (dos) humanos – no plano internacional – e nos direitos fundamentais e na dignidade da pessoa humana – no plano interno.

É o momento da criatividade para o Direito por meio da valorização da multidimensionalidade. O mundo jurídico, ao mesmo tempo que pode conter alguns exemplos de simples sistemas hierárquicos, é também um mundo de cruzamentos, híbridos, de hierarquias inversas, flutuações e fluidez do espaço.[55] Os desdobramentos que as nanotecnologias ainda produzirão deverão ser captados pelo Direito, posicionando-os na sua multifacetada possibilidade de produção de efeitos – sejam positivos ou negativos. Por conta disso, "novas formas de regulação deverão surgir, a fim de encapsular esses tipos de relacionamento, e estudos jurídicos devem encontrar maneiras de capturar essas mudanças".[56] Sem descuidar

---

[52] FINNIS, John. Revisitando os fundamentos da razão prática. In: Teixeira, Anderson Vichinkeski e OLIVEIRA, Elton Somensi de. (Orgs.). *Correntes Contemporâneas do Pensamento Jurídico*. São Paulo: Manole, 2010, p. 203.

[53] PENA, Hugo. Direito subjetivo na Era dos Códigos e das Constituições: o problema da indefinição de conteúdo, em perspectiva histórica. IN: *Quaestio Iuris*, vol.07, nº. 02, Rio de Janeiro, p. 840-869, 2014. p. 860.

[54] FINNIS, John. Revisitando os fundamentos da razão prática. Op. cit., p. 203.

[55] DOUGLAS-SCOTT, Sionaidh. *Law after Modernity*. Oxford: Hart Publishing, 2013, p. 81-2.

[56] Ibidem, p. 83.

das demais fontes do Direito, que serão apresentados em figura específico logo a seguir, destaca-se a importância da doutrina para captar as mudanças, trabalha-las, posicionando-as no cenário múltiplo jurídico e sinalizando a fundamentação teórico-jurídica da sua inserção no ordenamento jurídico por meio da inserção de modelos doutrinários, construídos em verdadeiros "laboratórios dos juristas" (Paolo Grossi). Percorrendo os caminhos desenhados por Judith Martins-Costa, quando trabalha a importância da doutrina na configuração de modelos, se podem recolher alguns atributos da verdadeira doutrina aqui pretendida, que terá condições de antecipar e caminhar junto com as mudanças que estão se desvelando por meio das nanotecnologias: "[...] o resultado do trabalho doutrinário, um trabalho de construção intelectual cujo escopo é tanto prático quanto teórico"; [...] "a *auctoritas* ou respeitabilidade intelectual reconhecida à doutrina, [...] é conquistada pela força do argumento, pela independência do juízo e, consequentemente, pela confiabilidade moral e intelectual de quem o explana". A doutrina precisa reassumir o seu papel de promover a "[...] transformação ordenada nos significados dos modelos jurídicos; ressignificação", "[...] uma obra de estudo árduo; obra de construção".[57] Por conta desses predicativos da Doutrina, pensa-se que ela estará em condições de assumir o papel de ponto de condução do fato nanotecnológico pelas diversas fontes do Direito.[58]

O diálogo entre as mencionadas e outras fontes do Direito, pois não se tem a pretensão de realizar uma apresentação exaustiva, deverá ser capitaneado pela Doutrina,[59] percorrendo as demais fontes do Direito – tanto nacionais como internacionais (veja-se o quadro de agências e países acima explicitado) antes de se mergulhar a resposta construída em dois filtros: a Constituição Federal e os Documentos Internacionais relativos aos Direitos Humanos.

---

[57] MARTINS-COSTA, Judith. Autoridade e Utilidade da Doutrina: a construção dos modelos doutrinários. IN: MARTINS-COSTA, Judith. *Modelos de Direito Privado*. São Paulo: Marcial Pons, 2014, p. 9-32.

[58] Tratados, Convenções e Instrumentos Internacionais de Proteção dos Direitos Humanos; Costumes Internacionais; Princípios Gerais dos Povos Civilizados; *Lex mercatória; Lex electronica;* Direito da Produção; Normas da ISO; Normas da OCDE; Normas elaboradas pelos órgãos da ONU; Normas e estudos desenvolvidos por órgãos estatais ou não dos Estados Unidos, da União Europeia e dos Países Asiáticos, especialmente aquelas agências internacionais apresentadas na tabela, no início deste artigo; Constituição Federal; Leis; Princípios; Costumes; Doutrina; Contratos; Resultados do Poder Normativo dos Grupos Sociais; Negociação; Mediação; Arbitragem; Súmulas; Normas Técnicas de Agências Reguladoras Estatais, como a ANVISA, por exemplo; Normas sobre a saúde e segurança do trabalhador; Normas Ambientais. Programas Internos criados pelas Organizações; Programas Empresariais de Cumprimento Voluntário das Normas Jurídicas.

[59] Opta-se por escrever Doutrina, com letra maiúscula, para distingui-la da doutrina, que não está preocupada em criar, mas reproduzir, na maior parte das vezes, os conteúdos dos textos legais e das decisões judiciais. Em relação a essas últimas, reproduzindo a ementa, como se ali estivesse a causa de decidir, numa inautêntica "imitação" do modelo adotado pelo Sistema Jurídico da *Common Law*.

Nesse arcabouço, não caberá a noção de "direitos subjetivos" vinculados a contornos precisos – exigindo um suporte fático prévio à ocorrência do fato – do Direito Objetivo. Esse mecanismo talvez tenha sido adequado quando se viveu sob a égide da centralidade dos Códigos, mas se mostra inadequado e insuficiente quando se vive sob a centralidade da Constituição Federal e da matéria relativa aos Direitos Humanos.

A pluralidade trazida pelo diálogo entre as fontes do Direito, mostra um movimento de "[...] mutação da relação com a norma que vivemos [que] é portadora tanto de emancipação e responsabilização como de confusão e angústia".[60] O desenvolvimento das ideias neste artigo evidencia esses "sentimentos" trazidos por Ost, mostrando perspectivas paradoxais, que exigem responsabilidade num grau de grande complexidade para se tomar a decisão que efetivamente coloque num primeiro plano a preocupação com as "coisas" relevantes para os humanos. A eleição dos modelos jurídicos mais apropriados exigirá comprometimento e seriedade, mediante a escuta da tradição, a avaliação dos atuais desafios trazidos pelas nanotecnologias e os olhos postos no futuro que, segundo François Ost se apresenta "verdadeiramente contingente" e "verdadeiramente indeterminado", "quando o indecidível faz sentido ...".[61] Esse cenário foi querido pelo ser humano, ao buscar sair da certeza científico-cartesiano-mecânica da ciência clássica, construindo as bases da ciência moderna, tipicamente tecnocientífica, onde o conhecimento precisa converter-se em um produto, como o sinal da inovação tecnológica.

Por conta disso, o diálogo, ou a estrutura de "[...] redes misturadas de investigadores, industriais, militares, políticos e utilizadores, [...]",[62] mostram-se como ambientes propícios para a estruturação da hélice tríplice, desenhada por Henry Etzkowitz,[63] onde justamente se promove a inter-relação entre os atores envolvidos na geração de um novo modelo de inovação, lastreado na produção da ciência, mas com o foco de sustentação no Estado e no resultado da produção industrial. Isso, no último degrau de desenvolvimento, gera novas e constantes necessidades e produtos que precisarão ser consumidos e descartados.

A perspectiva do diálogo entre as fontes do Direito e o alargamento das estruturas componentes do "direito subjetivo" serão mecanismos necessários para a produção de respostas jurídicas, num cenário de "[...] feitos (produzidos) só muito parcialmente naturais: são antes híbridos, artefatos que já não sabemos se são humanos ou não humanos, como robôs

---

[60] OST, François. *O Tempo do Direito*. Tradução Maria Fernanda Oliveira. Lisboa: Piaget, 2001, p. 326.

[61] Ibidem, p. 324 e 326.

[62] Ibidem, p. 330.

[63] ETZKOWITZ, Henry. *Hélice Tríplice*: Universidade-Indústria-Governo. Inovação em Movimento. Tradução Cristina Hintz. Porto Alegre: ediPUCRS, 2009.

inteligentes e outros embriões geneticamente modificados, [...]",⁶⁴ aqui sempre contando com a ajuda "das maravilhas das nanotecnologias". Aqui emerge o enfraquecimento "da objetividade do científico", que é gradativamente suprido pelo "pluralismo das verdades", juntando-se "[...] a necessidade de uma mediação jurídico-política da produção e dos usos dos híbridos". Para tanto, o Direito ingressa num contexto onde o desafio gerado por essas mediações, com impacto violento nas estruturas positivistas do Direito, "[...] longe de apoiar-se em previsões seguras, conhecimentos garantidos, valores estáveis, [deverá] decidir em situação de indecidibilidade, orientar-se num contexto de incerteza, preparar o futuro de falibilidade, doravante reconhecida".⁶⁵ Precisamos aprender e deixar aprender imediatamente os ingressantes, concluintes, os juristas e não juristas a atuarem nesse espaço de decisões, onde o indecidível parece desafiar o conhecimento do jurídico forjado até o momento.

Lidar com a pluralidade interconectada das fontes do Direito, em caminhos imprecisos e inseguros, com novas feições de direitos subjetivos, construídas a partir do conteúdo envolvido entre os sujeitos à luz dos princípios constitucionais, presentes em muitos textos constitucionais da atualidade. Esse conjunto deverá ser permeado pelas estruturas internacionais relativas aos Direitos Humanos, poderá ser um caminho para o jurídico sobreviver e dar a sua contribuição no maravilhoso mundo novo e nanotecnologicamente estruturado.

Será preciso aprender a erigir respostas coletivamente desenvolvidas por diversas áreas do conhecimento – incluindo o Direito, conduzidas pelo fio da gestão dos riscos conhecidos – mediante o uso da prevenção – e dos riscos desconhecidos – pela mobilização de ações de precaução. Paralelo a essas atitudes, as nanotecnologias exigirão a participação grupal na tomada das decisões indecidíveis, motivo pelo qual o "direito subjetivo de saber", conectado ao "direito subjetivo à informação", viabilizarão um futuro onde se possa conceber uma responsabilidade coletiva pelo projeto do presente-futuro que se está desenhando.

---

⁶⁴ OST, François. *O Tempo do Direito*. Tradução Maria Fernanda Oliveira. Lisboa: Piaget, 2001, p. 330.
⁶⁵ Ibidem, p. 330-1.

Impressão:
Evangraf
Rua Waldomiro Schapke, 77 - POA/RS
Fone: (51) 3336.2466 - (51) 3336.0422
E-mail: evangraf.adm@terra.com.br